Thèmes sanitaires et sociaux

ACTU CONCOURS
collection dirigée par
JEAN-PHILIPPE CAVAILLÉ

Thèmes sanitaires et sociaux 2022-2023

Cours et QCM

Nicolas Brault
Enseignant-chercheur
à l'Institut polytechnique UniLaSalle

ellipses

Collection

Actu concours

Retrouvez tous les titres de la collection sur www.editions-ellipses.fr

Les opinions soutenues dans cette collection n'engagent que les auteurs et en aucun cas les institutions au sein desquelles ils exercent leurs activités.

ISBN 9782340-057982

8/10 rue la Quintinie 75015 Paris

www.editions-ellipses.fr

Sommaire

Avant-propos

Cet ouvrage s'inscrit dans la collection *Actu' Concours 2022-2023*, et s'adresse essentiellement à tous les étudiants qui souhaitent passer les concours sélectifs des différentes écoles du domaine sanitaire et social, qu'il s'agisse des filières paramédicales (infirmiers, orthophonistes, psychomotriciens, etc.) ou sociales (assistant de service social, éducateur spécialisé, éducateur de jeunes enfants…), ainsi que les concours administratifs, tout aussi difficiles. Même si beaucoup de ces concours du domaine sanitaire et social ont disparu pour s'inscrire dans la procédure Parcoursup, il n'est pas inutile de disposer d'un minimum de connaissances en la matière pour l'oral. Il s'adresse aussi à ceux qui ont réussi leurs concours et souhaitent avoir leur diplôme. Plus généralement il s'adresse à toute personne intéressée par les questions sanitaires et sociales, dont certaines font souvent l'actualité, mais sans que la singularité éphémère du fait divers ne permette de prendre du recul et de voir le contexte global dans lequel il s'inscrit.

C'est pourquoi cet ouvrage offre un panorama complet de la situation sanitaire et sociale de la France actuelle, en s'appuyant sur les données statistiques les plus récentes. Il est organisé en dix thèmes et quarante fiches qui permettent de comprendre quelle est la situation démographique, sanitaire et sociale de la France en 2021.

Cette année 2021 est bien évidemment marquée par la pandémie de Covid-19, qui a frappé l'ensemble de la planète : en juillet 2021, ce sont déjà plus de 200 millions de personnes qui ont été contaminées dans le monde, avec plus de 4 millions de morts. En France, ce sont 6 millions de personnes qui ont été contaminées, et plus de 111 000 personnes sont décédées. Cette pandémie n'est malheureusement pas terminée, même si la vaccination avance avec près de 4 milliards de doses administrées dans le monde.

Néanmoins, cette épidémie a permis de mettre en lumière un certain nombre de problèmes en France, à commencer par son système de santé publique, notamment l'hôpital, qui s'est retrouvé tout à la fois en première ligne et complètement démuni face à cette épidémie, faute d'une préparation et de moyens suffisants. Ces images de soignants obligés de se vêtir de sacs-poubelles, faute de blouses, ou de compter sur la générosité des entreprises pour avoir des masques indispensables à l'exercice de leur profession dans des conditions de sécurité sanitaire ont choqué à juste titre l'opinion publique. De fait, cette crise a mis en lumière un certain nombre de professions (les caissières, les éboueurs, les soignants, les agriculteurs…) dont on avait tendance à oublier l'importance. Elle a aussi mis en lumière la fracture économique et sociale qui existe entre une France qui peut télétravailler dans sa maison de campagne et une France qui est obligée de prendre des risques pour aller travailler et faire fonctionner les services essentiels à la population et à la bonne marche de l'économie. La crise économique qui s'en suit aura malheureusement des conséquences dramatiques, tant la chute du PIB a été brutale. Néanmoins, si la France a pu s'en sortir malgré tout, c'est avant tout grâce à son système social, qui risque d'être fortement mis à contribution lors des prochains mois pour amortir le choc de cette crise. Il faut espérer que le Président et le gouvernement comprennent les enjeux décisifs et vitaux qu'il y a à renforcer autant le système de santé que celui de la protection sociale, et que les centaines de milliards d'euros des divers plans de relance concoctés par la France et l'Union européenne aillent financer des activités utiles à la nation.

Il convient donc d'analyser la situation sanitaire et sociale globale de la France pour mieux comprendre ses forces et faiblesses au regard des menaces actuelles. C'est le but de cet ouvrage.

L'auteur remercie son épouse, pour son soutien indéfectible et son infinie patience, ainsi que son fils, dont la joie de vivre constitue une source intarissable de bonheur et d'espoir.

Santé publique

1 Santé et santé publique

I. La santé

A. Définitions de la santé

Il existe de nombreuses définitions de la santé, qu'on peut schématiquement classer en quatre grandes catégories :

- **L'approche adaptative** : la santé est la capacité pour un individu de s'adapter à son environnement et à ses déficiences. C'est l'approche que retient par exemple Canguilhem qui définit la santé comme la normativité, c'est-à-dire la capacité à imposer ses normes à l'environnement naturel ou social, donc pas simplement s'adapter à son environnement mais aussi adapter son environnement à soi en le transformant, être créateur de normes vitales.
- **L'approche fonctionnelle de la santé ou approche biomédicale** : la santé est définie comme la capacité de l'individu à fonctionner. Elle se définit négativement comme l'absence de maladie ou de déficience.
- **L'approche perceptuelle de la santé** : elle renvoie à la notion de bien-être. L'angle ici adopté est celui de la subjectivité du patient, qu'on va chercher à mesurer à travers des indicateurs de qualité de vie.
- **L'approche conjuguant les deux précédentes** : elle allie les notions biomédicales et psychologiques de bien-être. C'est notamment la définition de la santé donnée par l'OMS qui la définit comme « un état de complet de bien-être physique, mental et social, qui ne consiste pas seulement en une absence de maladie ou d'infirmité ».

B. Un droit à la santé

Parce qu'elle est de nature à la fois individuelle et sociale, la santé renvoie aussi à des droits spécifiques. Le droit à la santé est ainsi un droit particulier qui se rapporte à la fois à l'individu, en ce qu'il a de plus personnel, et à l'organisation sociale en ce qu'elle a de plus essentiel.

La Déclaration universelle des droits de l'homme de 1948, ratifiée par l'Assemblée générale des Nations unies stipule ainsi dès son article 2 que « Tout individu a droit à la vie, à la liberté et à la santé de sa personne », mais aussi, à l'article 25 que « Toute personne a droit à un niveau de vie suffisant pour assurer sa santé, son bien-être et ceux de sa famille. »

De même, l'institution internationale qui agit pour favoriser la santé de tous les hommes s'appelle l'Organisation mondiale de la santé (OMS), et a été créée le 22 juillet 1946. Le but de l'OMS est d'amener tous les peuples au niveau de santé le plus élevé possible. Dès sa création en 1946, l'Organisation mondiale de la santé énonce ainsi dans l'article 1 de sa Constitution : « La possession du meilleur état de santé qu'il est capable d'atteindre constitue l'un des droits fondamentaux de tout être humain, quelle que soit sa race, sa religion, ses opinions politiques, sa condition économique ou sociale. »

En France, c'est dans le préambule de la Constitution de 1946 (qui crée la IVe République) qu'est affirmé un droit à la protection de la santé : « la nation garantit à tous, notamment à l'enfant, à la mère ou aux vieux travailleurs la protection de la santé ». Le droit à la santé a donc une valeur constitutionnelle en France.

Ce droit a été réaffirmé par la loi du 4 mars 2002 « relative aux droits des malades et à la qualité du système de santé ». Cette loi affirme en particulier que « le droit fondamental à la protection de la santé doit être mis en œuvre par tous les moyens disponibles au bénéfice de toute personne. Les professionnels, les établissements et réseaux de santé, les organismes d'assurance-maladie ou tout autre organisme participant à la prévention et aux soins, et les autorités sanitaires contribuent, avec les usagers, à développer la prévention, garantir l'égal accès de chaque personne aux soins nécessités par son état de santé et assurer la continuité des soins et la meilleure sécurité sanitaire possible. » (Article L. 1110-1 du Code de santé publique). Elle affirme aussi que toute personne a le droit d'être informée sur son état de santé, d'accéder à son dossier médical, et de prendre les décisions concernant sa santé.

C. Les déterminants de la santé

L'état de santé d'une personne se caractérise par des interactions complexes entre plusieurs facteurs individuels, socio-environnementaux et économiques. Il existe divers modèles explicatifs de ces déterminants de la santé : certains privilégient le rôle des conditions de naissance et de vie dans la petite enfance qui, lorsqu'elles sont défavorables, poseraient les fondements créateurs des inégalités. D'autres se fondent sur l'effet cumulatif de déterminants sociaux et économiques défavorables se combinant et interagissant au cours de la vie.

Un exemple souvent utilisé pour schématiser les déterminants de la santé est le modèle de Dahlgren et Whitehead (1991), qui se présente sous la forme d'un arc-en-ciel et distingue cinq niveaux interdépendants des déterminants de la santé.

1. Le premier niveau « **Facteurs liés au sexe, à l'âge et à l'héritage** » concerne les particularités physiques de la personne qui sont en fait des déterminants non modifiables mais qui constituent souvent des facteurs de risque pour certaines maladies.
2. Le deuxième niveau « **Réseaux sociaux et communautaires** » comprend les influences sociales et collectives : la présence ou l'absence d'un soutien mutuel dans le cas de situations défavorables, notamment le contact des enfants avec les adultes, a des effets positifs ou négatifs.
3. Le troisième niveau « **Habitudes de vie** » concerne les comportements et styles de vie personnels. Ces conduites peuvent être favorables ou défavorables à la santé. Les personnes désavantagées ont tendance à montrer une prévalence plus élevée des facteurs comportementaux comme le tabagisme

ou la consommation de drogues en général, une alimentation médiocre, mais peuvent avoir aussi une vie sexuelle plus à risque.

4. Le quatrième niveau « **Conditions de vie et de travail** » se rapporte à l'accès au travail, l'accès aux services et aux équipements essentiels : eau, habitat, services de santé, nourriture, éducation mais aussi conditions de travail.
5. Le cinquième niveau « **Conditions socio-économiques, culturelles et environnementales** » englobe les facteurs qui influencent la société dans son ensemble. Ces conditions, comme la situation économique du pays ont une incidence sur toutes les autres strates.

Modèle de Dahlgren et Whitehead

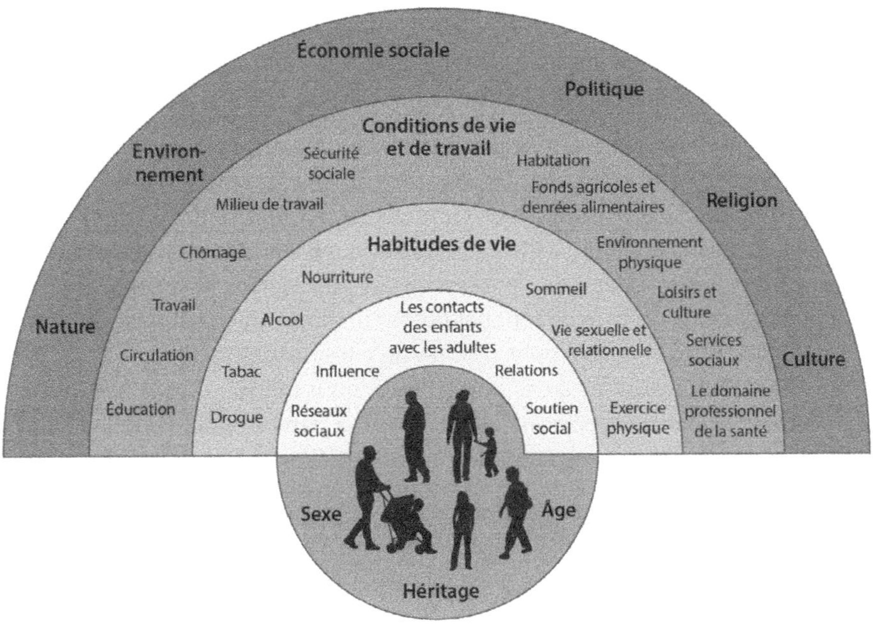

II. La santé publique

A. Définition

En 1952, l'OMS propose une définition de la santé publique qui fait aujourd'hui consensus : « La santé publique est l'art et la science de prévenir la maladie, de prolonger la vie, d'améliorer la santé physique et mentale des individus par une action collective et concertée qui vise à assainir le milieu, lutter contre les épidémies, enseigner les règles d'hygiène personnelle, organiser des services médicaux et infirmiers en vue d'un diagnostic précoce et du traitement préventif des maladies, mettre en œuvre des mesures sociales propres à assurer à chaque membre de la collectivité un niveau de vie compatible avec le maintien de sa santé. »

La santé publique est ainsi une discipline qui vise à protéger et promouvoir la santé des populations. Elle fonde sa démarche sur une analyse des besoins de santé, de la mesure des risques pour la santé et des capacités de prévention, de détection et de prise en charge des problèmes de santé. C'est pourquoi elle fait appel à des spécialités multiples comme l'épidémiologie, l'hygiène, la sécurité sanitaire, l'environnement, les sciences humaines (sociologie, anthropologie, économie), l'information, la prévention, l'éducation, l'évaluation.

Elle implique donc nécessairement tous les professionnels de santé; mais également les gestionnaires et administrateurs des structures de santé, ainsi que les responsables politiques et les décideurs de politique de santé. Elle doit aussi prendre en compte les besoins et les attentes des citoyens qui doivent être impliqués et informés des choix des politiques de santé. L'engagement de la responsabilité des pouvoirs publics constitue le fondement des politiques de santé et représente la part incessible de l'État pour assurer l'égalité des droits en matière de santé, et favoriser la réduction des inégalités de santé.

On a coutume d'ailleurs d'opposer la santé publique à la médecine clinique. Santé publique et médecine clinique apparaissent en effet comme les deux visages de la médecine: d'un côté, nous avons un colloque singulier entre un patient et un médecin, au sens où la médecine clinique s'occupe avant tout de gens qui sont malades; de l'autre, il s'agit de s'adresser à des populations et la particularité de ces populations est qu'elles ne sont pas nécessairement malades: il s'agit plutôt, à travers la prévention par exemple, d'éviter qu'elles ne tombent malades. Or dans la mesure où l'on s'adresse à des populations, nous quittons la sphère privée et secrète de la relation médecin-malade pour entrer dans la sphère publique, où ce n'est plus le médecin mais le politique qui prescrit et proscrit.

	Médecine clinique	**Santé publique**
Cible	Individu	Population
État de santé de la cible	Malade	Saine
Sphère d'exercice	Privée (colloque singulier)	Publique (dispositifs publics)
Professionnel responsable	Médecin	Politique
Méthode	Thérapeutique	Épidémiologique
Objectif	Traiter la maladie	Promouvoir la santé, prévenir l'apparition de la maladie

Un exemple concret permet de mieux comprendre les liens entre médecine clinique et santé publique, mais aussi de montrer l'efficacité de la santé publique, notamment quand elle s'organise à un niveau mondial. Cet exemple est celui de la variole. La variole est une maladie infectieuse et très contagieuse, due à un virus à ADN de grande taille, le Poxvirus. Les manifestations cliniques de la variole, aussi appelée petite vérole, consistent en des éruptions cutanées violentes avec des pustules, éruptions qui conduisent le plus souvent au décès de la personne ou, qui, si elle a la chance de survivre, la laissent défigurée, aveugle ou stérile. Depuis l'Antiquité, en Orient, les hommes se prémunissent de cette maladie par la technique de la variolisation : il s'agit d'inoculer du pus ou des croûtes de varioleux sous la peau d'un individu sain de manière à l'immuniser contre cette maladie. Le problème est que parfois, cette inoculation produit l'effet inverse et contamine la personne. Intervient alors Edward Jenner (1743-1823), médecin anglais, qui va mettre au point une nouvelle méthode de protection contre la variole. Au lieu d'inoculer le virus de la variole, Jenner utilise celui des vaches, la vaccine (*cow pox* en anglais), qui présente moins de danger pour une immunité comparable. Il observe en effet les filles qui traient les vaches atteintes de la vaccine (de « vacca » : la vache, en latin) et constate que ces vachères sont exemptes de la maladie humaine. Il prélève alors la substance d'un bouton de *cow pox* sur la main de la trayeuse Sarah Nelmes et l'inocule au jeune James Phipps : c'est la première vaccination, qui a lieu le 14 mai 1796. La vaccination devient alors progressivement obligatoire dans de nombreux pays (1840 en Angleterre, 1902 en France). En 1967, l'Organisation mondiale de la santé met en place un programme d'éradication de la variole, qui faisait encore 2 millions de morts par an dans le monde. Dix ans plus tard, en 1980, l'OMS déclare l'éradication totale de la variole, le dernier cas de variole contractée de manière naturelle ayant été diagnostiqué en Somalie le 26 octobre 1977.

B. Les domaines de la santé publique

La santé publique couvre ainsi un champ très large et il apparaît donc décisif de circonscrire précisément son domaine d'action. En France, c'est la loi du 9 août 2004 « relative à la politique de santé publique » qui a défini les dix domaines qui relèvent de la politique de santé publique :

1. La surveillance et l'observation de l'état de santé de la population et de ses déterminants.
2. La lutte contre les épidémies.
3. La prévention des maladies, traumatismes et incapacités.
4. L'amélioration de l'état de santé de la population et de la qualité de vie des personnes malades, handicapées, et dépendantes.
5. L'information et l'éducation à la santé de la population et l'organisation de débats publics sur les questions de santé et de risques sanitaires à travers les Conférences régionales de santé.
6. L'identification et la réduction des risques éventuels pour la santé liée à des facteurs d'environnement, aux conditions de travail ou de transport, à l'alimentation ou à la consommation de produits et de services susceptibles de l'altérer.
7. La réduction des inégalités de santé par la promotion de la santé à travers le développement de l'accès aux soins et aux diagnostics sur l'ensemble du territoire.
8. La qualité et la sécurité des soins et des produits de santé.

9. L'organisation du système de santé et sa capacité à répondre aux besoins de prévention et de prise en charge des maladies et handicaps.
10. La démographie des professions de santé.

C. Les outils de la santé publique

1. Les disciplines

La médecine clinique et l'épidémiologie occupent évidemment une place centrale dans la santé publique, tout comme la démographie pour caractériser les populations dont on va chercher à améliorer la santé. De nombreuses autres disciplines issues des sciences humaines et sociales comme la sociologie (connaissances et représentations de la santé, inégalités sociales), l'économie (plus spécifiquement l'économie de la santé qui va traiter du coût des pathologies, des études coût-efficacité de prises en charge, mais aussi plus largement des dépenses de santé et de protection sociale) ou encore le droit (notamment le droit de la santé, inscrit dans le Code de santé publique) jouent aussi un rôle central en santé publique. Néanmoins, un des outils méthodologiques essentiels de la santé publique, en tant qu'elle étudie des populations, est la méthode statistique, que l'on va retrouver aussi bien en épidémiologie qu'en démographie.

L'épidémiologie se définit comme l'étude de la fréquence et de la répartition dans le temps et l'espace des problèmes de santé dans des populations humaines, et des facteurs qui les déterminent. Traditionnellement, on distingue entre trois types ou trois branches de l'épidémiologie, qui représentent les trois temps ou les trois phases d'une action de santé publique :

- **L'épidémiologie descriptive** : elle a pour objectif d'étudier la fréquence et la répartition des problèmes de santé dans les populations. Elle vise à établir des taux en rapportant le nombre de personnes présentant tel problème de santé à la population concernée.
- **L'épidémiologie analytique (ou explicative)** : il s'agit de mettre en évidence la relation causale entre les facteurs de risque et la maladie. On va mener soit des enquêtes de cohorte, soit des enquêtes cas-témoin.
- **L'épidémiologie évaluative** : dans le domaine médical, on évalue en général aussi bien les structures sanitaires (le bon fonctionnement d'un hôpital par exemple), les stratégies médicales (coût/efficacité, coût/bénéfice), que les actions de santé publique en termes de mortalité, de morbidité ou de qualité de vie.

Selon la définition de l'Institut national des études démographiques (INED), la **démographie** se définit comme l'étude des populations, de leur effectif, de leur composition par âge, sexe, statut matrimonial… et de leur évolution future. Elle vise donc à décrire la composition et l'évolution d'une population, mais aussi à établir des comparaisons de populations entre elles. La démographie est donc la base pour la définition de politiques démographiques et de politiques de santé. Les données démographiques constituent en effet le premier niveau d'informations à recueillir pour caractériser une population. Ainsi les politiques de santé seront différentes si la population du pays est majoritairement jeune ou si elle est âgée car les problèmes de santé ne seront pas les mêmes.

2. Les sources de données

Pour établir des statistiques démographiques et sanitaires fiables, il est évidemment nécessaire de disposer de données elles-mêmes fiables. Si l'état civil est la principale source de données démographiques (naissances, mariages, décès), la surveillance épidémiologique se fait quant à elle à plusieurs niveaux.

Tout d'abord, il existe un recueil permanent et exhaustif d'un certain nombre de problèmes de santé qui se fait selon différentes modalités et selon différentes structures. En premier lieu, il faut noter que certaines maladies sont à déclaration obligatoire : tout médecin (généraliste, hospitalier ou biologiste) qui diagnostique une maladie appartenant à ce groupe doit obligatoirement la déclarer aux autorités sanitaires, c'est-à-dire à l'Agence Régionale de Santé, les informations étant centralisées à l'agence Santé Publique France. En 2018, il existe 34 maladies à déclaration obligatoire : 32 sont des maladies infectieuses (poliomyélite, rougeole, tétanos, tuberculose, infection par le VIH, infection aiguë symptomatique par le virus de l'hépatite B…) et 2 maladies sont non infectieuses (mésothéliomes, saturnisme de l'enfant mineur). Si le Covid-19 ne fait pas partie de la liste des maladies à déclaration obligatoire, il est néanmoins une maladie à déclaration obligatoire, dans un système spécifique et temporaire : le médecin qui diagnostique un cas de Covid-19 doit ainsi le déclarer sur la plateforme « Contact Covid », avec les informations personnelles. Il est aussi fortement encouragé à recenser les personnes vivant sous le même toit que la personne malade, mais il n'est pas tenu légalement de le faire. « Contact Covid » constitue ainsi un système d'information (SI) utilisé par tous les professionnels de santé (médecins, pharmaciens, biologistes des laboratoires de dépistage COVID), qui aide à la prise en charge des cas Covid-19. Il permet d'aller au plus vite dans l'identification des personnes-contacts autour d'un cas Covid-19. Il permet de vérifier que chacun a été appelé, informé, testé, et accompagné. Deux autres systèmes d'information sont utilisés dans le cadre de la pandémie de Covid-19 :

- Le SI-DEP (Système d'Informations de DEPistage) : c'est une plateforme sécurisée où sont systématiquement enregistrés les résultats des laboratoires de tests Covid-19. Elle permet de s'assurer que tous les cas positifs sont bien pris en charge.
- Le SI-CIV : créé en 2016 suite aux attentats de Paris, le système d'information pour le suivi des victimes d'attentats et de situations sanitaires exceptionnelles (SI-VIC) est déclenché lorsque des évènements et des catastrophes de ce type se produisent. Il a pour objectif d'assurer l'identification et le dénombrement hospitalier, d'offrir une visibilité de l'impact de l'événement sur l'offre de soins (ventilation des patients dans les hôpitaux et leur gravité) et de faciliter l'accompagnement des victimes par leurs proches. SI-VIC permet de renseigner et de mettre à jour les informations relatives à l'identité du patient pris en charge ; la prise en charge (hospitalière ou médico-psychologique) du patient ; la personne à contacter. Il est accessible via un site web sécurisé, ouvert à des utilisateurs

identifiés dans différentes entités : les établissements de santé, les SAMU, les cellules d'urgences médico-psychologiques et les agences régionales de santé.

Il en est de même pour les causes de décès : tous les décès enregistrés en France font l'objet d'une transmission obligatoire. Ainsi chaque médecin qui remplit un certificat de décès (obligatoire pour toute personne décédée) doit envoyer une partie de ce certificat à l'état civil (nominative) et l'autre partie (anonyme) au Centre d'épidémiologie sur les causes médicales de décès (Cépi-DC), qui va pouvoir ainsi déterminer les causes des 660 000 décès enregistrés chaque année en France. C'est grâce à ces certificats de décès que les Français ont pu suivre en temps réel la mortalité due au Covid-19 ; qui a fait environ 111 000 morts jusqu'à présent.

On peut signaler aussi l'existence de registres de maladie, qui recueillent en continu et de façon exhaustive les données épidémiologiques nominatives concernant un problème de santé (par exemple le cancer) dans une population bien définie (par exemple une région). En 2016, il existait en France 62 registres de morbidité répartis comme suit :

- 18 registres de cancer généraux.
- 13 registres de cancer spécialisés.
- 6 registres de maladies cardio ou neuro vasculaires.
- 6 registres de malformations congénitales.
- 7 registres portant sur des pathologies diverses.
- 12 registres de maladies rares.

Depuis 2014, le Comité d'évaluation des registres (CER), comité indépendant, est chargé de l'évaluation scientifique des registres.

Enfin, au sein des hôpitaux existe ce que l'on appelle le Programme de médicalisation des systèmes d'information (PMSI) : il permet le recueil des diagnostics principaux et des actes pour tous les patients hospitalisés, ainsi que le recueil de tous les signalements d'événements indésirables liés aux soins. De même, le Répertoire national interrégimes des bénéficiaires de l'assurance-maladie (RNIAM) permet d'avoir accès à l'historique médical de tous les assurés sociaux et constitue à ce titre une mine d'informations quant à l'état de santé des Français.

Certaines enquêtes de morbidité peuvent porter sur un âge spécifique. Ainsi, les certificats de santé des enfants constituent une source de données fondamentale pour ce qui concerne la santé infantile : entre la naissance et 16 ans, 20 examens de santé sont obligatoires, dont 3 donnent lieu à un certificat (8ᵉ jour, 9ᵉ mois, 24ᵉ mois). Ces données sont recueillies par le médecin traitant (formulaire dans le carnet de santé), et adressées au service départemental de la PMI (Protection maternelle et infantile) puis informatisées et disponibles au niveau national.

On peut noter aussi des enquêtes qu'on appelle « Un jour donné » : par exemple, un jour de juin 2003, les autorités sanitaires ont décidé d'enquêter sur les personnes détenues atteintes par le VIH et VHC en milieu pénitentiaire afin d'évaluer leur nombre.

Inversement, on peut faire des enquêtes de morbidité périodiquement comme l'Enquête décennale santé, qui permet d'évaluer l'état de santé perçue des Français tous les 10 ans et ainsi de voir son évolution. L'Enquête santé et protection sociale (ESPS), réalisée tous les deux ans par l'IRDES, en est aussi un bon exemple.

3. Les indicateurs

Voici les principaux indicateurs présentés sous la forme d'un tableau. Nous avons distingué ici indicateurs démographiques et indicateurs épidémiologiques même si, en pratique, les épidémiologistes utilisent des indicateurs démographiques comme les différents taux ajustés de mortalité (infantile, néonatale, prématurée, etc.), alors que les démographes n'utilisent pas les indicateurs comme la prévalence ou l'incidence. Nous avons ajouté 2 indicateurs épidémiologiques qui ont beaucoup été utilisés pendant la pandémie de Covid-19 : le fameux R_0, ou taux de reproduction de base ; et le taux de létalité.

Indicateurs démographiques

Nom	Définition
Natalité	Ensemble des naissances vivantes.
Taux (brut) de natalité	Proportion de naissances vivantes enregistrées pendant une année pour 1 000 habitants. Indicateur imparfait de la fécondité des populations car sa valeur dépend non seulement du niveau de la fécondité mais aussi de la structure par âge de la population.
Indicateur conjoncturel de fécondité	Somme des taux de fécondité d'une année donnée. Mesure le nombre moyen d'enfants qu'aurait une femme tout au long de sa vie si les taux de fécondité observés l'année considérée à chaque âge demeuraient inchangés.
Taux de mortalité	Rapport du nombre de décès de l'année à la population totale moyenne de l'année.
Taux de mortalité maternelle	Nombre de mères décédées suite à des complications de grossesse, d'accouchement enregistrées au cours d'une période rapporté au nombre de naissances vivantes.
Taux de mortalité infantile	Rapport entre le nombre d'enfants décédés à moins d'un an et l'ensemble des enfants nés vivants.
Taux de mortalité néonatale	Rapport du nombre d'enfants décédés à moins de 28 jours à l'ensemble des nés vivants.
Taux de mortalité périnatale	Nombre de mort-nés et d'enfants décédés à moins de 7 jours à l'ensemble des nés vivants et mort-nés.
Taux de mortinatalité	Rapport du nombre de mort-nés à l'ensemble des nés vivants et mort-nés.
Mortalité prématurée	Nombre de décès survenus avant 65 ans.

Indicateurs épidémiologiques

Nom	Définition
Prévalence	Nombre de cas de maladies présents à un moment donné dans une population rapportée à la population totale. Mesure de l'état de santé d'une population à un instant donné. Est une proportion. Exprimée en pourcentage.
Incidence	Nombre de nouveaux cas d'une maladie sur une période donnée Mesure de la vitesse de survenue d'une maladie dans une population.
Incidence cumulée	Nombre de nouveaux cas d'une maladie survenant sur une période définie dans un groupe d'individus stable divisés par l'effectif du groupe sur la même période. Définit la probabilité d'être malade.
Taux d'incidence ou densité d'incidence	Nombre de nouveaux cas d'une maladie survenant sur une période définie dans un groupe d'individus dont l'effectif peut changer durant cette période, divisés par le nombre de personnes-temps à risque sur la même période. Taux exprimé en nombre de nouveaux cas par personnes-temps à risque.
Odds ratio (rapport des cotes)	Mesure statistique permettant de mesurer le degré de dépendance entre des variables aléatoires qualitatives (par exemple entre une exposition et une maladie). Se définit comme le rapport des chances qu'un événement arrivant, par exemple une maladie, à un groupe de personnes A arrive également à un autre groupe B. Toujours supérieur ou égal à zéro. Proche de 1, la maladie est indépendante du groupe. Supérieure à 1, la maladie est plus fréquente dans le groupe A. S'il devient très élevé, la maladie est beaucoup plus fréquente dans le groupe A. S'il tend vers zéro la maladie est beaucoup plus fréquente dans le groupe B.
Risque relatif	Mesure statistique du risque de survenue d'un événement entre deux groupes. Détermine la différence de risque d'avoir une maladie (cancer du poumon par exemple) dans une population exposée à un facteur de risque (tabac chez une population de fumeurs) et chez une population témoin (non-fumeur). Si le RR est > 1, le risque est beaucoup plus élevé (par exemple, si RR = 3 cela signifie qu'on a trois fois plus de chances d'avoir la maladie). Si RR < 1, alors on a moins de chances d'avoir la maladie (on parle de facteur protecteur).
Risque attribuable	Quantifie la probabilité additionnelle de la maladie dans la population associée à l'exposition. Mesure la proportion correspondante rapportée à la probabilité globale de la maladie dans la population. Par exemple, la part attribuable du tabac dans le cancer est de 24 %, c'est-à-dire que 24 % des cancers seraient causés par le tabac.

Nom	Définition
R_0 (Taux de reproduction de base)	Nombre moyen de nouveaux cas générés par un sujet infectieux dans une population susceptible Si R0 > 1 : épidémie Si R0 = 1 : endémie Si R0 < 1 : disparition de la maladie Valeurs de R_0 pour différentes maladies - Rougeole : R_0 = 15-20 - Variole : R_0 = 3-5 - SRAS : R_0 = 2-3 - Grippe : R_0 = 2-3 Le R_0 dépend de 3 facteurs : - La période de contagiosité du coronavirus (approximativement 10-14 jours pour le SARS-CoV-2) ; - Le nombre de personnes avec qui l'on est potentiellement en contact ; - La capacité de transmission (les vecteurs par lesquels le pathogène peut se transmettre). Concernant le Covid-19, le R_0 était estimé à presque 3 (2,8) début mars, soit avant les mesures de confinement : cela signifie qu'une personne contaminée en contamine 3 autres, qui elles-mêmes en contaminent 3 autres, et ainsi de suite ; d'où une hausse exponentielle des cas. Au moment du déconfinement, le 11 mai, le R_0 était à 0,8, puis à 0,9 le 25 juin, selon Santé Publique France. Depuis il oscille autour de 1, avec des pics à 1,5. Le fameux variant Delta aurait un R à 8 mais cela reste à vérifier.
Taux de létalité	Nombre de personnes qui, ayant contracté une maladie, meurent de cette maladie pour 1 000 personnes, pour une année donnée. Quantifie le risque qu'une maladie entraîne la mort. Le taux de létalité du Covid-19 se situerait entre 0,5 et 1 (contre 0,1 pour la grippe saisonnière). Un taux à 1 signifie qu'1 personne sur 1 000 personnes infectées meurt de cette maladie. Il y aurait néanmoins de grandes disparités en fonction notamment de l'âge ou de présence de comorbidités (le risque de mourir peut ainsi être 20 à 30 fois supérieur pour une personne de plus de 80 ans avec des comorbidités comme des maladies cardio-vasculaires).

Testez-vous

1. Concernant la santé publique, cocher la ou les réponses fausses :

- ☐ **A.** D'après la définition de santé selon l'OMS, la santé se résume à l'absence de maladie ou d'infirmité.
- ☐ **B.** La santé publique traite surtout de la santé de chaque individu.
- ☐ **C.** La santé publique implique uniquement les professionnels de santé et les gestionnaires des structures de santé.
- ☐ **D.** La santé des êtres humains est conditionnée par plusieurs facteurs : physiques, chimiques, biologiques, génétiques, psychologiques, sociaux, et économiques.
- ☐ **E.** La santé publique traite aussi de l'interaction entre le milieu de vie et l'organisation sociopolitique.

2. L'épidémiologie se définit comme l'étude :

- ☐ **A.** des épidémies.
- ☐ **B.** de la distribution des états de santé dans le temps et dans l'espace.
- ☐ **C.** des facteurs des épidémies.
- ☐ **D.** des facteurs qui influencent la distribution des états de santé dans le temps et dans l'espace.
- ☐ **E.** des états de santé qui influencent la distribution des facteurs.

3. Chassez l'intrus parmi ces déterminants de la santé :

- ☐ **A.** L'épidémiologie.
- ☐ **B.** Le système de santé.
- ☐ **C.** Le niveau socio-économique.
- ☐ **D.** Le mode de vie.
- ☐ **E.** L'environnement.

4. Le taux d'incidence (cochez les bonnes réponses) :

- ☐ **A.** mesure le nombre de nouveaux cas d'une maladie sur une certaine période.
- ☐ **B.** mesure le nombre de cas d'une maladie à un moment donné.
- ☐ **C.** divise le nombre de malades par l'effectif total de la population.
- ☐ **D.** mesure la vitesse de propagation de la maladie.
- ☐ **E.** porte sur les personnes à risque.

5. Qu'est-ce que la prévalence d'une maladie ?

- ☐ **A.** Le nombre de décès de cette maladie dans la population étudiée.
- ☐ **B.** Le nombre de nouveaux cas dans une population pendant une période définie.
- ☐ **C.** L'étiologie de cette maladie.
- ☐ **D.** La proportion de malades présents dans une population à un moment donné.
- ☐ **E.** La proportion de décès.

2 La santé dans le monde

Les années 2020-2021 ont été le théâtre de la plus grave crise sanitaire depuis l'épidémie de grippe asiatique de 1956-1957, qui a fait entre 2 et 3 millions de morts dans le monde (contre près de 50 millions de morts pour la grippe espagnole de 1918-1919, et 35 millions de morts du SIDA depuis le début des années 1980). Avec plus de 4 millions de morts et plus de 200 millions de personnes contaminées (contre 530 000 morts et plus de 10 millions de personnes contaminées un an auparavant, en juillet 2020), et plus de la moitié de la population mondiale qui a été confinée plusieurs mois chez elle, la pandémie de Covid-19, malgré une campagne de vaccination massive qui a vu plus de 4 milliards de doses administrées dans le monde, a durablement changé la face du monde, d'autant qu'elle a pour conséquence la plus grave crise économique que le monde ait jamais connue, crise que certains appellent la « crise du Grand Confinement ». D'un point de vue politique, cette crise a aussi conduit à de nombreuses tensions, notamment avec l'OMS qui a été mise sur la sellette dans la gestion de cette crise, tout comme le gouvernement de la République populaire de Chine, qui a paradoxalement été le premier pays à se sortir de cette crise, tout en en étant à l'origine. À l'inverse, les États-Unis sont en juillet 2021 (comme en juillet 2020) le pays le plus touché au monde avec plus de 34 millions de cas cumulés depuis le début de l'épidémie et environ 610 000 décès (contre 3 millions de cas et plus de 130 000 morts en juillet 2020), d'après le Coronavirus Resource Center de l'Université Johns Hopkins (https://coronavirus.jhu.edu/map.html) . Ils sont talonnés par l'Inde, avec plus de 31 millions de cas et plus de 410 000 décès, et le Brésil (environ 20 millions de cas et plus de 540 000 décès). La France quant à elle comptait en juillet 2021 environ 6 millions de cas cumulés et plus de 111 000 décès dus au Covid-19.

I. La situation actuelle

A. Les causes de décès dans le monde

Tout d'abord, il peut paraître intéressant de connaître le nombre de personnes qui meurent chaque année et les 10 principales causes de mortalité dans le monde.

D'après l'OMS, sur les 58,3 millions de décès survenus dans le monde en 2019, plus de la moitié (54 %) est due aux 10 causes suivantes :

1. Les cardiopathies ischémiques sont responsables de 16 % des décès dans le monde, soit près de 9 millions de personnes. Elles constituent la première cause de décès dans le monde depuis au moins 15 ans et leur proportion ne cesse d'augmenter.
2. Les accidents vasculaires cérébraux (AVC) arrivent à la deuxième place avec 11 % des décès dans le monde, soit plus de 6 millions de personnes.
3. Viennent ensuite les broncho-pneumopathies chroniques qui représentent 6 % des décès, soit un peu plus de 3 millions de morts.
4. Les infections des voies respiratoires inférieures constituent la 4e cause de décès, avec 2,6 millions de morts. À noter que ces infections constituent la maladie transmissible la plus mortelle dans le monde.

5. Le cinquième groupe de maladies renvoie aux maladies et aux conditions néonatales (malformations congénitales, hypoxies et asphyxies, syndrome de détresse respiratoire…) : 2 millions de nouveau-nés et de jeunes enfants sont morts dans le monde en raison de ces maladies.
6. Les cancers des bronches, de la trachée et des poumons arrivent en 6e position avec 1,8 million de morts.
7. En 7e position, on trouve la maladie d'Alzheimer et les autres démences, qui ont tué environ 1,6 million de personnes, majoritairement (à 65 %) des femmes.
8. Ensuite, ce sont les maladies diarrhéiques qui sont responsables de 1,5 million de morts, soit 1 million de morts en moins qu'il y a 20 ans.
9. Le diabète sucré est entré récemment dans les 10 principales causes de mortalité, avec environ 1,4 million de morts.
10. Enfin, les maladies du foie constituent la dixième cause de mortalité dans le monde avec 1,3 million de morts.

De nombreuses maladies qui étaient dans cette liste en l'an 2000 n'y sont plus : les morts liées VIH/sida sont ainsi passées de la 8e à la 19e cause de mortalité dans le monde.

Enfin, avec plus de 4 millions de morts, le Covid-19 deviendrait la 3e cause de mortalité dans le monde

B. Des inégalités de santé criantes

Cela montre que les inégalités persistent entre les différents pays, et notamment entre les pays du Nord et ceux du Sud. Ainsi, plus de la moitié des décès dans les pays à faible revenu en 2019 sont dus aux maladies transmissibles, à des pathologies survenant pendant la grossesse et l'accouchement ou à des carences nutritionnelles. En revanche, elles ne comptent que pour 7 % des décès dans les pays à revenu élevé. Les infections des voies respiratoires inférieures font partie des principales causes de mortalité dans tous les pays, quel que soit leur niveau de vie.

Ainsi, les habitants des pays à faible revenu sont beaucoup plus susceptibles de mourir d'une maladie transmissible que d'une maladie non transmissible. Dans les pays à faible revenu, six des 10 principales causes de mortalité sont des maladies transmissibles, malgré le recul de ces dernières à l'échelle mondiale : les affections néo-natales constituent par exemple la 1re cause de décès dans les pays à faibles revenus, avec plus de 550 000 décès en 2019 ; suivies par les infections des voies respiratoires basse (un peu plus de 400 000 décès en 2019). À l'inverse, dans les pays à revenu élevé, les affections néo-natales ne font pas partie des 10 principales causes de décès, et les infections des voies respiratoires basses ne pointent qu'à la 6e place, loin derrière les maladies cardio-vasculaires et les cancers.

Le paludisme, la tuberculose et le VIH/sida continuent de compter parmi les 10 principales causes de mortalité dans ces pays, quoiqu'ils reculent tous considérablement.

Les maladies diarrhéiques se placent au cinquième rang des principales causes de décès dans les pays à faible revenu, jouant ainsi un rôle plus important dans la mortalité dans ces pays. Elles sont néanmoins en recul, et représentent le deuxième déclin le plus important enregistré parmi les 10 principales causes de mortalité (avec 231 000 décès de moins).

De même, concernant les accidents de la route, l'OMS estime qu'environ 1,3 million de personnes perdent la vie dans un accident de la route, avec plus de 20 à 50 millions de blessés chaque année. Mais la répartition géographique des accidents fait apparaitre de nombreuses inégalités : plus de 90 % des décès sur les routes surviennent dans les pays à revenu faible ou intermédiaire et c'est dans la Région africaine que le taux de mortalité par accidents de la route est le plus élevé. Même dans les pays à revenu élevé, les personnes appartenant aux classes socio-économiques défavorisées risquent davantage d'être impliquées dans un accident de la route. De plus, concernant le sexe, près des trois quarts (73 %) des tués sur les routes sont des hommes de moins de 25 ans qui courent près de trois fois plus de risques d'être tués dans un accident de voiture que les jeunes femmes.

Ainsi, on ne meurt ni de la même façon ni avec la même intensité en fonction du niveau de richesse de la région du globe où l'on habite.

C. Bilan de la santé dans le monde

Ainsi, on peut à présent dresser un bilan de l'état de santé des populations dans le monde, bilan qui loin d'être satisfaisant.

- **Les inégalités de santé sont criantes** : les besoins de base ne sont pas couverts dans de nombreux pays. La mortalité infantile avant 5 ans en est un bon indicateur : le nombre d'enfants qui décèdent avant 5 ans a certes reculé, passant de 12,5 millions en 1990 à 5,2 millions en 2019, mais la pauvreté demeure le premier facteur à combattre pour protéger la santé.
- **La situation nutritionnelle est très déséquilibrée** : on assiste aussi bien à des situations chroniques de malnutrition et de carence, que des situations d'obésité et de pléthores. On estime qu'il y a, dans le monde, à peu près autant de personnes en surpoids ou obèses que de personnes dénutries (environ 1 milliard de personnes en surpoids ou obèses, et 1 milliard de personnes dénutries).
- **Des maladies et des risques émergent** : la sécurité sanitaire dans le monde doit prendre en compte l'émergence de menaces nouvelles qui exigent une solidarité mondiale. La mondialisation des échanges, l'accroissement important de la circulation des biens et des personnes, les développements industriels, sources de pollution massive ou de risques nouveaux, l'émergence d'épidémies nouvelles, comme celle du Covid-19, dans un contexte de fragilités et de bouleversements économiques, politiques, sociologiques et démographiques sont les principaux éléments à prendre en compte qui menacent la santé des populations, exposant toujours de façon plus importante les pays les plus pauvres. Les systèmes de soins sont très insuffisants et la couverture par une assurance-maladie le plus souvent inexistante.

Face à ce constat très préoccupant, la communauté internationale s'est mobilisée au début des années 2000. Sous l'égide des Nations unies, des dispositifs pour promouvoir la santé ont vu le jour, en particulier la création en 2002 du Fonds mondial dédié à la lutte contre les 3 grandes pandémies : Sida, paludisme et tuberculose.

II. Les acteurs de la santé à l'échelle mondiale

- **L'OMS** : pour le compte des Nations unies, l'OMS est en charge de promouvoir une politique de santé à l'échelon mondial, pour toutes les populations. L'Assemblée mondiale de la santé, qui se réunit une fois par an, arrête la politique de l'OMS. L'OMS emploie près de 4000 personnes et dispose d'un budget de plus de 3 milliards de dollars. Elle est composée d'un siège à Genève, et de six bureaux régionaux : Asie du Sud-Est, Méditerranée orientale, Pacifique occidental, Amérique, Afrique, Europe. Ses principales missions sont :
  - Aider les gouvernements à renforcer les services de santé ;
  - Fournir l'assistance technique appropriée ;
  - Établir des services d'épidémiologie et de statistiques ;
  - Faire progresser les actions pour la maîtrise des maladies (épidémiques en particulier) ;
  - Favoriser l'amélioration de la nutrition, du logement, de l'assainissement et des conditions de travail ;
  - Favoriser les actions dans le domaine de l'hygiène mentale.

Néanmoins, de nombreuses autres structures des Nations unies concourent à la santé, en particulier :

- **L'Unicef** : il s'agit du Fonds des Nations unies pour l'enfance. Ses missions principales concernent la santé des nouveau-nés, les vaccinations, la protection de l'enfance, la lutte contre le Sida, l'éducation des filles ;
- **La FAO** : il s'agit de l'Organisation des Nations unies pour l'alimentation et l'agriculture. Son objectif est de libérer le monde de la faim, comme l'atteste sa devise : « Fiat panis » (Du pain pour tous). Elle fournit une assistance technique aux pays en développement et collabore avec l'OMS pour sécuriser l'alimentation ;
- **Le PNUD** : il s'agit du Programme des Nations unies pour le développement. Ses objectifs sont de réduire la pauvreté, d'aider à la gestion des ressources, de promouvoir le développement humain et de promouvoir une gouvernance démocratique ;
- **Le PAM** : il s'agit du Programme alimentaire mondial. Chaque année le PAM contribue à l'alimentation des populations les plus défavorisées dans 80 pays. Son objectif principal est de répondre aux aides d'urgence, en particulier face aux catastrophes et en faveur des réfugiés et des populations déplacées. Sa mission est d'éliminer la faim dans le monde, de contribuer à lutter contre les carences alimentaires, en particulier chez les femmes et les enfants. Il dispose d'un budget de 3 millions de dollars.

III. Les 17 Objectifs de développement durable

En septembre 2015, les 193 États membres de l'ONU ont convenu d'atteindre à l'horizon 2030 17 objectifs de développement durable (ODD). Pratiquement tous ont une composante sanitaire ou contribueront à améliorer la santé mondiale.

Les 17 objectifs de développement durable (2015-2030)	
1	Éliminer la pauvreté sous toutes ses formes et partout dans le monde.
2	Éliminer la faim, assurer la sécurité alimentaire, améliorer la nutrition et promouvoir l'agriculture durable.
3	Permettre à tous de vivre en bonne santé et promouvoir le bien-être de tous à tout âge.
4	Assurer l'accès de tous à une éducation de qualité, sur un pied d'égalité, et promouvoir les possibilités d'apprentissage tout au long de la vie.
5	Parvenir à l'égalité des sexes et autonomiser toutes les femmes et les filles.
6	Garantir l'accès de tous à l'eau et à l'assainissement et assurer une gestion durable des ressources en eau.
7	Garantir l'accès de tous à des services énergétiques fiables, durables et modernes à un coût abordable.
8	Promouvoir une croissance économique soutenue, partagée et durable, le plein emploi productif et un travail décent pour tous.
9	Bâtir une infrastructure résiliente, promouvoir une industrialisation durable qui profite à tous et encourager l'innovation.
10	Réduire les inégalités dans les pays et d'un pays à l'autre.
11	Faire en sorte que les villes et les établissements humains soient ouverts à tous, sûrs, résilients et durables.
12	Établir des modes de consommation et de production durables.
13	Prendre d'urgence des mesures pour lutter contre les changements climatiques et leurs répercussions.
14	Conserver et exploiter de manière durable les océans, les mers et les ressources marines aux fins du développement durable.
15	Préserver et restaurer les écosystèmes terrestres, en veillant à les exploiter de façon durable, gérer durablement les forêts, lutter contre la désertification, enrayer et inverser le processus de dégradation des terres et mettre fin à l'appauvrissement de la biodiversité.
16	Promouvoir l'avènement de sociétés pacifiques et ouvertes à tous aux fins du développement durable, assurer l'accès de tous à la justice et mettre en place, à tous les niveaux, des institutions efficaces, responsables et ouvertes à tous.
17	Renforcer les moyens de mettre en œuvre le Partenariat mondial pour le développement durable et le revitaliser.

IV. Veille et sécurité sanitaire dans le monde

La sécurité sanitaire regroupe l'ensemble des dispositifs de surveillance, d'alerte et d'intervention qui doivent permettre de répondre et de maîtriser les menaces pour la santé des populations. Elle constitue une responsabilité incessible de l'État, garant de la sécurité des citoyens. Les politiques de veille et de sécurité sanitaire ont été beaucoup renforcées ces dernières années dans le monde. La pandémie de Covid-19 a montré que ces politiques n'étaient pas assez fortes dans la plupart des pays, et n'avaient pas permis d'endiguer ou d'empêcher le virus de se répandre : la seule option a été celle du confinement, qui est la plus efficace certes, mais aussi la plus brutale, avec des conséquences psychologiques, économiques et sociales dévastatrices. Il s'agit là d'un échec de la sécurité sanitaire, en France comme dans le monde.

Depuis 2005 il existe un Règlement sanitaire international, ratifié par les tous les États membres de l'OMS : le RSI est un instrument juridique qui oblige les États membres de l'OMS à notifier toutes les urgences sanitaires de portée internationale afin de renforcer la sécurité sanitaire nationale, régionale et mondiale. Les premières maladies concernées ont été la peste, le choléra et la fièvre jaune. Le RSI tentera de diminuer les pertes économiques liées aux urgences sanitaires de portée internationale.

Face aux menaces d'épidémies émergentes, en particulier dans le domaine des zoonoses (maladies qui peuvent toucher l'homme et les animaux), l'OMS a défini 6 niveaux d'alerte en fonction de l'importance des risques.

Pandémie : les 6 niveaux d'alerte de l'OMS

<table>
<tr><th>Niveau d'alerte</th><th>Situation épidémique</th><th>Chronologie du Covid-19</th></tr>
<tr><td>1</td><td>Nouveau virus détecté chez les animaux, sans danger pour les humains.</td><td></td></tr>
<tr><td>2</td><td>Nouveau virus chez les animaux, potentiellement dangereux pour l'homme.</td><td></td></tr>
<tr><td>3</td><td>Quelques personnes infectées, mais pas de transmission d'homme à homme.</td><td>Le premier cas de Covid-19 a été détecté à Wuhan le 1er décembre 2019.
Le 4 janvier 2020, l'OMS signale sur les médias sociaux l'existence d'un groupe de cas de pneumonie – sans décès – à Wuhan, dans la province du Hubei.
Le 10 janvier, l'OMS considère qu'il « n'y a pas de transmission interhumaine ou que celle-ci est limitée ».</td></tr>
<tr><td>4</td><td>Montée en puissance du risque : infection entre humains localement vérifiée.</td><td rowspan="2">Le 13 janvier 2020, les autorités confirment un cas de COVID-19 en Thaïlande, premier cas signalé hors de Chine.
Les 22-23 janvier 2020, le Directeur général de l'OMS convoque un comité d'urgence au titre du Règlement sanitaire international (RSI 2005) pour déterminer si la flambée constitue une urgence de santé publique de portée internationale. Aucun consensus ne se dégage.
Le 30 janvier 2020, le Directeur général de l'OMS convoque à nouveau le comité d'urgence. Cette fois, le comité d'urgence parvient à un consensus et considère, dans l'avis qu'il transmet au Directeur général, que la flambée constitue une urgence de santé publique internationale (USPPI).</td></tr>
<tr><td>5</td><td>Risque important de pandémie : foyers infectieux dans plus de deux pays.</td></tr>
<tr><td>6</td><td>Début de la pandémie : hausse des infections entre humains dans plusieurs régions.</td><td>Le 11 mars 2020, l'OMS reconnaît que l'épidémie de Covid-19 est une pandémie.</td></tr>
</table>

Testez-vous

1. Concernant les principales missions de l'OMS, cocher la réponse fausse :

- ☐ **A.** Établir des services d'épidémiologies et de statistiques.
- ☐ **B.** Éliminer la faim dans le monde, contribuer à lutter contre les carences alimentaires, en particulier chez les femmes et les enfants.
- ☐ **C.** Aider les gouvernements à renforcer les services de santé.
- ☐ **D.** Favoriser les actions dans le domaine de l'hygiène mentale.
- ☐ **E.** Favoriser l'amélioration de la nutrition, du logement, de l'assainissement et des conditions de travail.

2. Quel organisme a pour devise « Fiat Panis » ?

- ☐ **A.** PAM.
- ☐ **B.** FAO.
- ☐ **C.** PNUD.
- ☐ **D.** HCR.
- ☐ **E.** Unicef.

3. Concernant les causes de décès dans le monde cocher la réponse fausse :

- ☐ **A.** 58,3 millions de personnes sont mortes en 2019.
- ☐ **B.** Les maladies cardio-vasculaires sont la première cause de mortalité dans le monde.
- ☐ **C.** Le diabète tue de plus en plus de monde.
- ☐ **D.** Le nombre de morts par SIDA n'a jamais été aussi élevé.
- ☐ **E.** Les accidents de la route touchent essentiellement les hommes.

4. Concernant les inégalités et les évolutions des causes de décès, cocher la réponse fausse :

- ☐ **A.** Les pays les plus riches sont plus touchés par les maladies transmissibles que les pays pauvres.
- ☐ **B.** Les maladies non transmissibles sont à l'origine de 70 % des décès dans le monde.
- ☐ **C.** C'est dans les pays à revenu faible que le taux de mortalité par accident de la route est le plus élevé.
- ☐ **D.** On estime qu'il y a, dans le monde, à peu près autant de personnes en surpoids ou obèses que de personnes dénutries.
- ☐ **E.** 5,2 millions d'enfants de moins de 5 ans sont morts en 2019.

5. Concernant les 6 niveaux d'alerte de l'OMS, cocher la réponse fausse :

- ☐ **A.** Le niveau 1 correspond à la détection chez des animaux d'un nouveau virus, sans risque pour les humains.
- ☐ **B.** Le niveau 5 d'alerte de l'OMS est déclenché quand il y a des foyers infectieux dans plus de pays.
- ☐ **C.** Le niveau 3 d'alerte de l'OMS est déclenché quand il y a transmission d'homme à homme.
- ☐ **D.** Le niveau 6 est déclenché quand la pandémie débute, c'est-à-dire quand les humains s'infectent entre eux dans plusieurs régions.
- ☐ **E.** Le niveau 2 est déclenché quand un nouveau virus apparaît chez les animaux et qu'il est potentiellement dangereux pour l'homme.

3 La santé des Français

Le 11 mai 2017, la Direction de la recherche, des études, de l'évaluation et des statistiques (Drees) et Santé publique France ont publié la 7e édition du rapport sur « L'état de santé de la population en France ».

Globalement, les Français sont en bonne santé…

- L'espérance de vie est élevée : 85 ans pour les femmes, 78,9 ans pour les hommes, et l'écart entre les sexes se réduit comme dans d'autres pays européens.
- La mortalité toutes causes continue à diminuer, pour toutes les classes d'âges, pour les hommes et les femmes. Cette réduction de la mortalité concerne la plupart des maladies chroniques : cancers, maladies cardio-vasculaires, maladies respiratoires, diabète…
- La baisse de la mortalité prématurée observée depuis 15 ans se poursuit, et la mortalité évitable liée aux comportements à risques continue à baisser notamment chez les hommes.

… mais le poids des décès prématurés reste important, et la morbidité par maladies chroniques ne régresse pas

- Près d'un décès sur cinq est prématuré (décès avant 65 ans).
- La mortalité prématurée est deux fois plus élevée chez les hommes que chez les femmes.
- La mortalité évitable par une réduction des comportements à risques représente 30 % de cette mortalité prématurée, elle est plus de trois fois supérieure chez les hommes comparé aux femmes.
- L'incidence des maladies chroniques ne régresse pas, et la prévalence, déjà importante, est en forte hausse, notamment du fait du vieillissement de la population et de l'allongement de l'espérance de vie.

I. Une espérance de vie élevée mais de fortes disparités entre les hommes et les femmes

Au 1er janvier 2021	
Population totale	67,4 millions d'habitants (65,3 millions en métropole et 2,1 millions dans les cinq départements d'outre-mer)
Natalité	736 000 naissances
Mortalité	669 000 décès
Solde naturel	+67 000 personnes par an
Solde migratoire	+87 000 personnes
Espérance de vie à la naissance tous sexes confondus	82,1 ans
Espérance de vie à la naissance pour les femmes	85,1 ans
Espérance de vie à la naissance pour les hommes	79,1 ans

Au 1er janvier 2021	
En tête des pays européens en termes de fécondité	Indice Conjoncturel de Fécondité = 1,84/femme
Taux de mortalité infantile	3,6/1 000 enfants nés vivants

Avec la pandémie de Covid-19, l'état démographique et sanitaire de la France s'est nettement dégradé : les naissances ont baissé, comme les mariages, tandis que les décès ont augmenté, faisant baisser l'espérance de vie.

Ainsi, en 2020, 736 000 bébés sont nés en France, soit 17 000 naissances de moins qu'en 2019 (–2,3 %). Le nombre de naissances diminue chaque année depuis six ans : en 2020, il y a eu 83 000 naissances de moins qu'en 2014. Ce nombre de naissances est le plus bas observé depuis la fin de la Seconde Guerre mondiale et inférieur au point bas de 1994. La baisse du nombre des naissances s'explique par la diminution de la population féminine en âge de procréer et par la baisse de sa fécondité. Les femmes âgées de 20 à 40 ans, les plus fécondes, sont de moins en moins nombreuses depuis le milieu des années 1990. Elles sont environ 8 millions en 2020, contre 9,3 millions en 1995.

En 2020, l'indicateur conjoncturel de fécondité (ICF) s'établit à 1,84 enfant par femme. Il était de 2 en 2014. Ces 6 années de baisse font suite à huit années de relative stabilité, autour de 2 enfants par femme. En France, la fécondité reste malgré tout globalement élevée. En 2019, la France reste le pays de l'Union européenne (UE) le plus fécond (ICF de 1,86), suivie par la Roumanie (1,77). Aussi fécondes que la France il y a quelques années, l'Irlande et la Suède ont un ICF désormais plus bas : 1,71 en 2019, comme la République tchèque. Trois pays méditerranéens ont des ICF inférieurs à 1,3 : Malte, l'Espagne et l'Italie. L'Allemagne, qui faisait partie il y a dix ans des pays les moins féconds de l'UE, figure désormais dans la moyenne (ICF de 1,54, contre 1,53 pour l'ensemble de l'UE).

En 2020, l'âge moyen à la maternité se stabilise à 30,8 ans, contre 29,8 en 2008.

Concernant la mortalité, 669 000 personnes sont décédées en France en 2020, d'après l'INSEE : c'est 56 000 de plus qu'en 2019. En raison de l'arrivée des générations nombreuses du *baby-boom* à des âges où la mortalité est plus élevée, le nombre de décès augmente chaque année depuis 2010. La hausse observée en 2020 est cependant sans commune mesure avec celle des années passées. À espérance de vie constante depuis 2019, l'augmentation de la population et son vieillissement en 2020 auraient entraîné un accroissement des décès d'environ 14 000. Si les gains d'espérance de vie s'étaient prolongés au même rythme que ceux observés lors de la dernière décennie, l'augmentation aurait été moindre, de l'ordre de 6 000. L'essentiel de la hausse des décès en 2020 est donc porté par l'augmentation des taux de mortalité aux âges élevés du fait de l'épidémie de Covid-19. Cette dernière entraîne une diminution marquée de l'espérance de vie à la naissance, d'un peu plus de 6 mois par rapport à 2019. On peut distinguer deux vagues distinctes de mortalité : la première a eu lieu en mars-avril 2020, et la seconde de septembre à décembre 2020 : En mars-avril 2020, 27 300 décès supplémentaires sont survenus par rapport à la même période de 2019 (+ 27 %). L'excédent de décès entre septembre et décembre est, quant à lui, moins intense mais a duré plus longtemps : il s'avère au final plus important que celui de la première vague (+ 34 300, soit + 17 %).

Le taux de mortalité globale (taux brut de 9,9 pour 1 000 en 2020, contre 9,1 en 2019) reste l'un des plus faibles d'Europe, seuls l'Irlande et les Pays-Bas ayant un taux plus faible. En corollaire, on assiste un accroissement spectaculaire du nombre de centenaires : 27 497 au 1er janvier 2021 (d'après l'INSEE), alors qu'ils n'étaient que 3 760 en 1990. La France est le pays d'Europe qui compte le plus de centenaires.

De même le taux de mortalité infantile (3,6‰ en 2020 pour la France métropolitaine, 3,8‰ pour la France entière) est l'un des plus faibles d'Europe, seules la Suède, la Finlande et la République tchèque ayant un taux plus faible (entre 2 et 3 pour 1 000).

II. Une surmortalité importante avant 65 ans : la mortalité prématurée

Au sein de l'Union européenne, la France bénéficie d'une position relativement favorable en matière de maladies cardiovasculaires. En revanche, la mortalité prématurée, définie comme *la mortalité survenue avant l'âge de 65 ans,* est importante puisqu'elle concerne un décès sur 6, soit 106 000 décès environ. Les décès avant 65 ans représentent environ 19 % de l'ensemble des décès et concernent à 70 % des hommes.

Le taux de mortalité prématurée observée en France (240 pour 100 000 pour les hommes, et 124 pour 100 000 pour les femmes en 2020) est, à structure d'âge égale, inférieur à la moyenne européenne, qui s'élève à 282 pour 100 000 pour les hommes et 140 pour 100 000 pour les femmes. La France occupe ainsi le 16e rang des pays européens.

Les taux de mortalité prématurée varient beaucoup en fonction des régions. Ainsi, en 2019, le taux de mortalité prématurée tous sexes confondus est de 230 pour 100 000 dans les Hauts-de-France, alors qu'il n'est que de 150 pour 100 000 en Île-de-France.

Néanmoins, la part des décès avant 65 ans dans l'ensemble des décès a baissé de 1990 à 2015 : en France métropolitaine, le taux de mortalité prématurée a diminué de 28 % chez les femmes et de 40 % chez les hommes.

Le taux de mortalité prématurée est deux fois plus élevé chez les hommes que chez les femmes. Les causes essentielles de la mortalité prématurée chez les hommes sont des décès dus à des conduites à risque, essentiellement la consommation de tabac et d'alcool. Les principales causes de mortalité prématurée chez les femmes sont les tumeurs du sein et du poumon. Il est à noter que la part des décès pour tumeurs du poumon chez les femmes avant 65 ans est passée de 1,5 % à 8,7 % et que cet accroissement a été constant sur toute cette période. Les femmes relaient les hommes sur les conduites à risque.

Au sein de cette mortalité prématurée, on distingue la « mortalité prématurée évitable » (estimée à 32000 décès/an, soit 30 % de la mortalité prématurée) :

- **liée aux comportements à risque** : ce sont les causes de décès dont la fréquence pourrait être diminuée essentiellement par une action sur les comportements individuels (tabagisme, alcoolisme, conduite dangereuse)
- **liée aux systèmes de soins** : ce sont les causes de décès dont la fréquence pourrait être diminuée essentiellement par une meilleure prise en charge par le système de soins, notamment à travers la prévention et le dépistage. Il s'agit ici essentiellement des maladies cardiovasculaires, des cancers féminins, et de la mortalité maternelle et périnatale.

Chez l'homme, la mortalité évitable liée aux comportements est trois fois supérieure à celle liée aux systèmes de soins. Chez la femme, la mortalité évitable liée aux systèmes de soins est la plus fréquente.

III. Causes de mortalité et morbidité

A. Les principales causes de décès

Principales causes de décès en 2016 en France

	Femmes		Hommes		Ensemble	
	Effectif	**en %**	**Effectif**	**en %**	**Effectif**	**en %**
Tumeurs	72740	25,1	95324	33	168064	29
Maladie de l'appareil circulatoire	75447	26	64977	22,5	140424	24,2
Autres causes	62383	21,5	53247	18,4	115620	20
Démences	28163	9,7	12173	4,2	40336	7
Causes externes (y compris Suicides et Accidents de la route)	14397	5	20719	7,1	35116	6,1
Cause inconnue	11846	4,1	12743	4,4	24589	4,2
Maladies respiratoires chroniques	4704	1,6	6452	2,2	11156	1,9
Maladies infectieuses et parasitaires (y compris SIDA)	5355	1,8	4822	1,7	10177	1,8
Total	290304	100	288926	100	579230	100

Champ : France métropolitaine.
Source : Inserm-CépiDc (Centre d'épidémiologie sur les causes médicales de décès).

Les **causes de décès** les plus fréquentes sont les **tumeurs** (29 % des causes de décès), les **maladies de l'appareil circulatoire** (24,2 % des causes de décès), les **démences** (7 %, soit environ un décès sur quinze), et les **morts violentes** (accidents, suicides et autres causes extérieures de décès, 6,1 % des causes de décès).

B. La morbidité : de quoi souffrent les Français ?

La morbidité désigne le fait d'être malade et permet d'apprécier l'état de santé des Français, en fonction de l'âge et du sexe. Tout d'abord, concernant le sexe, il faut noter que, quel que soit l'âge, les femmes déclarent en moyenne plus de maladies ou de troubles de la santé que les hommes (3,3 contre 2,3 en 2008).

Concernant l'âge, on peut constater que les jeunes âgés de moins de 25 ans déclarent peu de maladies, qui sont de plus pour la plupart bénignes. Entre 25 et 64 ans, les affections le plus souvent déclarées sont les maladies de l'œil et les troubles de la vue (58 % des hommes et 72 % des femmes en déclarent). Puis viennent les affections ostéo-articulaires, qui touchent plus de 35 % des personnes, et les maladies de l'appareil circulatoire, dominées par l'hypertension artérielle.

Au-delà de 64 ans, les Français déclarent 6,4 affections en moyenne pour les femmes et 5,5 pour les hommes. Presque les trois quarts des enquêtés présentent au moins une maladie de l'appareil circulatoire ; la seule hypertension artérielle est déclarée par la moitié des personnes de cette tranche d'âge, tandis que les maladies du système ostéo-articulaire (arthropathies, ostéoporose, lombalgies, etc.) viennent au troisième rang de fréquence des maladies déclarées (53 % chez les hommes et 72 % chez les femmes).

En France, on estime que **15 millions de personnes souffrent de maladies chroniques**, soit une prévalence de 20 % de la population, maladies qui représenteraient 60 % des décès. Sur ces 15 millions, 7 millions de personnes souffrent d'hypertension artérielle, 3,7 millions de diabète, 3,5 millions d'asthme, 3 millions de bronchite chronique et autant d'insuffisance rénale chronique, ou encore 700 000 de cancer. Or, en 2017, 10,7 millions de personnes, sont prises en charge à 100 % par l'assurance-maladie car elles bénéficient de l'exonération du ticket modérateur au titre d'une affection de longue durée (ALD). Cela représente donc près d'un français sur sept, avec une incidence qui ne cesse de s'accroître. On estime que cette population concentre près de 64 % des remboursements de l'assurance-maladie.

La transition épidémiologique, qui désigne le changement intervenu au XXe siècle dans les pays occidentaux qui voient les maladies non transmissibles, aussi appelées maladies chroniques (maladies cardio-vasculaires, cancers, maladies pulmonaires obstructives chroniques, diabète) remplacer, sans les faire disparaître, les maladies infectieuses comme problèmes de santé dominants sous l'effet du progrès économique et social, mais aussi du vieillissement de la population, constitue donc aujourd'hui le principal défi pour le système de santé français.

IV. Les inégalités de santé

A. Les inégalités géographiques de santé

La France se caractérise par des disparités géographiques encore marquées. Ainsi, en France métropolitaine, entre les régions les plus et moins favorisées, l'espérance de vie à la naissance varie d'environ 5 ans pour les hommes et de 3 ans pour les femmes. Pour les deux sexes, c'est dans la région Nord-Pas-de-Calais que cet indicateur est le plus faible. Globalement, la situation est plus favorable au sud qu'au nord de la France. En 2013 ce sont les régions Rhône-Alpes et Pays de la Loire qui détiennent le record de longévité féminine et l'Île-de-France celui de l'espérance de vie masculine. Les différences d'espérance de vie entre régions sont en outre plus élevées pour les hommes que pour les femmes : 6 ans d'écart environ pour les hommes, contre 4 ans d'écart environ pour les femmes (cartes pages suivantes).

Disparités départementales d'espérance de vie à la naissance chez les femmes en 2013

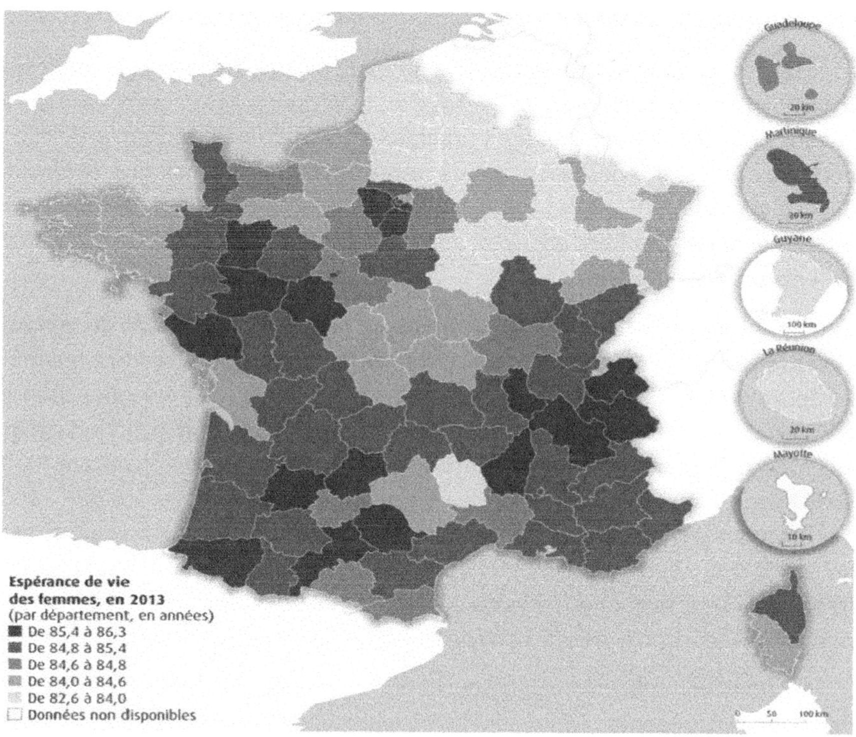

Source : Insee, État Civil, Estimations de population.

Disparités départementales d'espérance de vie à la naissance chez les hommes en 2013

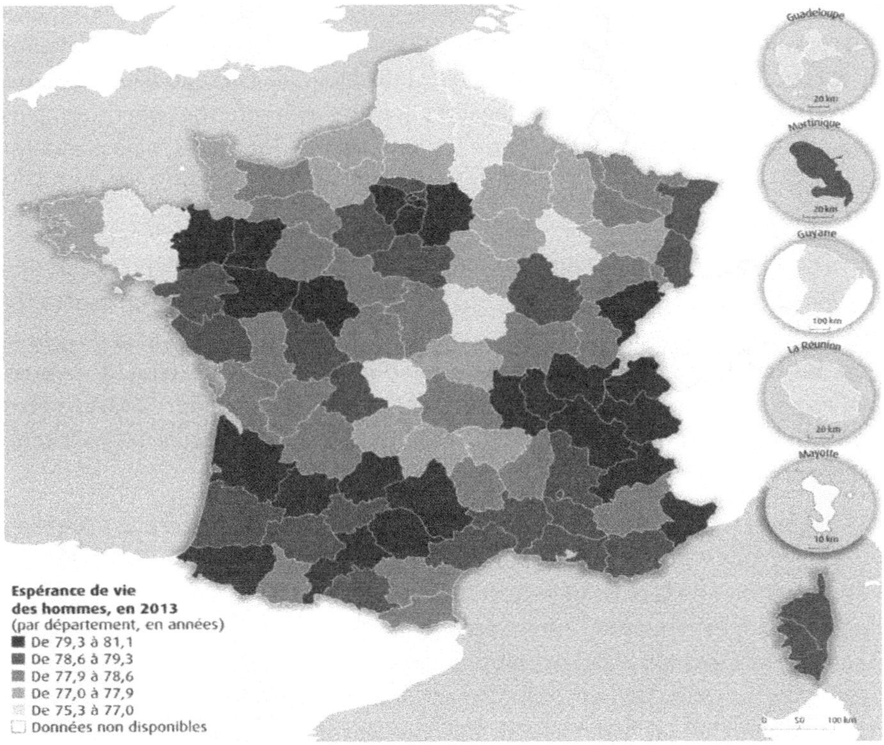

B. Les inégalités sociales de santé

Les inégalités de santé sont définies comme des « différences systématiques, évitables et importantes dans le domaine de la santé » observées entre des groupes sociaux. Malgré des résultats globaux satisfaisants, des disparités sociales significatives demeurent tant en matière d'état de santé que de recours aux soins.

Tout d'abord, on constate des disparités entre milieux sociaux en matière d'espérance de vie et de causes de décès.

En effet, les principaux indicateurs d'état de santé s'améliorent continûment au fur et à mesure qu'on monte dans « l'échelle sociale ». Par exemple, l'espérance de vie augmente selon la catégorie socioprofessionnelle. De même, avec le nombre d'années d'étude, la santé perçue s'améliore et les prévalences déclarées de maladie chronique et de limitation d'activité diminuent. Ce phénomène est connu sous le terme de « **gradient social de santé** ». Les classes les plus favorisées économiquement et/ou les plus diplômées bénéficient d'un meilleur état de santé, d'une capacité d'appropriation des messages de prévention plus adéquate et d'un accès au système de santé, notamment de recours aux soins plus adapté. Les indicateurs de position sociale sont ainsi considérés comme des déterminants structurels de la santé et utilisés dans la mesure des inégalités sociales de santé ; on observe en effet des différences entre catégories socioprofessionnelles pour pratiquement l'ensemble des activités humaines et par conséquent l'ensemble des déterminants de santé :

conditions de travail et de logement, comportements (sociabilité et reconnaissance sociale, alimentation et consommation de substances psychoactives, recours aux soins…). La société contribue très largement aux inégalités sociales de santé, au-delà des contraintes budgétaires qui pèsent par exemple sur les pratiques alimentaires ou le recours aux soins. Pour de nombreux indicateurs (à l'exception entre autres du surpoids et de l'obésité), les inégalités sociales de santé sont beaucoup plus marquées entre les hommes qu'entre les femmes. Ces inégalités, déjà présentes dès les premières années de l'enfance et même avant la naissance, se cumulent tout au long de la vie.

Les inégalités sociales de mortalité qui demeurent stables depuis plusieurs décennies témoignent de ce cumul : sur la période 2009-2013, l'écart d'espérance de vie à 35 ans entre cadres et ouvriers est de 6,4 ans pour les hommes et de 3,2 ans pour les femmes, en légère augmentation depuis la période 2000-2008. Ainsi, à 35 ans, un homme cadre peut espérer vivre jusqu'à 84 ans, contre 77,6 ans pour un ouvrier. Une femme cadre peut quant à elle espérer vivre jusqu'à 88 ans, contre 74,8 pour une ouvrière.

Si l'on se réfère au seul niveau de revenu, les inégalités sont encore plus marquées. Ainsi, selon une étude de l'INSEE parue en février 2018, parmi les 5 % les plus aisés, l'espérance de vie à la naissance des hommes est de 84,4 ans, contre 71,7 ans parmi les 5 % les plus pauvres, soit 13 ans d'écart. Chez les femmes, cet écart est plus faible : 8 ans séparent les plus aisées des plus pauvres. Aux alentours d'un niveau de vie de 1 000 euros par mois, 100 euros supplémentaires sont associés à 0,9 an d'espérance de vie en plus chez les hommes et 0,7 an chez les femmes, tandis que l'écart n'est plus que de 0,3 an et 0,2 an aux alentours d'un niveau de vie de 2 000 euros par mois. Les personnes les plus aisées ont plus souvent un diplôme du supérieur, mais cela n'explique qu'en partie les écarts d'espérance de vie selon le niveau de vie. Avec ou sans diplôme, plus on est aisé, plus l'espérance de vie augmente.

En réalité, les inégalités sociales de santé apparaissent avant même la naissance, avec des différences de suivi prénatal et de comportements à risque pour l'enfant à naître. Ainsi, selon l'étude « France, portrait social. Édition 2020 », effectuée par l'INSEE, 94 % des femmes cadres déclarent ne pas avoir fumé pendant leur grossesse, contre 66 % des ouvrières. Dès la petite enfance, des inégalités de santé se développent. À 6 ans, les enfants de milieu social modeste sont plus souvent en surcharge pondérale et celle-ci persiste plus souvent au cours de l'enfance et de l'adolescence. En ce sens, si les inégalités sociales de santé apparaissent avant la naissance, elles se creusent durant l'enfance.

Les habitudes de vie, les facteurs culturels et économiques, ainsi que l'exposition environnementale contribuent à creuser les inégalités de santé durant l'enfance. Ainsi, les enfants de familles favorisées ont une alimentation meilleure pour la santé, pratiquent plus souvent une activité sportive extra-scolaire et passent moins de temps devant les écrans. En 2015, 8 % des enfants de cadres contre 16 % des enfants d'ouvriers en CM2 passent au moins deux heures par jour devant un écran en semaine. Consulter un dentiste à titre préventif est moins fréquent chez les enfants de familles modestes et, en CM2 comme en troisième, les élèves en éducation prioritaire ont deux fois plus souvent que les autres des troubles non corrigés de la vision de loin (10 % contre 5 % hors éducation prioritaire en troisième en 2017).

En revanche, à la sortie de l'adolescence, la consommation de substances psychoactives, en particulier de boissons alcoolisées, est plus fréquente dans les milieux sociaux favorisés, à l'exception du tabagisme quotidien. À 17 ans, les adolescents issus de familles favorisées se perçoivent aussi plus souvent en bonne santé que ceux de familles défavorisées.

Ce sont donc souvent les mêmes populations, les moins favorisées (faible revenu, peu diplômées), qui cumulent les expositions aux différents facteurs de risque pour la santé, dans l'environnement professionnel (exposition au travail physiquement pénible, au travail de nuit, aux produits toxiques, etc.) ou familial (bruit, mauvaise qualité de l'air ou de l'eau, etc.). Ce sont aussi celles dont les comportements (alimentaires, d'activité physique, de prévention, etc.) sont les moins favorables à la santé. Les inégalités de recours aux soins contribuent à la plus grande fréquence des problèmes de santé, mais aussi à leur retentissement plus important pour les plus démunis.

Ainsi, en France, dans la population masculine, les ouvriers ont deux fois plus de chances de mourir entre 35 et 64 ans que les cadres et les professions libérales et intellectuelles (9 contre 18 %), et la situation est encore pire pour les inactifs : ils ont 5 fois plus de chances de mourir entre 35 et 64 ans que les cadres (48 % contre 9 %). À niveau de diplôme donné, l'espérance de vie augmente aussi avec le niveau de vie, pour les hommes comme pour les femmes. L'augmentation de l'espérance de vie avec l'aisance financière ne s'explique donc pas seulement par le niveau d'éducation. Par exemple, chez les non-diplômés, l'espérance de vie à 35 ans des hommes parmi les 25 % les plus aisés est de 46 ans, contre 39 ans pour ceux appartenant aux 25 % les plus modestes, soit 7 ans d'écart. Chez les diplômés du supérieur, l'écart est de 8 ans entre les hommes faisant partie des 25 % les plus aisés et ceux parmi les 25 % les plus modestes. Par ailleurs, les hommes les plus aisés sans diplôme vivent plus longtemps au-delà de 35 ans que les diplômés du supérieur les plus modestes (46 ans contre 42 ans). Le tableau ci-dessous illustre ces inégalités :

Espérance de vie à 35 ans des hommes en fonction de niveau de vie mensuel et diplôme					
Diplôme	**Niveau de vie mensuel moyen par quartile[1]**				**Écart d'espérance de vie à 35 ans[2]**
	921 €	**1464 €**	**1957 €**	**3501 €**	
Sans diplôme[2]	38,9	43,0	44,0	45,9	7,0
Brevet, CEP[2]	39,8	43,7	46,4	47,2	7,4
CAP, BEP, Baccalauréat[2]	41,2	44,4	46,9	48,6	7,4
Supérieur au baccalauréat[2]	41,8	45,9	47,8	50,3	8,5
Ensemble[2]	**40,4**	**44,1**	**46,5**	**49,0**	**8,6**

Espérance de vie à 35 ans des femmes en fonction de niveau de vie mensuel et diplôme					
Diplôme	**Niveau de vie mensuel moyen par quartile[1]**				**Écart d'espérance de vie à 35 ans[2]**
	921 €	**1464 €**	**1957 €**	**3501 €**	
Sans diplôme[2]	46,7	48,6	50,0	51,1	4,4
Brevet, CEP[2]	48,6	51,0	52,2	52,0	3,4
CAP, BEP, Baccalauréat[2]	48,1	51,4	52,0	53,7	5,6
Supérieur au baccalauréat[2]	48,5	51,0	51,9	53,6	5,1
Ensemble[2]	**48,0**	**50,6**	**51,8**	**53,1**	**5,1**

1. En euros.

2. En années.

Lecture : en 2012-2016, parmi les 25 % les plus aisés, dont le niveau de vie moyen est de 3 500 euros par mois, l'espérance de vie à 35 ans des hommes ayant un diplôme supérieur au baccalauréat est de 50,3 ans.

Champ : personnes âgées de 35 ans ou plus, France hors Mayotte.
Source : Insee-DGFIP-Cnaf-Cnav-CCMSA, Échantillon démographique permanent.

Le lien entre le milieu social et les conséquences des maladies et accidents que sont les incapacités et les handicaps a aussi été clairement mis en évidence. Des études ont ainsi montré que les écarts d'espérance de vie entre milieux sociaux sont accrus si l'on décompte les années de vie passées en incapacité : les ouvriers ont donc non seulement une durée moyenne de vie inférieure (41 ans pour ouvrier, 47 ans pour un cadre), mais passent en outre un plus grand nombre d'années de vie en incapacité que les cadres. À 35 ans, un ouvrier peut espérer vivre 24 ans sans incapacité, un cadre peut espérer vivre 34 ans sans incapacité. Le premier n'atteindra pas l'âge de la retraite (60 ans) sans incapacité, le second bénéficiera de 9 ans de retraite sans incapacité. Le travail est donc le déterminant essentiel de la santé.

Testez-vous

1. Concernant les causes de mortalité en France, cocher la réponse fausse :

- ☐ **A.** Les femmes meurent plus de maladies de l'appareil circulatoire que les hommes.
- ☐ **B.** Les hommes meurent plus de tumeurs que les femmes.
- ☐ **C.** Environ 33 % des morts sont dues aux maladies de l'appareil circulatoire.
- ☐ **D.** Environ 33 % des morts masculines sont dues aux tumeurs.
- ☐ **E.** 25 % des morts féminines sont dues aux tumeurs.

2. Quelle est la réponse fausse ?

- ☐ **A.** La mortalité prématurée évitable n'est pas homogène sur le territoire.
- ☐ **B.** La mortalité prématurée évitable peut être imputée au système de santé.
- ☐ **C.** La mortalité prématurée évitable est plus forte en Île-de-France que dans les Hauts-de-France.
- ☐ **D.** La France occupe ainsi le 16ᵉ rang des pays européens en termes de mortalité prématurée.
- ☐ **E.** La mortalité prématurée évitable peut être liée à une prise individuelle de risque.

3. Les trois principales causes de mortalité en France en 2016 sont :

- ☐ **A.** Les démences.
- ☐ **B.** Les suicides.
- ☐ **C.** Les pathologies cardiovasculaires.
- ☐ **D.** Les accidents de la route.
- ☐ **E.** Les tumeurs.

4. La mortalité prématurée :

- ☐ **A.** Est la mortalité des enfants pendant la grossesse.
- ☐ **B.** Correspond à un nombre d'années potentielles de vie perdues.
- ☐ **C.** Est beaucoup plus élevée pour les femmes que pour les hommes.
- ☐ **D.** Représente 1/3 des décès.
- ☐ **E.** Pourrait être évitée en agissant sur le système de soins ou sur les comportements individuels.

5. L'écart moyen d'espérance de vie à 35 ans entre un cadre et un ouvrier est de (cocher la bonne réponse) :

- ☐ **A.** Aucun écart.
- ☐ **B.** 3,4 ans.
- ☐ **C.** 6,4 ans.
- ☐ **D.** 10,4 ans.
- ☐ **E.** 22,4 ans.

Le système de santé français

4 Les différents systèmes de santé

Tout système de santé a pour fonction d'améliorer la santé des populations. Historiquement, il existe trois grands types de systèmes de santé que nous allons détailler ci-dessous, afin de mieux caractériser le système de santé français. Si chacun des trois types de systèmes de santé a ses avantages et ses inconvénients, il reste que certains sont quand même plus performants que d'autres et permettent à leurs usagers d'être en meilleure santé.
Il convient donc d'abord de déterminer ce qu'est un système de santé, de détailler les différents systèmes de santé, puis d'étudier le système de santé français plus en détail.

I. Définition et caractéristiques d'un système de santé

Un système de santé se définit comme *l'ensemble des moyens (organisationnels, financiers, structurels ou humains) et activités dont la fonction est la préservation et l'amélioration de l'état de santé de la population, à travers des actions qui visent à promouvoir la santé, à prévenir les maladies, à guérir, à soulager les souffrances et à réduire les conséquences des maladies sur le plan fonctionnel et social.*

Un système de santé idéal devrait être à la fois :

- **Global** : il ne doit négliger aucun secteur (préventif, curatif, palliatif) ;
- **Efficace** : il doit être efficient économiquement et efficace techniquement, c'est-à-dire qu'il doit fonctionner correctement ;
- **Accessible** : chacun doit y avoir accès d'un point de vue géographique et économique ;
- **Acceptable** : il faut qu'il y ait un assentiment de la population (si par exemple on ferme un hôpital) ;
- **Planifiable et évaluable** : il faut qu'on puisse mesurer sa performance pour l'organiser plus efficacement ;
- **Souple et modifiable** : il doit pouvoir s'adapter aux changements de morbidité qui surviennent dans la population (vieillissement, maladies chroniques) ou aux progrès techniques.

II. Les trois grands types de systèmes de santé

Historiquement, c'est en Europe qu'apparaissent les premiers systèmes de santé cohérents, et notamment en Allemagne, dès la fin du XIXe siècle, sous l'égide du Chancelier Bismarck, suivie dans la première moitié du XXe siècle par la France et le Royaume-Uni, mais aussi les États-Unis. Traditionnellement, on distingue entre trois grands types de système de santé : le système professionnel dit « de Bismarck » ; le système universel dit « de Beveridge » ; et le système libéral américain ; le système de santé français partageant des propriétés avec ces trois systèmes.

Il s'agit donc d'étudier les principes et le fonctionnement de chaque grand système de santé, afin de faire ressortir les avantages et les inconvénients de chacun.

A. Le système professionnel dit « de Bismarck »

1. Quand ?

En 1881, en Allemagne, le chancelier Bismarck fait voter la « *sozialpolitik* » (la politique sociale) pour contenir ses adversaires de la social-démocratie naissante. Cette politique sociale prend effet par le vote de trois lois destinées à protéger les ouvriers de l'industrie. La loi de 1883 rend l'assurance-maladie obligatoire pour les ouvriers à bas salaires, celle de 1884 ajoute l'Assurance contre les accidents du travail, et celle de 1889 achève l'œuvre de Bismarck par l'instauration d'une Assurance invalidité et vieillesse obligatoire.

2. Comment ?

Dans le système bismarckien, le droit à l'assurance-maladie constitue un **attribut du travailleur** et de ses « ayants droit » (sa famille et ceux qui vivent avec lui).

La protection sociale y est donc financée par les entreprises et les travailleurs. Le **financement** se fait donc par le biais de **cotisations** assises sur les salaires et à taux variables. La cotisation est ainsi proportionnelle au salaire du cotisant. Ces cotisations sont gérées par les représentants des entreprises et des travailleurs, c'est-à-dire les syndicats, aussi appelés les « partenaires sociaux ».

Les partenaires sociaux président ainsi les conseils d'administration de « caisses de Sécurité sociale », gèrent les fonds et les risques et sont responsables du respect du droit et de l'équilibre financier. Ces prélèvements obligatoires sont contrôlés par le parlement.

Dans ce genre de système, la médecine est en général libérale, c'est-à-dire payée à l'acte et indépendante. La participation des patients y est plus importante (10-15 %), et donc l'égalité d'accès *a priori* moins grande.

Cinq principaux inconvénients caractérisent le système de type bismarckien :

1. D'abord ce système, fondé sur les assurances sociales fait que certaines catégories de personne en sont exclues, c'est-à-dire les citoyens qui ne travaillent pas et/ou qui n'ont pas de lien avec un travailleur. Il faut donc que l'État crée un système de sécurité sociale, selon les principes d'un système à la Beveridge, destiné à prendre en charge ces exclus, pour ne pas contrevenir au principe de solidarité et de l'égalité d'accès aux soins pour tous.
2. De plus, chaque caisse, étant liée à une profession (caisse des marins, des mineurs, des artisans, des salariés, etc.), doit préserver son équilibre financier en s'assurant que le nombre de cotisants et leur capacité contributive soit en adéquation avec le nombre de bénéficiaires et leurs besoins.
3. De même il existe nécessairement un déséquilibre financier entre les diverses caisses de Sécurité sociale qui sont liées chacune à une profession : il faut donc organiser une compensation financière entre les caisses, ce qui revient

à imposer une solidarité entre les professions et donc à unifier une partie du financement.

4. Cette organisation des caisses par profession génère aussi une médecine à plusieurs vitesses puisque les taux de cotisation et les droits accordés aux différentes professions varient en fonction des caisses. Le système professionnel induit donc des inégalités de protection entre les différentes professions.
5. Enfin, d'un point de vue plus global, ces systèmes professionnels ont tendance à générer des déficits car le contrôle des dépenses y est moins efficace.

Mais deux avantages semblent contrebalancer ces inconvénients :

- la qualité des soins y est meilleure que dans d'autres systèmes ;
- l'accès aux soins y est aussi meilleur.

B. Le système national dit « de Beveridge »

1. Quand ?

C'est en 1942, en pleine Seconde Guerre mondiale, que Lord Beveridge publie un rapport qui propose que chaque citoyen britannique ait le droit à la Sécurité sociale. Il dote par là le Royaume-Uni, au sortir du dernier conflit mondial, d'un nouveau système : le « Welfare State », ou l'État-providence. La Sécurité sociale y apparaît en effet comme une composante de toute politique de progrès social car elle permet de redistribuer du pouvoir d'achat et ainsi de soutenir l'activité économique. Le rapport Beveridge a conduit à cinq grandes lois :

- la loi sur l'assurance-maladie en 1946 qui unifie tous les régimes d'assurance-maladie existants ;
- la loi sur le Service national de santé (*National Health Service*, ou *NHS*), votée en 1946, qui instaure un système de santé fournissant gratuitement les biens et services médicaux. L'administration et la gestion du NSH sont confiées au ministère de la Sécurité sociale ;
- la loi sur les accidents du travail et les maladies professionnelles ;
- la loi sur l'assistance, votée en 1948, qui définit un seuil de pauvreté qui permet de bénéficier de prestations non contributives, c'est-à-dire non sujettes à des cotisations (comme le Revenu de solidarité active en France par exemple) ;
- la loi sur les prestations familiales qui crée le premier régime d'allocations familiales pour les familles de deux enfants et plus.

Ce type de système a été instauré au Royaume-Uni en 1946, mais aussi en Italie et au Portugal en 1979, en Grèce en 1983, en Australie et en Nouvelle-Zélande en 1985, la plupart du temps par des gouvernements socialistes.

2. Comment ?

Dans le système beveridgien, le droit à l'assurance-maladie constitue un **attribut du citoyen**. Les principes fondateurs de ce type de système se résument souvent aux trois « U » :

- **Universalité** : tout citoyen, indépendamment de sa situation professionnelle, est protégé contre tous les risques sociaux ;
- **Unité** : une administration unique est chargée de gérer chaque risque ;
- **Uniformité** : chacun bénéficie des aides en fonction de ses besoins et non de ses revenus.

Les bénéficiaires des prestations sociales sont tous les citoyens et les résidents étrangers en situation régulière. Le **financement** se fait par l'**impôt** sur le revenu et non par les cotisations. Le montant de cet impôt est fixé par le Parlement. Ce financement repose donc sur une double solidarité : entre les riches et les pauvres, et entre les bien portants et les malades.

Dans ce genre de système, les soins sont en général gratuits et donc l'égalité d'accès aux soins y est a priori plus grande. Mais ce type de système génère un certain nombre d'inconvénients :

1. tout d'abord, ce type de système nécessite un rationnement : si tout le monde a un accès égal et gratuit aux soins, cela crée des files d'attente. Il faut donc définir des priorités et des critères d'accès aux soins ;
2. de plus, la qualité des soins n'y est pas optimale et n'est pas toujours adaptée aux attentes des patients. Les médecins n'ont en effet pas d'intérêt financier à soigner mieux leurs patients ;
3. enfin, ce type de système génère inévitablement un système privé en sus du secteur public, donc un « système à deux vitesses », d'autant plus important que le rationnement est fort dans le secteur public.

Néanmoins, il possède trois avantages majeurs :

- la gratuité des soins ;
- l'égal accès de tous aux soins ;
- le contrôle des dépenses y est plus efficace, puisque tout est géré par une administration unique.

C. Le système libéral des États-Unis d'Amérique

1. Quand ?

C'est en 1930 qu'apparaissent aux États-Unis les premiers plans d'assurance qui sont créés par les hôpitaux eux-mêmes : la *Blue Cross* est ainsi la première compagnie privée d'assurance-maladie. En 1940, cette assurance s'élargit aux soins ambulatoires avec la *Blue Shields*. Pendant la Seconde Guerre mondiale, la hausse des salaires est interdite, et pour faire face à la pénurie de main-d'œuvre, l'octroi d'une assurance-maladie permet de compenser l'absence de hausse des salaires. L'assurance-maladie est donc conçue comme un élément de la rémunération des travailleurs, qui permet notamment de limiter la mobilité des salariés.

Néanmoins, face à cette absence d'assurance-maladie publique, obligatoire et universelle, ont été mis en place un certain nombre de programmes publics visant à garantir un accès aux soins pour les plus démunis. En 1965, sous la présidence de Lyndon Johnson, sont ainsi créés *Medicare* qui étend l'assurance-maladie aux personnes âgées de plus de 65 ans et aux handicapés; et *Medicaid* qui permet aux personnes à bas revenus d'accéder aux soins. En 1997, sous l'administration Clinton, est créé le SCHIP, *State Children's Health Insurance Program*, qui vise à garantir l'accès aux soins pour les enfants issus des familles à faibles revenus qui ne peuvent bénéficier de *Medicaid*.

2. Comment?

Le système libéral américain se caractérise essentiellement par le fait qu'il n'existe aucun système d'assurance-maladie obligatoire. Les acteurs privés (les assurances, collectives ou individuelles) y jouent donc un rôle majeur, et les organismes sont multiples. C'est un système de santé qui coûte cher, puisque les dépenses de santé représentent près de 18 % du PIB, soit environ 8 500 $ par habitant par an. Ce système engendre aussi de nombreuses inégalités.

Ainsi 60 % des Américains sont couverts par une assurance privée liée à leur emploi, 9 % ont une assurance individuelle, 14 % bénéficient de Medicare, 13 % de Medicaid, et 16 % (soit environ 46 millions d'Américains) n'ont aucune couverture.

Le financement de l'assurance-maladie se répartit entre le public et le privé: en 2014, les dépenses de santé sont financées à 45 % par l'État, à 37 % par les assurances privées, et à 18 % par les ménages.

Ainsi, l'assurance-maladie est aux États-Unis essentiellement privée et est aujourd'hui principalement obtenue dans le cadre d'une entreprise. Cela signifie que quand une personne perd son travail, elle perd aussi sa couverture maladie.

En ce qui concerne les programmes publics, nous avons donc tout d'abord Medicare: c'est un programme fédéral d'assurance-maladie qui est destiné aux personnes âgées de plus de 65 ans, aux handicapés et aux insuffisants rénaux sévères. Il concerne 14 % de la population et est accordé sans critère de revenus. Il est financé par les cotisations sociales des employeurs et des employés (hospitalisation), mais aussi par le budget fédéral et des contributions volontaires.

Puis nous avons Medicaid: c'est un programme financé à la fois par l'État fédéral (56 %) et les États fédérés. Il concerne les personnes à bas revenu (dont le revenu est inférieur à 200 % du seuil de pauvreté fédéral qui est fixé à 33 000 $) et répondant à certaines caractéristiques, mais aussi les enfants à travers le SCHIP, qui vient pallier en 1997 les insuffisances du programme Medicaid. Ces deux programmes concernent 13 % de la population (environ 33 millions de personnes).

Le problème est qu'une part importante de la population américaine à bas revenu n'a pas accès à Medicaid, notamment les familles sans enfants, les personnes seules et les jeunes de moins de 19 ans, et ceci quels que soient leurs revenus.

En fait on estimait que 50 millions d'Américains, soit 17 % de la population, n'étaient couverts par aucune assurance-maladie. Cette absence de couverture avait un impact considérable sur l'accès aux soins mais également sur l'état de santé des Américains les plus pauvres ou précaires. C'est pour remédier à cette situation indigne du pays le plus riche de la planète que Barack Obama a promulgué le 30 mars 2010, et ce malgré la vive opposition de l'opposition conservatrice (aucun député de l'opposition n'a voté pour cette loi, une première dans l'histoire) et d'une partie de la population américaine, la « loi sur la protection des patients et des soins abordables » (*Patient Protection and Affordable Care Act*), appelée aussi « *Obamacare* », qui visait à garantir à une bonne partie de ces 50 millions d'Américains non couverts une véritable assurance-maladie.

Néanmoins, l'élection de Donald Trump a considérablement modifié la donne : si le fameux « *Trumpcare* » n'a finalement pas été voté, le gouvernement de Donald Trump s'emploie à détricoter les acquis de l'*Obamacare*, ce qui risque de priver de couverture maladie 51 millions d'Américains en 2026, donc à revenir à la situation antérieure, alors même que le système de soins américain est mauvais : ainsi, un enfant américain né en 2016 vivra en moyenne 78,6 ans, contre 82,4 ans pour un enfant français. De même, les États-Unis se classent 33e sur 35 pays membres en matière de mortalité infantile, devançant uniquement la Turquie et le Mexique.

Tableau récapitulatif des systèmes de santé

Caractéristiques	Bismarck	Beveridge	Système libéral	Système français
Couverture	Assurances sociales assises sur une base socioprofessionnelle (La protection sociale est attribut du travailleur)	Universelle (la protection sociale est un attribut du citoyen)	Assurances privées et programmes publics pour les plus démunis	Assurances sociales assises sur une base socio-professionnelle, mais évolution vers un système à la Beveridge avec la mise en place de la CMU
Obligation pour	Les Assurés	Tous	Pas d'obligation	Tous
Mode de financement	Cotisations salariales	Impôts	Cotisations et impôts	Cotisations et impôts (CSG, CRDS)
Bénéficiaire	Le travailleur	Le citoyen	Certains travailleurs et certains citoyens	Le travailleur et le citoyen
Avantages	Qualité des soins	Gratuité Égalité d'accès aux soins Contrôle des dépenses	Qualité des soins Contrôle des dépenses	Égalité d'accès aux soins

Caractéristiques	Bismarck	Beveridge	Système libéral	Système français
Inconvénients	Risque d'exclusion Déséquilibres financiers entre régimes Inégalités de protection sociale Contrôle des dépenses	Rationnement Qualité des soins Système à deux vitesses	Fortes inégalités d'accès aux soins Exclusion Système à deux vitesses	Contrôle des dépenses

Testez-vous

1. Le système de santé idéal est :

- ☐ **A.** Accessible.
- ☐ **B.** Économique.
- ☐ **C.** Global.
- ☐ **D.** Universel.
- ☐ **E.** Souple et modifiable.

2. Concernant le modèle bismarckien, cocher la ou les réponses fausses :

- ☐ **A.** Il est géré par l'État et le Parlement.
- ☐ **B.** Il est financé par les cotisations sur le travail.
- ☐ **C.** Le rattachement est non obligatoire.
- ☐ **D.** Il bénéficie d'abord au travailleur et à sa famille.
- ☐ **E.** Il caractérise le modèle d'un système de santé national.

3. Cochez parmi les propositions suivantes les inconvénients d'un système bismarckien :

- ☐ **A.** Certaines personnes sont exclues des soins.
- ☐ **B.** Il existe des phénomènes de rationnement.
- ☐ **C.** Il existe un mauvais contrôle des dépenses.
- ☐ **D.** Il existe des déséquilibres financiers entre les caisses.
- ☐ **E.** Cela génère inévitablement un système privé en sus du système public.

4. Que signifient les 3U du système beveridgien de santé ?

- ☐ **A.** Uniformité.
- ☐ **B.** Unicité.
- ☐ **C.** Unité.
- ☐ **D.** Universalité.
- ☐ **E.** Ubiquité.

5. Concernant les programmes publics d'assurance-maladie aux USA (cocher la réponse fausse) :

- ☐ **A.** Medicare s'adresse aux personnes de plus de 65 ans et aux personnes handicapées.
- ☐ **B.** le SCHIP s'adresse aux enfants vivant dans des ménages qui relèvent de Medicaid.
- ☐ **C.** Le SCHIP a été créé en 1997.
- ☐ **D.** Medicare et Medicaid ont été créés en 1965.
- ☐ **E.** Medicaid s'adresse aux familles pauvres.

5 La protection sociale en France

Le « trou de la sécu » se creuse suite à la pandémie de Covid-19

Suite à une baisse des recettes, due à l'arrêt forcé d'une bonne partie de l'activité économique en raison du confinement, ainsi qu'à une hausse des dépenses pour financer l'hôpital et les arrêts de travail, le trou de la sécu a atteint en 2020 presque 45 milliards d'euros, après une chute brutale du PIB de 8 % en 2020. Il faudra du temps à la protection sociale pour retrouver un équilibre, alors même que les comptes de la protection sociale commençaient à s'améliorer, un certain nombre de branches étant, avant la crise, en excédent. Pendant ce temps, la création d'une cinquième branche de la sécurité sociale, consacrée à l'autonomie, a été actée par la loi du 7 août 2020 relative à la dette et à l'autonomie. La Caisse nationale de solidarité pour l'autonomie (CNSA) est chargée de la gestion de cette nouvelle branche de la sécurité sociale, qui va gérer les dépenses liées à l'autonomie des personnes âgées et des personnes handicapées : Allocation Adulte Handicapé (AAH), Allocation personnalisée d'autonomie (APA), prestation de compensation du handicap (PCH), financement des établissements et services médico-sociaux… Elle devrait être dotée d'un budget d'environ 40 milliards d'euros.

I. Définition

La **protection sociale** peut être définie comme un *ensemble de mécanismes de prévoyance collective qui permettent aux individus, selon un principe de solidarité nationale, de faire face à des risques sociaux pouvant entraîner une diminution de ressources ou une augmentation de dépenses.*

Il s'agit donc de garantir une sécurité contre les différents risques que peut comporter l'existence. Quand le risque se réalise, les institutions de la protection sociale versent alors des prestations sociales (ou transferts sociaux), c'est-à-dire des prestations versées en nature ou en espèce (les prestations *en nature* correspondent au remboursement des soins ou médicaments nécessaires à l'assuré alors que les prestations *en espèce* désignent les indemnités journalières versées pendant les congés maladie, maternité ou invalidité ou encore les allocations familiales) à des individus ou à des familles afin de réduire la charge financière que représente la protection contre divers risques.

Ces prestations sont associées à six grandes catégories de risques :

1. La *vieillesse* et la *survie* (pensions de retraite, pensions de réversion, prise en charge de la dépendance) ;
2. La *santé* (prise en charge totale ou partielle de frais liés à la maladie, à l'invalidité, aux accidents du travail et aux maladies professionnelles) ;
3. La *maternité-famille* (prestations familiales : prestations liées à la maternité, allocations familiales, aides pour la garde d'enfants) ;
4. La perte d'*emploi* (indemnisation du chômage) et les difficultés d'insertion ou de réinsertion professionnelle ;

5. Les difficultés de *logement* (aides au logement);
6. La *pauvreté et l'exclusion sociale* (minima sociaux: revenu minimum d'insertion ou RMI, minimum vieillesse, etc.).

En France, depuis 1945, la protection sociale s'appelle la Sécurité sociale (même si le champ de la protection sociale est plus large que celui de la Sécurité sociale). Ses principes sont définis dans le Code de la Sécurité sociale.

« L'organisation de la Sécurité sociale est fondée sur le **principe de solidarité nationale**. Elle garantit les travailleurs et leur famille contre les risques de toute nature susceptibles de réduire ou de supprimer leur capacité de gain. [...]. » (art. L. 111-1 du Code de la Sécurité sociale).

II. Histoire de la protection sociale en France

Avant la Seconde Guerre mondiale, la France dispose d'un système fondé sur les assurances sociales. Les lois du 5 avril 1928 et du 30 avril 1930 garantissent ainsi aux salariés titulaires d'un contrat de travail une assurance pour les risques maladie, maternité, invalidité, vieillesse et décès; et la loi du 30 avril 1928 un régime spécial pour les agriculteurs.

Mais le système français de Sécurité sociale, tel que nous le connaissons aujourd'hui, naît en 1945 sous l'égide du général de Gaulle, chef du gouvernement provisoire, et de Pierre Laroque, le fondateur de la Sécurité sociale, en s'inspirant du programme du Conseil national de la Résistance.

L'ordonnance du 4 octobre 1945 prévoit un réseau coordonné de caisses se substituant à de multiples organismes. Voici l'exposé des motifs de cette ordonnance qui institue la Sécurité sociale:

« La Sécurité sociale est **la garantie donnée à chacun qu'en toutes circonstances il disposera des moyens nécessaires pour assurer sa subsistance et celle de sa famille dans des conditions décentes**. Trouvant sa justification dans un souci élémentaire de justice sociale, elle répond à la préoccupation de débarrasser les travailleurs de l'incertitude du lendemain, de cette incertitude constante qui crée chez eux un sentiment d'infériorité et qui est la base réelle et profonde de la distinction des classes entre les possédants sûrs d'eux-mêmes et de leur avenir et les travailleurs sur qui pèse, à tout moment, la menace de la misère. Envisagée sous cet angle, la Sécurité sociale appelle l'aménagement d'une **vaste organisation nationale d'entraide obligatoire** qui ne peut atteindre sa pleine efficacité que si elle présente un caractère de très grande généralité à la fois quant aux personnes qu'elle englobe et quant aux risques qu'elle couvre. Le but final à atteindre est la réalisation d'un plan qui couvre l'ensemble de la population du pays contre l'ensemble des facteurs d'insécurité. »

La Sécurité sociale va progressivement se généraliser à l'ensemble de la population et des risques, tout en restant éclatée entre de nombreux régimes. Voici l'historique de cette construction:

Ordonnance du 19 octobre 1945	Protection contre les risques maladie, maternité, invalidité, vieillesse, décès.
Loi du 22 août 1946	Extension des allocations familiales à pratiquement toute la population.
Loi du 22 mai 1946	Principe de la généralisation de la Sécurité sociale à l'ensemble de la population mais les professions non salariées non agricoles s'y opposent.
Ordonnance du 21 août 1967	Institution pour le régime général des trois caisses nationales (CNAMTS, CNAVTS, CNAF) et de l'ACOSS.
Loi du 4 juillet 1975	Généralisation à l'ensemble de la population active de l'assurance vieillesse obligatoire.
Loi du 22 juillet 1993	Création de la Contribution sociale généralisée (CSG) assise sur l'ensemble des revenus d'activité, de remplacement et du patrimoine pour financer la Sécurité sociale.
Ordonnance du 24 janvier 1996	Création de la Contribution au remboursement de la dette sociale (CRDS).
Loi du 28 juillet 1999	Institution d'une Couverture maladie universelle (CMU) : protection de base sur le seul critère de résidence et protection complémentaire (CMUC) pour les plus démunis.
Loi du 26 janvier 2016	Instauration de la Protection Universelle Maladie (PUMA) qui vient remplacer la CMU : prise en charge des frais de santé sans rupture de droits en cas de changement de situation professionnelle, familiale ou de résidence.

III. Les principaux risques couverts

- **Le risque vieillesse** : il s'agit des pensions de retraite et de réversion, et des frais d'hébergement (aide sociale). C'est le poste le plus important en raison du poids des retraites, dû au vieillissement de la population. En 2019, il représente 45,4 % des prestations, soit 346,6 milliards d'euros.
- **Le risque santé** : il couvre les maladies (remboursement des soins de santé et indemnités journalières en cas d'arrêt maladie), les pensions d'invalidité, les accidents du travail et maladies professionnelles (AT). En 2019, il représente 35,1 % des prestations, soit 267,7 milliards d'euros.
- **Le risque famille** : il couvre le congé maternité (indemnités journalières) l'allocation pour jeune enfant, les aides à la garde d'enfant, les allocations familiales, et l'essentiel des aides au logement. En 2019, il représente 7,4 % des prestations, soit 56,5 milliards d'euros.
- **Le risque emploi** : il couvre l'allocation-chômage, la formation et la réadaptation professionnelle. En 2019, il représente 6,1 % des prestations, soit 46,2 milliards d'euros.
- **Le risque pauvreté/exclusion sociale** : il couvre notamment le RSA (Revenu de solidarité active). En 2019, il représente 3,8 % des prestations, soit 28,8 milliards d'euros.

- **Le risque logement**: il couvre les aides au logement. En 2019, il représente 2,2 % des prestations, soit 16,9 milliards d'euros.

IV. Le poids économique de la couverture des risques

Il est mesuré chaque année dans le compte de la Protection sociale, compte satellite des comptes nationaux de l'INSEE. Il décrit:

- L'organisation de son financement, essentiellement les cotisations (les ressources) dont le montant en 2019 est de 823,2 milliards d'euros;
- La dépense de Protection sociale (812,5 milliards d'euros en 2019) consiste essentiellement en prestations dont le montant en 2019 est de 762,8 milliards d'euros (94 % des dépenses). Ces prestations impliquent des acteurs à différents niveaux: pour la couverture de base: les différents régimes (à un niveau national, régional, local) de Sécurité sociale, et le régime d'assurance chômage; pour la couverture complémentaire: les mutuelles, les régimes complémentaires (de santé ou de retraite), les compagnies d'assurances et sociétés d'assurance; et, pour l'aide sociale: l'État et les collectivités locales (régions, départements...). Cela représente plus de 10 000 € par Français en 2019.

Décomposition des prestations totales de protection sociale en 2019 par risque

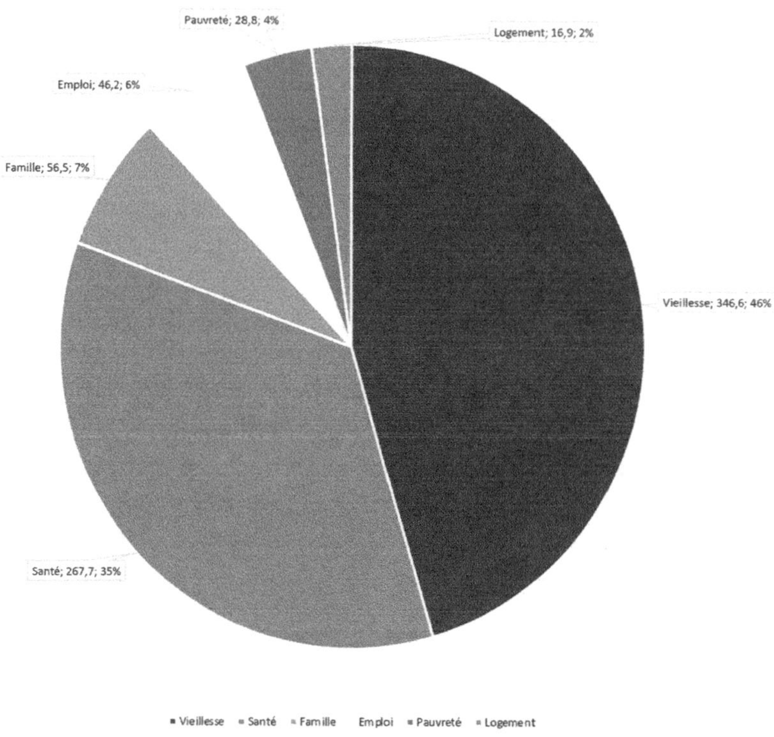

V. Les régimes

La mise en œuvre de la Sécurité sociale passe par l'affiliation des personnes physiques qui en relèvent à un ou plusieurs régimes légaux obligatoires, dits de base.

Un régime peut être défini comme l'ensemble des dispositions légales et réglementaires applicables à un groupe d'assurés, déterminés selon des critères professionnels (ex: exploitants agricoles) ou catégoriels (ex: artisans, salariés). On distingue donc, au titre des régimes de base:

1. Le régime général, qui couvre désormais près de 90 % de la population française. En effet, le régime social des indépendants (RSI), qui couvrait les artisans, les commerçants et industriels indépendants, ainsi que les professions libérales, a été supprimé au 1er janvier 2018 et ses bénéficiaires rattachés au régime général.
2. Le régime des agriculteurs, géré par la MSA, qui représente environ 8 % de la population française.
3. Les régimes spéciaux, qui se divisent en de multiples régimes et qui concernant la fonction publique et militaire, les collectivités locales, les mines, la SNCF, la RATP, la Banque de France, les marins, le Sénat, l'Assemblée nationale, l'Opéra de Paris, les Cultes, etc. Il en existerait 167 qui couvrent environ 5 % de la population.

VI. Les branches

À cette organisation par régime s'ajoute une organisation par branche, qui transcende les régimes. Chaque branche compte une caisse nationale, et des caisses locales. Nous ne parlerons que du régime général. Les branches de la Sécurité sociale sont les suivantes:

A. La branche maladie et la branche accidents du travail-maladies professionnelles

La CNAM (Caisse nationale d'assurance-maladie des travailleurs salariés) gère la branche maladie du régime général de la Sécurité sociale et pilote le réseau des CPAM (Caisses primaires d'assurance-maladie).

- Le régime général compte 59,2 millions de bénéficiaires (y compris personnes affiliées à une section locale mutualiste).
- 88 % de la population est assurée par la Cnam qui finance 90 % de l'ensemble des dépenses d'assurance maladie.
- 202,8 milliards d'euros de prestations nettes ont été versées en 2019.
- Les dépenses totales de santé représentent 11,2 % du PIB en 2019.
- Le déficit de la branche maladie est de 1,5 milliard d'euros en 2019.

La CNAM gère également, au plan national, la réparation des accidents du travail et des maladies professionnelles des salariés du régime général de la Sécurité sociale et pilote le réseau des CARSAT (Caisses d'assurance retraite et de la santé au travail) en ce qui concerne la gestion de ces prestations :

- 2,2 millions d'établissements cotisent à l'assurance accidents du travail – maladies professionnelles (AT-MP) en 2019 et emploient 19,6 millions de salariés (soit les deux tiers de la population employée).
- 801 800 sinistres ont donné lieu à un arrêt de travail en 2019, dont 655 700 accidents du travail, 99 000 accidents de trajet et 47 100 maladies professionnelles.
- 9,4 milliards d'euros de prestations nettes ont été versés en 2019.
- L'excédent de la branche AT-MP est de 1 milliard en 2019.

B. La branche vieillesse

La CNAV (Caisse nationale d'assurance vieillesse) gère la retraite du régime général et pilote le réseau des CARSAT (Caisses d'assurance retraite et de la santé au travail) en ce qui concerne le service des pensions :

- 14,5 millions de personnes sont retraitées du régime général en 2019.
- 129,2 milliards d'euros de prestations nettes ont été versées en 2019 par la Cnav.
- Les dépenses de l'ensemble des régimes de retraite de base et complémentaire représentent 13,6 % du PIB en 2018.
- Le déficit de la branche vieillesse est de 1,4 milliard d'euros en 2019.

C. La branche famille

La CNAF (Caisse nationale d'allocations familiales) gère les prestations familiales et de logement du régime général et pilote le réseau des CAF (Caisses d'allocations familiales).

- 13,8 millions d'allocataires soit environ 32 millions de personnes couvertes en 2019.
- 37 milliards d'euros de prestations familiales, d'action sociale et en faveur du logement versées par la Cnaf en 2019.
- L'ensemble de ces prestations représente 1,7 % du PIB.
- L'excédent de la branche famille est de 1,5 milliard d'euros en 2019.

D. La branche recouvrement

L'Agence centrale des organismes de Sécurité sociale (ACOSS) est la caisse nationale de la branche de recouvrement du régime général de la Sécurité sociale. Elle est la banque de la Sécurité sociale : elle assure donc la gestion de la trésorerie de celle-ci et coordonne l'action des 22 Unions de recouvrement des cotisations de Sécurité sociale et d'allocations familiales (Urssaf) qui assurent l'encaissement des cotisations et des contributions.

- 9,8 millions de comptes cotisants sont gérés en 2019.
- 532 milliards d'euros de recettes sont recouvrées en 2019.
- Les produits consolidés du régime général s'élèvent à 402,5 milliards d'euros en 2019

VII. Le financement

Les ressources de la protection sociale sont en progression constante. Elles suivent la croissance des dépenses de protection sociale. Elles se répartissent en trois catégories: cotisations sociales, « impôts et taxes affectés » et contributions publiques de l'État. Depuis quelques années, on assiste à une diminution du poids des cotisations sociales (qui restent quand même la première source de financement), et à une augmentation de la part des ressources fiscales, liée notamment à la montée en puissance de la contribution sociale généralisée (CSG). La France s'est ainsi rapprochée de la structure moyenne de financement de la protection sociale des pays de l'Union européenne.

1. Les cotisations sociales s'élèvent à 452,7 milliards d'euros en 2019 et représentant 55 % des ressources de la Sécurité sociale;
2. Les impôts et taxes affectés (ITAF) s'élèvent à 247 milliards d'euros en 2019 et représentent 30 % des recettes de la Sécurité sociale;
3. Les autres ressources, dont les contributions publiques de l'État, enfin, s'élèvent à 123,5 milliards d'euros en 2019, soit 15 % des ressources de la Sécurité sociale.

Il faut préciser que les contributions publiques diffèrent des impôts et taxes affectés. En effet, pour les premières, la ressource est une dotation décidée par l'administration publique qui est financée sur son budget global alors que pour les impôts et taxes une ressource prédéfinie est allouée à la protection sociale.

VIII. Le déficit de la Sécurité sociale

À chaque fin d'année, lors du vote de la loi de financement de la Sécurité sociale (LFSS) ressurgit dans les médias le fameux « trou de la Sécu » avec sa litanie de commentaires plus ou moins désabusés sur l'état désastreux de la Sécurité sociale française et son cortège de réformes douloureuses mais nécessaires. C'est devenu un tel lieu commun qu'on est bien incapable de remettre ce chiffre en perspective, tout le monde ayant oublié que de 1999 à 2001, ce déficit n'existait tout simplement pas puisqu'en 2001, la Sécurité sociale était excédentaire. D'ailleurs, si l'on considère la protection sociale et pas seulement la sécurité sociale, il se trouve qu'en 2019, le solde de la protection sociale était excédentaire à +10,7 milliards d'euros, pour la troisième année consécutive.

Ainsi, par exemple, en 2019, le montant du déficit n'est que de 1,4 milliard d'euros, alors même qu'il était de 30 milliards en 2010. Bien évidemment la crise liée au Covid-19 a fait replonger le déficit de la sécurité sociale, qui s'élève à 45 milliards d'euros en 2020, et qui baisserait à 25 milliards d'euros en 2021.

Néanmoins, si la croissance repart, le déficit baissera mécaniquement, puisque l'essentiel du financement de la protection sociale en France repose sur les cotisations (55 %). De plus il est fort probable que c'est aussi cette protection sociale qui a permis de préserver la vie et la santé des français, malgré les 110 000 morts.

Cette crise a aussi fait prendre conscience à la population aussi bien de la nécessité d'avoir un système de santé performant et gratuit, que de la déliquescence des hôpitaux et du personnel de santé en général, sans même parler de la situation des EHPAD et des maisons de retraite. Un « Ségur de la santé » a eu lieu en mai 2020 : il a permis de revaloriser les salaires d'1,5 million de soignants ou encore d'ouvrir des places supplémentaires pour les étudiants en Institut de Formations en Soins Infirmiers (IFSI) ou en Institut de Formation d'Aide-Soignant (IFAS). Néanmoins, nul doute que cela sera insuffisant et ne compensera pas la casse de l'hôpital public qui est menée depuis une vingtaine d'années.

Testez-vous

1. La Sécurité sociale ne protège pas contre les risques liés :

☐ **A.** à l'invalidité.
☐ **B.** au chômage.
☐ **C.** à la maternité.
☐ **D.** aux accidents professionnels.
☐ **E.** à la maladie.

2. Concernant le financement de la Sécurité sociale en France, cocher la ou les réponses fausses :

☐ **A.** La Sécurité sociale a toujours été en déficit depuis sa création.
☐ **B.** Le déficit de la Sécurité sociale est d'environ 1,4 milliard d'euros en 2019.
☐ **C.** La Sécurité sociale est financée exclusivement par les cotisations des salariés et des employeurs.
☐ **D.** La Sécurité sociale finance environ 90 % des dépenses de soins hospitaliers.
☐ **E.** La Sécurité sociale finance 65 % des dépenses de soins ambulatoires.

3. Choisir la ou les propositions vraies :

☐ **A.** La vieillesse constitue à peu près 35 % du budget de la Sécurité sociale.
☐ **B.** La maladie constitue à peu près 45 % du budget de la Sécurité sociale.
☐ **C.** Il y a 14,5 millions de retraités du régime général en 2019 sur l'ensemble de la France.
☐ **D.** Le déficit de la branche vieillesse est de 1,4 milliard d'euros en 2019
☐ **E.** La part des dépenses de santé représente 11,2 % du PIB en 2019.

4. Le système de protection sociale français étant d'origine bismarckienne, donc financé par les cotisations, quelle est la part de ces cotisations dans le financement de la Sécurité sociale ?

☐ **A.** Environ 45 %.
☐ **B.** Environ 55 %.
☐ **C.** Environ 65 %.
☐ **D.** Environ 75 %.
☐ **E.** Environ 85 %.

5. En moyenne, en 2019 chaque Français a bénéficié de la part de la protection sociale de plus de :

☐ **A.** 1 000 €.
☐ **B.** 5 000 €.
☐ **C.** 10 000 €.
☐ **D.** 20 000 €.
☐ **E.** 50 000 €.

6 L'assurance-maladie en France

> Les principes de l'assurance-maladie sont définis par l'ordonnance du 4 octobre 1945, qui crée la Sécurité sociale en France, et précisés dans l'article L. 111-2-1 du Code de la Sécurité sociale : « La Nation affirme son attachement au caractère **universel**, **obligatoire** et **solidaire** de l'assurance-maladie. Indépendamment de son âge et de son état de santé, chaque assuré social bénéficie, contre le risque et les conséquences de la maladie, d'une protection qu'il finance **selon ses ressources**. »

L'assurance-maladie française possède donc trois caractéristiques essentielles :

- **Elle est universelle** : cela a été rendu possible par la progressive couverture des différentes professions au cours de la deuxième moitié du xxe siècle, mais surtout grâce à l'instauration de la Couverture maladie universelle (CMU) par la loi du 28 juillet 1999 qui permet à chaque citoyen français ou étranger résidant régulièrement en France depuis plus de trois mois de disposer d'une protection de base, et aux plus démunis de disposer d'une complémentaire à travers la Couverture maladie universelle complémentaire (CMUC). L'assurance-maladie n'est donc plus seulement un attribut du travailleur, comme dans le système bismarckien, mais aussi du citoyen, au cas où celui-ci n'aurait pas de travail et ne cotiserait pas à la Sécurité sociale. Cela marque l'évolution du système de santé français d'un modèle bismarckien vers un modèle beveridgien. Ce système permet à 99,9 % de la population française d'être couverte par une assurance-maladie. Il évite donc les phénomènes d'exclusion et permet un accès de tous aux soins.
- **Elle est obligatoire** : tout personne française ou résidant en France a l'obligation de cotiser à la Sécurité sociale à partir du moment où elle travaille. Cela permet d'éviter ce qu'on appelle le phénomène d'anti-sélection, c'est-à-dire que seuls les mauvais risques s'assurent (par exemple, dans un système où l'assurance-maladie serait purement privée, seuls ceux qui risquent d'avoir de graves problèmes de santé, ou qui en ont déjà, vont prendre une assurance). Cela permet aussi de garantir la troisième caractéristique de l'assurance-maladie française, à savoir la solidarité.
- **Elle est solidaire** : cela signifie que les riches paient pour les pauvres et les bien-portants pour les malades. En effet, chacun finance l'assurance-maladie selon ses ressources, et non selon ses risques, comme cela serait le cas si l'assurance-maladie était privée. En effet, une assurance privée fixe le montant de la prime d'assurance (c'est-à-dire ce que l'assuré paie par mois ou par an) en fonction du risque prévisible d'événement indésirable : ainsi un automobiliste paiera son assurance-automobile plus cher s'il habite à Paris que dans une petite ville de province, car le risque d'accident ou de vol y est plus élevé. De même s'il a beaucoup d'accidents, l'assurance augmentera ses tarifs, jusqu'à éventuellement ne plus l'assurer du tout. Cela est évidemment impossible dans le cas d'une assurance publique et solidaire : une personne ayant des comportements à risque (tabac, alcool) ou qui tombe souvent malade ne paiera pas plus cher qu'une personne ayant une vie saine.

I. Le fonctionnement de l'assurance-maladie

C'est la Caisse nationale de l'assurance-maladie des travailleurs salariés (CNAMTS) qui gère la branche maladie du régime général et la branche accidents du travail-maladies professionnelles. La CNAMTS définit les orientations et pilote le réseau des organismes chargés de les mettre en œuvre. Ce réseau est composé au niveau régional de 16 Caisses régionales d'assurance-maladie (CRAM), et au niveau local et départemental de 101 Caisses primaires d'assurance-maladie (CPAM) en France métropolitaine. On estime le nombre de bénéficiaires pour le régime général à 60 millions de personnes. 85 % de la population est assurée par la CNAMTS, qui finance environ 76 % des dépenses de santé. Pour les autres régimes, l'assurance-maladie est gérée par la CANAM (Caisse nationale d'assurance-maladie des professions indépendantes, désormais appelée Régime social des indépendants) pour les non-salariés non agricoles, c'est-à-dire les professions libérales, les artisans et les commerçants ; et par la Mutualité sociale agricole pour les agriculteurs.

Dans la mesure où le système de protection sociale français est hérité du modèle bismarckien, l'assurance-maladie constitue un attribut du travailleur et de ses ayants droit. Or cela implique que certaines personnes (celles qui ne travaillent pas ou qui ne sont pas ayant droit d'un travailleur) sont exclues de toute couverture maladie. Afin de parvenir à une couverture totale de la population française a été mise en place la Couverture maladie universelle (loi du 28 juillet 1999).

Si jusqu'en 2016, la **CMU de base** couvrait les personnes qui n'étaient pas déjà couvertes par un autre régime obligatoire d'assurance-maladie, cette CMU a été supprimée et remplacée au 1er janvier 2016 par la **Protection universelle maladie (PUMa)**. Cette réforme, prévue par l'article 59 de la loi de financement de la sécurité sociale pour 2016, garantit désormais à toute personne qui travaille ou réside en France un droit à la prise en charge des frais de santé (remboursements des frais de santé hors prestations en espèces), sans démarche particulière à accomplir. Cette réforme vise à moderniser l'assurance maladie pour simplifier la vie des assurés ; ses grandes mesures ayant pour objectif de :

- Garantir un droit au remboursement des soins de manière continue, sans que les changements familiaux ou professionnels n'affectent ce droit.
- Réduire au strict nécessaire les démarches administratives et les situations nécessitant de changer de caisse d'assurance maladie.
- Garantir davantage d'autonomie et de confidentialité à tous les assurés dans la prise en charge de leurs frais de santé.

Ainsi, les personnes qui travaillent n'ont plus à justifier d'une activité minimale, seul l'exercice d'une activité professionnelle est pris en compte. Quant aux personnes sans activité professionnelle, elles bénéficient de la prise en charge de leurs frais de santé au seul titre de leur résidence stable et régulière en France, à savoir résider en France depuis au moins 3 mois à l'ouverture des droits puis au moins 6 mois par an.

En pratique, dans la mesure où une personne travaille ou réside en France de manière stable et régulière, la protection universelle maladie lui garantit un droit à la prise en charge de ses frais de santé en simplifiant ses démarches. Il n'y aura plus de sollicitations pour apporter des justificatifs, parfois chaque année, pour faire valoir ses droits à l'assurance maladie.

De même, cette réforme permet de rester dans son régime d'assurance maladie (en dehors des régimes spéciaux), y compris en cas de perte d'activité ou de changement de situation personnelle. Les éventuelles périodes de rupture dans les droits sont ainsi évitées.

En plus de la PUMa, qui est une couverture de base, s'ajoute le dispositif de la **Complémentaire Santé Solidaire (CSS)**, qui remplace à la fois la CMU complémentaire (CMUC) et l'Aide à l'acquisition d'une complémentaire santé (ACS), depuis le 1er novembre 2019. Les bénéficiaires de la Complémentaire Santé Solidaire n'ont pas de reste à charge et ne font aucune avance de frais pour les consultations chez le médecin, le dentiste, l'infirmier, le kinésithérapeute, l'hôpital, etc. ; les médicaments en pharmacie ; certains dispositifs médicaux, comme les pansements, les cannes ou les fauteuils roulants ; une large gamme de lunettes de vue, prothèses dentaires ou prothèses auditives répondant à tous les besoins. La Complémentaire Santé Solidaire (CSS) pourrait profiter à plus de 10 millions de personnes, mais nous ne disposons pas des chiffres officiels du nombre de bénéficiaires. Dans le détail, la CSS est gratuite pour les personnes seules gagnant moins de 746 € par mois et qui bénéficiaient de la CMU-C. Pour ceux qui gagnent entre 746 et 1 007 € par mois, ils doivent payer une participation en fonction de leur âge :

- moins de 29 ans : 8 €/mois ;
- de 30 à 49 ans : 14 €/mois ;
- de 50 à 59 ans : 21 €/mois ;
- de 60 à 69 ans : 25 €/mois ;
- 70 ans et plus : 30 €/mois.

Enfin, il existe un dispositif spécifique pour les étrangers en situation irrégulière qui résident en France depuis plus de trois mois, qui se nomme l'**Aide médicale de l'État** (AME). L'AME est accordée pour un an sous les mêmes conditions de ressources que la CSS. La loi de finances pour 2020 prévoit un délai de carence de 3 mois pour bénéficier pour bénéficier de la prise en charge des frais de santé non urgents. Les soins de maladie et de maternité sont pris en charge à 100 % pour les bénéficiaires de l'AME, de même que le forfait hospitalier. Le financement de l'AME est assuré à 100 % par l'État. En 2020 on estime le nombre de bénéficiaires de l'AME à environ 350 000 personnes.

II. Les comptes de l'assurance-maladie

Le déficit de la CNAM s'est progressivement réduit depuis 2010, passant de 11,7 Md€ à 1,5 Md€ en 2019. Avec la pandémie de Covid-19 il est néanmoins estimé à 30 Md€ en 2020.

L'essentiel des recettes de l'assurance-maladie provient à part presque égale des cotisations sociales (34 % des recettes environ) et de la CSG (34 % des recettes environ). Les autres prélèvements (contributions sociales, impôts et taxes divers) représentent environ 28,5 % des recettes, le reste des recettes provenant de remboursements par d'autres organismes.

III. Les différentes réformes de l'assurance-maladie

Le déficit de l'assurance-maladie, constant depuis maintenant au moins une trentaine d'années, a conduit les gouvernements successifs à réformer le fonctionnement et le financement de l'assurance-maladie, manifestement sans grand succès. Voici un rapide historique des réformes les plus importantes.

A. La réforme « Juppé » de 1996

La principale réforme est mise en place par la loi organique du 22 juillet 1996 qui institue les lois de financement de la Sécurité sociale (LFSS). La LFSS fixe, pour l'ensemble des régimes obligatoires de base, l'Objectif national des dépenses d'assurance-maladie (ONDAM), c'est-à-dire une large partie des dépenses de santé prises en charge par la Sécurité sociale. Le gouvernement prépare le projet de LFSS en s'appuyant sur les recommandations du Haut Comité de santé publique et sur les conclusions de la Conférence nationale de santé et le Parlement vote la LFSS, le budget de la santé et l'ONDAM.

Ainsi, depuis 1996, le Parlement vote chaque année en décembre l'ONDAM, c'est-à-dire les ressources et les dépenses de l'assurance-maladie, qui représentent environ 75 % de la dépense courante de soins et de biens médicaux. L'Objectif national des dépenses d'assurance-maladie est en effet un nombre en % qui fixe le taux d'évolution annuel des dépenses de santé : il s'agit donc d'une évolution anticipée des dépenses de l'année suivante (l'ONDAM voté en 2020 porte sur l'année 2021), et c'est pourquoi c'est un objectif. Il s'agit ainsi de mettre en place un contrôle du système grâce à une planification prévisionnelle des ressources du système. Pour 2021, l'ONDAM est fixé à 225,4 milliards d'euros, avec une augmentation de 2,3 % par rapport à 2020.

L'Objectif national des dépenses d'assurance-maladie comprend pour la métropole et les DOM les dépenses de soins de santé (prestations en nature et en espèces) remboursées pour les risques maladie, maternité et accidents du travail, par les régimes obligatoires de base. En sont exclues les prestations en espèces du risque maternité et les prestations en espèce d'incapacité permanente liée au risque « accidents du travail ». Le gouvernement décompose l'ONDAM en trois enveloppes :

- **les soins de ville** : cela comprend les honoraires de tous les professionnels exerçant à titre libéral (conventionnés avec l'assurance-maladie), ainsi que les biens médicaux et les indemnités journalières. L'ONDAM « Soins de ville » est fixé à 98,9 milliards d'euros, avec un objectif de 5,4 % d'augmentation ;

- **le secteur hospitalier public et privé** : il est fixé à 92,9 milliards d'euros, avec un objectif de 3,3 % d'augmentation ;
- **le secteur médico-social (établissement pour personnes âgées et handicapées)** : il est fixé à 26 milliards d'euros, avec un objectif de 2,4 % d'augmentation ;
- Il faut ajouter le Fonds d'intervention régional (FIR) dont l'objectif de dépenses est de 3,8 milliards d'euros (baisse de 2,3 %) et les autres prises en charge (soins à l'étranger, établissements accueillant des personnes confrontées à des difficultés spécifiques, notamment en matière d'addictologie) qui correspondent à 3,8 milliards d'euros (baisse de 47,8 %), pour parvenir à 225,4 milliards d'euros.

Il faut noter que depuis 2010 l'ONDAM est systématiquement respecté, alors qu'il avait été systématiquement dépassé depuis son instauration en 1996. Avec la crise du Covid-19, L'ONDAM pour 2020, dont le montant initial était de 205,6 milliards d'euros, a été revalorisé suit à la crise du Covid à 218,9 milliards d'euros, soit une hausse de 7,6 % pour cette année, contre +2,45 % dans le projet de loi de finances de la Sécurité sociale initial voté fin 2019.

B. La réforme « Douste-Blazy » du 13 août 2004 « relative à l'assurance-maladie »

1. La baisse des dépenses : la « maîtrise médicalisée » des dépenses de santé :

- Instauration du médecin traitant : cela réduit le nomadisme médical et a une incitation financière négative forte. En effet, un patient qui consulte son médecin traitant (c'est-à-dire qui suit le parcours de soins) est remboursé à hauteur de 70 % du prix de la consultation, alors qu'il n'est remboursé que 30 % du prix de la consultation s'il consulte un médecin hors du parcours de soins.
- Mise en place du dossier médical personnel informatisé.
- Encadrement de la qualité et la coordination des soins des patients atteints d'une affection de longue durée (ALD). Ces ALD représentent 2/3 des dépenses totales de l'assurance-maladie car les soins nécessaires à ces ALD sont remboursés à 100 %.
- Lutte contre les abus et encadrement des pratiques : évaluation des pratiques médicales par la HAS, contrôle renforcé des arrêts de travail, photographie d'identité sur la carte Vitale (carte Vitale 2) et possibilité d'exiger la carte d'identité de son détenteur.
- Incitation à la prescription des médicaments génériques : les médicaments sont ainsi remboursés sur la base du prix des génériques.
- Diminution des coûts de gestion de l'assurance-maladie par le pilotage clarifié de l'assurance-maladie. Ce pilotage s'opère à travers :
  - La création de la Haute Autorité de la santé (HAS) ;
  - La création d'un Comité d'alerte sur l'évolution des dépenses de l'assurance-maladie ;
  - La création de l'Union nationale des caisses d'assurance-maladie (UNCAM), qui regroupe la CNAMTS, la CANAM, la MSA ;

- La création de nombreux autres comités, dont on a du mal à voir comment elle clarifie le pilotage de l'assurance-maladie.

2. L'augmentation des recettes :

- Création de la participation forfaitaire non remboursée de 1 € : elle s'applique à toutes les consultations ou tous les actes réalisés par un médecin (généraliste ou spécialiste) au cabinet, à domicile ou à l'hôpital. Le plafond annuel est de 50 € par an et par personne. Toutes les personnes sont concernées par la franchise et la participation forfaitaire sauf : les enfants et les jeunes de moins de 18 ans, les bénéficiaires de la Couverture maladie universelle complémentaire (CMUC) ou de l'Aide médicale de l'État (AME), et les femmes enceintes dès le 1er jour du 6e mois de grossesse jusqu'au 12e jour après l'accouchement. Attention : la participation forfaitaire de 1 € n'est pas remboursée par les organismes complémentaires de santé (mutuelles et assurances privées).
- Création des franchises : la franchise est une somme qui est déduite des remboursements effectués par la caisse d'assurance-maladie sur les médicaments, les actes paramédicaux et les transports sanitaires. Le montant de la franchise est de 50 centimes d'euro par boîte de médicaments, 50 centimes d'euro par acte paramédical, 2 euros par transport sanitaire, mais aussi forfait hospitalier de 18 euros pour les interventions dont le coût dépasse 90 euros. La franchise est plafonnée à 50 euros par an pour l'ensemble des actes ou prestations concernés. Un plafond journalier a aussi été mis en place pour les actes paramédicaux et les transports sanitaires, qui font qu'on ne peut pas déduire plus de 2 euros par jour sur les actes paramédicaux et plus de 4 euros par jour pour les transports sanitaires. Attention : les franchises ne sont pas remboursées par les organismes complémentaires de santé (mutuelles et assurances privées).

3. Une nouvelle dépense : l'instauration d'une aide à l'acquisition d'une complémentaire santé.

Enfin, une convention a été signée le 26 juillet 2011 entre les syndicats de médecins et la Caisse nationale d'assurance-maladie (CNAM), convention qui a été renégociée en 2016 (jusqu'en 2021), victime de son succès : cette convention introduit un nouveau mode de rémunération supplémentaire des médecins libéraux. Ce texte prévoit une rémunération à la performance, en parallèle au paiement à l'acte, versée par la Sécurité sociale, qui s'adresse aussi bien aux médecins généralistes qu'aux spécialistes.

Elle est conditionnée par plusieurs objectifs de santé publique remplis par le médecin traitant : modernisation du cabinet médical, réduction des prescriptions d'antibiotiques ou d'arrêts de travail, préférence aux médicaments génériques, réalisation de vaccins saisonniers, gestion du dossier médical personnel informatisé (DMP), etc.

Jusqu'à 29 indicateurs de qualité des pratiques médicale à respecter sont identifiés, même si aucun n'est spécifiquement obligatoire. Chaque indicateur atteint permet d'acquérir des points, jusqu'à 940 points au maximum, chaque point valant environ 7 €.

Par exemple, la mise en place du DMP rapporte 50 points, la vaccination contre la grippe de 3/4 des patients de plus de 65 ans du cabinet vaut 20 points, la prescription sous forme générique de 70 % d'anticholestérols, 60 points… Ce nouveau mode de rémunération du médecin se fait sur la base du volontariat, puisque le praticien signe un contrat avec la CNAM qui ne le rend pas obligatoire mais incitatif. En 2016, la prime moyenne des seuls médecins généralistes atteint par exemple 6 983 euros. Au total, l'assurance-maladie a versé pour 2016 une prime moyenne de 4 593 euros à quelque 90 700 praticiens de ville éligibles (toutes spécialités confondues) au titre de leurs résultats sur les différents indicateurs. La CNAM s'est dite satisfaite, estimant qu'une amélioration globale de 1 % d'un indicateur signifiait que 30 000 patients étaient mieux suivis.

C. La « loi de modernisation de notre système de santé » du 26 janvier 2016

L'axe 2 de la loi de modernisation de notre système de santé, votée au début de l'année 2016, sous l'égide de la ministre de la Santé et des Affaires sociales de l'époque, Marisol Touraine, vise à renforcer la médecine de proximité via différentes mesures qui concernent directement l'assurance-maladie.

La plus emblématique d'entre ces mesures est la généralisation du tiers-payant chez le médecin. En effet, de nombreux Français renoncent à aller chez le médecin parce qu'ils ne peuvent pas avancer les frais ; et beaucoup se rendent aux urgences des hôpitaux parce qu'ils y bénéficient de soins sans avance de frais, alors que, dans certains cas, ils auraient pu aller directement chez leur généraliste ou leur spécialiste, dans un cabinet de ville. Ainsi, le renoncement aux soins pour des raisons financières, y compris à cause de l'avance de frais chez le médecin, concernerait un tiers des Français. Déjà pratiqué chez les pharmaciens, les biologistes et les infirmiers de ville, le tiers-payant est également réalisé pour tous les soins des bénéficiaires de la CMU-C. La loi généralise le tiers-payant, qui sera un droit pour tous les Français, pour la partie remboursée par la Sécurité sociale, à la fin 2017.

Cette loi renforce aussi le rôle du médecin traitant, en en faisant le pivot du développement d'une médecine de proximité. En effet, la loi permet aux professionnels de santé libéraux de s'organiser, au niveau de chaque territoire, pour proposer à la population une offre de proximité en soins primaires, allant de la prévention à la prise en charge. Pour soutenir les initiatives des professionnels de santé libéraux, la loi prévoit la mise en place d'équipes de soins primaires (ESP), organisées autour des médecins généralistes ; ainsi que la constitution de communautés professionnelles territoriales de santé (CPTS), pouvant regrouper des médecins généralistes et spécialistes, des auxiliaires médicaux, des acteurs médico-sociaux et sociaux. La loi crée aussi un numéro d'appel national pour joindre un médecin aux heures de fermeture des cabinets médicaux ; et entend relancer le dossier médical partagé (DMP) pour assurer un meilleur suivi des patients.

Testez-vous

1. Concernant l'assurance-maladie, cocher la ou les réponses fausses :

- ☐ **A.** Elle est obligatoire.
- ☐ **B.** Elle est universelle.
- ☐ **C.** Elle couvre principalement la maladie, mais aussi la prévention.
- ☐ **D.** Elle repose sur une prise en charge des prestations par des tarifs uniformes.
- ☐ **E.** Elle connaît un déficit récurrent.

2. Choisissez-la ou les réponse(s) juste(s) :

- ☐ **A.** L'assuré social peut être exonéré du ticket modérateur suivant sa situation ou l'importance de l'acte.
- ☐ **B.** Le ticket modérateur est défini comme la part non remboursée par l'assurance-maladie obligatoire.
- ☐ **C.** L'augmentation du ticket modérateur est bien perçue par les consommateurs.
- ☐ **D.** La loi de financement de la Sécurité sociale fixe l'Objectif national des dépenses d'assurance-maladie (ONDAM).
- ☐ **E.** La loi de financement de la Sécurité sociale est votée, tous les 4 ans, par le Parlement.

3. Concernant les dépenses de santé, cocher la réponse fausse :

- ☐ **A.** L'ONDAM est l'Objectif national des dépenses d'assurance-maladie.
- ☐ **B.** L'ONDAM est voté par le parlement tous les ans en même temps que la loi de financement de la Sécurité sociale.
- ☐ **C.** L'ONDAM fait partie des moyens de maîtriser les dépenses de santé.
- ☐ **D.** L'ONDAM se monte à 225,4 milliards d'euros en 2021.
- ☐ **E.** L'ONDAM a prouvé son efficacité puisque le budget de l'assurance-maladie tend à diminuer.

4. Concernant la protection sociale et la précarité, cocher la ou les réponses fausses :

- ☐ **A.** La Complémentaire Santé Solidaire remplace l'Aide à l'acquisition d'une complémentaire santé (ACS) et la CMUC.
- ☐ **B.** La Complémentaire Santé Solidaire est gratuite pour les personnes qui étaient inscrites à la CMU-C.
- ☐ **C.** Il y aurait 3,5 millions de bénéficiaires de l'Aide Médicale de l'État en France en 2020.
- ☐ **D.** Pour bénéficier de l'AME il faut être un étranger en situation régulière.
- ☐ **E.** Les personnes qui gagnent entre 746 et 1 007 € par mois et qui bénéficient de la Complémentaire Santé Solidaire doivent payer une participation en fonction de leur âge.

5. Quelle(s) mesure(s) découle(nt) de la réforme de l'assurance-maladie de 2004 ?

- ☐ **A.** Le dossier médical personnel unique et informatisé.
- ☐ **B.** La contribution forfaitaire de 1 euro.
- ☐ **C.** Le renforcement du contrôle des arrêts de travail.
- ☐ **D.** Le dispositif du médecin traitant « référent ».
- ☐ **E.** La mise en place de la Couverture maladie universelle (CMU).

7 Les dépenses de santé

L'économie de la santé est une discipline récente qui prend son essor à la fin des années 1970, comme une spécialité à part entière de l'économie, et qui vise à appliquer la science économique au domaine de la santé. Elle vise à mieux gérer les ressources du système de santé, mais aussi à évaluer l'efficacité du système de santé et des politiques de santé. Il s'agit donc ici d'une approche essentiellement macroéconomique qui vise à comprendre les grands équilibres financiers à travers différents agrégats tels que la Consommation de Soins et de Biens Médicaux et la Dépense Courante de Santé (le plus large agrégat des Comptes de la Santé), ou encore la Dépense Totale de Santé, agrégat utilisé par l'OCDE pour les comparaisons internationales. Cette approche permet de comprendre le poids économique de la santé dans l'économie nationale, et les facteurs qui le déterminent.

I. Les trois agrégats des comptes de la santé

Les Comptes nationaux de la santé évaluent rétrospectivement chaque année la consommation et le financement de la « fonction santé » (= ensemble des actions qui concourent au traitement ou à la prévention d'une perturbation de l'état de santé). L'ouvrage *Les Dépenses de santé en 2018, Édition 2019* présentent les résultats des comptes nationaux de la santé pour l'année 2018.

Les montants de l'ensemble des postes de la consommation médicale sont exprimés sous la forme d'agrégats, un **agrégat** étant *une grandeur synthétique qui mesure le résultat d'un ensemble économique.*

A. La consommation de soins et biens médicaux (CSBM) 208 milliards d'euros en 2019 (8,6 % du PIB, 3 102 €/habitant)

1. Définition

La CSBM se définit comme l'ensemble des dépenses effectuées par les consommateurs, c'est-à-dire les patients. Ne sont prises en compte que les dépenses qui concourent au traitement d'une perturbation provisoire de l'état de santé. Sont ainsi exclues les dépenses de soins aux personnes handicapées et aux personnes âgées en établissement.

Elle comprend les soins hospitaliers, les soins ambulatoires (médecins, dentistes, auxiliaires médicaux, laboratoires d'analyses, thermalisme), les transports sanitaires, les médicaments et les autres biens médicaux (optique, prothèses, petits matériels et pansements).

2. Structure

Si l'on s'intéresse à la structure de la CSBM, on remarque que ce sont les soins hospitaliers qui constituent le premier poste de dépenses pour les Français (46,6 % des dépenses, soit environ 97,1 milliards d'euros), ce qui est logique puisque l'hôpital concentre les soins les plus lourds et les plus techniques, donc les plus chers, mais aussi les séjours les plus longs. Viennent ensuite les soins de ville (27,1 % des dépenses, soit 56,5 milliards d'euros environ) et les médicaments (15,6 % des dépenses, soit

32,5 milliards d'euros environ). Enfin viennent les autres biens médicaux (dont l'optique médicale) qui représentent 16,8 milliards d'euros (soit 8 % du total), ainsi que les transports sanitaires (2,4 % du total, soit 5 milliards d'euros). La structure des dépenses reste relativement stable depuis 2000.

3. Structure du financement de la CSBM

L'approche des dépenses de santé par les comptes nationaux de la santé prend en compte :

- Les dépenses prises en charge par l'assurance-maladie (Sécurité sociale) : c'est en effet l'assurance-maladie qui finance l'essentiel des dépenses (78,2 % en 2019). La part de la Sécurité sociale dans son financement est en hausse continue, de 0,3 point en moyenne par an, depuis un point bas à 76,2 % en 2011. En 2019, elle atteint son plus haut point depuis plus de quinze ans.
- Les dépenses de l'État et des collectivités locales : l'État ne participe que de façon infime au financement des dépenses de santé, et sa part reste stable (1,5 % des dépenses en 2019). Il s'agit des prestations versées aux invalides de guerre, des soins urgents ainsi que de l'aide médicale de l'État et des organismes de base au titre des soins des titulaires de la couverture maladie universelle complémentaire (Complémentaire Santé Solidaire, ex CMU-C).
- La part des dépenses des organismes complémentaires (mutuelles, assurances et instituts de prévoyance) est stable autour de 13,5 % ces dix dernières années. Elle atteint 13,4 % en 2019.
- Les dépenses des ménages : c'est ce qui reste à la charge des ménages, c'est-à-dire ce qui n'est pas remboursé. La part des ménages continue de diminuer : elle est passée de 9,4 % en 2008 à 6,9 % en 2019. Le reste à charge (RAC) des ménages s'élève ainsi à 14,3 milliards d'euros, soit 213 euros par habitant en 2019.

Structure du financement de la dépense de soins et biens médicaux en 2019

Financeurs	En %
Sécurité sociale de base	78,2
État et CMU-C	1,5
Organismes complémentaire	13,4
Ménages	6,9
Total	100,0

Champ : France.
Source : Drees, comptes nationaux de la santé.

4. Structure du financement par poste

Si l'on rentre dans le détail du financement de chaque poste, c'est-à-dire en distinguant les soins hospitaliers, les soins de ville (ou soins ambulatoires) et les médicaments, il apparaît que les soins hospitaliers sont ceux qui sont le mieux pris en charge par la Sécurité sociale qui finance ces soins à 91,6 % en 2019, le reste étant financé par les organismes complémentaires (5,2 %) et les ménages (2 %). Les soins de ville, à l'inverse, s'ils restent majoritairement financés par la Sécurité sociale (66 % environ, part en augmentation depuis 2012 en raison de la croissance des exonérations liées à des ALD et à l'introduction de la rémunération sur objectifs de santé publique, ou ROSP) sont mieux pris en charge par les complémentaires (environ 21,5 %), avec un reste à charge pour les ménages assez faible et en baisse depuis 10 ans (de l'ordre de 10,3 %, contre 13,5 % en 2009). Quant aux médicaments, ils sont pris en charge là aussi à hauteur de 74,3 % par la Sécurité sociale, chiffre en augmentation depuis 2009 (67,3 % en 2009), tandis que la part des complémentaires baisse à 12,4 %, tout comme celle des ménages (11,8 %).

B. La dépense courante de santé (DCS) 275,9 milliards d'euros en 2018 (11,7 % du PIB)

1. Définition

C'est l'ensemble des dépenses courantes (les dépenses en capital en sont exclues) effectuées par les **financeurs** du système de santé : Sécurité sociale, État, collectivités locales, organismes de protection complémentaire (mutuelles, sociétés d'assurances, institutions de prévoyance) et ménages.

C'est l'agrégat le plus large utilisé pour établir les Comptes de la santé puisqu'il comprend la CMT. Ainsi la DCS est égale à la CSBM, à laquelle on ajoute :

- les soins aux personnes âgées en établissement ;
- les indemnités journalières (IJ) ;
- les subventions reçues par le système de santé ;
- les dépenses de prévention collective ;
- les dépenses de recherche et de formation médicales ;
- les coûts de gestion de la santé.

Dépense courante de santé en 2018 (au sens français)[1]

	Montant (en milliards d'euros)	Structure (en %)
CSBM	203,5 Mds €	73,7 %
Soins de longue durée aux personnes handicapées et personnes âgées en établissement, y compris SSIAD (Services de soins infirmiers à domicile)	22,8 Mds €	8,2 %
Indemnités journalières	14,5 Mds €	5,5 %
Autres dépenses en faveur des malades	0,8 Mds €	0,3 %
Prévention institutionnelle	6,1 Mds €	2,2 %
Dépenses en faveur du système de soins (Recherche et formation)	12,1 Mds €	4,4 %
Coût gestion de la santé	15,7 Mds €	5,7 %
Dépense courante de santé	275,9 Mds €	100 %

C. La dépense courante de santé au sens international (DCSi) : 11,3 % du PIB en 2018

Pour permettre une comparaison internationale des dépenses de santé, le *System of Health Accounts* (SHA) a été développé. Il est piloté par l'Organisation de coopération et de développement économiques (OCDE), l'Organisation mondiale de la santé (OMS) et Eurostat.

L'agrégat le plus pertinent pour les comparaisons internationales est la **dépense courante de santé au sens international (DCSi)**, qui correspond à la dépense de consommation finale de biens et de services de santé. Cet agrégat correspond à la DCS de laquelle on retranche les indemnités journalières (–14,5 milliards d'euros en 2018), les dépenses de formation et de recherche médicale (–12,1 milliards d'euros en 2018), ainsi que la prévention environnementale et alimentaire. Par contre, la DCSi prend en compte certaines dépenses liées au handicap et à la dépendance.

Avec 11,3 % du PIB consacrés aux dépenses de santé, la France se situe en 3e position, loin derrière les États-Unis (17,8 %) et après la Suisse (plus de 12 %), et l'Allemagne (11,5 %), mais devant le Japon et la Suède (11 % environ pour ces deux pays) ; la moyenne de l'UE-15 étant d'un peu plus de 10 %. Par contre, si l'on rapporte la dépense totale de santé au PIB par habitant, exprimé en Parité de Pouvoir d'Achat (PPA), la France rétrograde aux alentours du 10e rang, avec 3970 euros par

1. Attention : à partir de l'édition 2020 du *Panorama des comptes de la santé*, d'où sont tirés tous ces chiffres, la DREES privilégie l'agrégat de la dépense courante de santé au sens international (DCSi) qui est harmonisé au niveau international, sur l'agrégat de la « dépense courante de santé » (DCS). C'est pourquoi l'agrégat de la DCS n'a pas été mis à jour cette année et risque de ne plus l'être à l'avenir.

habitant par an dépensés pour la santé, soit deux fois moins que les États-Unis (8 180 euros par habitant), Pour cet indicateur, la France se situe au 7e rang des pays de l'UE-28, à un niveau proche du Canada, de la Belgique ou du Danemark. L'Allemagne y consacre 820 euros de plus par habitant.

Cela permet de relativiser les critiques adressées au modèle français dont le poids des dépenses de santé dans le PIB serait trop élevé selon certains.

II. La maîtrise des dépenses de santé

La maîtrise des dépenses de santé est devenue l'enjeu majeur de ce XXIe siècle et ce, quel que soit le pays ou le système de santé concernés. Les dépenses de santé, en raison de nombreux facteurs comme le vieillissement de la population ou le progrès technologique, ne cessent en effet de croître. Par exemple, le poids de ces dépenses dans le PIB de la France a quasiment triplé en un demi-siècle. De surcroît, en ce qui concerne la situation de la France, le déficit chronique de l'assurance-maladie a rendu nécessaire différentes mesures pour faire des économies. Il s'agit donc d'étudier les déterminants de la croissance de ces dépenses de santé et les solutions proposées pour remédier à cette croissance.

A. Les déterminants de la croissance des dépenses de santé

1. Les déterminants de la demande

a. Les facteurs démographiques : le vieillissement de la population

Il touche la majorité des pays occidentaux. Cela induit des conséquences économiques, sanitaires et épidémiologiques. En effet la consommation médicale aux âges extrêmes est extrêmement importante : elle est maximale dans les premières années de la vie, minimale entre 5 et 15 ans, puis elle augmente au fur et à mesure de l'âge, les personnes âgées souffrant souvent de polypathologies ou de maladies chroniques.

b. Les facteurs psychologiques : le besoin ressenti

Le besoin naît quand l'individu estime que son état de santé a changé par rapport à son état de santé antérieur (morbidité ressentie) ou par comparaison avec les autres. Ce ressenti dépend de la croyance et la confiance dans le système de santé, de la sensibilité à la douleur, et du niveau de connaissance (niveau de culture et d'éducation globale, vulgarisation, Internet). On peut noter une baisse de la tolérance à la douleur qui induit une demande de confort de plus en plus forte. En somme on va plus facilement aller voir le médecin qu'auparavant, même pour des maladies bénignes.

c. Les facteurs socioculturels

- **Le sexe** : les femmes consomment plus de soins que les hommes, même en dehors de la période de fécondité.
- **Le revenu et la catégorie socioprofessionnelle** : la différence est essentiellement qualitative au sens où un cadre ira plus facilement voir un spécialiste alors qu'un ouvrier ira voir un généraliste. On sait aussi que les ouvriers et artisans commerçants ont moins souvent recours au système de soins et consultent moins souvent les spécialistes que les autres catégories socioprofessionnelles (CSP). De même, les employés et ouvriers renoncent davantage aux soins (surtout pour l'optique et le dentiste) que les autres CSP, à âge, sexe et couverture sociale comparable.
- **Le lieu d'habitation** : les urbains consomment plus que les ruraux (demande induite, l'offre médicale étant plus importante en ville qu'à la campagne).
- **La revendication de la population** : la bonne santé est devenue dans l'esprit des gens un droit, un dû, notamment parce que c'est la population qui finance le système de santé à travers l'assurance-maladie.

d. Les facteurs économiques : la couverture sociale et l'« effet prix »

La protection sociale masque le coût réel des soins et facilite la consommation. Ainsi une enquête de l'IRDES sur les complémentaires santé (mutuelles) montre qu'en l'absence de complémentaire, les consultations, les soins dentaires et les soins optiques sont moins fréquents. Ainsi, 28 % des personnes sans complémentaire déclarent avoir déjà renoncé à des soins contre 12 % des bénéficiaires d'une mutuelle privée.

e. Les facteurs épidémiologiques

La prévalence des maladies chroniques (diabète, maladies cardio-vasculaires, maladies ostéo-articulaires…) et des cancers est en constante augmentation en raison :

- du vieillissement de la population ;
- des comportements à risques de plus en plus répandus : tabac, alcool, alimentation déséquilibrée, sédentarité… ;
- des progrès médicaux (« chronicisation » de maladies antérieurement mortelles).

Ces maladies nécessitent des traitements longs et coûteux. Ainsi les affections longue durée (ALD) sont prises en charge à 100 % par l'assurance-maladie.

f. L'offre elle-même

Une augmentation de l'offre (hôpitaux, médecins, lits, équipements) induit une augmentation de la demande (ce que l'on appelle la « demande induite »). Ainsi une augmentation du nombre de lits entraîne une augmentation du nombre d'hospitalisations, et une augmentation de la densité des médecins entraîne une augmentation du nombre de consultations.

2. Les déterminants de l'offre

a. Le nombre d'offreurs et les facteurs de production des soins

La quantité et la qualité du personnel médical et paramédical, ainsi que la quantité et la qualité des différents hôpitaux, laboratoires, pharmacies et des divers équipements (scanner, IRM, radiologie, etc.) constituent des déterminants de l'offre de soins.

b. L'innovation et sa diffusion

Le secteur de la santé est un secteur à progrès technologique rapide. Mais la mise au point de nouveaux moyens diagnostiques et de traitements innovants ainsi que leur diffusion coûtent extrêmement cher. De plus, l'innovation crée aussi la demande. De même, les innovations en matière de traitements dans le secteur pharmaceutique ont un prix: on estime que le développement d'une nouvelle molécule coûte environ 2 milliards d'euros, ce qui explique pourquoi ils en produisent de moins en moins.

c. Les pratiques professionnelles

Face à une situation clinique identique, les praticiens peuvent adopter une stratégie différente en termes de diagnostics ou de traitements, stratégie qui peut s'éloigner de la stratégie optimale en termes de coût ou d'efficacité.

B. Les outils de la régulation

1. La régulation de la demande de soins

L'objectif principal est de responsabiliser les usagers. Cela passe par une redéfinition des règles d'accès pour lutter contre le nomadisme médical à travers les réseaux de soins, le médecin référent (médecin traitant), le carnet de santé, ou la carte Vitale. Cela passe aussi par ce que l'on nomme les instruments de co-paiement à travers par exemple le ticket modérateur ou les franchises. Cela passe aussi par une meilleure information des patients grâce à la prévention et l'éducation à la santé.

2. La régulation de l'offre de soins

Il s'agit ici de limiter l'offre de soins. Cela passe par le contrôle de la démographie médicale et la standardisation des pratiques professionnelles. Par exemple le contrôle de la démographie médicale peut se faire à l'entrée des études en médecine (avec le numerus clausus) ou au cours de ces études par la modulation des filières de formation par spécialistes. Il peut aussi se faire en aval par les autorisations d'installation (numerus clausus à l'installation), par la création de postes hospitaliers (secteur public), ou encore par les incitations au départ en retraite. La standardisation s'opère quant à elle par le biais des procédures de certification des établissements ou de conventionnement des médecins par l'assurance-maladie.

3. La régulation via l'organisation du marché

L'objectif principal consiste ici dans l'introduction de mécanismes de marché dans le secteur de la santé, essentiellement des mécanismes de concurrence qui visent à faire baisser les prix.

Cela peut passer par le contrôle des prix à travers les tarifs conventionnés (afin d'éviter une inflation du prix des consultations), ou par une incitation à la prescription des génériques, ou encore par le déremboursement des médicaments au service médical rendu insuffisant. Ces deux dernières mesures introduisent de la concurrence entre les diverses entreprises pharmaceutiques, ce qui a normalement pour effet de faire baisser le prix des médicaments. Cependant le déremboursement total de certains médicaments peut avoir l'effet inverse puisque l'industrie pharmaceutique est alors libre de fixer le prix qu'elle veut.

Cela peut passer aussi par une mise en concurrence dans le système de santé soit des assureurs, soit des professionnels :

- au niveau des assureurs on peut introduire des mécanismes de concurrence entre les mutuelles (à but non lucratif) et les assurances privées (à but lucratif) : l'objectif est de faire baisser les prix des cotisations, et éventuellement de transférer certains remboursements de l'assurance-maladie publique vers les assurances privées, notamment dans le domaine des soins dentaires ou optiques ;
- quant aux professionnels de santé, on peut agir sur les méthodes de paiement : par exemple un professionnel de santé qui est rémunéré aux coûts réels n'aura aucun intérêt à faire des économies et aura tendance à prescrire plus de médicaments que nécessaire, tandis qu'un professionnel payé par exemple à la capitation (c'est-à-dire qu'une certaine somme est versée au médecin par patient par mois, en fonction de l'âge et du sexe du patient, par exemple 30 euros par patient par mois, quelle que soit sa pathologie), aura tout intérêt à ne pas prescrire trop d'actes ou de biens médicaux, pour ne pas dépasser le budget qui lui est alloué, tout en maintenant évidemment des soins de qualité et un accès aux soins pour tous. En effet, un médecin (ou un hôpital) payé à la performance aura tendance à sélectionner ses patients et à laisser de côté les cas trop graves ou les pathologies trop coûteuses afin de ne pas se retrouver en déficit.

Testez-vous

1. Concernant les dépenses de santé, cocher la ou les réponses fausses :

- ☐ **A.** La CSBM est la Consommation de soins et de biens médicaux et s'élève à 208 milliards d'euros en 2019.
- ☐ **B.** La CSBM comprend les soins hospitaliers, les soins ambulatoires (médecins, dentistes, auxiliaires médicaux, laboratoires d'analyse, thermalisme), les transports sanitaires, les médicaments et les autres biens médicaux (optique, prothèses, pansements…).
- ☐ **C.** La Dépense courante de santé (au sens français) correspond à l'ensemble des dépenses courantes (les dépenses en capital en sont exclues) effectuées par les financeurs du système de santé : Sécurité sociale, État, collectivités locales, organismes de protection complémentaire (mutuelles, sociétés d'assurance, institutions de prévoyance), mais pas les dépenses des ménages.
- ☐ **D.** La dépense courante de santé au sens international comprend les indemnités journalières et les subventions reçues par le système de santé.
- ☐ **E.** La dépense courante de santé au sens international comprend les dépenses en capital du secteur de la santé.

2. Choisir la ou les propositions vraies :

- ☐ **A.** La dépense courante de santé correspond à environ 275,9 milliards d'euros en 2018.
- ☐ **B.** Les dépenses liées aux soins des malades correspondent aux soins ambulatoires, à l'exclusion des soins hospitaliers.
- ☐ **C.** Les dépenses de recherche et de formation médicale ne font pas partie de la dépense totale de santé.
- ☐ **D.** L'État ne participe pas au financement des dépenses de santé.
- ☐ **E.** Les dépenses liées au handicap et à la dépendance font partie de la dépense courante de santé.

3. Concernant la répartition des dépenses entre les financeurs de la CSBM, cocher la réponse fausse :

- ☐ **A.** Les médicaments sont le secteur où le reste à charge pour le patient est le plus élevé.
- ☐ **B.** Les complémentaires financent 13,4 % des dépenses de santé.
- ☐ **C.** L'assurance-maladie prend en charge 91,6 % des soins hospitaliers.
- ☐ **D.** L'assurance-maladie finance environ 66 % des dépenses de santé.
- ☐ **E.** Les dépenses les moins bien prises en charge par les mutuelles sont les dépenses hospitalières.

4. Concernant les dépenses de santé en 2018, cocher la ou les réponses fausses :

- ☐ **A.** La France consacre environ 30 % de son PIB à ces dépenses.
- ☐ **B.** Les États-Unis consacrent environ 17,8 % de leur PIB à ces dépenses.
- ☐ **C.** Les États-Unis sont le pays qui consacre le plus d'argent à leur santé, en % du PIB et en % du PIB par habitant.
- ☐ **D.** La France est le 3e pays de l'OCDE qui dépense le plus en termes de % des dépenses de santé par rapport au PIB.
- ☐ **E.** La France fait partie des trois pays qui dépensent le plus pour la santé de ses habitants, en termes de dépense de santé par habitant.

5. Concernant les facteurs influençant la consommation de soins, cocher la ou les réponses fausses :

- ☐ **A.** Le sexe fait partie des facteurs de demande.
- ☐ **B.** La protection sociale fait partie des facteurs d'offre.
- ☐ **C.** L'innovation et sa diffusion font partie des facteurs d'offre.
- ☐ **D.** Les facteurs épidémiologiques font partie des facteurs de demande.
- ☐ **E.** La demande fait partie des facteurs d'offre.

8 L'offre de soins en France

Dans un système de santé, on distingue l'offre et la consommation de soins. La consommation de soins comprend les prestations, actes et médicaments prescrits pour un malade et dispensés par des professionnels de santé, dans des lieux de soins. L'offre de soins désigne quant à elle ces professionnels de santé et ces lieux de soins. En France, on distingue deux grands systèmes pour l'offre de soins : le système hospitalier et la médecine libérale dite « de ville » (ou ambulatoire).
S'il est une chose que la pandémie de Covid-19 a permis de montrer, c'est à la fois la grande capacité des hôpitaux et des personnels de santé en général à réagir à une situation de crise que l'incurie des instances administratives de direction (DGS au niveau national et ARS au niveau régional) à répondre aux besoins des personnels de santé : absence totale de préparation ; pénurie de masques, de blouses, de gel hydroalcoolique, de matériel, etc., qui a conduit à la contamination de dizaines de milliers de professionnels de santé et à la mort de plusieurs dizaines d'entre eux ; absence de coordination entre le secteur public et le secteur privé. Elle a aussi mis en lumière les conséquences catastrophiques d'une vision purement comptable de la santé qui s'est traduite par la fermeture des milliers de lits et des hôpitaux en sous-effectif chronique. Pourtant, cela faisait plus d'un an que le personnel de santé en général, et le personnel hospitalier en particulier, manifestait régulièrement son mécontentement (notamment par des démissions des chefs de service) et réclamait plus de moyens : la pandémie leur a donné raison, et l'opinion publique a pu constater le dénuement de ces personnes, obligés d'utiliser des sacs poubelle en guise de surblouse, et de se battre, souvent sans succès, pour obtenir des gants jetables ou des masques chirurgicaux (sans même parler des masques FFP2, qui étaient absolument indispensables pour ces personnels en contact permanent avec des personnes malades, mais dont peu d'hôpitaux disposaient). Il faudra en tirer les leçons et que les personnes responsables de ces décisions depuis des années rendent des comptes aux victimes et à la justice.

I. Organisation de l'offre de soins

Le système de santé français s'appuie sur une organisation pluraliste de l'offre de soins. Celle-ci repose sur le maillage de structures multiples, notamment dans le secteur hospitalier qui se compose de trois types d'établissements : les hôpitaux publics, les hôpitaux privés à but non lucratif et les cliniques privées. Du côté des acteurs, co-exercent des professionnels de santé libéraux et des agents de la fonction publique hospitalière. Le système de santé reste largement piloté par les pouvoirs publics, garants de la cohérence des mécanismes de prise en charge des patients. Les compétences en matière de santé publique et d'offre de soins sont réparties sur trois niveaux.

A. Au niveau national

C'est le ministère des Solidarités et de la Santé, et son ministre, Olivier Véran, qui a en charge la politique de santé. Au sein du ministère chargé de la Santé, c'est la Direction générale de la santé (DGS), créée en 1956, qui est chargée de développer la politique de santé publique. C'est ainsi le directeur de la DGS, Jérôme Salomon, qui intervenait chaque soir pour égrener le décompte macabre des victimes du Covid-19. La politique de la DGS se fonde sur les objectifs suivants :

- l'amélioration de l'état de santé de la population;
- la réduction des inégalités sociales et territoriales de santé;
- l'égalité entre les femmes et les hommes.

En complément de la DGS, il existe la Direction générale de l'offre de soins, qui a remplacé la Direction de l'hospitalisation et de l'organisation des soins (DHOS) depuis 2010. La DGOS poursuit trois objectifs: promouvoir une approche globale de l'offre de soins (ville et hôpital), assurer une réponse adaptée aux besoins de prise en charge des patients et des usagers et garantir l'efficience et la qualité des structures de soins. La création de cette direction d'administration centrale vise à l'inscrire pleinement dans la nouvelle gouvernance du système de santé qui fait suite à la création des Agences régionales de santé (ARS). Membre du conseil national de pilotage des ARS, la DGOS a ainsi un rôle de pilotage stratégique, de contrôle, d'évaluation et d'animation dans le domaine de l'offre de soins.

B. Au niveau régional

Les Agences régionales de santé (ARS) sont le pilier de la réforme du système de santé mise en œuvre par la loi du 21 juillet 2009 portant réforme de l'Hôpital et relative aux patients, à la santé et aux territoires (loi HPST). Elles ont pour mission d'assurer, à l'échelon régional, le pilotage d'ensemble de notre système de santé. Elles sont responsables de la sécurité sanitaire, des actions de prévention menées dans la région, de l'organisation de l'offre de soins en fonction des besoins de la population, y compris dans les structures d'accueil des personnes âgées ou handicapées. Elles visent à garantir une approche plus cohérente et plus efficace des politiques de santé menées sur un territoire et permettent une plus grande fluidité du parcours de soin, pour répondre aux besoins des patients.

Les ARS assurent deux grandes missions.

1. Le pilotage de la politique de santé publique en région

Le pilotage de la politique de santé publique en région comprend trois champs d'intervention:

- la veille et la sécurité sanitaires, ainsi que l'observation de la santé;
- la définition, le financement et l'évaluation des actions de prévention et de promotion de la santé;
- l'anticipation, la préparation et la gestion des crises sanitaires, en liaison avec le préfet.

2. La régulation de l'offre de santé

La régulation de l'offre de santé en région vise à mieux répondre aux besoins et à garantir l'efficacité du système de santé. Elle porte sur les secteurs ambulatoire (médecine de ville), médico-social (aide et accompagnement des personnes âgées et handicapées) et hospitalier. Elle comporte une dimension territoriale – pour une meilleure répartition des médecins et de l'offre de soins sur le territoire – et une dimension économique – pour une meilleure utilisation des ressources et la maîtrise des dépenses de santé.

Les ARS ont des objectifs précis :

- développer des actions de santé publique mieux ciblées, adaptées aux besoins de chaque région ;
- améliorer l'accès aux soins, en assurant un meilleur système de garde et la répartition de l'offre de soins sur le territoire, répondant aux besoins des patients ;
- améliorer l'organisation des parcours de soins, notamment entre l'hôpital et les établissements médico-sociaux ;
- lutter contre la désertification médicale dans certains cantons, promouvoir la continuité des soins en assurant notamment une meilleure coordination entre le secteur hospitalier et le secteur médico-social ;
- piloter les réformes du secteur médico-social (nouvelle procédure d'appel à projet, convergence tarifaire dans les Établissements d'hébergement pour personnes âgées dépendantes) ;
- maîtriser les dépenses de santé.

Les Agences régionales de santé (ARS) ont eu pour mission la définition de projets régionaux de santé (PRS). Ces PRS englobent la prévention, les soins de premier recours et ceux délivrés par les établissements, ainsi que les prises en charge médico-sociales. Chaque région est elle-même découpée en territoires de santé (il en existe 99) et au sein de chaque territoire de santé est instaurée une conférence de territoire, composée de représentants des différentes catégories d'acteurs du système de santé, dont les usagers. Cette conférence contribue à la mise en œuvre du PRS et sa cohérence avec les projets territoriaux. À ces projets régionaux sont intégrés des Schémas régionaux d'organisation des soins (SROS) ainsi que des Schémas régionaux d'organisation médico-sociale (SROSM). Les SROS-PRS ont ainsi pour objectif de faire évoluer l'offre de soins afin qu'elle réponde aux besoins de la population, garantisse l'amélioration de l'état de santé et la réduction des inégalités d'accès aux soins, et améliore l'efficience du système régional de santé.

II. Les différentes professions de santé

A. Les professions médicales

Il existe quatre professions médicales distinctes : médecins, chirurgiens-dentistes, pharmaciens, sages-femmes. Les conditions d'accès à ces professions, réglementées par le Code de la santé publique, sont les suivantes :

1. Il faut être titulaire d'un diplôme d'état français ou de l'Union européenne. Il faut donc avoir suivi une formation universitaire et obtenu les diplômes sanctionnant cette formation. La durée de la formation est de 5 ans pour les sages-femmes et de 9 à 11 ans pour les médecins ;

2. Il faut être de nationalité française ou ressortissant de l'UE, ou relever d'une législation particulière (conventions frontalières, d'établissement, autorisations individuelles accordées par le ministre);
3. Il faut être inscrit à l'Ordre des médecins (ou des pharmaciens), cette condition étant subordonnée aux deux premières.

Ces professions sont protégées et ont un monopole d'exercice. Elles peuvent être exercées soit en tant que profession libérale soit en tant que profession salariée (ou les deux). Elles sont soumises aux contraintes définies par le régime conventionnel de la Sécurité sociale qui fixe la tarification des actes médicaux. Elles sont aussi soumises aux exigences d'un Conseil de l'Ordre propre à chaque profession, dont la fonction est de faire respecter les règles de déontologie. En cas de non-respect, l'Ordre peut infliger aux professionnels des sanctions disciplinaires (avertissement, blâme, suspension temporaire ou radiation définitive). Le Code de santé publique rappelle que « toute personne qui ne remplirait pas ces conditions en exerçant sous quelque forme que ce soit en pratique privée, hospitalière ou salariée, serait en état d'exercice illégal et passible des sanctions prévues par la loi ».

B. Les professions paramédicales

On peut les classer en deux catégories:

1. Celles qui sont réglementées par le Code de la santé publique:
   - Infirmiers diplômés d'État et psychiatriques, masseurs-kinésithérapeutes, pédicures-podologues, orthoptistes, opticiens lunetiers, audioprothésistes, diététiciens, ergothérapeutes, psychomotriciens, manipulateurs d'électroradiologie médicale, orthophonistes;
   - Les conditions d'accès sont d'avoir suivi un enseignement qui dure de 2 à 5 ans et qui a lieu dans des écoles de formation spécifiques. Pour pouvoir exercer les professionnels doivent disposer d'un Diplôme d'État ou d'un certificat de capacité officiel enregistré à la DDASS, et respecter le secret médical. Ils ont un monopole d'exercice et leurs actes sont cotés par la Sécurité sociale;
   - Ces professions sont protégées mais ne sont pas régies par un Ordre: c'est au Préfet qu'il appartient de délivrer la carte professionnelle.
2. Celles qui ne sont pas réglementées:
   - Les professions liées aux appareillages: prothésistes médicaux et dentaires;
   - Les professions médicotechniques: aides-soignants, auxiliaires de puériculture, ambulanciers, secrétaires médicaux, laborantins d'analyses médicales;
   - Leurs conditions d'exercice ne sont pas régies par des règles de déontologie, l'obtention d'un DE ou la cotation des actes médicaux. Ces professions nécessitent néanmoins une formation professionnelle spécifique, mais qui ne nécessite pas forcément l'obtention préalable du baccalauréat.

III. La démographie des professions de santé

A. Bilan démographique

En 2018 l'effectif total des professions de santé dépasse les 2,3 millions de personnes.

En 2018 ce sont les infirmiers qui sont les plus nombreux parmi les professions de santé avec plus de 722 000 infirmiers en France, chiffre qui ne cesse d'augmenter. Tout de suite après viennent les médecins avec environ 226 000 médecins (qui se divisent approximativement en 124 000 spécialistes et 102 000 généralistes environ), soit une densité de 3,4 médecins pour 1 000 habitants. Parmi les professions médicales, c'est celle de sage-femme qui a l'effectif le plus faible avec environ 23 000 sages-femmes environ, tandis que pour les professions paramédicales, ce sont les audioprothésistes qui sont les moins nombreux, puisqu'ils ne sont que 3900 environ.

Les professions de santé en 2018

Professions de santé				
Au 1er janvier	Effectifs			
	2016	2017	2018	2019
Infirmiers	660611	681459	700988	722572
Médecins	223571	224875	226219	226859
Pharmaciens	74489	74399	73818	73782
Chirurgiens-dentistes	41788	42197	42348	42525
Opticiens-lunetiers	34370	35718	37145	38506
Manipulateurs ERM	34498	35525	36467	37428
Orthophonistes	24466	25467	25607	26336
Sages-femmes	22312	22787	22812	22941
Psychomotriciens	11074	11890	12770	13600
Ergothérapeutes	10417	11216	11971	12765
Orthoptistes	4409	4643	4876	5185
Audioprothésistes	3264	3440	3632	3875

Champ : ensemble des professionnels de santé actifs au 1er janvier.
Source : INSEE, *Tableaux de l'économie française*, Édition 2020.

B. Une inégale répartition géographique

Quelle que soit la profession de santé considérée, il existe en France de nombreuses zones surpeuplées en médecins, pharmaciens, dentistes, infirmiers…

alors que d'autres sont quasi désertes: ces déserts médicaux incluent d'ailleurs aussi bien les zones les plus rurales comme la Creuse par exemple que d'autres départements urbanisés comme la Seine-Saint-Denis, où la densité en personnel médical et paramédical est parmi les plus faibles de toute la France, si ce n'est la plus faible de toute la France. Tout ceci montre la nécessité d'avoir une organisation planifiée à un niveau national ou régional (donc par la DGOS ou les ARS) afin que chaque citoyen français puisse avoir accès équitablement aux soins. C'est le sens des primes à l'installation données aux médecins fraîchement diplômés qui s'installent dans des zones peu denses en médecins, qui visent aussi à ne pas faire entorse au principe de la liberté d'installation des médecins libéraux. À l'inverse, les pharmaciens ou les infirmiers ne bénéficient pas de cette liberté d'installation (du moins est-elle sévèrement encadrée) et ont obligation de s'installer dans les endroits où la population a besoin d'eux. Malgré cela des inégalités géographiques persistent.

Si l'on regarde par exemple la répartition géographique des médecins, les inégalités sont fortes: le département de Paris compte ainsi 858 médecins pour 100 000 habitants, alors que le département voisin de la Seine-Saint-Denis n'en compte que 258 pour 100 000; le département le moins bien doté étant l'Ain pour la France métropolitaine avec 186 médecins pour 100 000 habitants, et, pour la France entière, Mayotte, qui ne compte que 80 médecins pour 100 000 habitants. Au niveau régional, c'est la région Provence-Alpes-Côte-d'Azur qui est la plus dense avec 408 médecins pour 100 000 habitants, alors que la région Centre-Val de Loire n'en compte que 265 pour 100 000.

C. Les évolutions démographiques

Les professions de santés ont subi trois évolutions majeures au cours de ces trente dernières années: d'abord l'effectif de toutes les professions de santé a augmenté assez rapidement (entre 2 et 4 % par an), plus vite que les autres professions. Elles se sont féminisées: les professions majoritairement voire quasi exclusivement féminines le sont restées tandis que les professions majoritairement masculines le sont de moins en moins. Enfin les professions de santé, à l'image de la population française, vieillissent, ce qui risque de poser des problèmes de pénurie dans quelques années.

1. Une croissance démographique importante des professions de santé

On peut constater que le taux de croissance des professions de santé varie en fonction de la profession: de manière générale, les professions paramédicales ont un taux de croissance beaucoup plus élevé que les professions médicales. Ainsi, en 35 ans, le nombre de médecins actifs a doublé tandis que celui des infirmiers a bondi de presque 50 % (48,6). Le nombre de pédicures-podologues a quant à lui presque doublé en 15 ans. De manière générale, depuis les années 1970, l'effectif des professions médicales a été multiplié par 3,5: ainsi on comptait environ 60 000 médecins en 1970 alors qu'on en compte 226 000 aujourd'hui.

2. La féminisation des professions de santé

Part des femmes (en %) dans les professions médicales et de santé autres que les médecins

	En 2000	En 2015
Sages-femmes	99,4	97
Orthophonistes	95,5	96,2
Orthoptistes	93,8	91,0
Psychomotriciens	84,0	87,5
Infirmiers	87,3	87
Ergothérapeutes	84,0	86,6
Manipulateurs ERM	72,9	72,5
Pédicures-podologues	70,4	67,3
Pharmaciens	61,9	67
Opticiens-lunetiers	41,1	50,3
Masseurs-kinésithérapeutes	42,3	50
Audioprothésistes	38,6	44,0
Chirurgiens-dentistes	32,2	42

Source : Éco-Santé France d'après données Adeli de la Drees.

Si la profession des sages-femmes est presqu'exclusivement féminine (97 % en 2015) ; à l'opposé, on trouve la profession des chirurgiens-dentistes qui, elle, est essentiellement masculine (58 % en 2015). Néanmoins, mis à part les sages-femmes, les orthoptistes, les manipulateurs ERM, les pédicures, les professions présentées ici sont soit essentiellement féminines soit se féminisent progressivement. Les médecins n'échappent à la règle puisque la part des femmes dans la démographie médicale est passée de 24,5 % en 1984 à 46 % en 2018. Les femmes sont d'ailleurs majoritaires parmi les médecins de moins de 60 ans (52 %).

3. Le vieillissement des professionnels de santé

À l'instar de la population française, la population des professions de santé vieillit. C'est chez les médecins qu'il est le plus élevé et qu'il tend à augmenter le plus vite (49 ans en 2005, 51 ans en 2018).

Ainsi, 47 % des médecins ont 55 ans ou plus (alors que c'est le cas de 18 % des cadres et professions intellectuelles supérieures) et 30 % ont 60 ans ou plus. De manière générale, l'âge moyen est plus élevé chez les professions médicales du fait de la durée d'études plus longue (48 ans pour les dentistes, 46,6 ans pour les pharmaciens en 2015). Il est moins élevé chez les professions paramédicales comme les infirmiers (42 ans en moyenne en 2015).

III. Le système hospitalier

L'hôpital est depuis de nombreuses années en première ligne des différentes réformes concernant le système de santé français. Il représente en effet presque la moitié des dépenses de santé (46,6 % des dépenses), soit environ 92,8 milliards d'euros en 2017, les dépenses hospitalières étant évidemment les plus coûteuses en raison de la durée et de la gravité des maladies : en 2016, le secteur hospitalier a ainsi pris en charge 18,6 millions de séjours en Médecine-Chirurgie-Obstétrique. Or, plus de 90 % du financement de l'hôpital provient de l'assurance-maladie, qui est elle-même en déficit, ce qui explique pourquoi les mesures d'économie touchent la plupart du temps d'abord les hôpitaux. Ainsi durant ces dix dernières années, trois réformes majeures ont concerné spécifiquement les hôpitaux.

Tout d'abord, en 2003 a été mis en place le « plan Hôpital 2007 », qui poursuivait trois objectifs principaux :

1. Rénover le financement et la planification des établissements de santé.
2. Moderniser les instances pour un meilleur fonctionnement de l'hôpital.
3. Développer une culture du résultat et de l'évaluation pour faire face aux exigences de sécurité sanitaire et de qualité des soins.

Un processus d'accréditation a été mis en œuvre qui oblige les établissements à s'engager dans une démarche d'amélioration continue de la qualité et à favoriser le développement d'une culture de l'évaluation. Cette accréditation des établissements de santé a été introduite au sein du système français et confiée à l'Agence nationale d'accréditation et d'évaluation en santé (ANAES). Depuis la loi du 13 août 2004, la Haute Autorité de santé (HAS) a repris la mission confiée à l'ANAES, aujourd'hui dissoute, et le terme « accréditation » a été remplacé par celui de « certification ».

À ce plan Hôpital 2007 a succédé le plan Hôpital 2012 qui concerne les établissements hospitaliers publics et privés, et dont le but était de poursuivre la dynamique d'investissement et de modernisation des établissements hospitaliers.

Le 21 juillet 2009 a été votée la loi « portant réforme de l'hôpital et relative aux patients, à la santé et aux territoires » (abrégée en loi « Hôpital, patient, santé, territoires » ou loi HPST) qui est une loi d'organisation sanitaire et non de financement. Celle-ci vient modifier à la fois le statut des hôpitaux, notamment les hôpitaux privés à but non lucratif, mais aussi la gouvernance des hôpitaux.

La loi HPST a ainsi introduit une nouvelle catégorie pour les établissements de santé privés : celle des établissements privés d'intérêt collectif (ESPIC). Cette catégorie se substitue de manière générale à celle des établissements privés à but non lucratif ainsi qu'à celle des établissements privés participant au service public hospitalier (PSPH). Elle rompt avec la notion de Service Public Hospitalier, définie dans les années 1970.

Enfin, la loi « de modernisation de notre système de santé », du 26 janvier 2016, dite aussi « loi Santé », ou « loi Touraine », du nom de l'ancienne ministre de la Santé, a profondément réorganisé le système hospitalier en France. Tout d'abord, la loi abroge la notion d'ESPIC créée par la loi HPST de 2009, et rétablit la notion de Service Public Hospitalier (SPH). Ainsi, seuls les établissements publics sont membres de droit de ce Service Public Hospitalier et les établissements privés, notamment les anciens ESPIC, devront ainsi se plier à une procédure spécifique de reconnaissance qui prend en compte, outre la demande de l'établissement, l'analyse de l'offre territoriale par l'ARS. Ils devront aussi renoncer aux dépassements d'honoraires pour toutes leurs activités pour pouvoir participer au Service Public Hospitalier.

La deuxième réforme majeure de la loi Touraine consiste dans l'instauration des Groupements Hospitaliers de Territoire (GHT) : les GHT remplacent les communautés hospitalières créées par le plan Hôpital 2007. Concrètement, les établissements de santé d'un territoire donné, appelés « établissements parties », sont rassemblés autour d'un hôpital de référence. Les GHT s'associent également à un centre hospitalier universitaire. L'objectif est d'inscrire les hôpitaux publics dans une vision partagée de l'offre de soins. Ainsi, les « établissements parties » élaborent un projet médical entrant dans une stratégie globale de santé au plan du territoire, pour garantir aux patients une offre de proximité ainsi que l'accès à une offre de référence et de recours. Quant à l'hôpital de référence des GHT, il assure pour le compte des établissements parties la stratégie, l'optimisation et la gestion commune d'un système d'information hospitalier convergent, en particulier la mise en place d'un dossier patient permettant une prise en charge coordonnée des patients au sein des établissements parties au groupement. Avec la rationalisation des modes de gestion par une mutualisation des fonctions ou par des transferts d'activités entre établissements, le but est de rendre plus efficace le système de santé du pôle territorial et ainsi d'assurer une égalité d'accès à des soins sécurisés et de qualité autour d'un projet médical répondant aux besoins de la population.

Pour soutenir cette transformation de l'hôpital, l'effort de soutien à l'investissement sera poursuivi à hauteur de 2 milliards d'euros sur les 5 années à venir (2017-2021).

A. Les caractéristiques du système hospitalier français

En France, deux systèmes hospitaliers coexistent, le public et le privé. Ils sont autant concurrents que complémentaires.

1. Le secteur public

On dénombre au total 1360 hôpitaux publics dont 178 centres hospitaliers régionaux de grande taille (entre 1000 et 2000 lits), surtout universitaires (CHU) ; 947 CH de taille moyenne à vocation généraliste ; et 95 centres hospitaliers spécialisés en psychiatrie (CHS). Le secteur public représente 60 % des lits d'hospitalisation.

2. Le secteur privé

On dénombre au total 1682 hôpitaux privés, qui se subdivisent en deux catégories :

- Les établissements privés à but non lucratif : ils sont au nombre de 682. Ils représentent environ 15 % des lits, qui sont dédiés majoritairement aux soins de longue durée. Cela comprend aussi les centres de lutte contre le cancer et les centres de dialyse.
- Les établissements privés à but lucratif : ils sont au nombre de 1000 et représentent environ 25 % des lits en France. Ils s'occupent plutôt des soins aigus et de la chirurgie. Ce sont en général des établissements de petite ou moyenne taille qui se regroupent pour augmenter la capacité des plateaux techniques en investissements lourds (imagerie, robotisation).

Établissements de santé en 2018

	Nombre d'établissements	Nombre de lits	Nombre de places
Secteur public	**1360**	**243417**	**42812**
Centres hospitaliers régionaux (CHR/CHU)	178	70452	10624
Centres hospitaliers (CH) (dont anciens hôpitaux locaux)	947 (226)	140849 (9583)	17586 (90)
Centres hospitaliers spécialisés en psychiatrie	95	23199	14164
Autres établissements publics	140	8917	438
Secteur privé à but non lucratif	**682**	**56270**	**14316**
Centres de lutte contre le cancer (CLCC)	22	2772	718
Établissements de soins de courte durée (SCD) ou pluridisciplinaires	139	18652	2850
Établissements de soins de suite et réadaptation (SSR)	368	25607	4967
Autres établissements privés à but non lucratif	153	9239	5781

	Nombre d'établissements	Nombre de lits	Nombre de places
Secteur privé à but lucratif	**1000**	**95983**	**20169**
Établissements de soins de suite et de réadaptation	348	29564	3997
Établissements de soins de courte durée (SCD) ou pluridisciplinaires	492	52096	14232
Établissements de lutte contre les maladies mentales	151	13925	1881
Autres établissements à but lucratif	9	398	59
Total	**3042**	395670	**77297**

Note: Le nombre d'établissements indiqué pour le secteur public comptabilise désormais tous les établissements géographiques (et non uniquement les entités juridiques comme c'était le cas avant 2012). Pour une entité juridique multisite comme l'AP-HP, on compte autant d'établissements que de sites, contrairement aux éditions précédentes.

Champ: France métropolitaine et DROM (y compris Mayotte).
Sources: DREES, SAE 2013 et 2018, traitements DREES.

B. Le financement des établissements de santé: la Tarification à l'Activité

À l'origine, il existait deux systèmes de financement distincts pour les établissements de santé:

- pour les hôpitaux publics ainsi que pour les hôpitaux privés participant au service public, c'était le système de la dotation globale qui prévalait. Chaque hôpital touchait une enveloppe globale, ce que l'on appelait une dotation globale de financement (DGF), qui ne liait que très faiblement le budget à l'activité réalisée. Cela conduisait donc soit à des rentes de situation (pour les hôpitaux dont le budget excédait l'activité), soit à un manque de financement pour les hôpitaux les plus actifs;
- pour les établissements privés à but lucratif (les cliniques privées), c'était le système de la tarification à la journée (forfait) et du paiement à l'acte qui prévalait. La principale limite à ce système était que le montant des prestations variait sur l'ensemble du territoire.

Face à ce constat d'une divergence de systèmes, qui freinait la coopération nécessaire entre le public et le privé, la réforme de 2007 (« Plan hôpital 2007 »), instaure la tarification à l'activité pour tous les établissements publics et privés titulaires d'autorisations de Médecine, chirurgie ou obstétrique (MCO), quelles que soient leurs modalités: hospitalisation avec ou sans hébergement, hospitalisation à domicile ainsi que consultations et soins externes. Les autres activités (soins de suite et réadaptation, psychiatrie) restent financées selon l'ancien modèle d'allocation de ressources. Les bénéfices attendus de cette réforme sont la médicalisation du financement, l'équité entre les secteurs publics et privés, et un meilleur pilotage de la gestion des hôpitaux qui lie le financement à l'activité.

En effet la tarification à l'activité est un financement mixte qui associe d'une part une dotation pour assurer l'ensemble des missions de service public et d'autre part un dispositif médicalisé pour l'activité de soins qui prend en compte la nature et le volume d'activité de manière à financer au plus près les ressources nécessaires aux soins. La prise en charge financière est adaptée à la nature des soins prodigués, avec des tarifs de séjour basés sur la classification en Groupes homogènes de maladies (GHM) du Programme de médicalisation du système d'information (PMSI). Ainsi, à la fin de chaque séjour l'équipe médicale décrit la prise en charge effectuée (diagnostic principal et diagnostics associés, actes médicaux, certains traitements lourds) au moyen de codes issus de la Classification internationale des maladies et de la Classification commune des actes médicaux. En fonction de cette codification, l'hôpital est alors remboursé d'une certaine somme correspondant à la maladie en question et aux actes médicaux effectués, quel que soit le prix réel que cela lui ait coûté. Le risque est évidemment de multiplier les actes qui rapportent plus qu'ils ne coûtent, notamment tout ce qui relève de la chirurgie ambulatoire (sans hospitalisation) dont les cliniques privées se sont fait une spécialité, et à l'inverse de laisser à l'hôpital public les patients aux pathologies les plus lourdes et les plus longues en termes de traitement et d'hospitalisation. Certains critiques y voient d'ailleurs un pas supplémentaire vers la privatisation de l'hôpital car l'hôpital doit de plus en plus se comporter comme une entreprise avec pour objectif principal la rentabilité et non plus la santé des patients. Ce dogme de la T2A est d'ailleurs aujourd'hui sur la table des négociations du « Ségur de la santé » et d'autres modes de financement des hôpitaux sont à l'étude.

Testez-vous

1. Concernant les missions des ARS, lesquelles de ces propositions sont exactes ?

☐ **A.** Les deux grandes missions des ARS sont le pilotage de la politique régionale de santé publique et la régulation de l'offre de santé.
☐ **B.** La régulation de l'offre de santé porte sur deux secteurs : ambulatoire et hospitalier.
☐ **C.** La régulation de l'offre de santé comporte trois dimensions : territoriale, économique et politique.
☐ **D.** Le pilotage de la santé publique en région comporte plusieurs volets : Veille et sécurité sanitaire. Observation de la santé. Prévention et promotion de la santé. Anticipation, préparation, gestion des crises sanitaires.
☐ **E.** La régulation de l'offre régionale en santé a pour but de mieux répondre aux besoins et de garantir l'efficacité du système de santé.

2. Concernant les professions médicales et le système hospitalier, cocher la ou les réponses fausses :

☐ **A.** Il existe quatre professions médicales distinctes : médecins, chirurgiens-dentistes, pharmaciens, sages-femmes.
☐ **B.** Les aides-soignants font partie des professions de santé réglementées.
☐ **C.** La population des médecins et des autres professions médicales vieillit. L'âge moyen des médecins est estimé par l'Ordre des médecins à 51 ans en 2018.
☐ **D.** On compte aujourd'hui plus d'hôpitaux publics que d'hôpitaux privés.
☐ **E.** On compte un peu plus de 226 000 médecins en France, avec un peu plus de médecins spécialistes que de médecins généralistes.

3. Parmi les propositions suivantes concernant les professions de santé, laquelle (lesquelles) est (sont) exacte(s) ?

☐ **A.** Aujourd'hui, en France métropolitaine, on compte presque 3 infirmières pour un médecin.
☐ **B.** Les problèmes démographiques actuels de la répartition des médecins tendent à s'accroître dans les dix prochaines années.
☐ **C.** Il y a une forte densité médicale dans le Nord car il y a beaucoup d'habitants.
☐ **D.** Le nombre de femmes augmente dans le milieu médical.
☐ **E.** Le ratio spécialiste/généralistes est aujourd'hui de 0,5.

4. Parmi les propositions suivantes concernant les professions de santé, laquelle (lesquelles) est (sont) exacte(s) ?

☐ **A.** Opticien lunetiers est une profession paramédicale non réglementée.
☐ **B.** L'exercice médical exige d'être inscrit à un tableau de l'ordre.
☐ **C.** Ergothérapeutes et psychomotriciens sont des professions paramédicales réglementées.
☐ **D.** Les conditions d'exercice des professions paramédicales réglementées sont définies par le Code de la santé publique.
☐ **E.** Bien qu'elles soient dites « non réglementées », les professions médicales non réglementées sont tout de même soumises à des règles de déontologie.

5. Parmi les propositions suivantes concernant les professions de santé, laquelle (lesquelles) est (sont) exacte(s) ?

- ☐ **A.** Le secteur public représente 1/3 des lits d'hospitalisation.
- ☐ **B.** Plus de la moitié des lits à l'hôpital appartiennent au secteur privé.
- ☐ **C.** Le secteur public ne couvre pas l'ensemble des types de séjours de soins aigus.
- ☐ **D.** Les CHS (Centres hospitaliers spécialisés) font partie du secteur privé.
- ☐ **E.** Toutes les réponses précédentes sont fausses.

9 La prévention

La loi de modernisation de notre système de santé du 26 janvier 2016 fait de la prévention un axe majeur de la politique de santé. Son axe 1, intitulé « Innover pour mieux prévenir » montre la volonté du gouvernement de faire de la prévention le socle du système de santé. Cet axe s'articule autour de différentes mesures, dont voici les 7 principales :

- Mesure 1 : Déployer un parcours éducatif en santé, de la maternelle au lycée.
- Mesure 2 : Désigner un médecin traitant pour les enfants (jusqu'à 16 ans).
- Mesure 3 : Renforcer l'information nutritionnelle sur les emballages alimentaires.
- Mesure 4 : Réduire les phénomènes d'alcoolisation massive chez les jeunes.
- Mesure 5 : Lutter activement contre le tabagisme.
- Mesure 6 : Améliorer le dépistage des infections sexuellement transmissibles.
- Mesure 7 : Encourager la réduction des risques chez les usagers de drogue.

I. Définitions

La santé publique a pour objectif de mettre en place une action d'ensemble afin d'améliorer l'état de santé des populations. La prévention, l'éducation pour la santé et la promotion de la santé visent à anticiper la maladie et à permettre à chacun d'assurer le contrôle de sa santé et de l'améliorer.

L'OMS définit la « **promotion de la santé** » ainsi : « La promotion de la santé est un processus qui confère aux populations les moyens d'assurer un plus grand contrôle sur leur propre santé et d'améliorer celle-ci. [...] La promotion de la santé vise l'égalité en matière de santé. Ses interventions ont pour but de réduire les écarts actuels caractérisant l'état de santé, et d'offrir à tous les individus les mêmes ressources et possibilités pour réaliser pleinement leur potentiel-santé. Cela comprend une solide formation dans un milieu apportant son soutien, l'information, les aptitudes et les possibilités de faire des choix sains. Les gens ne peuvent réaliser leur potentiel de santé optimal s'ils ne prennent pas en charge les éléments qui déterminent leur état de santé. » Ainsi selon la charte d'Ottawa, élaborée en 1996, l'intervention en promotion de la santé vise à élaborer une politique publique saine, créer des milieux favorables, renforcer l'action communautaire, acquérir des aptitudes individuelles et réorienter les services de santé.

L'éducation pour la santé constitue une des modalités d'action de la promotion de la santé. L'éducation pour la santé a été définie par l'OMS comme « tout ensemble d'activités d'information et d'éducation qui incitent les gens à vouloir être en bonne santé, à savoir comment y parvenir, à faire ce qu'ils peuvent individuellement et collectivement pour conserver la santé, à recourir à une aide en cas de besoin ». De façon plus précise, l'OMS indique que « l'éducation pour la santé est la composante des soins de santé qui vise à encourager l'adoption de comportements favorables à la santé. [...] Par l'éducation pour la santé, on aide les gens à élucider leur propre comportement et à voir comment ce comportement influence leur état de santé. On les encourage à faire leurs propres choix pour une vie plus saine. On ne les force pas à changer. [...] L'éducation pour la santé ne remplit pleinement sa fonction que si elle encourage les gens à participer et à choisir eux-mêmes. »

Enfin, la *prévention*, selon la définition donnée par l'OMS, se définit comme « l'ensemble des mesures visant à éviter ou réduire le nombre ou la gravité des maladies ou accidents ».

II. Les trois types de prévention

On distingue trois catégories de prévention en fonction de la réponse à la question posée : Quand ? Qui ? Comment ?

A. La prévention en fonction du moment où elle se situe par rapport à la survenue de la maladie : quand ?

- **La prévention primaire** : ce sont « tous les actes destinés à diminuer l'incidence d'une maladie, donc à réduire l'apparition de nouveaux cas ». Il s'agit d'éviter l'apparition de la maladie en agissant sur les causes et sur les facteurs de risque des maladies. Elle est donc médicale et non médicale. Elle fait appel à des mesures de prévention individuelle (hygiène corporelle, alimentation) et collective (distribution d'eau potable, vaccination, l'éducation pour la santé…).
- **La prévention secondaire** : ce sont « tous les actes destinés à réduire la prévalence d'une maladie donc à réduire sa durée d'évolution ». Elle vise à détecter la maladie ou la lésion qui la précède à un stade où l'on peut intervenir utilement et à éviter l'apparition des symptômes cliniques ou biologiques. Son outil essentiel est le dépistage.
- **La prévention tertiaire** : ce sont « tous les actes destinés à diminuer la prévalence des incapacités chroniques ou des récidives dans la population, donc à réduire les invalidités fonctionnelles dues à la maladie ». Elle a pour objectif de favoriser la réinsertion sociale et professionnelle après la maladie. Cette définition étend la prévention aux soins de réadaptation. On peut citer à titre d'exemple l'utilisation de bêtabloquants pour diminuer le risque de décès des malades après un infarctus du myocarde.

B. La prévention en fonction de la cible de la prévention : qui ?

On distingue :

- **La prévention universelle** : concerne la population entière (réglementation, taxation, recommandations générales en termes de nutrition et d'activité physique…) ;
- **La prévention sélective** : concerne une catégorie de la population, identifiée selon des critères sociodémographiques (dépistage organisé du cancer du sein ou du cancer colorectal pour les hommes et (où) les femmes de 50 à 75 ans, la campagne MT Dents destinée aux enfants 6 et 12 ans…) ;
- **La prévention indiquée** : concerne des personnes ou des groupes ayant un indice observable ou mesurable de risque (surpoids, tabagisme, hypertension artérielle ou hypercholestérolémie…).

Plus simplement on distingue généralement entre :

- **La prévention individuelle** qui vise à modifier les comportements par des obligations (vaccinations obligatoires, interdiction de fumer…) ou des incitations (dépistage, vaccinations recommandées, éducation pour la santé…). Il s'agit ici de tout ce qui est fait en direction des individus pour améliorer leur connaissance des problèmes de santé et amender leurs comportements ;
- **La prévention collective** qui vise à réduire les facteurs de risque liés à l'environnement (mesures de sécurité sanitaire concernant l'eau, l'air, les rayonnements ionisants…) et ainsi préserver la santé des individus en agissant en amont du système de santé par action sur l'innocuité et la préservation de l'espace public.

C. La prévention en fonction de la méthode : comment ?

On distingue :

- **La prévention clinique (« prévention médicalisée »)** : c'est le modèle médical traditionnel, avec un diagnostic précoce et traitement. C'est une approche individuelle (« opportuniste »), le plus souvent dans le système de soins (dépistage (cancers, caries…), vaccinations, etc.) ; de plus en plus souvent organisée sur une base collective (K, MT Dents…) ;
- **Des changements dans les comportements (éducation pour la santé)** : elle s'adresse à des individus ou à des groupes et n'est pas l'apanage des seuls professionnels de santé. On fait une hypothèse linéaire (réductrice) de production du changement (connaissances, attitudes, comportements) ;
- **Les actions sur l'environnement (protection de la santé)** : elles portent sur l'environnement physique et humain (« créer des milieux (de vie et de travail) favorables »), nécessitent l'implication de la société, demandent peu d'effort des individus (prévention « passive ») et visent des risques avérés ou potentiels (principe de précaution).

III. Politique de la prévention

La loi du 4 mars 2002, « relative aux droits des malades et à la qualité du système de santé », donne, pour la première fois en droit français, une définition de la politique de prévention : « La politique de prévention a pour but d'améliorer l'état de santé de la population en évitant l'apparition, le développement ou l'aggravation des maladies ou accidents et en favorisant les comportements individuels et collectifs pouvant contribuer à réduire le risque de maladie et d'accident. À travers la promotion de la santé, cette politique donne à chacun les moyens de protéger et d'améliorer sa propre santé. »

Pour ce faire, la prévention est organisée à différents échelons, et par différentes instances, essentiellement publiques.

A. Organisation nationale

Le ministère de la Santé est évidemment l'instance principale de la prévention en France. Il faut néanmoins préciser que la prévention ne relève pas seulement de sa compétence et que sont également concernés les ministères de l'Éducation nationale (santé en milieu scolaire), du Travail (accidents du travail et maladies professionnelles), des Transports et de l'Intérieur (sécurité routière), ou encore de l'Agriculture (alimentation).

Au niveau du ministère de la Santé, c'est la **Direction générale de la santé (DGS)** qui joue un rôle de pilote sur la conduite des politiques de santé dont la prévention et la promotion de la santé.

Il existe une agence nationale, **Santé Publique France**, qui s'occupe de la prévention mais aussi de la surveillance épidémiologique et de l'urgence sanitaire.

B. Organisation régionale

Au niveau régional, ce sont les Agences régionales de santé qui sont responsables des actions de prévention. En effet, le pilotage de la politique de santé publique en région dont elles sont chargées comprend la définition, le financement et l'évaluation des actions de prévention et de promotion de la santé. Les projets régionaux de santé (PRS) qu'elles sont chargées d'élaborer englobent ainsi la prévention.

IV. Économie de la prévention

Avec un montant de 6,1 milliards d'euros, soit environ 2,2 % de la dépense courante de santé, les dépenses de prévention augmentent en 2018. Ce montant représente près de 91 euros par habitant. Il inclut les dépenses de prévention individuelle (vaccination organisée, médecine du travail, dépistage organisé, etc.) ou collective (éducation à la santé, sécurité sanitaire de l'alimentation, risques environnementaux, crises sanitaires, etc.).

Testez-vous

1. Quelle agence de sécurité sanitaire s'occupe de la prévention ?

- ☐ **A.** HAS.
- ☐ **B.** ANSM.
- ☐ **C.** Agence de la Biomédecine.
- ☐ **D.** Santé publique France.
- ☐ **E.** HCSP.

2. Quelle action fait partie de la prévention secondaire ?

- ☐ **A.** La vaccination.
- ☐ **B.** L'hygiène publique.
- ☐ **C.** Les dépistages.
- ☐ **D.** L'aide sociale.
- ☐ **E.** La rééducation.

3. Concernant la prévention, cocher la ou les réponses fausses :

- ☐ **A.** La promotion de la santé fait partie de l'éducation à la santé.
- ☐ **B.** La promotion de la santé vise à agir sur les déterminants de la santé.
- ☐ **C.** La prévention individuelle vise à modifier les comportements par des obligations ou des incitations.
- ☐ **D.** La prévention secondaire correspond à tous les actes visant à empêcher les rechutes.
- ☐ **E.** Les bilans bucco-dentaires font partie de la prévention individuelle primaire.

4. Parmi les propositions suivantes, lesquelles ne font pas partie de la prévention primaire ?

- ☐ **A.** La vaccination.
- ☐ **B.** Le lavage des mains.
- ☐ **C.** La détection des infections au don du sang.
- ☐ **D.** L'utilisation des bêtabloquants après un IDM (Infarctus du Myocarde).
- ☐ **E.** Le contrôle de la glycémie chez le patient diabétique.

5. Parmi les propositions suivantes, cocher la proposition exacte :

- ☐ **A.** La classification de la prévention selon l'OMS est basée sur la nature de la population cible.
- ☐ **B.** La prévention primaire vise à détecter la maladie ou la lésion qui la précède à un stade où l'on peut intervenir utilement.
- ☐ **C.** La prévention secondaire a pour but d'éviter l'apparition de la maladie en agissant sur les causes.
- ☐ **D.** Le dépistage est un acte diagnostique qui permet l'identification rapide d'une maladie.
- ☐ **E.** 6,1 milliards d'euros ont été dépensés en prévention en 2018, cela correspond à 2,2 % des dépenses de santé.

10 La sécurité sanitaire

La crise du Covid-19 a aussi mis en lumière des dysfonctionnements au sein des agences sanitaires, notamment Santé Publique France, dont les missions principales sont la « veille sur les risques sanitaires menaçant les populations », ainsi que « la préparation et la réponse aux menaces, alertes et crises sanitaires ». Faute de préparation et d'anticipation sur les stocks de masques ou de blouses ou de médicaments, Santé Publique France n'a ainsi pas pu fournir aux personnels de santé les équipements indispensables à leur protection et au bon exercice de leur métier dans des conditions sanitaires adéquates, ni même organiser correctement les campagnes de prévention au sein de la population : elle a ainsi nié l'utilité des masques pour dissimuler le fait qu'elle était incapable d'en fournir à la population française, puis a changé son discours au fur et à mesure qu'elle était approvisionnée ; ce qui est l'antithèse de toute bonne politique de prévention. L'EPRUS (Établissement de préparation et de réponse aux Urgences sanitaires), qui remplissait auparavant ce rôle avant de fusionner avec d'autres agences (notamment l'Institut national de Veille Sanitaire), a en réalité purement et simplement disparu (les personnels ont d'ailleurs démissionné suite à la fusion) : il aurait pourtant été bien utile. Il s'agit là d'une faillite retentissante dans le domaine de la sécurité sanitaire, dont il faudra tirer les leçons.

I. Définitions

A. L'iatrogénèse

Selon le Haut Comité de santé publique, sont considérées comme iatrogènes « les conséquences indésirables ou négatives sur l'état de santé individuel ou collectif de tout acte ou mesure pratiqués ou prescrits par un professionnel habilité et qui vise à préserver, améliorer ou rétablir la santé ». La notion est donc très générale, qualifiant un trouble ou un effet non souhaitable consécutif à l'intervention d'un médecin ou autre professionnel de la santé, qu'il y ait ou non erreur de traitement, ou à l'utilisation d'un médicament, qu'elle corresponde ou non à son indication habituelle. L'iatrogénèse médicamenteuse désigne l'ensemble des effets néfastes qui peuvent être provoqués par un traitement médical. On parle d'effets iatrogènes lorsque le traitement déclenche de nouveaux symptômes, distincts de ceux qu'il est censé soigner. La définition du terme englobe les effets indésirables liés à un médicament, sans qu'il y ait mauvais usage de celui-ci, mais aussi les effets indésirables avec mauvais usage des thérapeutiques, que celui-ci soit le fait de professionnels de santé ou du malade lui-même, par automédication inappropriée ou mauvaise observance du traitement. Lorsque l'effet iatrogène met en danger la vie du patient, on parle d'accident iatrogène.

Le problème est que tout médicament ou tout acte thérapeutique a des effets bénéfiques, mais aussi des effets indésirables qui peuvent provenir du médicament (ou de l'acte) lui-même, de son association avec un autre, de son incompatibilité avec le malade, ou encore d'une erreur de prise.

On considère que les accidents iatrogènes seraient à l'origine de 150 000 hospitalisations chaque année et de 15 000 décès (dont 5 000 infections nosocomiales, c'est-à-dire des infections liées aux soins, souvent attrapées en milieu hospitalier). Certains évoquent jusqu'à 35 000 décès/an. En milieu de soins le risque iatro-génique grave (mettant en jeu le pronostic vital) dans les établissements de santé fait apparaître un risque de 15 %, dont 5 % seraient évitables. Aux États-Unis, elle constituerait la 3e ou 4e cause de décès, après les décès causés par les maladies cardio-vasculaires, le cancer et les maladies cérébro-vasculaires, avec 225 000 décès par an.

B. La sécurité sanitaire

La **sécurité sanitaire** se définit comme *la* **protection de la santé** *de l'homme contre les* **risques** *induits par le fonctionnement de la société, qu'ils soient* **alimentaires**, **environnementaux** *ou* **sanitaires**. Elle est apparue dans le champ public il y a une trentaine d'années, suite à de nombreux drames liés à des problèmes soit d'ordre sanitaire, comme l'affaire du sang contaminé, celle de l'hormone de croissance, mais aussi les infections nosocomiales, la carence de la permanence médicale durant la canicule de 2003, ou la révélation du caractère dangereux de certains médicaments sur le marché comme le Médiator® ou les prothèses PIP ; soit d'ordre alimentaire comme la crise de la vache folle ; soit d'ordre environnemental comme l'amiante. Ces événements ont mis en lumière un certain nombre de défaillances ou de dysfonctionnements du système de santé français, auxquels il a été décidé de remédier par des réformes institutionnelles et la création d'agences de police sanitaire.

La sécurité sanitaire s'organise selon quatre principes :

1. **Principe d'évaluation** : toute décision reposant sur les informations dont dispose le décideur, l'évaluation est le socle de la méthodologie de la sécurité sanitaire. Cette évaluation se fait en deux temps : avant la mise sur le marché du médicament, le fabricant doit faire la démonstration de l'efficacité et de l'innocuité des produits de santé. Après la mise sur le marché il doit assurer la surveillance et l'analyse des risques pendant la commercialisation. L'article 1110-5 du Code de la santé publique énonce en effet que « Toute personne a, compte tenu de son état de santé et de l'urgence des interventions que celui-ci requiert, le droit de recevoir les soins les plus appropriés et de bénéficier des thérapeutiques dont l'efficacité est reconnue et qui garantissent la meilleure sécurité au regard des connaissances médicales avérées ».
2. **Principe de précaution** : ce principe est la conséquence directe du principe d'évaluation. Il impose de prendre en compte tous les risques avérés ou hypothétiques. Il faut donc agir en privilégiant le meilleur rapport bénéfice/risque. Ce n'est donc pas un principe d'abstention. Il faut agir pour protéger au mieux la santé d'un individu ou d'une population.
3. **Principe d'impartialité** : il s'agit ici de l'impartialité de la décision sanitaire. En effet il est important de clarifier les champs de compétence et les rôles de chacun des décideurs, et de garantir l'absence de liens financiers entre experts et industriels, ou d'assurer la publicité et la transparence de ces liens lorsqu'ils sont inévitables, ce que l'on appelle déclarations de conflits d'intérêt. On peut aussi interdire à un expert de siéger dans une instance d'expertise quand il a

un lien direct ou indirect avec l'affaire examinée (par exemple qu'il doive juger de l'autorisation de mise sur le marché d'un médicament en tant que membre de l'ANSM, tout en étant par ailleurs rémunéré par le laboratoire qui produit ce médicament). Ce principe d'impartialité, qui paraît pourtant évident, est néanmoins rarement respecté.

4. **Principe de transparence**: il s'agit d'un principe traditionnel de l'action publique depuis 20 ans qui consiste en une obligation faite aux agences d'organiser régulièrement des réunions publiques sur les questions de sécurité sanitaire. Cela permet de mieux informer les professionnels et le grand public sur les risques connus ou prévisibles, mais aussi sur les risques observés, corollaire indispensable de l'obligation de déclaration des événements indésirables graves. Néanmoins, ce principe reste le plus difficile à appliquer car il remet profondément en cause les habitudes des médecins ou des entreprises pharmaceutiques, et surtout cela risque de nuire aux intérêts commerciaux de ces grandes entreprises dont le chiffre d'affaires global en France est estimé à 65 milliards d'euros et qui emploient plus de 210000 personnes en France, ce qui constitue un moyen de pression assez considérable. Dans le monde, le chiffre d'affaires des grandes firmes pharmaceutiques est quant à lui estimé à 856 milliards de dollars, ce qui a valu à ces entreprises le surnom péjoratif de *Big Pharma*, désignant par là tous les méfaits de cette industrie qui, pour l'opinion publique, a pour principal objectif non la santé des êtres humains mais la recherche du profit, quelles qu'en soient les conséquences sanitaires.

II. Historique

Cinq réformes institutionnelles majeures ont été réalisées par les pouvoirs publics:

- **La loi du 4 janvier 1993** crée l'Agence française du sang et l'Agence du médicament, qui est historiquement la première autorité autonome à disposer, par délégation législative, du pouvoir d'État de police sanitaire. La même année est créé son homologue européen: l'Agence européenne du médicament (*EMEA* ou *European Medicines Agency*), qui délivre notamment les Autorisations de Mise sur le Marche européen pour les médicaments;
- **La loi du 1er juillet 1998** étend le dispositif à la sécurité sanitaire environnementale (produits de santé, aliments, environnement, travail) et ouvre la veille épidémiologique à travers la surveillance des risques et de l'état de santé des Français;
- **La loi du 4 mars 2002** «relative aux droits des patients et à la qualité du système de santé» crée un dispositif de réparation des risques sanitaires. Elle introduit aussi dans le Code de la santé publique la mission de sécurité sanitaire: «Les professionnels, les établissements et réseaux de santé, les organismes d'assurance-maladie ou tous autres organismes participants à la prévention et aux soins, et les autorités sanitaires contribuent, avec les usagers, à […]

assurer […] la meilleure sécurité sanitaire possible. » (Article L. 1110-1 du Code de la santé publique) ;

- **La loi du 29 décembre 2011** relative au renforcement de la sécurité sanitaire du médicament et des produits de santé, qui fait suite au scandale du Médiator®, et qui s'articule autour de trois grands axes : la prévention des conflits d'intérêts, la création d'une nouvelle agence du médicament (l'ANSM, qui remplace l'AFSSAPS) et le renforcement de la pharmacovigilance ;
- **La loi du 26 janvier 2016** relative à la modernisation de notre système de santé qui fusionne l'INPES, l'Eprus et l'InVS dans une nouvelle agence : Santé publique France.

III. Organisation de la sécurité sanitaire en France

Nous pouvons distinguer quatre grands types de structures publiques qui interviennent dans le domaine de la sécurité sanitaire : les services ministériels, les agences de police sanitaire, les agences d'expertise et les opérateurs de sécurité sanitaire.

A. Les services ministériels

Ils conçoivent les politiques et pilotent les dispositifs de police sanitaire.

Au plan national, la gestion est assurée par la **Direction générale de la santé** (DGS), qui dépend du ministère de la Santé et joue un rôle central dans l'organisation de la gestion des urgences sanitaires. Le **Département des urgences sanitaires** (DéUS) prépare les procédures, assure la gestion opérationnelle des crises, développe des plans de réponse aux situations d'urgence sanitaire nationale ou internationale et coordonne les actions de lutte contre le terrorisme biologique et chimique. L'outil logistique dont il dispose pour mener à bien sa mission a été intégré à Santé publique France, l'Agence nationale de santé publique, qui s'occupe aussi de la prévention et de la veille sanitaire.

Au plan territorial, les **Agences régionales de santé (ARS)** ont pour mission d'assurer, à l'échelon régional, le pilotage d'ensemble de notre système de santé. Elles sont responsables notamment de la sécurité sanitaire. Leur mission de **pilotage de la politique de santé publique en région inclut ainsi** :

- la veille et la sécurité sanitaires, ainsi que l'observation de la santé ;
- l'anticipation, la préparation et la gestion des crises sanitaires, en liaison avec le préfet.

B. Les agences de police sanitaire

Elles sont dotées d'un pouvoir de police autonome (par exemple le pouvoir d'interdire un médicament sur le marché français). Elles sont au nombre de deux : l'ANSM et l'ANSES.

1. ANSM

L'Agence nationale de sécurité du médicament et des produits de santé (ANSM), créée par la loi du 29 décembre 2011 relative au renforcement de la sécurité sanitaire du médicament et des produits de santé, a été mise en place le 1er mai 2012 (à la suite de la publication du décret n° 2012-597 du 27 avril 2012). L'ANSM est un établissement public placé sous la tutelle du ministère chargé de la Santé. Elle place au cœur de ses préoccupations la sécurité de l'usager et l'accès des patients à l'innovation thérapeutique. Le partage de l'information avec tous les publics (professionnels de santé, patients et grand public) constitue un enjeu prioritaire.

La compétence de l'ANSM s'applique aux médicaments et aux matières premières, aux dispositifs médicaux et aux dispositifs médicaux de diagnostic in vitro, aux produits biologiques d'origine humaine (produits sanguins labiles, organes, tissus, cellules, produits de thérapies génique et cellulaire) et aux produits thérapeutiques annexes, aux produits cosmétiques et aux produits de tatouage…

L'ANSM a repris les missions, les obligations et les compétences exercées par l'AFSSAPS. Elle est ainsi chargée d'évaluer les bénéfices et les risques liés à l'utilisation des produits de santé tout au long de leur cycle de vie. L'ANSM évalue la sécurité d'emploi, l'efficacité et la qualité de ces produits. Elle en assure la surveillance et le contrôle en laboratoire, et conduit des inspections sur les sites de fabrication notamment.

a. Fonctions

L'ANSM est responsable de l'évaluation scientifique et technique des médicaments et des produits biologiques, délivre les autorisations de mise sur le marché et contribue aux travaux européens pour les procédures dites centralisées ou de reconnaissance mutuelle. Elle assure une réévaluation constante et régulière, du rapport bénéfice/risque via une surveillance continue des effets indésirables prévisibles ou inattendus des médicaments.

L'ANSM assure la mise en œuvre des systèmes de vigilances relatifs aux produits de santé destinés à l'homme et aux produits cosmétiques. Elle évalue et exploite les signalements de vigilance dans un but de prévention et prend le cas échéant des mesures correctives (retrait de produit, de lots…) ou préventives (informations aux professionnels de santé…).

Conformément à la législation européenne, les dispositifs médicaux (DM), les dispositifs médicaux de diagnostic in vitro (DIV) et les cosmétiques ne sont pas soumis en Europe à une procédure d'autorisation mais à une procédure de conformité à des normes matérialisées par un marquage CE. Pour les cosmétiques, la réglementation impose aux fabricants de garantir l'absence de risque de leur produit. Pour ces produits, l'Agence intervient après la mise sur le marché par une évaluation du bénéfice/risque à froid dans le cadre de la surveillance du marché des DM, ou à chaud à la suite de signalements de vigilance dans le cadre du dispositif de matériovigilance et de cosmétovigilance.

L'ANSM assure des contrôles en laboratoire, effectués dans un contexte national ou dans un contexte de coordination européenne. L'activité de contrôle en laboratoire s'inscrit dans deux domaines : d'une part, la libération de lots de vaccins et de médicaments dérivés du sang et d'autre part, l'ensemble des produits de santé de nature diverse (biochimiques, immunologiques, physico-chimiques, biologiques, microbiologiques, immuno-hématologiques). Ces contrôles interviennent sur des échantillons de lots de produits déjà présents sur le marché.

L'ANSM réalise des inspections pour tous les produits de santé relevant de sa compétence, y compris au plan international. Ces inspections concernent les opérateurs, industriels ou institutionnels, qui exercent des activités de fabrication, d'importation ou de distribution des produits de santé, ou mènent des essais cliniques ou non cliniques ou qui exercent des activités de pharmacovigilance. Elles portent sur le contrôle du respect des dispositions législatives et réglementaires. L'Agence peut également solliciter ou interagir avec d'autres équipes d'inspection de l'État.

b. Moyens

L'ANSM dispose de moyens renforcés pour assurer la surveillance et l'évaluation des produits de santé : capacité d'inciter au développement d'une recherche indépendante orientée sur la sécurité des produits, de mener des études de suivi, de recueillir des données d'efficacité et de tolérance, de faire réaliser des essais cliniques contre comparateurs actifs et contre placebo par les industriels et d'obtenir, de leur part la communication d'informations de nature à influencer l'évaluation d'un produit.

c. Missions

- Mesure régulière de l'évolution du rapport bénéfice/risque des médicaments commercialisés.
- Encadrement des prescriptions hors Autorisation de mise sur le marché (AMM) par la rénovation du dispositif des Autorisations temporaires d'utilisation (ATU) et l'encadrement des prescriptions hors AMM via les recommandations temporaires d'utilisation (RTU).
- Promotion de la recherche académique sur la sécurité d'emploi des médicaments par le lancement d'appels à projets à destination des organismes de recherche et des établissements de santé, et par la création d'un GIP (groupement d'intérêt public) entre l'État, la HAS, l'Institut de veille sanitaire (InVS), la CNAMTS et l'ANSM pour la réalisation d'études de vigilance et d'épidémiologie.
- Renforcement de l'encadrement de la publicité via une autorisation préalable pour toute publicité sur les médicaments à destination des professionnels de santé et pour les dispositifs médicaux à risque, et interdiction de publicité pour tout médicament en cours de réévaluation du rapport bénéfice/risques à la suite d'un signalement de pharmacovigilance.
- Intensification des actions d'information sur les bénéfices et les risques des médicaments et des produits de santé, notamment la mise à disposition des décisions prises par l'ANSM, de manière adaptée aux attentes et besoins.

Établissement public administratif, l'ANSM est composée d'un effectif de près de 1 000 personnes regroupées sur trois sites (Saint-Denis, Lyon et Montpellier-Vendargues).

L'Agence est exclusivement financée par une subvention de l'État. Son budget de fonctionnement et d'investissement en 2012 est de 140 millions d'euros.

2. ANSES

Établissement public à caractère administratif, l'Agence nationale de sécurité sanitaire de l'alimentation, de l'environnement et du travail est placée sous la tutelle des ministères chargés de la Santé, de l'Agriculture, de l'Environnement, du Travail et de la Consommation. Elle a été créée le 1er juillet 2010 par la fusion de deux agences sanitaires françaises : l'AFSSA (Agence française de sécurité sanitaire des aliments) et l'AFSSET (Agence française de sécurité sanitaire de l'environnement et du travail).

Au-delà du rapprochement des moyens et des compétences, cette fusion permet à l'ANSES d'appréhender de manière globale les expositions auxquelles l'Homme peut être soumis à tous les âges et moments de sa vie : travail, domicile, déplacements, loisirs.

Avec l'ANSES, la France se dote de la plus grande agence de sécurité sanitaire en Europe par son champ de compétence.

a. Missions

L'ANSES contribue principalement à assurer la sécurité sanitaire humaine dans les domaines de l'environnement, du travail et de l'alimentation.

Elle contribue également à assurer :

- la protection de la santé et du bien-être des animaux ;
- la protection de la santé des végétaux ;
- l'évaluation des propriétés nutritionnelles et fonctionnelles des aliments ;
- elle exerce enfin des missions relatives aux médicaments vétérinaires.

L'Agence a pour mission de réaliser l'évaluation des risques, de fournir aux autorités compétentes toutes les informations sur ces risques ainsi que l'expertise et l'appui scientifique et technique nécessaires à l'élaboration des dispositions législatives et réglementaires et à la mise en œuvre des mesures de gestion des risques.

Elle assure des missions de veille, d'alerte, de vigilance et de référence.

Elle définit, met en œuvre et finance des programmes de recherche scientifique et technique.

Elle propose aux autorités compétentes toute mesure de nature à préserver la santé publique. Lorsque celle-ci est menacée par un danger grave, elle recommande à ces autorités les mesures de police sanitaire nécessaires.

Elle participe aux travaux des instances européennes et internationales, et y représente la France à la demande du Gouvernement.

b. Organisation

Au niveau national, en plus des quatre directions et services d'appui, l'ANSES est organisée en trois pôles métiers :

- **évaluation des risques**: il s'agit de l'organe d'évaluation des risques et de coordination de l'expertise et de l'appui scientifique et technique au sein de l'Agence;
- **laboratoire de référence et de recherche**: ce pôle est responsable de la coordination des activités de référence et de recherche des laboratoires;
- **médicaments vétérinaires**: l'Agence nationale du médicament vétérinaire assure l'ensemble des missions confiées à l'ANSES dans le domaine de la pharmacie vétérinaire.

L'Agence dispose également d'un réseau de douze laboratoires de référence et de recherche. Ils ont des missions d'expertise, de surveillance épidémiologique, d'alerte et de conseil scientifique et technique. Ils assurent ainsi un rôle essentiel dans la qualification des dangers par la collecte des données issues des réseaux de laboratoires agréés.

C. Les agences d'expertise

Elles sont compétentes en matière de veille et d'alertes sanitaires. Elles réalisent des études techniques ou scientifiques et délivrent des avis, mais elles n'ont pas de pouvoir de décision. On en distingue trois.

1. Santé publique France

Établissement public administratif sous tutelle du ministre chargé de la Santé, l'Agence nationale de santé publique a été créée par le décret du 27 avril 2016 et fait partie de la loi de modernisation du système de santé (loi du 26 janvier 2016).

a. Missions

Santé publique France a pour mission de **protéger efficacement la santé des populations**, une mission qui s'articule autour de trois axes majeurs: anticiper, comprendre, agir. Ses différentes missions sont fixées par l'ordonnance du 15 avril 2016. En tant qu'agence scientifique et d'expertise du champ sanitaire, elle a en charge:

- l'observation épidémiologique et la surveillance de l'état de santé des populations;
- la veille sur les risques sanitaires menaçant les populations;
- la promotion de la santé et la réduction des risques pour la santé;
- le développement de la prévention et de l'éducation pour la santé;
- la préparation et la réponse aux menaces, alertes et crises sanitaires;
- le lancement de l'alerte sanitaire.

Pour réaliser ses missions, l'agence s'appuie sur ses partenaires, et notamment les membres du réseau national de santé publique. En relation avec les acteurs de terrain qu'elle contribue à animer et coordonner, l'agence produit une expertise scientifique indépendante sur laquelle elle fonde sa démarche de programmation, planifie ses interventions et arbitre ses moyens. Cette connaissance, toujours actualisée, est mise à disposition des autorités compétentes pour éclairer les politiques de santé, préserver et promouvoir la santé de tous. Agissant à la fois sur les déterminants de santé et envers les populations, la nouvelle agence place la prise en compte des inégalités sociales de santé au cœur de sa démarche de travail.

b. Organisation

Santé publique France, l'Agence nationale de santé publique, est dirigée par un directeur général. Elle a sous son autorité 14 Cellules d'intervention en région (Cire), placées au plus près des directeurs généraux des agences régionales de santé.

L'agence est organisée autour de 10 directions scientifiques et transversales et de 6 directions assurant le support et le soutien à l'activité.

2. Haute Autorité de santé

La **Haute Autorité de santé** (HAS) est une autorité publique indépendante à caractère scientifique, créée par la loi du 13 août 2004 relative à l'assurance-maladie, pour renforcer la qualité et la pérennité de notre système de santé. Elle agit pour améliorer la qualité du système de santé afin d'assurer à tous un accès durable et équitable à des soins aussi efficaces, sûrs et efficients que possible.

Mise en place le 1er janvier 2005, la HAS est dotée de la personnalité morale et dispose d'une autonomie financière.

a. Missions

- La HAS contribue par ses avis à accompagner la décision publique pour optimiser la prise en charge financière collective des biens et des services médicaux remboursables et préserver de façon durable le financement solidaire et équitable de notre système de santé.
- La HAS appuie les professionnels de santé dans l'amélioration continue de leurs pratiques cliniques pour prodiguer des soins plus efficaces, plus sûrs et plus efficients dans les établissements de santé et en médecine de ville.
- La HAS promeut les bonnes pratiques et le bon usage des soins auprès des usagers. Elle participe à l'information du grand public et à améliorer la qualité de l'information médicale.

b. Organisation

La HAS comprend :

- un collège : responsable des orientations stratégiques, de la programmation et de la mise en œuvre des missions assignées à la Haute Autorité de santé par le législateur. Le collège est l'instance délibérante de la HAS, il est garant de la rigueur et de l'impartialité de ses productions ;
- les huit commissions spécialisées : en lien avec le collège, les huit commissions spécialisées sont chargées d'instruire les dossiers constitués par les services opérationnels dans les différents domaines de compétence de la Haute Autorité de santé ;
- des services et directions comprenant 410 agents permanents, dont de nombreux professionnels de santé ;

- un réseau d'environ 750 experts-visiteurs, habilités à réaliser la visite de certification des établissements de santé.

3. Institut de radioprotection et de sûreté nucléaire

L'**Institut de radioprotection et de sûreté nucléaire** (IRSN) a été créé par la loi du 9 mai 2001 créant une agence française de sécurité sanitaire environnementale. L'IRSN est l'expert public en matière de recherche et d'expertise sur les risques nucléaires et radiologiques. L'IRSN est un établissement public à caractère industriel et commercial placé sous la tutelle conjointe du ministère chargé de l'Environnement, du ministère chargé de l'Industrie, du ministère chargé de la Recherche, du ministère de la Défense et du ministère chargé de la Santé. Les activités de recherche permettent à l'IRSN de maintenir et de développer cette expertise et d'asseoir sa stature internationale de spécialiste des risques dans ses domaines de compétence. L'IRSN exerce son expertise dans les domaines suivants :

- surveillance radiologique de l'environnement et intervention en situation d'urgence radiologique ;
- radioprotection de l'homme ;
- prévention des accidents majeurs dans les installations nucléaires ;
- sûreté des réacteurs ;
- sûreté des usines, des laboratoires, des transports et des déchets ;
- expertise nucléaire de défense.

a. Missions

L'IRSN a sept missions organisées en trois domaines :

1. Recherche et missions de service public :

- définition et mise en œuvre de programmes de recherche nationaux et internationaux destinés à maintenir et développer les compétences nécessaires à l'expertise dans les domaines d'activité ;
- contribution à la formation et à l'enseignement en radioprotection et sûreté et sécurité nucléaires ;
- veille permanente en matière de radioprotection ;
- contribution à l'information du public par le biais de publications, d'Internet, d'expositions, de colloques, etc.

2. Appui et concours technique et opérationnel aux pouvoirs publics et aux autorités :

- appui technique en matière de risques nucléaires et radiologiques concernant les installations nucléaires civiles ou de défense, les transports de substances radioactives, etc. ;
- appui opérationnel en cas de crise ou de situation d'urgence par la proposition des mesures d'ordres technique, sanitaire et médical, propres à assurer la protection de la population et de l'environnement.

3. Prestations contractuelles d'expertise, de recherche et de mesure :

- réalisation d'expertises, de recherches et d'analyses, mesures ou dosages pour des organismes publics ou privés français, européens ou internationaux, ainsi que pour des industriels.

b. Organisation

Au niveau national, en plus des directions fonctionnelles et de support, l'IRSN est composé de six directions opérationnelles : la Direction de l'expertise nucléaire de défense, la Direction de l'environnement et de l'intervention, la Direction de la radioprotection de l'homme, la Direction de la sûreté des réacteurs et la Direction de la sûreté des usines, des laboratoires, des transports et des déchets.

L'IRSN est implanté sur onze sites à travers la France et les DOM-TOM. Sur ces onze sites sont réparties les activités suivantes : Environnement, Expertise nucléaire de défense, Intervention, Prévention des accidents majeurs, Radioprotection de l'Homme, Sûreté des réacteurs et Sûreté des usines, des laboratoires, des transports et des déchets.

Testez-vous

1. Parmi les Agences françaises suivantes, laquelle est plus particulièrement chargée de la surveillance des médicaments et des autres produits ?

- ☐ **A.** L'ANSM.
- ☐ **B.** L'ANSES.
- ☐ **C.** La HAS.
- ☐ **D.** Santé publique France.
- ☐ **E.** L'INCa.

2. Concernant les agences de sécurité sanitaire, quelle est la mauvaise réponse ?

- ☐ **A.** La HAS est chargée de promouvoir les bonnes pratiques et le bon usage des soins auprès des professionnels de santé et du grand public.
- ☐ **B.** L'agence de Biomédecine, créée en 2004, contrôle les greffes, les dons d'organes et la procréation médicalement assistée.
- ☐ **C.** Santé publique France a, entre autres, une mission de surveillance, de vigilance et d'alerte dans tous les domaines de la santé publique.
- ☐ **D.** L'ANSES, créée en 2010, est chargée de missions de gestion mais aussi d'actions d'urgence (comme les accidents pharmaceutiques par exemple).
- ☐ **E.** L'ANSM évalue et contrôle les essais cliniques, et autorise la commercialisation d'un produit de santé en délivrant une AMM (Autorisation de mise sur le marché).

3. Concernant l'agence Santé publique France, quelle(s) est/sont la ou les bonne(s) réponse(s) ?

- ☐ **A.** Santé publique France est une agence nationale qui résulte de la fusion de l'INPES, de l'Eprus et de l'ANSM.
- ☐ **B.** Santé publique France a notamment en charge tout ce qui concerne la prévention, la promotion de la santé et l'éducation pour la santé.
- ☐ **C.** Santé publique France a un rôle de veille et de vigilance sanitaire.
- ☐ **D.** Santé publique France peut émettre des alertes sanitaires en cas de menace pour la santé publique.
- ☐ **E.** Santé publique France place la prise en compte des inégalités sociales de santé au cœur de sa démarche de travail.

4. Concernant les agences de sécurité sanitaire, quelle(s) sont la ou les bonne(s) réponse(s) ?

- ☐ **A.** L'ANSES est l'Agence nationale de sécurité sanitaire de l'alimentation de l'environnement et du travail et a été créée en juillet 2010.
- ☐ **B.** L'ANSES est un établissement public administratif des ministères de la Santé, du Travail, de l'Agriculture, de l'Environnement et de la Consommation et sous tutelle de l'État.
- ☐ **C.** L'ANSES possède des missions relatives aux médicaments vétérinaires.
- ☐ **D.** La HAS (Haute Autorité de santé), créée par la loi du 13 août 2004, vise notamment à améliorer la qualité et la sécurité des soins aux patients.
- ☐ **E.** La HAS est une instance indépendante et consultative, à caractère lucratif.

5. Concernant la Haute Autorité de santé (HAS) :

- ☐ **A.** Elle vise à informer les professionnels de santé et le grand public, ainsi qu'à améliorer l'information médicale.
- ☐ **B.** Elle promeut des recommandations de bonnes pratiques et du bon usage des soins.
- ☐ **C.** Elle est aidée par environ 7500 experts-visiteurs.
- ☐ **D.** Il s'agit d'une instance avant tout consultative.
- ☐ **E.** Elle a été créée en 1991.

Pathologies dominantes

11 Cancers

I. Généralités sur le cancer

A. Définition

Sur le plan médical, le mot « cancer » désigne en fait un groupe de maladies très différentes les unes des autres. C'est pourquoi on ne devrait pas parler du cancer, mais des cancers, au pluriel.

Le cancer est une maladie décrite depuis l'Antiquité. C'est le médecin grec Hippocrate qui, en comparant les tumeurs à un crabe, leur a donné pour la première fois les noms grecs de « *karkinos* » et « *karkinoma* ». La comparaison est justifiée par l'aspect de certaines tumeurs, dont les prolongements rappellent les pattes de l'animal. Longtemps, le cancer a été une maladie incurable. Aujourd'hui, grâce aux progrès de la médecine, nombre de cancers sont guéris.

Sur le plan biologique, le cancer résulte de la survenue d'un dysfonctionnement au niveau de certaines cellules de l'organisme. Celles-ci se mettent à se multiplier de manière anarchique et à proliférer, d'abord localement, puis dans le tissu avoisinant, puis à distance où elles forment des métastases. Il faut noter que toutes les tumeurs ne sont pas malignes, certaines tumeurs étant bénignes. Seul l'examen microscopique de la biopsie des tissus et de la tumeur permet de faire le diagnostic de cancer et d'éliminer une tumeur bénigne.

Tableau récapitulatif : Tumeur bénigne/Tumeur maligne

Tumeur bénigne	Tumeur maligne
Bien limitée	Mal limitée
Encapsulée	Non encapsulée
Histologiquement semblable au tissu d'origine	Plus ou moins semblable au tissu d'origine
Cellules régulières	Cellules irrégulières (cellules cancéreuses)
Refoulement sans destruction des tissus voisins	Envahissement des tissus voisins
Pas de récidive locale après exérèse complète	Exérèse complète difficile. Récidive possible après exérèse supposée complète
Pas de métastase	Métastases

B. Histoire naturelle du cancer

On distingue en général trois étapes dans l'évolution du cancer :

1. L'initiation : des mutations par altérations de l'ADN se produisent sous l'influence de carcinogènes.
2. La promotion : on assiste à une expansion clonale avec formation d'une tumeur.
3. La progression avec deux étapes souvent simultanées :

- l'invasion locorégionale qui se traduit par une dissémination des cellules cancéreuses dans les organes voisins ;
- les métastases qui consistent dans la dissémination des cellules cancéreuses dans l'ensemble de l'organisme.

C. Diagnostic, pronostic, thérapeutique

Le diagnostic de cancer est toujours basé sur l'examen anatomopathologique sur l'aspect des cellules (cytologie) ou des tissus malades (biopsie). Néanmoins, il existe un certain nombre de signes cliniques du cancer (c'est-à-dire les signes que le médecin peut recueillir sans autre examen que l'examen clinique), qui sont la conséquence de la masse tumorale et des conséquences sur les tissus et les organes sains :

- nodule (palpable, compressif, etc.) ;
- douleurs ;
- signes généraux (fatigue ou asthénie, manque d'appétit ou anorexie, amaigrissement) ;
- dysfonctionnements d'organes ;
- réaction inflammatoire de l'organisme (fièvre sans infection, sueurs profuses, démangeaisons) ;
- ulcération/perforation/saignement.

Le pronostic du cancer dépend de son extension locale, ganglionnaire et métastatique. Les médecins utilisent la classification TNM des tumeurs (du moins grave au plus grave) :

- **T** : statut d'évolution locale de la tumeur ;
- **N** : statut ganglionnaire ;
- **M** : statut métastatique.

Les traitements du cancer se divisent en deux grandes catégories (souvent complémentaires). Il peut s'agir de traitements locaux des tumeurs par la chirurgie, la radiothérapie, la radiofréquence ou l'embolisation et/ou de traitements généraux (systémiques) des tumeurs par la chimiothérapie, l'hormonothérapie, les thérapies ciblées, les anti-angiogéniques ou la radiothérapie métabolique.

II. Épidémiologie des cancers

A. Épidémiologie du cancer en France

Le cancer constitue aujourd'hui la 1re cause de mortalité en France tous sexes confondus.

D'après le rapport de l'INCa, « Les cancers en France en 2018 » (Édition 2019), on estime à 382 000 le nombre de nouveaux cas de cancer diagnostiqués en 2018 en France métropolitaine (204 600 hommes et 177 400 femmes). Les taux d'incidence (standardisés monde) sont estimés à 330,2 pour 100 000 hommes et 274,0 pour 100 000 femmes. L'âge médian au diagnostic était de 68 ans chez l'homme et de 67 ans chez la femme en 2018.

Le nombre de décès par cancer est estimé à 157 400 en 2018 : 89 600 chez l'homme et 67 800 chez la femme (contre 84 041 hommes et 66 000 femmes en 2017). Les taux de mortalité (standardisés monde) estimés sont de 123,8 pour 100 000 hommes et 72,2 pour 100 000 femmes. L'âge médian au décès était de 73 ans chez l'homme et de 77 ans chez la femme en 2018.

Chez l'homme, le cancer de la prostate reste de loin le plus fréquent (50 430 nouveaux cas estimés en 2018), devant le cancer du poumon (31 231 cas estimés en 2018) et le cancer colorectal (23 216 cas estimés en 2018). Chez la femme, le cancer du sein se situe en tête (58 459 cas estimés en 2018), devant le cancer colorectal (20 120 cas) et le cancer du poumon (15 132 cas).

En termes de mortalité, le cancer du poumon se situe au premier rang chez l'homme (22 761 décès en 2018), devant le cancer colorectal (9 209 décès) et le cancer de la prostate (8 115 décès).

Chez la femme, le cancer du sein est la première cause de décès par cancer (12 146 décès), devant le cancer du poumon (10 356 décès) et le cancer colorectal (7 908 décès).

Chez les enfants et les adolescents, le cancer touche chaque année, en moyenne, 2 200 nouvelles personnes (1 750 chez les moins de 15 ans et 450 chez les adolescents de 15 à 19 ans en 2015).

La survie à 5 ans des enfants et adolescents atteints de ces cancers s'est améliorée de manière très significative ces dernières décennies et dépasse aujourd'hui 80 %.

Chez les moins de 15 ans, les principales localisations cancéreuses sont les leucémies (29 % des cas, dont 80 % de leucémies aiguës lymphoblastiques), les tumeurs du système nerveux central (SNC : 24 %) et les lymphomes (11 %).

Chez les 15-19 ans, les principales localisations sont les lymphomes (27 % des cas, dont 85 % de maladies de Hodgkin), les tumeurs du système nerveux central (SNC : 17 %) et les leucémies (16 % dont 53 % de leucémies aiguës lymphoblastiques).

Chez les moins de 15 ans, le nombre de décès par cancers est passé de 360 en 1999 à 250 en 2012. Les cancers représentent moins de 1 % des décès entre 0 et 1 an et 20 % entre 1 et 14 ans.

Chez les 15-19 ans, 117 décès par cancer ont été observés en France en 2009. Les leucémies et les tumeurs du SNC représentent 45 % des décès.

En 2018, le nombre de personnes de 15 ans et plus vivantes et ayant eu un cancer au cours de leur vie est de l'ordre de 3,8 millions. Leur risque de second cancer est augmenté, en moyenne, de 36 % par rapport au risque de cancer de la population générale.

B. Comparaisons internationales

D'après l'OMS, le cancer constitue la deuxième cause de décès dans le monde et a fait 10 millions de morts en 2020 : près d'un décès sur 6 dans le monde est donc dû au cancer. À l'origine de près de 10 millions de décès en 2020, le cancer est une des principales causes de mortalité dans le monde (1). En 2020, les cancers les plus courants (en termes de nombre de cas recensés) étaient les suivants :

- le cancer du sein (2,26 millions de cas) ;
- le cancer du poumon (2,21 millions de cas) ;
- le cancer colorectal (1,93 million de cas) ;
- le cancer de la prostate (1,41 million de cas) ;
- le cancer de la peau (non mélanome) (1,20 million de cas) ;
- et le cancer de l'estomac (1,09 million de cas).

En 2020, les cancers à l'origine du plus grand nombre de décès étaient :

- le cancer du poumon (1,80 million de décès) ;
- le cancer colorectal (935 000 décès) ;
- le cancer du foie (830 000 décès) ;
- le cancer de l'estomac (769 000 décès) ;
- et le cancer du sein (685 000 décès).

L'OMS souligne aussi le rôle important des inégalités économiques et sociales entre les différents pays du monde : par exemple, la détection du cancer à un stade avancé et l'impossibilité d'avoir accès à un diagnostic et à un traitement sont des problèmes fréquents. Ainsi, en 2017, 26 % seulement des pays à faible revenu déclaraient disposer de services de pathologie généralement offerts par le secteur public. Moins de 30 % des pays à faible revenu déclaraient disposer de services de traitement, alors que la proportion pour les pays à revenu élevé dépassait 90 %.

D'après l'OMS toujours, environ 70 % des décès par cancer surviennent dans les pays à revenu faible ou intermédiaire. Les infections entraînant le cancer, comme l'hépatite et le papillomavirus humain (HPV) provoquent jusqu'à 25 % des cas de cancer dans les pays à revenu faible ou intermédiaire. Parmi les pays à revenu faible ou intermédiaire, 1 sur 5 seulement dispose des données nécessaires pour conduire une politique de lutte contre le cancer.

L'impact économique croissant du cancer est considérable. On a estimé en 2010 à quelque 1 160 milliards de dollars le coût annuel total de la maladie.

III. Les facteurs de risque du cancer

A. Le tabac, principal facteur de risque évitable de cancers en France

En 2020, le tabagisme reste la principale cause de décès évitables dans le monde. Il tue 8,8 millions de personnes chaque année, soit près d'1 décès sur 6. En France, le nombre de décès attribuables au tabac, toutes maladies confondues, serait de 75 000 par an. Le tabac constitue également la principale cause de décès liés au cancer dans le monde et en France. Un des principaux indicateurs des conséquences du tabagisme est la mortalité par cancer du poumon. Mais le tabac favorise de manière significative de nombreux autres cancers : cavité buccale, pharynx, larynx, pancréas, vessie, reins, cavité nasale, sinus, œsophage, estomac, foie, col de l'utérus et leucémie myéloïde, côlon, rectum, ovaire mucineux et sein dans une moindre mesure.

La nouvelle estimation du nombre annuel de décès par cancers attribuables au tabac en France est d'environ 47 000 (ou 30 % des décès par cancer) dont près de 60 % par cancer du poumon. Cette estimation ne prend pas en considération les cancers liés au tabagisme passif qui est également pourvoyeur de cancers bronchiques.

On considère aussi que chaque fumeur perd en moyenne 10 à 15 ans d'espérance de vie confortable par rapport à un non-fumeur. Il existe toujours un bénéfice à l'arrêt du tabac quel que soit l'âge, et ce gain s'avère d'autant plus important que le sevrage tabagique est plus précoce. Une étude a ainsi estimé le gain d'espérance de vie à 3 ans chez un fumeur s'arrêtant à 60 ans. Ce gain atteint 6 ans si l'arrêt a lieu à l'âge de 50 ans, 9 ans à 40 ans et serait proche de celui des non-fumeurs avant 35 ans.

B. Alcool et cancer

La consommation de boissons alcoolisées est un facteur de risque reconnu de cancers. Les niveaux de preuve des relations entre consommation d'alcool et risque de cancers sont jugés convaincants pour les cancers de la bouche, du pharynx, du larynx, de l'œsophage, du côlon rectum (chez l'homme) et du sein (chez la femme) et probables pour les cancers du foie et du côlon rectum (chez la femme). Le risque de cancers augmente quel que soit le type des boissons et de manière linéaire avec la dose consommée. L'alcool n'a pas d'effet protecteur de cancer, même à faible dose.

La consommation de boissons alcoolisées est en France la deuxième cause de mortalité évitable par cancer après le tabac. Ainsi, en 2018, la consommation d'alcool est responsable de plus de 15 000 décès par cancers (soit 9,5 % de la mortalité par cancer), 41 000 décès (toutes causes confondues) étaient attribuables à l'alcool.

C. Facteurs nutritionnels augmentant ou réduisant le risque de cancers

À la fois source de facteurs de risque et de facteurs protecteurs, la nutrition, qui englobe l'alimentation (y compris l'alcool), le statut nutritionnel et l'activité physique, fait partie des facteurs comportementaux sur lesquels il est possible d'agir pour prévenir l'apparition de cancers. Ainsi, un rapport du *World Cancer Research Fund* (WCRF) et de l'*American Institute for Cancer Research* (AICR), a permis de mettre en évidence les aliments qui augmentaient le risque de cancer et ceux qui les diminuaient: l'alcool, la viande rouge, la charcuterie, le sel et les aliments salés augmentent le risque de certains cancers, tandis que les fruits, les légumes non féculents, les aliments contenant des fibres et l'allaitement maternel diminuent le risque de certains cancers. Cette étude WCRF/AICR est en cours d'actualisation, en partenariat avec l'INCa.

D. Environnement et risque de cancer

Les préoccupations de la population vis-à-vis du lien entre l'environnement et la santé, en particulier pour le risque de cancer, sont croissantes. Or, s'il ne fait plus de doute, l'impact de l'environnement sur la survenue de cancers reste difficile à évaluer et à étudier. Un cancer peut résulter d'expositions simultanées, successives ou cumulées à plusieurs facteurs de risques et il peut s'écouler plusieurs dizaines d'années entre l'exposition à l'agent cancérogène et l'apparition de la maladie. La susceptibilité génétique individuelle peut également moduler les effets de l'environnement.

Les facteurs environnementaux sont les agents physiques (rayonnements, ondes, etc.), chimiques (métaux et leurs formes chimiques, composés organométalliques et organiques, nanomatériaux, résidus de médicaments) ou biologiques (toxines, virus) présents dans l'atmosphère, l'eau, les sols ou l'alimentation, dont l'exposition est subie. Ils peuvent être générés par la nature elle-même, la société ou encore le climat. Le tabagisme passif est par exemple un facteur subi, mais pas le tabagisme actif, qui est un facteur de risque comportemental.

Les substances sont classées en trois catégories selon leur niveau de dangerosité: cancérogène avéré, probable ou possible. Parmi ceux avérés, figurent des facteurs de risque professionnels (amiante, certains métaux, hydrocarbures polycycliques aromatiques, benzène, radiations ionisantes dont le radon...), mais également d'autres facteurs présents dans l'environnement général comme le tabagisme passif, l'arsenic, les UV ou le radon.

E. Les agents infectieux

Les données disponibles montrent que dans les pays européens, et notamment en France, 3 % des cancers auraient une origine infectieuse. Les quatre principaux agents infectieux en cause sont: les papillomavirus humain (HPV), les virus des hépatites B et C (VHB et VHC), le virus Epstein-Barr (EBV) ainsi que la bactérie *Helicobacter pylori*.

1. Les papillomavirus humains (HPV) se transmettent par contact cutanéo-muqueux, le mode de transmission le plus fréquent étant le contact sexuel quelle que soit sa forme (pénétration ou contact génital, anogénital, orogénital). Ces infections sont fréquentes et, dans la grande majorité des cas, disparaissent spontanément. Néanmoins, lorsque l'infection par les HPV est persistante, elle

peut être à l'origine du développement d'un cancer du col de l'utérus, mais aussi d'autres cancers comme celui du vagin, de la vulve, du pénis, de l'anus, de la cavité buccale, de l'oropharynx ou du larynx.

2. Les infections hépatiques virales chroniques B et C sont à l'origine de cirrhoses hépatiques et de cancers du foie (carcinome hépatocellulaire). Le virus de l'hépatite B peut se transmettre par voie sexuelle, par voie sanguine et d'une mère infectée à son fœtus lors de l'accouchement (en l'absence de vaccination de l'enfant à la naissance). La cause majeure d'infection, en France, résulte de pratiques sexuelles à risque. La plupart du temps, le VHB est éliminé naturellement par l'organisme. Mais dans 2 à 10 % des cas, l'infection persiste, et devient chronique. Selon la dernière enquête nationale, réalisée en 2004, 280 821 personnes seraient porteuses chroniques du virus de l'hépatite B avec plus de la moitié qui ignorerait leur séropositivité. Dans le monde, l'OMS estime qu'environ 240 millions de personnes souffrent d'une infection chronique par le virus de l'hépatite B, et que plus de 686 000 personnes meurent chaque année des suites d'une infection par l'hépatite B notamment de cirrhose ou de cancer du foie. À noter qu'il existe un vaccin qui protège efficacement de l'infection par le virus de l'hépatite B.

   Le virus de l'hépatite C se transmet par voie sanguine, de manière directe (transfusion) ou indirecte (matériel d'injection contaminé). Aujourd'hui, en France, l'usage de drogues par voie intraveineuse, le partage de seringues ou de matériel de préparation représentent le moyen de contamination majeur par le VHC. Contrairement à l'infection par le VHB, l'infection aiguë par le VHC devient chronique dans la majorité des cas (55 à 85 %). En 2004, on estimait que 232 136 personnes étaient porteuses d'une hépatite C chronique avec plus de la moitié qui l'ignore. Selon l'OMS, 160 millions de personnes souffriraient d'une infection par le virus de l'hépatite C, qui causerait plus de 500 000 décès par an.

3. L'infection à *Helicobacter pylori*, bactérie qui colonise la muqueuse gastrique, est le principal facteur de risque du cancer de l'estomac, responsable de près de 80 % des cancers de l'estomac (la plupart des 20 % restants étant des cancers du cardia associés au reflux gastro-œsophagien). Elle est acquise dans l'enfance et, en l'absence de traitement antibiotique, est généralement présente à vie. La diminution de l'incidence des cancers gastriques en France, retrouvée dans d'autres pays occidentaux, est probablement liée à la diminution des infections à *Helicobacter Pylori* induite par la réfrigération des aliments, de meilleures conditions d'hygiène et le recours accru aux antibiotiques. Selon les dernières estimations épidémiologiques françaises, l'incidence et la mortalité du cancer de l'estomac ont diminué entre 1980 et 2012. Dans près de 80 % des cas, les personnes infectées sont asymptomatiques. En moyenne, 1 % des personnes infectées développeront un cancer de l'estomac.

4. La problématique du cancer pour les personnes infectées par le VIH émerge depuis l'arrivée des trithérapies antirétrovirales qui ont abouti à un net recul de la mortalité d'origine infectieuse. En 2010, les cancers représentent la première cause de décès des personnes vivants avec le VIH avec près d'un décès sur trois attribué aux cancers. Le risque de cancer dans cette population est supérieur

à celui de la population générale, avec notamment une incidence élevée pour les lymphomes, le sarcome de Kaposi, le cancer du col de l'utérus, les cancers du poumon, du foie et de l'anus. Le déficit immunitaire joue un rôle majeur vis-à-vis du risque de survenue des cancers, ce risque semble réversible avec une bonne restauration de l'immunité, à l'exception du risque de cancer de l'anus. Le tabagisme représenterait le principal facteur de risque de décès des patients VIH+ sous traitement. Selon une étude danoise, les patients VIH+ sous traitement qui fument ont plus de risque de décéder de leur tabagisme qu'en raison de leur infection par le VIH, le fait de fumer réduisant de 16 ans leur espérance de vie.

IV. Prévention des cancers: le plan Cancer et l'INCa

Initié le 24 mars 2003 sous l'impulsion du président de la République Jacques Chirac, le Plan de mobilisation nationale contre le cancer, dit «plan Cancer 1», proposait 70 mesures s'articulant autour de six chapitres opérationnels: la prévention, le dépistage, les soins, l'accompagnement social, la formation des personnels et la recherche. La conséquence directe de ce premier plan Cancer fut la création de l'INCa, Institut national du cancer, qui a permis de fédérer depuis 2005 l'ensemble des acteurs de la lutte contre le cancer en France.

L'**Institut national du cancer** est un groupement d'intérêt public créé par la loi de santé publique du 9 août 2004, dans le cadre du plan Cancer 2003-2007, pour coordonner les actions de lutte contre le cancer. L'État est représenté par les ministères chargés de la Santé et de la Recherche au sein de l'INCa, qui rassemble l'ensemble des acteurs de la lutte contre le cancer en France autour d'une double ambition: contribuer à diminuer la mortalité par cancer en France et améliorer la qualité de vie des personnes atteintes d'un cancer. Son programme de travail s'inscrit dans les axes du nouveau plan Cancer 2009-2013. L'Institut participe au comité de pilotage en charge de la mise en œuvre du plan et en assure le suivi.

L'Institut national du cancer agit pour:

- mieux prévenir les cancers;
- diagnostiquer plus tôt les cancers;
- garantir l'accès à des soins de grande qualité pour tous dans le respect du principe d'équité et rendre plus accessibles innovations et progrès;
- apporter une information adaptée aux populations, aux patients et aux professionnels;
- rechercher des moyens plus efficaces pour prévenir, diagnostiquer, traiter les cancers.

A. Missions

Les missions de l'INCa ont été définies par la loi de santé publique du 9 août 2004 et rappelée dans son Contrat d'objectifs et de performance signé avec l'État en janvier 2011:

- L'INCa est l'opérateur de l'État chargé d'encourager et de favoriser la coordination des acteurs impliqués dans la lutte contre le cancer en France. À ce titre il assure le suivi de la mise en œuvre du plan Cancer 2014-2019 pour le comité de pilotage interministériel. Il veille au maintien de la transversalité du dispositif de lutte contre le cancer et à l'intégration de toutes les dimensions: recherche, santé publique, observation, information, prise en charge sanitaire et sociale, insertion professionnelle.
- L'INCa recueille les informations les plus actualisées issues des différents producteurs de données, en réalise l'analyse et la synthèse pour produire une expertise pluridisciplinaire et partagée sur les questions relatives à la cancérologie: facteurs de risque, problématiques de démographie, radiothérapie, tests génétiques, évolution des organisations, impact des changements technologiques, accompagnement social... Il assure la définition des référentiels de bonnes pratiques et de prise en charge en cancérologie, ainsi que les critères d'agrément des établissements et des professionnels de santé en cancérologie. Il assure une veille scientifique et la met à disposition de tous les acteurs.
- L'INCa met en œuvre et finance des actions de recherche, sur la base d'appels à projets, pour faire émerger l'innovation scientifique, technologique et organisationnelle.
- L'INCa produit une information de référence sur les cancers et la cancérologie pour le grand public, les professionnels et les patients et favorise son appropriation par les différents publics.
- L'INCa développe des actions communes entre opérateurs publics et privés.
- L'INCa participe à des programmes européens et internationaux afin de renforcer la présence de la recherche française dans ces actions.

B. Organisation

La gouvernance de l'Institut s'appuie sur le conseil d'administration qui rassemble l'État, majoritaire, les fédérations hospitalières, les organismes de recherche, l'assurance-maladie, les grandes organisations caritatives et des personnalités qualifiées; un conseil scientifique international et un comité de déontologie. Les professionnels de santé, les malades, leurs proches et les usagers participent aux actions de l'INCa à travers deux comités consultatifs.

Pour mener à bien ses missions, l'INCa est organisé autour de quatre directions techniques: la recherche, la santé publique, les soins et la vie des malades, l'information des publics. Il compte 19 départements thématiques, rattachés aux directions ou transversaux (fonctions support) ainsi que quatre missions (radiothérapie, anatomo-pathologie et génétique, suivi du plan cancer et audit interne). L'INCa travaille en partenariat avec les autres entités, publiques et privées, et signe à ce titre de nombreuses conventions de subventionnement et des accords-cadres.

Ainsi, le plan Cancer 1 a permis en 2003 l'identification de sept cancéropôles régionaux répartis sur le territoire national, dont le cancéropôle Île-de-France.

Le plan Cancer 2009-2013, dit « plan Cancer 2 » s'inscrit dans la continuité du plan Cancer 1 et se structure autour de trois grands thèmes transversaux, représentant de nouveaux défis auxquels doit faire face la lutte contre les cancers :

- prendre en compte les inégalités de santé face aux cancers ;
- stimuler l'analyse et la prise en compte des facteurs individuels et environnementaux ;
- renforcer le rôle du médecin traitant.

Le plan Cancer 2014-2019 (dit plan Cancer 3) a été dévoilé par le président de la République, François Hollande le 4 février 2014, avec un budget de 1,4 milliard d'euros. Une des priorités affichées est de réduire les inégalités face à cette maladie et de donner les mêmes chances à tous partout en France. Quatre axes, déclinés en 17 objectifs, constituent ce 3e plan Cancer :

- guérir plus de malades ;
- préserver la continuité et la qualité de la vie ;
- investir dans la prévention et la recherche ;
- optimiser le pilotage et les organisations de lutte contre les cancers, notamment par un renforcement de la démocratie sanitaire.

V. La loi Santé de 2016 et les cancers

C'est dans le cadre de ce troisième Plan Cancer qu'ont été votées un certain nombre de mesures phares de la loi de modernisation de notre système de santé du 28 janvier 2016 :

- Une mesure importante pour les anciens malades du cancer est l'instauration d'un droit à l'oubli : désormais, les personnes ayant souffert d'un cancer durant leur enfance ou leur adolescence n'auront pas à déclarer leur maladie 5 ans après la fin du protocole thérapeutique. De même, tous les anciens malades, quel que soit le cancer dont ils souffraient, n'auront pas à le déclarer 10 ans après l'arrêt du traitement. En effet, pour ces personnes ayant eu un cancer, il était extrêmement difficile, voire impossible, d'obtenir par exemple un prêt immobilier car aucune assurance ne voulait les assurer. Ils ne bénéficiaient donc pas des mêmes droits que les autres français.
- Un certain nombre d'autres mesures portent sur les facteurs de risque du cancer, notamment le tabac. Un Programme national de réduction du tabagisme (PNRT) a ainsi été mis en place avec des mesures législatives importantes : celle dont on a plus parlé est bien sûr la mise en œuvre du paquet de cigarettes neutre, mais aussi l'interdiction de fumer dans un véhicule en présence d'enfants. Mais la loi a aussi instauré l'obligation de présentation d'une preuve de majorité pour l'achat de tabac ou encore l'interdiction d'installation de nouveaux débits de tabac à proximité des établissements accueillant la jeunesse.

Testez-vous

1. Concernant la mortalité par cancer, cocher la ou les réponse(s) correcte(s):

☐ **A.** Le cancer de la prostate est le cancer le plus mortel chez l'homme.
☐ **B.** Le cancer du poumon est le cancer le plus mortel chez l'homme.
☐ **C.** Le cancer colorectal est le cancer le plus mortel chez l'homme.
☐ **D.** La mortalité par cancer est estimée à environ 157 000 décès par an.
☐ **E.** Le cancer du sein est le plus mortel chez la femme.

2. Concernant l'incidence des cancers, cocher la ou les réponse(s) correcte(s):

☐ **A.** Le cancer de la prostate est le cancer le plus fréquent chez l'homme.
☐ **B.** Le cancer du poumon est le cancer le plus fréquent chez l'homme.
☐ **C.** La mortalité par cancer tend à augmenter depuis 35 ans.
☐ **D.** Le cancer du col de l'utérus est le cancer le plus fréquent chez la femme.
☐ **E.** Le cancer du poumon est le cancer le plus fréquent chez la femme.

3. Concernant le cancer, cocher la ou les réponses fausses:

☐ **A.** On estime que le tabac est responsable de 47 000 décès par cancer par an en France.
☐ **B.** 3,8 millions de personnes ont eu un cancer au cours de leur vie en France.
☐ **C.** Une seule mutation d'un gène est suffisante pour déclencher un cancer.
☐ **D.** Les lymphomes, sarcomes et fibromes font partie des tumeurs malignes.
☐ **E.** On estime que l'alcool est responsable de 15 000 décès par cancer par an en France.

4. Parmi les Agences françaises suivantes, laquelle est plus particulièrement chargée du cancer?

☐ **A.** L'ANSM.
☐ **B.** L'ANSES.
☐ **C.** La HAS.
☐ **D.** Santé publique France.
☐ **E.** L'INCa.

5. Chassez l'intrus parmi les quatre grands axes du 3e plan Cancer 2014-2019.

☐ **A.** Guérir plus de malades.
☐ **B.** Investir dans la prévention et la recherche.
☐ **C.** Prendre en compte les inégalités de santé face aux cancers.
☐ **D.** Préserver la continuité et la qualité de la vie.
☐ **E.** Optimiser le pilotage et les organisations de lutte contre les cancers.

12 Maladies cardio-vasculaires

I. Définition

Selon l'OMS, les maladies cardio-vasculaires (MCV) « regroupent un certain nombre de troubles affectant le cœur et les vaisseaux sanguins comme : l'hypertension artérielle (élévation de la tension) ; les cardiopathies coronariennes (crise cardiaque ou infarctus) ; les maladies cérébrovasculaires (accident vasculaire cérébral) ; les artériopathies périphériques ; l'insuffisance cardiaque ; les cardiopathies rhumatismales ; les cardiopathies congénitales ; les cardiomyopathies. » Les maladies cardio-vasculaires sont en général liées à ce que l'on appelle l'athérothrombose : l'athérome est un dépôt de plaques riches en cholestérol sur la paroi interne des artères qui provoque l'athérosclérose (qui se traduit par un épaississement et durcissement de la paroi des artères sous l'effet de l'athérome), ce qui finit par produire un caillot de sang (l'athérothrombose) qui bloque la circulation et provoque une ischémie, c'est-à-dire une diminution ou une interruption de la circulation du sang dans un organe ou un tissu. L'athérothrombose est la cause quasi-exclusive des infarctus du myocarde et de l'artérite des membres inférieurs, mais elle n'est qu'une des causes des AVC.

II. Épidémiologie des maladies cardio-vasculaires

A. Facteurs de risque

L'étude épidémiologique la plus complète réalisée à ce jour, et qui est d'ailleurs toujours en cours, qui a permis de déterminer quels étaient les facteurs de risque des maladies cardio-vasculaires, est l'étude de Framingham, du nom de la ville de Framingham dans le Massachusetts, aux États-Unis d'Amérique, choisie pour sa représentativité de la population globale américaine. Débutée en 1948, c'est une étude prospective dite de cohorte, qui porte désormais sur trois générations d'habitants qui se sont engagés à subir des examens médicaux détaillés tous les 2 ans. C'est grâce à cette étude que l'on a pu déterminer que l'hypertension artérielle était un facteur de risque des maladies cardio-vasculaires en 1957, de même pour le diabète en 1974, le cholestérol en 1977 ou encore l'obésité en 1983. Cette étude a permis de développer un outil important dans la détermination du risque de maladies cardio-vasculaires chez un individu : le score de Framingham qui repose sur l'âge, le diabète, le tabagisme, le cholestérol total, le cholestérol HDL, et la pression artérielle systolique. Il suffit d'additionner les points des différentes rubriques pour déterminer quel est le niveau de risque de la personne de développer une maladie cardio-vasculaire.

Les facteurs de risque des maladies cardio-vasculaires sont connus : certains sont modifiables comme le tabac, le diabète, l'hypertension artérielle, les dyslipidémies, tandis que d'autres ne sont pas modifiables comme l'âge, le sexe ou l'hérédité. D'autres facteurs sont plus discutés, comme l'obésité, la sédentarité, le stress ou encore les facteurs socio-économiques. Ainsi toutes les études épidémiologiques montrent que le risque relatif de développer une maladie cardio-vasculaire augmente de façon continue et linéaire avec l'âge, la consommation de tabac, la pression artérielle, le taux d'HbA1c (ou hémoglobine glyquée, qui mesure le taux de glycémie dans le sang, ce qui permet de diagnostiquer un diabète), ou encore le cholestérol LDL.

Il existe aussi des facteurs déclenchants d'événements cardiaques aigus comme un stress psychologique (un deuil par exemple: le risque d'avoir un infarctus du myocarde est multiplié par 21 dans les 24 heures qui suivent le décès d'un proche) ou un effort brutal (activité physique ou sexuelle). Ainsi, on estime qu'il y a en France 50000 morts subites par arrêt cardiaque chaque année.

B. Incidence et mortalité des différents facteurs de risque des maladies cardio-vasculaires

1. L'hypertension artérielle

L'hypertension artérielle (HTA) est l'un des principaux facteurs de risque vasculaire. Elle entraîne des anomalies structurales des artères qui irriguent le cerveau, le cœur, les reins et autres organes et augmente le risque d'accident vasculaire cérébral, de cardiopathie ischémique, d'artériopathie des membres inférieurs et d'insuffisance rénale chronique. Selon l'Organisation mondiale de la santé (OMS), 62 % des affections vasculaires cérébrales et près de la moitié des cardiopathies ischémiques sont attribuées à une pression artérielle élevée.

L'hypertension artérielle est fréquente. En 2013, près d'1,2 million de personnes souffraient de cette maladie en France.

2. L'hypercholestérolémie

Comme l'hypertension artérielle (HTA), l'hypercholestérolémie est un facteur de risque vasculaire majeur. De nombreuses études épidémiologiques ont montré que la réduction du cholestérol total et du LDL-cholestérol diminue le risque d'infarctus du myocarde et d'accident vasculaire cérébral. Le LDL-cholestérol est la fraction la plus athérogène du cholestérol: en excès, il tend à s'accumuler dans la paroi artérielle et à favoriser le développement de la plaque d'athérome. À l'inverse, la fraction non athérogène du cholestérol, le HDL-cholestérol, est associé à une diminution du risque vasculaire lorsqu'il est élevé, mais à une augmentation de ce risque quand il est trop faible.

L'hypercholestérolémie est fréquente. Selon l'Étude nationale nutrition santé (ENNS 2006-2007), 30,1 % des personnes âgées de 18 à 74 ans avaient, soit un traitement hypolipémiant, soit un taux élevé de LDL-cholestérol dans le sang: 18,9 % avaient un taux de LDL-cholestérol élevé (> 1,6 g/l) et 12,2 % suivaient un traitement médicamenteux par hypolipémiant.

C. Incidence et mortalité des maladies cardio-vasculaires

En France, les maladies cardio-vasculaires représentent la première cause de décès et la première cause de handicap chez les femmes (27 % des décès), et la deuxième cause de décès chez les hommes (23 % des décès) : elles tuent chaque année environ 140 000 personnes. Plus d'1 million de personnes sont hospitalisées chaque année pour des maladies cardio-vasculaires.

En 1980, les maladies cardio-vasculaires étaient (de loin) la première cause de décès en France (avec 445 décès pour 100 000). Trente-cinq ans plus tard, les décès ont diminué de moitié (avec 215 décès pour 100 000). De même, le nombre et le taux des décès ont fortement diminué entre 1990 et 2006 (–37 % chez les hommes et –43 % chez les femmes) et ce, dans toutes les classes d'âge. C'est pourquoi les maladies cardio-vasculaires sont devenues la seconde cause de décès en France, derrière les cancers, non parce que les décès par cancers ont augmenté, mais parce que le nombre de décès par maladies cardio-vasculaires a fortement baissé.

Dans le monde, les maladies cardio-vasculaires sont la première cause de mortalité : il meurt chaque année plus de personnes en raison de maladies cardio-vasculaires que de toute autre cause. Ainsi, on estime à 17,7 millions le nombre de décès imputables aux maladies cardio-vasculaires, soit 31 % de la mortalité mondiale totale. Parmi ces décès, on estime que 7,4 millions sont dus à une cardiopathie coronarienne et 6,7 millions à un AVC (chiffres 2012).

Si l'on regarde à présent en détail la distribution de ces maladies cardio-vasculaires, on peut distinguer trois pathologies principales.

1. Les cardiopathies ischémiques

Les cardiopathies ischémiques, ou maladies coronariennes, sont une cause majeure de morbidité et de mortalité dans le monde. Les cardiopathies ischémiques recouvrent, un ensemble de troubles dus à l'insuffisance des apports d'oxygène au muscle cardiaque (myocarde) du fait du développement et des complications de l'athérosclérose au niveau d'une (ou plusieurs) artère(s) coronaire(s).

Les cardiopathies ischémiques sont des pathologies graves et fréquentes, responsables d'une part importante des décès cardio-vasculaires. 34 458 décès coronariens sont survenus en France métropolitaine en 2011, soit 6,4 % du nombre total de décès en France.

En 2013, le nombre total de personnes en ALD pour maladie coronaire est, en France, d'environ 1,3 million de personnes (Source : InVS).

2. Les accidents vasculaires cérébraux (AVC)

Les accidents vasculaires cérébraux (AVC) recouvrent un ensemble de syndromes se manifestant par l'apparition brutale d'un déficit neurologique dû à des lésions cérébrales d'origine vasculaire. On distingue deux grands types d'AVC : les AVC hémorragiques, dus à une rupture d'un vaisseau sanguin, et les AVC ischémiques (« infarctus cérébraux ») consécutifs à l'obstruction d'une artère cérébrale. Les AVC sont fréquents et graves. Ils représentent une cause majeure de handicap et constituent la deuxième cause de démence (après la maladie d'Alzheimer) et la troisième cause de mortalité.

L'AVC représente la troisième cause de mortalité pour les hommes (après les cancers « de la plèvre, de la trachée, du larynx ou des poumons » et les cardiopathies ischémiques) et la première pour les femmes (avant les cardiopathies ischémiques et le cancer du sein).

En 2011, les maladies cérébrovasculaires ont été responsables de 32 541 décès (Source : InVS). La même année, il y a eu un peu plus de 130 000 hospitalisations complètes pour accident neuro-vasculaire soit « 1 AVC toutes les 4 minutes ».

3. L'insuffisance cardiaque (IC)

L'insuffisance cardiaque (IC) est définie comme une anomalie structurelle ou fonctionnelle du cœur conduisant à un apport en oxygène insuffisant pour répondre aux besoins métaboliques des différents organes. C'est un syndrome complexe et hétérogène qui regroupe des étiologies, des mécanismes physiopathologiques et des expressions cliniques diversifiés. L'insuffisance cardiaque peut compliquer différentes pathologies cardio-vasculaires.

Cette pathologie est fréquente et de mauvais pronostic. Sa prévalence, estimée par la Société européenne de cardiologie entre 1 et 2 % dans les pays développés, augmente fortement avec l'âge à partir de 75 ans. Elle tend à augmenter du fait du vieillissement de la population, ainsi que des améliorations thérapeutiques de l'insuffisance cardiaque elle-même et de ses causes.

En 2011, près de 70 000 personnes sont mortes d'une insuffisance cardiaque (Source : InVS).

III. Prévention des maladies cardio-vasculaires

Néanmoins, malgré tous ces progrès, les maladies cardio-vasculaires constituent toujours un fléau pour l'humanité. C'est pourquoi l'OMS a fait de la lutte contre les maladies cardio-vasculaires une de ses priorités stratégiques. Le Programme de l'OMS travaille ainsi sur la prévention, la prise en charge et le suivi des maladies cardio-vasculaires (MCV) à l'échelle mondiale. Il vise à élaborer des stratégies mondiales pour faire baisser leur incidence, ainsi que la morbidité et la mortalité qu'elles entraînent en réduisant efficacement les facteurs de risque et les déterminants des maladies cardio-vasculaires ; en élaborant des innovations équitables et d'un bon rapport coût/efficacité pour les soins de santé et la prise en charge de ces maladies ; et en suivant l'évolution et les tendances des maladies cardio-vasculaires et de leurs facteurs de risque.

La France n'est pas en reste puisqu'elle a mis en place dès 2002 un plan national de réduction des risques cardio-vasculaires qui s'est terminé en 2005.

À cela, il faut bien évidemment ajouter le Programme national nutrition santé (2001-2006, 2006-2010, 2011-2015), le Plan accident vasculaire cérébral (2009-2012), mais aussi plus récemment le Programme national de réduction du tabagisme (2014-2019), le Plan national sport santé bien-être (depuis 2012).

Testez-vous

1. Concernant les causes de décès, cocher la ou les réponses fausses :

- ☐ **A.** Les principaux facteurs de risque non modifiables de l'athérothrombose sont le sexe, l'âge et l'hérédité.
- ☐ **B.** Les maladies cardio-vasculaires constituent la deuxième cause de décès chez les hommes.
- ☐ **C.** Les tumeurs constituent la première cause de décès en France depuis les années 1980.
- ☐ **D.** Les maladies cardio-vasculaires constituent la deuxième cause de décès en France.
- ☐ **E.** Les maladies cardio-vasculaires constituent la deuxième cause de décès chez les femmes.

2. Concernant les maladies cardio-vasculaires, choisir la mauvaise réponse :

- ☐ **A.** Les maladies cardio-vasculaires sont la deuxième cause de mortalité dans le monde.
- ☐ **B.** Elles sont la deuxième cause de mortalité en France.
- ☐ **C.** Leur mortalité a été divisée par 2 depuis 1980 en France.
- ☐ **D.** Les AVC sont la première cause de décès chez la femme.
- ☐ **E.** Le décès d'un proche peut favoriser un infarctus du myocarde.

3. La Framingham Study a permis de démontrer :

- ☐ **A.** Que les chômeurs meurent prématurément.
- ☐ **B.** Que les fumeurs présentent un risque accru de développer des maladies cardiovasculaires.
- ☐ **C.** Que l'absence d'activité physique était délétère pour la santé.
- ☐ **D.** Que l'alimentation importait peu dans les maladies cardiovasculaires.
- ☐ **E.** Que le diabète est indépendant des maladies cardiovasculaires.

4. Quels sont les facteurs de risques modifiables des maladies cardio-vasculaires ?

- ☐ **A.** Le sexe.
- ☐ **B.** Le diabète.
- ☐ **C.** L'âge.
- ☐ **D.** L'hypertension artérielle.
- ☐ **E.** L'hérédité.

5. Concernant les maladies cardio-vasculaires, cocher la ou les propositions exactes :

- ☐ **A.** Les facteurs déclenchant des événements cardiaques aigus ne sont pas différents des facteurs de risques cardio-vasculaires.
- ☐ **B.** Ces facteurs déclenchant peuvent, par exemple, être un effort brutal ou un stress psychologique.
- ☐ **C.** Le risque d'infarctus ou de mort subite durant un exercice physique est d'autant moins élevé que l'activité physique est régulière.
- ☐ **D.** Les infections respiratoires n'ont aucun impact sur les accidents cardio-vasculaires.
- ☐ **E.** Le décès d'un proche peut favoriser un infarctus du myocarde.

13 Diabète, surpoids et obésité

I. Le diabète

A. Définition

Le diabète est une maladie chronique qui apparaît lorsque le pancréas ne produit pas suffisamment d'insuline ou que l'organisme n'utilise pas correctement l'insuline qu'il produit. L'insuline est une hormone qui régule la concentration de sucre dans le sang. L'hyperglycémie, ou concentration sanguine élevée de sucre, est un effet fréquent du diabète non contrôlé qui conduit avec le temps à des atteintes graves de nombreux systèmes organiques et plus particulièrement des nerfs et des vaisseaux sanguins. On distingue généralement le diabète de type 1 et le diabète de type 2 :

- Le diabète de type 1 (précédemment connu sous le nom de diabète insulino-dépendant ou juvénile) est caractérisé par une production insuffisante d'insuline et exige une administration quotidienne de cette dernière. La cause de diabète de type 1 n'est pas connue, et en l'état des connaissances actuelles, il n'est pas évitable. Les symptômes sont les suivants : excrétion excessive d'urine (polyurie), sensation de soif (polydipsie), faim constante, perte de poids, altération de la vision et fatigue. Ces symptômes peuvent apparaître brutalement.
- Le diabète de type 2 (précédemment appelé diabète non insulinodépendant ou diabète de la maturité) résulte d'une mauvaise utilisation de l'insuline par l'organisme. Le diabète de type 2 représente 90 % des diabètes rencontrés dans le monde. Il est en grande partie le résultat d'une surcharge pondérale et de la sédentarité. Ses symptômes peuvent être les mêmes que ceux du diabète de type 1 mais sont souvent moins marqués. De ce fait, la maladie peut être diagnostiquée plusieurs années après son apparition, une fois les complications déjà présentes. Récemment encore, ce type de diabète n'était observé que chez l'adulte mais on le trouve désormais aussi chez l'enfant.
- On peut noter aussi l'existence du diabète gestationnel qui est une hyperglycémie apparue ou décelée pour la première fois pendant la grossesse. Les symptômes du diabète gestationnel sont les mêmes que ceux du diabète de type 2. Il disparaît en général après la grossesse.

B. Les conséquences du diabète sur la santé

Avec le temps, le diabète peut endommager le cœur, les vaisseaux sanguins, les yeux, les reins et les nerfs. Le diabète augmente le risque de cardiopathie et d'accident vasculaire cérébral. 50 % des diabétiques meurent d'une maladie cardio-vasculaire (principalement cardiopathie et accident vasculaire cérébral).

Associée à une diminution du débit sanguin, la neuropathie qui touche les pieds augmente la probabilité d'apparition d'ulcères des pieds, d'infection et, au bout du compte, d'amputation des membres.

La rétinopathie diabétique est une cause importante de cécité et survient par suite des lésions des petits vaisseaux sanguins de la rétine qui s'accumulent avec le temps. 1 % de la cécité dans le monde peut être attribuée au diabète.

Le diabète figure parmi les principales causes d'insuffisance rénale.

Le risque général de décès chez les diabétiques est au minimum deux fois plus important que chez leurs pairs qui n'ont pas de diabète.

C. Épidémiologie du diabète

1. Le diabète dans le monde

En 2016, l'OMS estime que 422 millions de personnes (contre 108 millions en 1980) sont diabétiques dans le monde, soit 1 personne sur 11. L'OMS estime qu'en 2015, 1,6 million de décès étaient directement dus au diabète et que 2,2 millions de décès supplémentaires devaient être attribués à l'hyperglycémie, soit 3,8 millions de morts liées au diabète. Ainsi, 1 personne meurt toutes les 6 secondes du diabète.

L'OMS prévoit qu'en 2030, le diabète sera la septième cause de décès dans le monde.

Selon la Fédération internationale du diabète (FID), en 2035, le diabète touchera 592 millions de personnes devenant ainsi l'une des principales causes d'invalidité et de décès dans le monde. Entre aujourd'hui et 2035, la prévalence du diabète passera de 8,3 % à 10,1 % de la population mondiale.

2. Le diabète en France

En France, on estime à plus de 3,7 millions le nombre de personnes diabétiques en 2017, soit environ 6 % de la population. Da la même manière, entre 600 000 et 700 000 Français vivraient sans savoir qu'ils sont diabétiques. En seulement dix ans, le nombre de personnes diabétiques en France est passé de 1,6 à 3,7 millions. 400 nouveaux cas sont diagnostiqués chaque jour.

Le diabète touche inégalement la population française : la prévalence du diabète est ainsi plus élevée chez les hommes que chez les femmes, sauf en outre-mer. De même la prévalence et/ou l'incidence du diabète sont très élevées dans les DOM, plus élevées dans certains départements de métropole, en particulier dans le Nord et le Nord-Est et dans certains départements d'Île-de-France, plus élevées en présence d'un niveau socio-économique moins favorisé et dans certaines professions, plus élevées chez les femmes d'origine maghrébine.

On estime qu'environ 35 000 décès sont liés au diabète chaque année, soit environ 6 % de l'ensemble des décès en France. Parmi ces 36 000 décès, 11 700 avaient pour cause initiale de décès le diabète sucré.

Le diabète est associé à une surmortalité, qui est liée essentiellement aux cardiopathies ischémiques, aux maladies cérébrovasculaires et à l'insuffisance rénale, mais aussi à certains cancers, à l'insuffisance hépatique et à la septicémie.

D. Prévention du diabète

On a montré que des mesures simples modifiant le mode de vie pouvaient être efficaces pour prévenir ou retarder le diabète de type 2. Pour prévenir ce diabète et ses complications, les gens doivent :

- parvenir à un poids corporel normal et le maintenir ;
- faire de l'exercice physique : au moins 30 minutes par jour d'un exercice régulier d'intensité modérée. Une activité physique plus intense est nécessaire pour perdre du poids ;
- avoir un régime alimentaire sain composé de trois à cinq fruits et légumes par jour et réduire l'apport en sucre et en graisses saturées ;
- arrêter le tabac : la cigarette augmente le risque de maladie cardio-vasculaire.

II. Surpoids et obésité

A. Définitions

L'OMS définit le surpoids et l'obésité comme « comme une accumulation anormale ou excessive de graisse corporelle qui représente un risque pour la santé ». Elle est généralement le résultat d'un déséquilibre entre les calories consommées et les calories dépensées.

L'obésité se mesure à travers l'Indice de masse corporelle (IMC). L'IMC se calcule selon la formule suivante : poids/taille^2. Un IMC entre 18 et 25 kg/m^2 est considéré comme normal. En dessous de 18 kg/m^2, la personne est considérée comme maigre. Entre 25 et 30 kg/m^2, la personne est considérée comme en surpoids. Entre 30 et 35 kg/m^2, la personne est considérée comme obèse. Au-delà de 40 kg/m^2, on parle d'obésité extrême.

B. Facteurs de risque et conséquences de l'obésité

Si le statut de l'obésité comme pathologie à part entière ou comme un facteur de risque indépendant est encore discuté par les médecins et les épidémiologistes, il reste que l'obésité est à l'origine de nombreuses complications : cardio-vasculaires (hypertension artérielle, maladies coronaires, accidents cérébrovasculaires), métaboliques (diabète, dyslipidémies), ostéo-articulaires (arthrose accélérée), respiratoires (syndrome d'apnée du sommeil, insuffisance respiratoire chronique) ou endocrines (polykystose ovarienne). L'obésité est donc associée à une aggravation des facteurs de risque, notamment pour les maladies cardio-vasculaires, et donc à une augmentation de la mortalité.

Il est possible de distinguer quatre types de facteurs de risque pour l'obésité : les facteurs biologiques (appétit, activité physique, bilan énergétique, mais aussi des facteurs génétiques encore mal identifiés), environnementaux (passage d'une société de la rareté à une société de l'abondance, influence de la publicité, facilité d'accès à la nourriture), comportementaux (troubles de l'humeur comme l'anxiété ou la dépression, troubles du comportement alimentaire, image du corps, sédentarité) et sociétaux (diminution de l'exercice physique, nourriture à risque moins chère, changement dans les habitudes de consommation).

Néanmoins, les principaux facteurs de risque sont les déterminants sociaux: l'obésité est inversement corrélée à la catégorie socioprofessionnelle, au niveau de diplôme et au niveau de vie. La prévalence de l'obésité est par exemple 3 fois plus élevée chez les ouvriers que chez les cadres (12 % contre 4 % environ) et presque 4 fois plus élevée chez les personnes sans diplôme que chez celles qui ont un diplôme de l'enseignement supérieur (16 % contre 4 % environ). En 2003, en France, 16 % des agriculteurs avaient un IMC supérieur à 30 kg/m^2: c'est la catégorie socioprofessionnelle la plus touchée par l'obésité.

C. Épidémiologie du surpoids et de l'obésité

En France, en 2015, environ un adulte sur deux est en surpoids, avec une prévalence de 54 % chez les hommes et de 44 % chez les femmes, tandis que l'obésité concerne 17 % des Français. Ces valeurs se situent dans la moyenne des pays d'Europe occidentale.

Chez les enfants, en 2015, la prévalence du surpoids et de l'obésité s'élève à 16 % chez les garçons et à 18 % chez les filles. La prévalence du surpoids (obésité incluse) n'a pas évolué significativement entre 2006 et 2015, tant chez les garçons que chez les filles passant de 17,6 % en 2006 à 16,9 % en 2015.

De manière générale, l'obésité touche un peu plus les femmes que les hommes, quelle que soit la tranche d'âge considérée, alors même que les hommes sont beaucoup plus en surpoids que les femmes (2 fois plus d'homme en surpoids que de femmes entre 18 et 54 ans). Ainsi, 41 % des hommes et 23,8 % des femmes de 18 à 74 ans sont en surpoids, tandis que 16,1 % des hommes et 17,6 % des femmes de 18 à 74 ans sont obèses. Il faut noter aussi que l'obésité comme le surpoids, augmentent avec l'âge. Chez les enfants de 3 à 17 ans, la prévalence du surpoids est de 14,3 %, celle de l'obésité de 3,5 %. Le lien entre l'épidémie de diabète et celle d'obésité est réel puisqu'on estime que plus de 80 % des patients souffrant du diabète de type 2 sont obèses.

D'importantes disparités socio-économiques en termes d'obésité existent chez les hommes et les femmes. Ainsi, le taux d'obésité est inversement proportionnel au niveau socio-économique. On dénombre un peu plus de 30 % d'obèses parmi les femmes ayant un revenu mensuel inférieur à 450 euros, alors que le pourcentage chute à 7 % parmi celles qui disposent d'au moins 4200 euros. Cet écart se retrouve chez les hommes, bien que de façon moins spectaculaire, avec une fourchette de 23 % à 9 % d'obèses en fonction des ressources financières.

Les causes en sont bien connues. Il s'agit, d'abord, de la difficulté d'accès des plus pauvres à une alimentation saine et diversifiée – donc généralement plus coûteuse –, ainsi qu'à des équipements sportifs favorisant l'activité physique. Ces deux paramètres sont à la source de la prise de poids, même si d'autres facteurs entrent en ligne de compte, comme le stress, l'exposition à des polluants ou une prédisposition génétique.

Il existe aussi de grandes disparités géographiques. Le contraste est flagrant entre le Nord, où le taux d'obèses culmine à 25,6 %, et les grandes villes comme Paris, Lyon ou Bordeaux, où il tombe à respectivement 10,7 %, 12,3 % et 13 %. Il faut y voir, là encore, une corrélation directe avec le niveau de développement économique et de richesse de chaque territoire.

En 2016, dans le monde, 1,9 milliard de personnes sont en surpoids, dont plus de 650 millions de personnes sont obèses. Ainsi, 39 % des adultes de plus de 18 ans sont en surpoids et 13 % sont obèses. De même, l'OMS considère que plus de 41 millions d'enfants de moins de cinq ans sont en surpoids en 2015. Le nombre de cas d'obésité a presque triplé depuis 1975. Enfin, la plupart de la population mondiale vit dans des pays où le surpoids et l'obésité font davantage de morts que l'insuffisance pondérale.

À l'échelle mondiale 2,8 millions de personnes au moins meurent chaque année des conséquences du surpoids ou de l'obésité. 44 % des cas de diabète, 23 % des cardiopathies ischémiques et 7 à 41 % de certains cancers peuvent être imputés au surpoids et à l'obésité.

D. Prévention du surpoids et de l'obésité

Initié en 2001, prolongé en 2006, le Programme national nutrition santé (PNNS) a pour objectif général d'améliorer l'état de santé de l'ensemble de la population en agissant sur l'un de ses déterminants majeurs, la nutrition. Plusieurs objectifs initialement fixés ont été partiellement ou totalement atteints : la réduction de la prévalence du surpoids et de l'obésité chez l'enfant, la réduction de la consommation de sel ou de sucre, l'augmentation de la consommation de fruits chez les adultes. Néanmoins, l'obésité reste un problème majeur. C'est pourquoi le PNNS a été prolongé de 2011 à 2015, puis de nouveau de 2018 à 2022. Le PNNS s'est accompagné d'un plan Obésité entre 2010 et 2013 à destination des populations d'outre-mer, où la prévalence de l'obésité est plus élevée qu'en métropole. Il faut noter que les objectifs nutritionnels de santé publique et les orientations stratégiques du PNNS sont fixés par le Haut Conseil de la santé publique. Ainsi, parmi les objectifs fixés par le Haut Conseil de la santé publique pour le PNNS 2018-2022 figurent 2 objectifs majeurs concernant le surpoids et l'obésité :

1. Stabiliser la prévalence de l'obésité et réduire le surpoids chez les adultes de façon à :

- diminuer de 15 % la prévalence de l'obésité chez les adultes ;
- stabiliser la prévalence du surpoids chez les adultes ;
- stabiliser la prévalence de l'obésité, chez les femmes de faible niveau socioéconomiques ;
- stabiliser la prévalence de l'obésité morbide par la prévention (hors chirurgie bariatrique).

2. Diminuer la prévalence du surpoids et de l'obésité chez les enfants et les adolescents de façon à :

- diminuer de 20 % la prévalence du surpoids et de l'obésité chez les enfants et les adolescents (dont la tendance était à la stabilisation au cours des dernières années) ;
- diminuer de 10 % la prévalence du surpoids et de l'obésité chez les enfants et les adolescents issus de familles défavorisées (dont la tendance était en augmentation au cours des dernières années).

Ainsi, au niveau national, le PNNS a pour fonctions principales d'assurer la coordination, la cohérence et le suivi de la mise en œuvre des interventions ; de fournir les supports scientifiques indispensables à la mise en place des actions et d'inciter les multiples acteurs institutionnels, associatifs et privés à engager des actions dans ce domaine. Au niveau régional, ce sont les Agences régionales de santé qui sont chargées de mettre en œuvre les actions de santé publique définies dans le cadre du PNNS, notamment les actions contribuant à la réduction des inégalités sociales de santé en matière de nutrition.

E. La loi Santé de 2016 et le problème du surpoids et de l'obésité

La loi de modernisation de notre système de santé du 26 janvier 2016 met en place un certain nombre de mesures pour lutter contre la malnutrition. Une des mesures phares est l'amélioration de l'information nutritionnelle sur les emballages alimentaires qui soit synthétique, simple et accessible par tous : il s'agit d'apposer un logo nutritionnel, appelé Nutri-Score, qui comporte 5 couleurs (chacune correspondant à une lettre : A, B, C, D, E ; le A ayant par exemple le meilleur score nutritionnel). De nombreuses entreprises de l'agro-alimentaire et de la grande distribution ont décidé d'apposer ce logo sur leurs produits, permettant ainsi au consommateur de visualiser immédiatement la qualité nutritionnelle de ce qu'il achète.

De même, pour lutter contre la consommation excessive de sucres, la mise en place de « fontaines à soda » ou de boissons à volonté, notamment dans les fast-foods, est désormais interdite.

Testez-vous

1. À propos du diabète, cochez les réponses vraies :

- ☐ **A.** L'hérédité est un facteur de risque.
- ☐ **B.** Le tabac est un facteur de risque.
- ☐ **C.** Avoir été au moins une fois enceinte est un facteur de risque.
- ☐ **D.** L'alcool est un facteur de risque.
- ☐ **E.** La sédentarité est un facteur de risque.

2. Concernant le diabète, cocher la ou les réponse(s) correcte(s) :

- ☐ **A.** L'OMS estime que 422 millions de personnes sont diabétiques dans le monde.
- ☐ **B.** En France, la prévalence du diabète atteint 6 % de la population, soit 3,7 millions de personnes diabétiques en 2016.
- ☐ **C.** En 2016, on estime que 37 millions de personnes sont décédées dans le monde des conséquences du diabète.
- ☐ **D.** On estime que plus de 35 000 décès sont liés au diabète chaque année, soit 6 % de l'ensemble des décès survenus en France.
- ☐ **E.** La prévalence du diabète est plus élevée chez les femmes que chez les hommes.

3. Concernant l'obésité, cocher la ou les réponse(s) fausse(s) :

- ☐ **A.** L'IMC signifie Indice de masse corporelle.
- ☐ **B.** L'IMC se calcule en divisant la taille par le poids au carré.
- ☐ **C.** Si notre IMC est supérieur à 25 cela signifie que l'on est en surpoids.
- ☐ **D.** Il existe une composante génétique à l'obésité.
- ☐ **E.** Les comportements individuels ne jouent presque aucun rôle dans l'obésité.

4. Concernant l'obésité, cocher la ou les réponse(s) fausse(s) :

- ☐ **A.** Plus le niveau de vie et de diplôme est élevé moins on a de chances d'être obèse.
- ☐ **B.** La catégorie socioprofessionnelle la plus touchée par l'obésité est celle d'agriculteur.
- ☐ **C.** Seules les catégories sociales les plus défavorisées sont touchées par l'épidémie d'obésité.
- ☐ **D.** Les régions françaises les plus touchées par l'obésité se situent dans le sud et l'ouest de la France.
- ☐ **E.** Le risque cardiovasculaire est multiplié si à l'obésité s'ajoute la sédentarité.

5. Concernant la prévention de l'obésité, cocher la ou les réponse(s) correcte(s) :

- ☐ **A.** Le taux national d'obésité en France est de 17 %.
- ☐ **B.** La fréquence de l'obésité est uniquement proportionnelle au niveau d'instruction.
- ☐ **C.** Le PNNS est le Programme national nutrition santé : il vise à améliorer la santé de la population via la nutrition.
- ☐ **D.** C'est le Haut conseil de la santé publique qui fixe les objectifs du PNNS.
- ☐ **E.** Un quatrième PNNS a été lancé en 2018.

14 Accidents et suicides

Ce que l'on appelle communément les « causes externes » dans les tableaux récapitulant les diverses causes de décès, regroupe en fait un certain nombre de causes disparates de décès qui ont pour point commun d'être causées de l'extérieur et d'être associées à un traumatisme. Ces causes externes regroupent ainsi aussi bien les suicides que les accidents de la route (on parle parfois de « morts violentes » pour désigner ces deux causes de décès) ou les accidents de la vie courante.
Ces causes externes constituent la 3e cause de décès en France, derrière les cancers et les maladies cardio-vasculaires, et représentent 7 % des décès, soit presque 37 000 morts par an.
Les décès par causes externes se décomposent de la façon suivante : les plus mortels sont les accidents de la vie courante, qui représentent près de 19 000 morts par an (soit plus de la moitié des décès par causes externes) ; viennent ensuite les suicides avec plus de 10 000 morts par an, et enfin les accidents de la route qui ont tué en 2016 environ 3 500 personnes.

I. Les accidents de la vie courante

A. Définition

Les AcVC correspondent aux accidents survenant au domicile, sur les aires de sports ou de loisirs, à l'école, à l'exception des accidents de la circulation, du travail, des accidents causés par des éléments naturels, des suicides et des agressions. Ils désignent aussi bien les défenestrations, les étouffements, les noyades, les chutes, les intoxications, les brûlures ou encore les électrocutions.

B. Épidémiologie des accidents de la vie courante

Les accidents de la vie courante (AcVC) sont très nombreux et constituent un problème majeur de santé publique. En France, toutes causes et toutes tranches d'âges confondues, les accidents de la vie courante (AcVC) touchent plus de 11 millions de personnes chaque année, dont 4,5 millions font l'objet d'un recours aux urgences et plusieurs centaines de milliers d'hospitalisations. Ces accidents sont responsables de plus de 20 000 décès chaque année, soit 4 % du total des décès. Les accidents de la vie courante, avec les accidents de la route et les suicides, constituent la troisième cause de mortalité en France.

Les accidents de la vie courante touchent tous les milieux et toutes les tranches d'âges, mais plus particulièrement les enfants de moins de 15 ans et les personnes âgées de plus de 65 ans.

Ainsi, sur les 20 000 décès par AcVC en France métropolitaine, les deux tiers des décès par AcVC sont survenus chez les 75 ans et plus. Les 5 principales causes de décès par AcVC sont dans l'ordre :

1. Les chutes : environ 1/4 des décès par AcVC.
2. Les suffocations : environ 15 %.

3. Les intoxications : environ 6 %. Pour près de la moitié, ces décès sont survenus chez des personnes âgées de 65 ans et plus. Plus des deux tiers des intoxications ont eu pour cause des médicaments (prises accidentelles ou erreurs de prescription), les autres étant dues à d'autres substances, dont les gaz.
4. Les noyades accidentelles : 5 %.
5. Les accidents par le feu : 0,5 %.

Pour les lieux de survenue des AcVC, il apparaît ainsi que l'habitat représente 50 % des AcVC, devant les aires de sports et de jeux (19 %), les établissements d'enseignement et les lieux publics (12 %), les zones de transport (11 %) et les autres lieux (8 %).

L'extrême diversité de ces accidents et de leurs conditions de survenue complexifie considérablement leur surveillance épidémiologique.

II. Les suicides

A. Définition

Dans son célèbre ouvrage sur la question parue en 1897, intitulé *Le suicide*, Émile Durkheim donne une définition simple du suicide : « On appelle suicide tout cas de mort qui résulte directement ou indirectement d'un acte positif ou négatif, accompli par la victime elle-même et qu'elle savait devoir produire ce résultat. »

On distingue :

- les suicidés ou autrement dit ceux qui ont « réussi » leur suicide, c'est-à-dire que la personne est morte ;
- les suicidants, c'est-à-dire ceux qui ont tenté de se suicider, mais qui ne sont pas morts ;
- et enfin les suicidaires, c'est-à-dire ceux qui ont des comportements à risque et/ou violents et qui mettent en péril leur santé et leur vie.

B. Épidémiologie des suicides

1. Les facteurs de risque

Le suicide est un phénomène multifactoriel complexe, dont une cause précise ne peut être définie, où les différents facteurs interagissent les uns avec les autres ; la simple addition des facteurs de risque ne suffit donc pas à évaluer le risque suicidaire. Trois types de facteurs de risque peuvent néanmoins être distingués :

- **Les facteurs primaires** : les troubles psychiatriques, notamment la dépression, les antécédents personnels et familiaux de suicide, la communication d'une intention suicidaire ou une impulsivité ; ils sont en interaction, ont une valeur d'alerte importante au niveau individuel et surtout pourront être influencés par les traitements ;

- **Les facteurs secondaires** : les pertes parentales précoces, l'isolement social, le chômage, les difficultés financières et professionnelles, les événements de vie négatifs ; ils sont observables dans l'ensemble de la population et faiblement modifiables par la prise en charge et n'ont qu'une faible valeur prédictive en l'absence de facteurs primaires ;
- **Les facteurs tertiaires** : appartenance au sexe masculin, âge (grand âge et jeune âge) ; ils ne peuvent être modifiés et n'ont de valeur prédictive qu'en présence de facteurs primaires et secondaires. Des dispositifs d'aide à distance proposent des services d'écoute garantissant l'anonymat et la confidentialité et peuvent aider ou orienter la personne en souffrance vers les aides adaptées.

Concernant les facteurs liés au sexe, on peut noter que, si les victimes du suicide sont pour près des trois quarts des hommes, les tentatives de suicide sont majoritairement le fait de femmes (65 % des tentatives de suicide avec une prédominance des intoxications médicamenteuses).

Alors que le taux de mortalité par suicide est de 14,9 pour 100 000 habitants dans toute la population, le nombre de décès par suicide est nettement plus élevé chez les hommes que chez les femmes (respectivement 6 661 et 2 224, soit trois fois plus de décès par suicide chez les hommes), de même que le taux de décès standardisé par âge (respectivement 23,1 et 6,8 décès pour 100 000 habitants, soit un taux trois fois supérieur chez les hommes).

Le taux de décès par suicide augmente fortement avec l'âge, surtout chez les hommes. En 2014, il s'élève à 7,5 décès pour 100 000 hommes âgés de 15 à 24 ans et à 59,4 après 74 ans. Cependant, la part du suicide dans la mortalité générale est nettement plus élevée chez les jeunes des deux sexes que chez les personnes âgées : entre 15 et 24 ans, le suicide représente 16,2 % du total des décès, soit la deuxième cause de mortalité après les accidents de la circulation ; à partir de 75 ans, le suicide représente moins de 1 % du total des décès

La pendaison est le principal mode de suicide en France (57 %), suivi de l'utilisation d'armes (12 %), des prises de médicaments (11 %), et des sauts d'un lieu élevé (7 %).

Le nombre de suicides en France a diminué au cours des 20 dernières années, passant de 11 403 en 1990 à 8 885 en 2014, d'après les chiffres de l'Observatoire national du Suicide. Le taux de décès par suicide est passé de 20,3 pour 100 000 habitants en 1990 à 14,9 pour 100 000 habitants en 2014, un taux qui reste élevé.

2. Disparités géographiques

Le taux de décès par suicide en France métropolitaine en 2014 est de 14,9 pour 100 000 habitants. La France se situe dans le groupe des pays européens à taux élevé de suicide (après la Finlande, la Belgique et les pays de l'Est) avec un niveau nettement supérieur à la moyenne européenne (10,2 suicides pour 100 000 habitants). Cela classerait la France parmi les 20 ou 25 pays ayant le plus fort taux de suicide au monde. Le pays ayant le taux le plus élevé est le Groënland, avec un taux de décès par suicide de 83 pour 100 000.

Toutefois, des écarts régionaux importants sont observés : les régions de l'Ouest et du Nord sont très nettement au-dessus de la moyenne nationale. Les taux les plus élevés sont observés en Bretagne (28,1), Basse-Normandie (25,6), et Nord-Pas-de-Calais (21,8) ; les taux les moins élevés en Alsace.

3. Mortalité globale

Chaque année, en France, ce sont 8 885 personnes, et sans doute presque 10 000 (9 773 estimés), qui meurent par suicide, soit trois fois plus que par accidents de la circulation, et près de 220 000 tentatives de suicide donnent lieu à un contact avec le système de soins. En d'autres termes, il y a un suicide toutes les heures en France.

D'après l'OMS, chaque année, dans le monde, près de 800 000 personnes se suicident. Pis, chaque année ce sont près de 20 millions de personnes qui tentent de se suicider.

Le suicide est la deuxième cause de décès dans le monde chez les 15-29 ans, mais il atteint aussi des taux élevés chez les personnes âgées. L'OMS relève encore qu'il y a trois fois plus de suicides chez les hommes que chez les femmes, quels que soient les classes d'âge et les pays considérés. En revanche, il y a trois fois plus de tentatives de suicides chez les femmes que chez les hommes.

Une étude a estimé à près de 5 milliards d'euros le fardeau économique du suicide et des tentatives de suicide pour l'année 2009 en France. Cette évaluation comprend les coûts formels (liés à la prise en charge dans le secteur sanitaire et les autres dépenses publiques qui incluent les coûts médicaux légaux, les interventions de la police et des pompiers, mais également les indemnités journalières des suicidants) et les coûts informels (liés à la perte de productivité engendrée par les suicides et les tentatives de suicide pour la victime et ses proches).

Pour 2009, les coûts formels sont estimés à 27,4 millions d'euros pour les suicides et 626,7 millions d'euros pour les tentatives de suicide, et les coûts informels à 3,7 milliards d'euros pour les suicides et 449 millions d'euros pour les tentatives de suicide. Le coût moyen de prise en charge des « suicidants » et suicidés correspond à deux tiers des dépenses faites pour les patients atteints de diabète, à un tiers de celles des patients victimes d'un AVC (accident vasculaire cérébral), et à deux tiers de celles des personnes soignées pour hypertension artérielle.

III. Les accidents de la route

A. Définition

Un accident de la route désigne toute collision sur une voie ouverte à la circulation routière entre un véhicule, motorisé ou non, avec autre chose : un autre véhicule, une personne ou un objet. Cet accident va avoir des conséquences sanitaires en termes de traumatisme, d'incapacités, d'hospitalisation, ou encore de mortalité (on distingue en la matière les tués sur le coup et les tués à 30 jours, qui décèdent des suites de l'accident).

B. Épidémiologie des accidents de la route

1. Morbidité et mortalité globales

En 2020, on dénombre 45121 accidents corporels de la circulation en France métropolitaine, soit moins 20 % d'accidents par rapport à 2019, en raison majoritairement du confinement.

L'impact de l'évolution de la circulation liée à la pandémie est majeur sur la mortalité automobiliste : avec 1243 tués en 2020, elle représente pour la première fois moins de la moitié de la mortalité routière totale.

La mortalité baisse en particulier parmi les usagers de 75 ans et plus (–34 %) : ces derniers, par crainte d'être contaminés, ont fortement limité leurs sorties et renoncé aux voyages, en sus des périodes de confinement imposées. Cependant leur taux de décès rapporté à leur population reste supérieur (56 tués par million d'habitants) à la moyenne (29 tués par million).

La mortalité piétonne (391 tués) est en baisse (–19 %) mais cette baisse est inférieure à la moyenne. Plus de la moitié de cette mortalité concerne chaque année les seniors de 65 ans ou plus. En 2020, du fait de la crise sanitaire les jeunes seniors ont transféré leurs habitudes vers des loisirs de proximité et notamment vers la marche à pied.

La mortalité motocycliste (479 tués) baisse comme la moyenne, cumulant l'impact du confinement au printemps, habituellement signe de la reprise des sorties, et un temps pluvieux en juin et septembre.

A contrario la mortalité cycliste (178 tués) est restée proche de celle des années précédentes : en dehors de temps d'arrêt liés aux confinements, ce mode s'est développé en milieu urbain pour éviter les transports en commun ainsi qu'en milieu rural pour pratiquer des loisirs de proximité (+ 31 % d'augmentation de la pratique sur les périodes hors confinements en milieu urbain et + 15 % en milieu rural). On dénombre plus de blessés en ville, mais plus de tués hors agglomération du fait des vitesses élevées des autres usagers.

Selon l'Onisr (Observatoire national interministériel de sécurité routière), 2541 personnes ont été tuées dans les 30 jours après leur accident (–22 % par rapport à 2019), soit 703 vies épargnées.

Néanmoins, au niveau mondial, la situation est bien pire. En effet, l'OMS estime que les accidents de la route ont tué 1,3 million de personnes en 2015, ce qui en fait la 10e cause de mortalité dans le monde. C'est dans les pays à revenu faible que le taux de mortalité par accident de la route est le plus élevé : 28,5 morts pour 100000 habitants, alors que le taux mondial se situe à 18,3.

2. Facteurs de risque et prévention

La majorité des accidents de la route peuvent être évités en jouant sur les différents facteurs de risque comportementaux. Ces facteurs de risque sont :

- **Le véhicule tout d'abord** : son état ou son type. Ainsi la mortalité des motocyclistes est en France est de 20 % alors même que les motocyclistes ne représentent que 1,3 % du trafic ;

- **Le sexe** : 75 % des personnes tuées sur la route sont des hommes ;
- **L'expérience du conducteur (notamment l'ancienneté du permis de conduire)** : Les 18-24 ans représentent 19,5 % de la mortalité routière, alors qu'ils représentent 9 % de la population. On sait aussi qu'une personne sur quatre qui est tuée dans un accident de la route l'est dans un accident impliquant un conducteur novice ;
- **La vitesse** : on considère que la vitesse causerait un quart des accidents mortels ;
- **La consommation d'alcool ou de stupéfiants** : on considère que l'alcool est impliqué comme cause directe dans 20 % des accidents mortels, tandis que les stupéfiants seraient impliqués dans 4 % des accidents mortels ;
- **La localisation géographique** : si en France, le taux moyen de tués par million d'habitants est de 58, cela cache de grandes disparités entre les régions et les départements. Ainsi, c'est en Guadeloupe (avec 151 tués par million d'habitants), en Guyane (135 tués/million d'habitants) et Alpes de Haute-Provence (122 tués/million d'habitants) que le taux moyen est le plus fort alors que le taux moyen le plus bas se situe dans les départements de Paris (17 tués/million d'habitants), du Val de Marne (23 tués/million d'habitant) et du Val d'Oise (26 tués/million d'habitants).

La prévention routière constitue peut-être l'exemple le plus marquant d'une politique de santé publique réussie, tant au plan des résultats (le nombre de morts a été divisé par plus de quatre entre les années 1970 et aujourd'hui) qu'au plan de la coopération entre différents domaines, notamment les domaines politique, judiciaire et sanitaire. La limitation à 80 km/h sur les routes nationales (au lieu de 90 km/h), qui vient d'entrer en vigueur, devrait permettre de diminuer à nouveau le nombre d'accidents de la route, ainsi que le nombre de blessés et de morts.

Testez-vous

1. Combien de morts sont causées chaque année par les accidents de la vie courante en France ?

- ☐ **A.** 2500 environ.
- ☐ **B.** 9700 environ.
- ☐ **C.** 20000 environ.
- ☐ **D.** 1 million environ.
- ☐ **E.** 11 millions environ.

2. Combien de personnes meurent de suicide en France chaque année en France ?

- ☐ **A.** 2500 environ.
- ☐ **B.** 9700 environ.
- ☐ **C.** 20000 environ.
- ☐ **D.** 1 million environ.
- ☐ **E.** 11 millions environ.

3. Combien de personnes meurent de suicide chaque année dans le monde ?

- ☐ **A.** 2500 environ.
- ☐ **B.** 9700 environ.
- ☐ **C.** 20000 environ.
- ☐ **D.** 1 million environ.
- ☐ **E.** 11 millions environ.

4. Combien de personnes sont mortes dans un accident de la route en France en 2020 ?

- ☐ **A.** 2500 environ.
- ☐ **B.** 9700 environ.
- ☐ **C.** 20000 environ.
- ☐ **D.** 1 million environ.
- ☐ **E.** 11 millions environ.

5. Concernant la sécurité routière, cocher la ou les réponses(s) correcte(s) :

- ☐ **A.** En 2020, on a compté 45121 accidents de la route en France.
- ☐ **B.** Les accidents de la route sont la première cause de décès chez les jeunes âgés de 15 à 29 ans.
- ☐ **C.** L'Île-de-France est la région où le taux de tués par millions d'habitants par accidents de la route est le plus élevé.
- ☐ **D.** Les 18-24 ans représentent plus du tiers des tués de la route.
- ☐ **E.** Les deux roues motorisées ne représentent que 10 % du trafic.

15 Santé mentale, troubles mentaux et démences

I. Définitions

Selon la définition de l'OMS, la santé mentale est « *un état de bien-être permettant à chacun de reconnaître ses propres capacités, de se réaliser, de surmonter les tensions normales de la vie, d'accomplir un travail productif et fructueux et de contribuer à la vie de sa communauté* ».

Les pays européens distinguent la santé mentale « positive », notion proche de celle du « bien-être » et la santé mentale « négative » qui regroupe d'une part la détresse psychologique témoignant d'une souffrance psychique plus ou moins importante et, d'autre part, les troubles mentaux.

La souffrance psychique est un état de mal-être qui n'est pas forcément révélateur d'une pathologie ou d'un trouble mental. C'est la mesure de son degré d'intensité, sa permanence et sa durée ainsi que ses conséquences qui peuvent conduire à la nécessité d'une prise en charge sanitaire.

Les troubles mentaux sont plus ou moins sévères, de durée variable et peuvent entraîner une situation de handicap psychique. Ils relèvent d'une prise en charge médicale. Les pathologies mentales ou psychiatriques font référence à des classifications diagnostiques internationales correspondant à des ensembles de troubles mentaux (symptômes) et de critères spécifiques.

En France, la loi du 11 février 2005 « pour l'égalité des droits et des chances, la participation et la citoyenneté des personnes handicapées » reconnaît de façon officielle les troubles psychiques, distinguant le handicap psychique, conséquence d'une maladie psychique et le handicap mental, conséquence d'une altération des capacités intellectuelles. Elle définit ainsi le handicap de la façon suivante : « Constitue un handicap, au sens de la présente loi, toute limitation d'activités ou restriction de participation à la vie en société subie dans son environnement par une personne en raison d'une altération substantielle, durable ou définitive d'une ou plusieurs fonctions physiques, sensorielles, mentales, cognitives ou psychiques, d'un polyhandicap ou d'un trouble de santé invalidant. »

Cette difficulté de définir ce qu'est une maladie mentale reflète en fait aussi bien des désaccords entre psychiatres, neurologues, psychologues ou psychanalystes, ou même entre spécialistes d'une même discipline, que des désaccords sur les classifications des différentes maladies mentales entre la *Classification internationale des maladies* (*CIM-10*), publiée par l'Organisation mondiale de la santé (OMS) et le *Manuel diagnostique et statistique des troubles mentaux* (*DSM-V*) publié par l'association américaine de psychiatrie.

Pour simplifier, nous distinguerons simplement entre les troubles mentaux (ou pathologies mentales) tant qu'ils n'ont pas de causes neurologiques ou bio-logiques déterminées, et les démences qui sont en général liées à des altérations du fonctionnement du cerveau, et qui ont donc des causes neurologiques identifiées.

Parmi les troubles mentaux, nous étudierons la dépression, les psychoses (dont la schizophrénie), les troubles envahissants du développement (dont l'autisme), les troubles de l'apprentissage, les troubles obsessionnels compulsifs, les troubles des conduites alimentaires.

Parmi les démences, nous étudierons particulièrement la maladie d'Alzheimer.

II. Aperçu épidémiologique des troubles mentaux dans le monde et en France

A. Les troubles mentaux dans le monde

L'OMS estime que 400 millions de personnes sont atteintes de troubles mentaux ou neurologiques ou de problèmes psychosociaux, associés notamment à l'alcoolisme ou à la toxicomanie.

La dépression toucherait quant à elle environ 130 millions de personnes dans le monde et serait actuellement la cinquième cause de mortalité et de handicap. Elle devrait atteindre la deuxième place d'ici 2020, d'après l'OMS. Les femmes sont deux fois plus exposées à la dépression que les hommes. Chaque année, 73 millions de femmes sont atteintes de dépression clinique majeure et le suicide est classé au 7e rang des causes de mortalité chez les femmes âgées entre 20 et 59 ans. Les troubles dépressifs comptent près de 41,9 % des troubles neuro-psychiatriques chez les femmes contre 29,3 % chez les hommes. Le suicide ferait un million de victimes par an, la troisième cause de mortalité chez les jeunes.

La schizophrénie est la plus répandue des psychoses chez l'adulte, elle atteindrait 1 % de la population générale mondiale, et plus spécifiquement 45 millions des adultes dans le monde. Elle constituerait la cinquième des dix principales causes médicales de handicap.

B. Les troubles mentaux en France

En 2005, une enquête internationale a estimé à plus d'un tiers de la population française les personnes ayant souffert d'au moins un trouble mental au cours de leur vie et à une sur cinq celles qui en avaient souffert dans l'année en cours, les troubles anxieux étant les plus fréquents (12 à 13 % des personnes interrogées) suivis par les troubles de l'humeur (8 à 11 %).

On estime que 3 % des décès font suite aux maladies mentales et que 15 % de la population française souffre de troubles mentaux.

En 2005, le diagnostic d'état dépressif sévère avait touché, dans les douze derniers mois, 2 à 3 % de la population en France et l'anxiété généralisée 1 à 2 %.

Entre 300 000 et 500 000 personnes sont atteintes de psychoses délirantes chroniques, dont 200 000 à 250 000 de schizophrénie avec un taux de prévalence entre 0,4 % et 0,7 % selon les études ; représentant 20 % des hospitalisations psychiatriques à temps complet. Le risque suicidaire des patients souffrant de schizophrénie est estimé entre 10 à 13 % et 20 à 50 % commettent des tentatives de suicide.

Près d'1,3 million d'adultes et 500 000 enfants et adolescents étaient pris en charge par les secteurs de psychiatrie en 2003. Les principaux motifs de consultation en psychiatrie concernent d'abord les épisodes et troubles dépressifs (17,9 % des consultations), puis les troubles névrotiques (17,4 %) et les troubles schizophréniques (14,3 %).

Les pathologies psychiatriques sont au premier rang des causes médicales à l'origine d'une attribution de pension d'invalidité en 2006, la 2e cause médicale d'arrêt de travail et la 4e cause d'affection de longue durée en 2004.

En France, les pathologies psychiatriques et les psychotropes représentent 22,6 milliards de dépenses, soit 16 % des dépenses totales de santé en 2011. Le coût direct et indirect des troubles mentaux et des pathologies psychiatriques a été estimé en 2005 à 3 à 4 % du PIB de l'Union européenne.

III. Les troubles mentaux par pathologie

A. La dépression

1. Définition

La dépression n'est pas un « mal-être » passager, ni un « coup de déprime ». Pour pouvoir parler de dépression, et donc de maladie, il faut que ces perturbations de l'humeur soient multiples et bien caractérisées, qu'elles se manifestent de façon (quasi) permanente pendant une période supérieure à deux semaines, et entraînent une gêne importante au niveau affectif, social, professionnel ou dans d'autres domaines importants de la vie.

La dépression entraîne un « ralentissement » dans tous les registres de la vie quotidienne : vie affective, fonctionnement intellectuel, forme physique, mécanismes vitaux et corporels. Ce ralentissement se décline en multiples symptômes qui persistent pendant une longue durée (au-delà de 15 jours). Par exemple : une diminution marquée de l'intérêt pour toute activité associée à une fatigue inhabituelle et excessive, des troubles du sommeil, des pensées morbides et une série d'autres symptômes comme la douleur physique (maux de tête, souffrances dans les articulations, troubles digestifs…), la dégradation du sommeil, l'altération de l'appétit ou encore la diminution du désir sexuel.

2. Épidémiologie

La dépression est l'une des maladies psychiques les plus répandues, elle est susceptible d'être fatale (10 % des déprimés décèdent de suicide). Son incidence (nombre de nouveaux cas par an) s'élève à 1 % chez les hommes et 3 % chez les femmes. Sa prévalence est de 2 % à 3 % chez les hommes et 5 % à 10 % chez les femmes. Quant à la probabilité de développer une dépression au cours de l'existence, elle s'élève à 10% chez les hommes et 20% chez les femmes.

Ainsi, selon une enquête réalisée en 2005 par l'Institut national de la prévention et de l'éducation pour la santé (INPES), près de 8% des Français de 15 à 75 ans (soit près de 3 millions de personnes) ont vécu une dépression au cours des douze derniers mois précédant l'enquête et 19% des Français de 15 à 75 ans (soit près de 9 millions de personnes) ont vécu ou vivront une dépression au cours de leur vie.

Par comparaison, la fréquence (ou prévalence à un an) de l'épisode dépressif majeur en Suisse est estimée à 7% et varie entre 3 et 5% aux USA, au Canada et en Italie.

Autre caractéristique de la maladie: la variation du risque d'exposition. En effet, les femmes ont deux fois plus de risque que les hommes d'être atteints par un épisode dépressif majeur dans l'année. Elles sont également plus exposées aux rechutes et à la chronicisation de la dépression.

D'autres facteurs entrent en compte comme l'âge: le risque de dépression est ainsi plus élevé chez les 18-25 ans dans les deux sexes, chez les 45-54 ans pour les femmes et chez les 35-44 ans pour les hommes. Autre tendance observée depuis une cinquantaine d'années: l'âge de survenue du premier épisode de dépression apparaît de plus en plus tôt. De plus, le chômage, des conditions de vie précaire et l'isolement sont associés à une fréquence plus élevée de dépression. Les maladies chroniques (cancer, diabète, maladie rhumatismale...) et certaines pathologies mentales comme les troubles anxieux sont souvent associées à une dépression. Enfin, le risque de décès par suicide est dix fois plus élevé chez les patients déprimés que dans la population générale.

Enfin, il existerait une composante héréditaire à la dépression: le risque pour un parent d'un sujet dépressif de développer un tel trouble est environ trois fois plus élevé que celui de la population générale (9% d'incidence contre 3%). La probabilité d'une dépression est plus élevée encore si l'un de ses parents a développé un premier épisode dépressif avant l'âge de 20 ans. Les études de jumeaux montrent que 40% environ des vrais jumeaux sont concordants pour le trouble, contre seulement 11% pour les faux jumeaux. L'héritabilité de la dépression suggère que plusieurs gènes sont impliqués dans son étiologie, agissant en synergie avec des stimulations de l'environnement dans le parcours de vie de l'individu.

B. La schizophrénie

1. Définition

Le terme «psychose» a été créé par Ernst von Feuchtersleben (1847) pour désigner l'aspect aigu de la folie. L'usage du terme a été élargi et il s'applique maintenant aux patients présentant un délire et/ou une importante altération du sens de la réalité et de soi. On distingue schématiquement deux types de psychoses: la c (qui entraîne un fort handicap du fait des conséquences de la maladie sur les secteurs relationnels et professionnels) et les délires chroniques (moins déstructurant et compatibles avec une meilleure insertion).

La schizophrénie est une maladie psychiatrique caractérisée par un ensemble de symptômes très variables : les plus impressionnants sont les délires et les hallucinations, mais les plus invalidants sont le retrait social et les difficultés cognitives. Les symptômes de la schizophrénie sont très hétérogènes d'un patient à l'autre et évoluent souvent au cours de la maladie. Les cliniciens les classent en trois groupes :

- Les symptômes positifs sont les plus impressionnants : un sentiment de persécution (paranoïa), une mégalomanie, des idées délirantes bizarres, invraisemblables et excentriques, mais également des hallucinations sensorielles. Ces dernières sont le plus souvent auditives, avec une ou plusieurs voix discutant des pensées du patient. Elles peuvent aussi être visuelles, olfactives, tactiles ou gustatives.
- Les symptômes négatifs correspondent à un appauvrissement affectif et émotionnel avec une mise en retrait par rapport à la famille et la société. Les cliniciens parlent souvent d'« émoussement » de l'émotivité, de la communication et de la volonté. Les patients s'isolent, présentent une perte d'intérêt, une difficulté à entreprendre des actions et paraissent insensibles au monde extérieur.
- Il existe par ailleurs une désorganisation de la pensée, des paroles, des émotions et des comportements. Les patients évoquent des sentiments contradictoires dans une même discussion, tiennent des discours incohérents. À ces symptômes s'ajoutent très souvent une baisse de l'attention, de la concentration, de la mémoire ou encore de la compréhension. Cela se traduit notamment par une incapacité à planifier des tâches simples, comme faire son travail ou des courses, source d'un handicap majeur dans la vie quotidienne.

2. Facteurs de risque

On distingue des facteurs d'ordre génétique et d'ordre environnemental.

Il existe a priori deux types de prédispositions génétiques à la maladie : la présence chez un individu de plusieurs variants génétiques associés à un léger sur-risque de développer la maladie, qui augmentent sa vulnérabilité à des facteurs de risque environnementaux, mais aussi la présence de mutations ponctuelles, rares mais à effet majeur, qui exposent à un risque beaucoup plus important. Au total, probablement près de 10 % de la population serait porteuse de certains facteurs de vulnérabilité à la schizophrénie. Néanmoins, la maladie touche moins de 1 % des individus. En outre, chez deux vrais jumeaux qui ont le même patrimoine génétique, le risque de schizophrénie de l'un est de 30 à 40 % si l'autre est malade. Ainsi, même en présence de variants génétiques à effet majeur, la génétique n'explique pas à elle seule la survenue de la maladie : elle dépend également de l'environnement.

Le poids réel des facteurs environnementaux est encore mal connu, mais des travaux suggèrent que certains éléments influençant le développement cérébral (comme des problèmes au cours du développement fœtal en raison d'incompatibilité rhésus ou de complications liées à une grippe contractée pendant la grossesse) pourraient entraîner un risque de développer une schizophrénie par la suite. D'autres facteurs de risque plus tardifs sont montrés du doigt comme déclencheurs de la maladie : la consommation de substances psychogènes comme le cannabis est l'un d'entre eux, car elle doublerait le risque de schizophrénie, mais avec une grande hétérogénéité en fonction des individus. Il est maintenant établi que l'usage régulier de cannabis avant 18 ans double le risque de schizophrénie. Le fait de vivre en milieu urbain ou encore d'être enfant issu de l'immigration semble également jouer un rôle. La maladie est par ailleurs associée à des anomalies anatomiques au niveau du cerveau.

3. Épidémiologie

La schizophrénie concerne environ 0,7 % de la population mondiale, dont 600 000 personnes en France. En 2011, elle touchait 24 millions de personnes à travers le monde. Elle sévit dans toutes les régions du monde mais semble plus fréquente en milieu urbain et chez les migrants. Elle se déclare le plus souvent à l'adolescence, entre 15 et 25 ans. Elle peut être diagnostiquée plus tôt, mais très rarement chez des enfants. Dans 35 % à 40 % des cas, elle se manifeste par des débuts aigus, avec des bouffées délirantes. Une hospitalisation est souvent nécessaire lors du premier épisode.

La maladie touche aussi bien les femmes que les hommes. Toutefois, d'après certaines études, elle pourrait être plus précoce et plus invalidante chez ces derniers.

Environ la moitié des patients souffrant de schizophrénie fait au moins une tentative de suicide dans sa vie et 10 % en meurent.

C. Les troubles obsessionnels compulsifs

1. Définition

Les troubles obsessionnels compulsifs (TOC) sont des comportements répétitifs et irraisonnés mais irrépressibles qui touchent le plus souvent des sujets jeunes, voire des enfants. Se laver les mains de façon répétée, vérifier sans cesse que la machine à café est bien éteinte ou encore remettre systématiquement les objets à leur place relève de ces comportements appelés troubles obsessionnels compulsifs (TOC). Les personnes qui souffrent de TOC sont obsédées par la propreté, l'ordre, la symétrie ou sont envahies de doutes et de peurs irrationnels. Pour réduire leur anxiété, elles effectuent des rituels de rangement, de lavage ou de vérification durant plusieurs heures chaque jour dans les cas graves.

Les obsessions typiques sont la propreté, les germes et la contamination, la peur de commettre des actes d'impulsions violentes ou agressives ou encore le sentiment de se sentir excessivement responsable de la sécurité d'autrui. Il s'agit d'une véritable maladie, très handicapante au quotidien, pouvant même empêcher une vie sociale ou professionnelle normale. La personne perd le sens des priorités, même si elle a conscience que ses obsessions proviennent de sa propre activité mentale.

2. Épidémiologie

La maladie touche le plus souvent des sujets jeunes, voire des enfants. La plupart des obsessions et compulsions sont les mêmes que chez les adultes. Chez l'enfant, les compulsions impliquent le plus souvent la famille. Ils peuvent, par exemple, insister pour que leur linge soit lavé de nombreuses fois, vérifier de façon répétée leur travail ou se mettre en colère face au désordre d'autres membres de la famille.

Les TOC touchent environ 2 % de la population. Il s'agit ainsi de la 4e pathologie psychiatrique la plus fréquente après les troubles phobiques, les addictions et les troubles dépressifs. Le début du trouble est le plus souvent précoce et son évolution est chronique : environ 65 % des cas débutent avant l'âge de 25 ans et 15 % après 35 ans. Il peut survenir dès la petite enfance avec une prévalence allant jusqu'à 3,6 % avant 18 ans.

Les progrès en imagerie médicale ont permis de mieux comprendre les mécanismes de la maladie et d'identifier plusieurs circuits cérébraux perturbés, notamment les ganglions de la base impliqués dans le comportement et la motricité, ou encore le cortex cingulaire antérieur et le cortex orbito-frontal, davantage impliqués dans la gestion des émotions. Les malades présentent une hyperactivité au niveau de ces zones qui pourrait s'expliquer par l'action de certains neuromédiateurs comme la sérotonine, la dopamine ou encore la vasopressine. Le dysfonctionnement des structures impliquées dans les émotions est retrouvé dans d'autres maladies psychiatriques. Cela pourrait expliquer en partie le fait que la maladie est souvent associée à d'autres troubles psychiatriques : dépression, trouble anxieux ou encore phobie sociale.

Par ailleurs, les études familiales ont montré l'influence de facteurs génétiques dans l'émergence de la maladie, même si leur rôle reste mal défini.

D. Les troubles de la conduite alimentaire (TCA) : anorexie et boulimie

1. Définition

La fréquence des troubles du comportement alimentaire augmente dans les sociétés à haut niveau de vie. Les troubles des conduites alimentaires (ou troubles des comportements alimentaires, TCA) se caractérisent par un trouble en rapport à l'alimentation. Cette psychopathologie qui se présente sous des formes diverses peut apparaître à tout âge mais touche principalement les adolescents, notamment les filles. Elle peut être reliée à d'autres troubles psychiques comme les dépressions ou les psychoses. On distingue généralement trois types de trouble en matière de conduites alimentaires :

- **L'anorexie** : elle se définit comme une conduite active de restriction alimentaire en raison de la recherche acharnée de la minceur et de la peur de devenir gros.
- **La boulimie** : il s'agit d'épisodes de frénésie alimentaire (*binge eating*) marqués par l'ingestion de grandes quantités de nourriture en un temps limité, accompagnés du sentiment de perte de contrôle et d'efforts pour contrôler son poids (comportements compensateurs).
- **L'hyperphagie boulimique** : il s'agit d'épisodes de frénésie alimentaire (*binge eating*), marqués par l'ingestion de grandes quantités de nourriture en un temps limité, avec le sentiment de perte de contrôle, mais sans préoccupations pour le

poids, l'apparence, ni comportements compensateurs. On parle aussi souvent de compulsion alimentaire, ce trouble s'apparentant à un trouble compulsif.

Les comportements compensateurs sont des comportements visant à prévenir la prise de poids par le biais de vomissements, la prise de laxatifs ou l'activité physique excessive.

Ainsi on peut constater un point commun entre ces différentes maladies : il s'agit dans les trois cas d'une préoccupation pathologique pour le poids et la forme et le désir de présenter une image corporelle mince.

Le traitement est difficile pour ces troubles : on estime la mortalité due à ces troubles entre 5 et 20 % des cas, avec des troubles qui deviennent chroniques dans 30 % des cas, ce qui entraîne de nombreuses complications métaboliques et des séquelles psychosociales.

2. Les TCA : aspects cliniques et épidémiologiques

a. L'anorexie mentale (anorexia nervosa)

Le diagnostic de l'anorexie mentale repose sur des critères cliniques précis, issus des classifications internationales (CIM et DSM V). Ces critères font référence à la façon de s'alimenter (restriction, éviction de certains aliments, refus de s'alimenter, phases boulimiques), à certaines pratiques (vomissements provoqués, prise de laxatifs), au poids (IMC inférieur à 17,5 kg/m^2), mais aussi à la perception de soi (refus de reconnaître sa maigreur, perception déformée de son corps), à l'estime de soi (sentiment d'avoir le contrôle sur son corps, hantise de grossir), à l'absence de règles depuis au moins trois mois. Le ralentissement de la croissance chez une jeune adolescente peut également être évocateur. D'autres symptômes peuvent être associés de manière variable : obsessions alimentaires, hyperactivité, surinvestissement intellectuel.

On résume souvent ce tableau clinique aux 3A :

- Anorexie ;
- Amaigrissement ;
- Aménorrhée.

Les symptômes vont en fait apparaître progressivement. Cela débute en général par un régime typique d'adolescente, qui va devenir de plus en plus restrictif : les buts de perte de poids vont être constamment réévalués et devenir de plus en plus sévères, les pesées vont devenir de plus en plus nombreuses, les activités physiques vont s'intensifier et être survalorisées, tandis que les contacts sociaux vont diminuer. Les symptômes sont devenus un syndrome. Apparaissent alors les premiers troubles de la perception du schéma corporel (trop gros, dégoût, anhédonie), puis un système obsessionnel concernant les activités quotidiennes et la nourriture.

Ces troubles s'accompagnent d'un déficit de concentration, mais aussi de croyances magiques et d'interdictions par rapport à certains types d'aliment. Apparaissent alors des modes de pensée caractéristiques de la maladie : pensée dichotomique (« tout ou rien »), manque de spontanéité et d'expressivité émotionnelle, manque de confiance, sentiment d'incompétence, et besoin de contrôle.

Si les symptômes sont bien définis, les causes de l'anorexie restent en revanche encore discutées et sont en tout cas multiples. Il existe tout d'abord des facteurs individuels tels que le sentiment d'incapacité, la peur de perdre le contrôle, une estime de soi dépendante de l'opinion des autres, un mode de pensée binaire (« tout ou rien »), ou encore une obésité prémorbide (surtout présente dans l'anorexie-boulimie). Certaines études font l'hypothèse de facteurs génétiques. Le rôle des facteurs socioculturels est par contre évident: il y a d'un côté une stigmatisation globale du surpoids et de l'obésité avec une survalorisation de la maigreur véhiculée par les médias, et de l'autre une demande sociale extrêmement forte et contradictoire envers les femmes qui doivent mener de front leur carrière professionnelle, leur rôle d'épouse et de mère, tout en restant belle et donc mince. Ce lien établi par l'idéologie dominante entre l'accomplissement personnel, la réussite sociale et professionnelle et la minceur constitue à n'en pas douter une source d'angoisse importante pour des adultes en devenir. On peut noter aussi l'existence de facteurs familiaux: les TCA se retrouvent plus fréquemment dans les familles où il y a eu des cas de dépression, d'addiction à l'alcool, ou d'obésité. Le rapport familial à l'alimentation et à la forme physique est lui aussi déterminant. Contrairement à certaines idées reçues, ce trouble affecte toutes les catégories sociales et non pas seulement les plus aisées.

En termes d'évolution et de pronostic, on considère que l'anorexie mentale se déclenche le plus souvent entre 14 et 17 ans, avec un pic de prévalence maximale à 16 ans. Elle peut néanmoins survenir plus tôt, à partir de 8 ans, ou plus tard après 18 ans. La phase anorexique dure en moyenne un an et demi à trois ans, mais cet état peut se prolonger jusqu'à cinq ans ou plus chez certaines patientes. Après cinq ans d'évolution, deux tiers des sujets sont guéris. Pour les autres, on parle d'anorexie mentale chronique. Des rémissions ou guérisons plus tardives sont toujours possibles.

À terme, la moitié des personnes soignées pour une anorexie mentale à l'adolescence guérissent, un tiers est amélioré, 21 % souffrent de troubles chroniques et 5 % décèdent. La mortalité est maximale l'année qui suit la sortie d'hospitalisation des patientes. Elle est due aux complications somatiques dans plus de la moitié des cas (le plus souvent un arrêt cardiaque), à un suicide dans 27 % des cas et à d'autres causes dans 19 % des cas. Le taux de suicide associé à l'anorexie est le plus important de toutes les maladies psychiatriques.

Si environ 20 % des jeunes filles adoptent des conduites de restriction et de jeûne à un moment de leur vie, seule une minorité d'entre elles deviennent réellement anorexiques. Une étude épidémiologique menée en France en 2008 auprès d'adolescents dans leur 18e année indique que l'anorexie mentale a concerné 0,5 % de ces jeunes filles et 0,03 % des garçons entre 12 et 17 ans. Des données étrangères vont dans le même sens, avec des chiffres équivalents. L'estimation de la prévalence du trouble au cours de la vie chez les plus de 18 ans oscille entre 0,9 % aux États-Unis et 2,2 % en Suède, chez les femmes. Ces chiffres sont restés stables entre 2000 et 2011.

On estime l'incidence annuelle de l'anorexie entre 1 et 15/100 000 pour les filles et 1,8/100 000 pour les garçons. Elle toucherait entre 1 et 2 % des femmes au total.

b. La boulimie (bulimia nervosa)

Le diagnostic de la boulimie repose lui aussi sur un certain nombre de critères cliniques bien définis : elle se manifeste tout d'abord par ce que l'on appelle des frénésies alimentaires, causées par des pulsions irrépressibles de nourriture. La personne absorbe une quantité de nourriture supérieure à la normale dans un temps très limité. Ce comportement s'accompagne d'un sentiment de perte de contrôle. La prise de nourriture améliore temporairement l'humeur dysphorique (c'est-à-dire une humeur plutôt triste et anxieuse) mais est immédiatement suivie d'un mal-être. En général, la prise de nourriture est suivie de comportements compensateurs comme les vomissements provoqués et l'abus de laxatifs. Comme dans l'anorexie, l'estime de soi est influencée de manière excessive par le poids, et la peur morbide de devenir gros est la préoccupation psychologique principale. Cela s'accompagne d'un dégoût de soi ou de son corps qui est plus marqué que dans l'anorexie.

La boulimie englobe en fait une large psychopathologie : elle peut être un trouble isolé, ou un trouble plus large du contrôle des impulsions. Mais elle peut aussi s'accompagner de vols d'argent ou de nourriture, ce qui renforce souvent le fait de vouloir tenir secrète cette pathologie que la personne considère en général comme honteuse, ce qui peut conduire à un certain isolement social. D'ailleurs, la recherche d'aide est en général plus fréquente que dans l'anorexie. Au final, la boulimie peut conduire à une dépression majeure, des troubles anxieux ou à l'abus de substances, tous ces troubles étant en général étroitement liés.

La boulimie débute en général à l'adolescence, entre 14 et 18 ans, et touche le sexe féminin dans plus de 90 % des cas. Les facteurs de risque et les causes sont globalement les mêmes que dans l'anorexie. Néanmoins, on distingue entre la boulimie comme symptôme d'une affection médicale, comme une composante de l'anorexie mentale, ou bien comme un syndrome autonome (*bulimia nervosa*).

En termes d'évolution et de pronostic, on estime que la moitié des personnes soignées pour boulimie guérissent, qu'un quart s'améliore et qu'un autre quart ne voit pas leur situation évoluer. Le pronostic médical est étroitement lié à d'éventuelles comorbidités psychiatriques (dépression, anxiété…) mais aussi à la qualité de l'entourage. On assiste parfois à des rémissions spontanées, qui s'accompagnent de rechutes ultérieures en cas de stress.

La boulimie concerne elle aussi essentiellement les femmes : sur dix boulimiques, neuf sont des femmes. On considère que 2 % de la population féminine générale et 4 à 8% de la population féminine étudiante (soit environ 220 000 jeunes femmes) souffrent de boulimie en France.

c. L'hyperphagie boulimique

L'hyperphagie boulimique (ou *binge eating*) est en général déclenchée par la colère, l'anxiété, la dépression ou la solitude. Elle se traduit par une frénésie alimentaire hypercalorique, suivi de dysphorie et de culpabilité. Néanmoins, l'hyperphagie boulimique se caractérise par le fait que l'estime de soi n'est pas du tout influencée par le poids et la peur de devenir gros, et que les crises d'hyperphagie ne sont pas suivies par des comportements compensateurs de type vomissements ou laxatifs.

Les causes de l'hyperphagie boulimique sont nombreuses. Cependant, il semblerait qu'elle survienne suite à l'accumulation de régimes amaigrissants. En effet, ils engendreraient, chez des personnes vulnérables, une perte de contrôle des apports alimentaires qui deviennent alors compulsifs. D'autres causes connues sont psychologiques et liées au stress et à la dépression, ou encore dues à la prise de certains médicaments, notamment les neuroleptiques (médicaments utilisés pour soigner les psychoses). Enfin, les femmes enceintes peuvent connaître des phases d'hyperphagie.

Quant aux conséquences de l'hyperphagie, elles sont assez nombreuses. Les personnes hyperphagiques n'ayant pas de comportements compensateurs, souffrent en général souvent de surpoids ou d'obésité et de leurs conséquences (diabète, hypertension artérielle, problèmes articulaires, affections cardiaques...). On estime qu'entre 20 et 50 % des personnes consultant en raison de leur excès de poids souffriraient en réalité d'hyperphagie.

L'hyperphagie concernerait entre 1,5 et 2 % de la population générale, mais 30 % des personnes obèses en traitement. Dans tous les cas, ce sont des troubles qui touchent essentiellement les jeunes filles et les femmes, à plus de 90 %.

La loi Santé de 2016 et l'anorexie

La loi de modernisation de notre système de santé du 26 janvier 2016 a prévu un certain nombre de mesures pour lutter contre la maigreur excessive : ainsi, il est désormais obligatoire de mentionner s'il y eu des retouches sur les photographies de mannequins qui sont destinées à un usage commercial. De même, une évaluation de l'état de santé global de la personne, prenant en compte son Indice de Masse Corporelle (IMC), doit être effectuée pour que cette personne puisse exercer la profession de mannequin : en somme, si la personne est trop maigre ou a un IMC trop bas, elle se verra refuser l'accès à la profession de mannequin.

E. L'autisme et les troubles du spectre autistique

1. Définition

Le trouble du spectre de l'autisme est l'un des troubles neurodéveloppementaux (TND). Les critères diagnostiques actualisés par le DSM-5 sont définis dans deux dimensions symptomatiques qui sont :

- les déficits persistants de la communication et des interactions sociales observés dans des contextes variés ;
- le caractère restreint et répétitif des comportements, des intérêts ou des activités.

Cette définition, dimensionnelle, est complétée par un niveau de sévérité selon le niveau de l'aide requise. La définition nécessite de spécifier si les conditions suivantes sont associées au TSA : « déficit intellectuel, altération du langage, pathologie médicale ou génétique connue ou facteur environnemental, autre trouble développemental, mental ou comportemental, ou catatonie».

Cette définition remplace celle, catégorielle, de troubles envahissants du développement (TED) de la CIM-10, en l'attente de la CIM-11. Ils regroupent plusieurs pathologies : l'autisme infantile, le syndrome d'Asperger, l'autisme atypique, le syndrome de Rett, les troubles désintégratifs, les TED non spécifiés.

2. Aspects cliniques et épidémiologiques des TED

Selon la Haute Autorité de Santé, la prévalence du trouble des spectres autistiques se situe entre 0,9 et 1,2 pour 100 individus. Sur la base d'un taux de 1 %, ce sont chaque année environ 7 500 bébés qui naissent et seront atteints de TSA en France. On estime donc, sur la base de ce même taux, que 700 000 personnes (dont 100 000 enfants) sont atteintes.

L'Éducation nationale accueillait en 2016 plus de 30 000 enfants autistes de la maternelle au lycée : 10 034 enfants en maternelle, 12 894 en élémentaire, 7 543 en collège, 1 158 au lycée, 1 179 en lycée professionnel. Les durées incomplètes de scolarisation des élèves TSA sont particulièrement élevées en maternelle, tandis que la durée de scolarisation est plus importante en élémentaire. Aujourd'hui, 1/3 des enfants autistes scolarisés en maternelle 2 jours ou moins.

La recherche a récemment permis des avancées notables dans la compréhension des mécanismes biologiques associés à l'autisme. Malgré l'identification d'environ 800 gènes impliqués dans le déterminisme de l'autisme, leur interaction avec les facteurs environnementaux reste mal comprise, et l'impact de ces facteurs de risque génétiques et environnementaux sur les trajectoires développementales, mal connu.

Selon un sondage Opinion Way sur les clichés et préjugés de l'autisme, plus d'un Français sur 3 considère à tort qu'un individu autiste est une personne atteinte de troubles psychologiques (37 %), alors qu'une moitié d'entre eux connaît l'origine réelle de l'autisme (les troubles neurologiques) et notamment les jeunes (65 % chez les 25/34 ans vs 54 % en moyenne).

Le rapport de la Cour des Comptes estime que 3 000 € de dépenses restent à charge des familles en moyenne annuelle, avec des disparités importantes puisque 20 % des familles déclarent un reste à charge supérieur à 5 000 € et 9 % d'au moins 10 000 € par an.

3. Prévention de l'autisme : le plan Autisme

Le plan Autisme est un programme défini par le gouvernement français pour améliorer la prise en charge des personnes autistes. Son champ d'application est au niveau national. De 2005 à 2013, trois plans Autisme ont successivement vu le jour : 2005-2007, 2008-2010, 2013-2017.

Le premier plan Autisme (2005-2007) initie une disponibilité en établissement adapté aux personnes autistes, la création d'un *Centre ressources autisme* au niveau régional, ainsi qu'un ensemble de recommandations en matière de dépistage et de diagnostic.

Le deuxième plan Autisme (2008-2010) met l'accent sur la recherche scientifique, à travers l'élaboration d'un corpus de connaissances commun ; une sensibilisation du grand public, la formation des professionnels et intervenants, l'orientation des familles, ainsi qu'une amélioration de l'accueil en établissement.

Enfin le troisième plan Autisme (2013-2017) concerne le diagnostic de l'autisme en vue d'une intervention dès les 18 mois de l'enfant ; l'intervention précoce auprès des personnes diagnostiquées, leur accompagnement, le soutien à leur famille ; une hausse des effectifs des *Centres ressources autisme* et des *Centres d'action médico-sociale précoce* ; la recherche dans le domaine de l'autisme, ainsi que la sensibilisation et la formation des intervenants. Il est doté d'un budget de 205 millions d'euros, soit 18 millions de plus que le plan précédent.

Le 5 avril 2018 ont été dévoilées les grandes lignes du quatrième plan Autisme, ou plus exactement de la « Stratégie nationale pour l'autisme 2018-2022 ». Il prévoit une enveloppe de 344 millions d'euros sur cinq ans (2018-2022) pour améliorer la recherche, le dépistage et la prise en charge de l'autisme, contre 205 millions pour le plan précédent (2013-2017) et prévoit différentes mesures :

- Création d'un « forfait intervention précoce » à partir du 1er janvier 2019, qui permettra la prise en charge financière des consultations avant le diagnostic de l'autisme.
- Objectif de 100 % d'enfants autistes scolarisés en maternelle (contre 30 % aujourd'hui) et renforcement de leur scolarisation au collège-lycée.
- Arrêt de l'hospitalisation de longue durée pour les personnes autistes.
- Amélioration du repérage des adultes.
- Meilleure formation des professionnels de santé et du travail social.
- Création d'une « plateforme de répit » par département. Ces structures permettront des gardes temporaires (quelques heures ou jours) des enfants ou des adultes autistes, afin que leurs familles puissent se reposer ou partir en vacances.
- Valorisation de la recherche pour, selon les mots du gouvernement, « remettre la science au cœur de la politique de l'autisme ».

F. Les troubles des apprentissages : dyslexie, dysorthographie, dyscalculie

1. Définition

Selon l'OMS, le trouble d'apprentissage est un terme médical qui désigne un trouble permanent d'origine neurologique. Un trouble d'apprentissage correspond à une atteinte affectant une ou plusieurs fonctions neuropsychologiques, ce qui perturbe l'acquisition, la compréhension, l'utilisation et le traitement de l'information verbale ou non verbale. Le trouble d'apprentissage n'est pas causé par une déficience intellectuelle, ni par un déficit sensoriel (acuité visuelle ou auditive), un manque d'encadrement scolaire, une carence de motivation ou des conditions socio-économiques défavorisées.

2. Aspects cliniques et épidémiologiques des troubles d'apprentissage

Les critères diagnostiques pour identifier les différents troubles d'apprentissage ont été établis par l'Association américaine de psychiatrie (DSM-IV, 2000) et l'Organisation mondiale de la santé.

Le critère permettant le diagnostic du trouble d'apprentissage est un écart d'au moins deux ans entre le rendement intellectuel et le rendement académique. Cet écart ne peut pas s'expliquer par :

- une déficience intellectuelle ;
- un trouble psychoaffectif ;
- un déficit sensoriel (vision et audition) ;
- un manque d'opportunité éducative ;
- un manque de motivation et d'intérêt.

Le trouble d'apprentissage doit être distingué des difficultés d'apprentissage : les troubles d'apprentissage sont persistants et permanents. Ils ne sont pas liés à l'intelligence ou à des facteurs socioaffectifs. Même s'il n'existe encore aucun traitement reconnu pour les enrayer, une intervention adaptée et certains aménagements peuvent grandement améliorer l'apprentissage (rendement scolaire et dans le milieu de travail).

À l'inverse, les difficultés d'apprentissage sont des obstacles à l'apprentissage qui sont temporaires et qui sont en lien avec ce que la personne peut vivre (des conditions socioaffectives difficiles, un deuil, de l'anxiété, des difficultés économiques…). Lorsque le nécessaire est fait afin d'éliminer les éléments en cause, la personne retrouve généralement un rythme d'apprentissage normal.

Dyslexie, dysorthographie, dyscalculie peuvent être associées à des troubles de la coordination (dyspraxie), des troubles du graphisme (avec ou sans lien avec une dyspraxie) ou encore au déficit de l'attention avec hyperactivité. Dans plus de la moitié des cas, la dyslexie fait suite à un trouble spécifique du langage oral appelé dysphasie. Les troubles de l'apprentissage sont parfois associés à des troubles émotionnels (troubles anxiodépressifs) ou comportementaux. Les troubles d'apprentissage peuvent être présents depuis la naissance (de nature génétique, congénitale) ou ils peuvent être acquis (par un dommage cérébral par exemple).

En France, la prévalence des troubles de l'apprentissage est comprise entre 2 et 10 %, selon les études.

IV. Les démences et la maladie d'Alzheimer

A. Les démences

1. Définition

D'après l'OMS, la démence est un syndrome, généralement chronique ou évolutif, dans lequel on observe une altération de la fonction cognitive (capacité d'effectuer des opérations de pensée), plus importante que celle que l'on pourrait attendre du vieillissement normal. Elle affecte la mémoire, le raisonnement, l'orientation, la compréhension, le calcul, la capacité d'apprentissage, le langage et le jugement. La conscience n'est pas touchée. Une détérioration du contrôle émotionnel, du comportement social ou de la motivation accompagne souvent, et parfois précède, les troubles de la fonction cognitive. La démence est causée par un ensemble de maladies et de traumatismes qui affectent principalement le cerveau, comme la maladie d'Alzheimer ou l'accident vasculaire cérébral. Bien que la démence touche principalement les personnes âgées, elle n'est pas une composante normale du vieillissement.

Il existe de nombreuses formes ou causes de démence. La maladie d'Alzheimer est la forme la plus commune et serait à l'origine de 60-70 % des cas. Les autres formes répandues sont notamment la démence vasculaire, la démence à corps de Lewy (accumulation anormale de protéines qui se développent à l'intérieur des cellules nerveuses), et la démence fronto-temporale (dégénérescence des lobes frontaux du cerveau) conséquence de plusieurs maladies. Les frontières entre les différentes formes de démence ne sont pas nettes et les formes mixtes sont fréquentes.

2. Aspects cliniques et épidémiologiques

La démence touche différemment chaque personne atteinte, selon les effets de la maladie et la personnalité d'origine du patient. Les signes et les symptômes liés à la démence peuvent être classés en trois stades :

Stades	Symptômes
Stade initial Le stade initial passe souvent inaperçu, la maladie apparaissant graduellement.	Le malade peut : - avoir tendance à oublier ; - perdre conscience du temps ; - se perdre dans des endroits familiers.
Stade intermédiaire À mesure que la démence progresse vers le stade intermédiaire, les signes et les symptômes se précisent et deviennent plus visibles	Le malade peut : - oublier les événements récents et le nom des gens ; - se perdre à la maison ; - avoir plus de difficulté à communiquer ; - nécessiter de l'aide pour les soins d'hygiène personnelle ; - présenter des changements de comportement, par exemple errer ou répéter les mêmes questions

Stades	Symptômes
Dernier stade Le dernier stade de la démence est caractérisé par une dépendance et une inactivité presque totales. Les troubles de la mémoire sont importants et les signes et symptômes physiques deviennent plus évidents.	Le malade peut: - perdre conscience du temps et du lieu; - avoir de la difficulté à reconnaître les proches et les amis; - nécessiter une aide accrue pour les soins d'hygiène personnelle; - avoir de la difficulté à marcher; - présenter des changements de comportement, le patient pouvant aller jusqu'à l'agression.

La démence touche dans le monde 35,6 millions de personnes, dont un peu plus de la moitié (58 %) vivent dans un pays à revenu faible ou intermédiaire. Chaque année, on dénombre au total 7,7 millions de nouveaux cas de démence dans le monde, soit un nouveau cas toutes les quatre secondes. Le nombre de personnes atteintes devrait presque doubler tous les 20 ans, passant à 65,7 millions en 2030 et à 115,4 millions en 2050.

On estime dans l'ensemble de la population qu'entre 2 et 8 % des personnes âgées de 60 ans et plus sont atteintes de démence à un moment donné. La démence est l'une des causes principales de handicap et de dépendance parmi les personnes âgées dans le monde.

La maladie d'Alzheimer est la cause la plus courante de démence et serait à l'origine de 60-70 % des cas.

En France, en 2016 on estime que 40336 personnes sont mortes suite à une démence, soit 7 % des décès.

La démence a des conséquences sociales et économiques importantes en termes de coûts médicaux directs, de dépenses sociales directes et de frais engagés pour les soins informels. En 2010, le coût sociétal total de la démence dans le monde était estimé à 604 milliards de dollars, soit 1 % du produit intérieur brut (PIB) mondial ou 0,6 % si l'on ne considère que les dépenses directes. Le coût total en pourcentage du PIB variait de 0,24 % dans les pays à revenu faible à 1,24 % dans les pays à revenu élevé.

B. La maladie d'Alzheimer

1. Définition

La maladie d'Alzheimer est une démence, c'est-à-dire une altération lente et progressive des fonctions supérieures liée à une atteinte cérébrale organique et interférant avec les activités sociales normales.

Les lésions caractéristiques de la maladie d'Alzheimer sont la DNF (dégénérescence neuro-fibrillaire) et la plaque sénile. Ces plaques séniles et ces dégénérescences des neurones à l'intérieur desquels se forment des filaments pathologiques atteignent en premier les zones du cerveau les plus impliquées dans la mémoire puis diffusent à d'autres zones qui contrôlent le langage, le comportement, le jugement, etc.

Les premiers symptômes (durant les deux premières années) se manifestent par une perte de mémoire objective et une perte d'intérêt, mais les activités de la vie quotidienne (AVQ) sont normales. Durant la 2e année et jusqu'à la 4e année, on note des oublis fréquents, une perte de la mémoire épisodique, des questions répétées, ainsi que l'apparition des symptômes psychologiques et comportementaux des démences (SCPD) : apathie, dépression. On note aussi une perte des fonctions instrumentales et une anosmie (trouble de l'odorat).

À partir de la 4e année jusqu'au milieu de la 6e année, la maladie passe de légère à modérée : on note une progression des déficits cognitifs, une aphasie, la perte des fonctions exécutives, une perturbation des AVQ élémentaires, et de multiples SCPD qui nécessitent des soins plus importants.

Enfin à partir de la 7e année, la maladie devient sévère avec de multiples SCPD comme l'agitation ou l'altération du sommeil. Le patient devient complètement dépendant pour s'habiller, se nourrir ou pour son hygiène. On parle de syndrome aphaso-apraxo-amnésique.

2. Aspects cliniques et épidémiologiques

Le principal facteur de risque de maladie d'Alzheimer est l'âge. L'incidence de la maladie augmente après 65 ans et explose après 80 ans. Mais comme dans toute maladie chronique, il existe également une susceptibilité individuelle, qui crée un terrain plus ou moins favorable à l'apparition de la maladie en fonction du vieillissement et des autres facteurs de risque environnementaux.

Le risque de développer la maladie est en moyenne multiplié par 1,5 si un parent du premier degré est touché. Il est multiplié par 2 si au moins deux le sont. Il existe de plus des formes rares de la maladie qui sont héréditaires : elles représentent 1,5 % à 2 % des cas. Il s'agit de cas à transmission familiale autosomique dominante survenant avant 65 ans, souvent autour de 45 ans.

L'environnement semble également jouer un rôle important dans la survenue de la maladie d'Alzheimer, mais les facteurs impliqués sont encore mal connus. Des facteurs de risque cardiovasculaires (diabète, hypertension, hyperlipidémie) non pris en charge à l'âge moyen de la vie sont par exemple associés à une survenue plus fréquente de la maladie. La sédentarité est un autre facteur de risque, ainsi que les microtraumatismes crâniens constatés chez certains sportifs (comme les joueurs de football américain ou les boxeurs) ou encore des anesthésies répétées.

À l'inverse, le fait d'avoir fait des études et d'avoir eu une activité professionnelle stimulante ainsi qu'une vie sociale active semble retarder l'apparition des premiers symptômes et leur sévérité. Cet effet protecteur serait lié au phénomène de plasticité cérébrale qui traduit l'adaptabilité permanente de notre cerveau. Il pourrait permettre de compenser la fonction des neurones perdus. De même, la consommation de caféine serait associée à un risque réduit d'apparition de la maladie.

Les femmes sont plus exposées à cette maladie : sur 25 malades, 10 sont des hommes et 15 des femmes. Mais cette différence pourrait être liée aux écarts d'espérance de vie.

La maladie d'Alzheimer est une maladie rare avant 65 ans. Moins de 2 % des cas de maladie d'Alzheimer surviennent avant cet âge, essentiellement chez des personnes atteintes de formes familiales héréditaires rares. Après 65 ans, la fréquence de la maladie s'élève à 2 à 4 % de la population générale, augmentant rapidement pour atteindre 15 % à 80 ans. Ainsi environ 900 000 personnes souffrent de la maladie d'Alzheimer aujourd'hui en France. Elles devraient être 1,3 million en 2020, compte tenu de l'augmentation de l'espérance de vie.

V. Santé mentale et prévention

A. Dans le monde

En mai 2012, lors de la 65e Assemblée mondiale de la santé, l'OMS adopte le Plan global d'action pour la santé mentale 2013-2020. En effet, selon l'OMS, la santé mentale fait partie intégrante de la santé et du bien-être, ainsi qu'il ressort de la définition de la santé donnée dans la Constitution de l'OMS : « La santé est un état de complet bien-être physique, mental et social, et ne consiste pas seulement en une absence de maladie ou d'infirmité. » Ce plan reconnaît ainsi le rôle essentiel de la santé mentale dans la réalisation de l'objectif de la santé pour tous.

Or, l'OMS dresse un constat terrible sur l'état de la prise en charge de la santé mentale dans le monde. Selon elle, « les systèmes de santé n'ont pas encore apporté de réponse adéquate au problème des troubles mentaux, d'où un large écart partout dans le monde entre l'offre de traitements et les besoins thérapeutiques. Entre 76 et 85 % des personnes atteintes de troubles mentaux graves ne reçoivent aucun traitement dans les pays à revenu faible ou intermédiaire, le pourcentage correspondant reste élevé (entre 35 et 50 %) dans les pays à haut revenu. Un facteur aggravant est la mauvaise qualité des soins dispensés à ceux qui reçoivent un traitement. L'Atlas de la santé mentale publié par l'OMS en 2011 contient des données qui montrent la rareté des ressources disponibles dans les pays pour faire face aux besoins de santé mentale, qui sont aussi inéquitablement réparties et utilisées de façon inefficace. Ainsi, au niveau mondial, les dépenses annuelles pour la santé mentale sont inférieures à US $2 par personne et tombent à moins d'US $0,25 par personne dans les pays à revenu faible, et 67 % de ces ressources vont aux hôpitaux psychiatriques malgré les résultats sanitaires médiocres et les violations des droits de l'homme qu'on y constate ».

Le but général de ce plan est de promouvoir le bien-être mental, de prévenir les troubles mentaux, d'améliorer les chances de guérison, de promouvoir les droits de l'homme et de réduire la mortalité, la morbidité et le handicap chez les personnes atteintes de troubles mentaux. Le plan Santé mentale définit quatre objectifs principaux :

1. Renforcer le leadership et la gouvernance dans le domaine de la santé mentale ;
2. Fournir des services de santé mentale et d'aide sociale complets, intégrés et adaptés aux besoins dans un cadre communautaire ;

3. Mettre en œuvre des stratégies de promotion et de prévention dans le domaine de la santé mentale;
4. Renforcer les systèmes d'information, les bases factuelles et la recherche dans le domaine de la santé mentale.

B. En France

Le 28 juin 2018, la ministre des Solidarités et de la Santé, Agnès Buzyn, en présence de la Secrétaire d'État chargée des Personnes handicapées, Sophie Cluzel, a présenté sa feuille de route pour la santé mentale et la psychiatrie, lors du 1er Comité stratégique de la santé mentale et de la psychiatrie (CSSMP). Trois grands axes d'intervention ont été décidés:

- Promouvoir le bien-être mental, prévenir et repérer précocement la souffrance et les troubles psychiques et prévenir le suicide.
- Garantir des parcours de soins coordonnés et soutenus par une offre en psychiatrie accessible, diversifiée et de qualité.
- Améliorer les conditions de vie et d'inclusion sociale et la citoyenneté des personnes en situation de handicap psychique.

Testez-vous

1. **Combien de personnes souffrent de troubles mentaux dans le monde ?**

- ☐ **A.** 4 millions.
- ☐ **B.** 40 millions.
- ☐ **C.** 400 millions.
- ☐ **D.** 800 millions.
- ☐ **E.** 1 milliard.

2. **Quel pourcentage de la population française souffre de troubles mentaux ?**

- ☐ **A.** 1 %.
- ☐ **B.** 2 %.
- ☐ **C.** 5 %.
- ☐ **D.** 15 %.
- ☐ **E.** 25 %.

3. **Quel pourcentage de la population française est atteint de TOC ?**

- ☐ **A.** 1 %.
- ☐ **B.** 2 %.
- ☐ **C.** 5 %.
- ☐ **D.** 15 %.
- ☐ **E.** 25 %.

4. **Combien de personnes sont atteintes de démence dans le monde ?**

- ☐ **A.** 800 000.
- ☐ **B.** 1 million.
- ☐ **C.** 10 millions.
- ☐ **D.** 15 millions.
- ☐ **E.** 35 millions.

5. **Combien de personnes sont atteintes de démence aujourd'hui en France ?**

- ☐ **A.** 800 000.
- ☐ **B.** 1 million.
- ☐ **C.** 10 millions.
- ☐ **D.** 15 millions.
- ☐ **E.** 35 millions.

16 Handicap

I. Définitions et classifications du handicap

A. Définition du handicap

Selon l'OMS (2001), le handicap est un terme générique qui désigne les déficiences (la perte d'un bras par exemple), les limitations d'activité (par exemple le fait de ne pas pouvoir écrire) et les restrictions de participation (par exemple les limitations dans son travail du fait de ne plus pouvoir écrire).

Selon la loi «**pour l'égalité des droits et des chances, la participation et la citoyenneté des personnes handicapées**» du 11 février 2005, le handicap se définit comme «**toute limitation d'activité ou restriction de participation à la vie en société, subie dans son environnement par une personne en raison d'une altération substantielle, durable ou définitive, d'une ou plusieurs fonctions physiques, sensorielles, mentales, cognitives ou psychiques, d'un polyhandicap ou d'un trouble de santé invalidant**».

B. Classifications du handicap

On distingue traditionnellement trois approches successives du concept de handicap.

1. 1946: CIM/Classification des maladies

La CIM constitue l'un des outils de santé publique les plus utilisés dans le monde (classement par groupe homogène de maladies ou GHM). Cette approche est essentiellement diagnostique et centrée sur le soin. C'est une nosologie qui vise à catégoriser et classer toutes les maladies existantes, et où le handicap est donc considéré comme une maladie parmi d'autres. Ainsi, la CIM ne prend pas du tout en compte les conséquences de la pathologie sur l'état fonctionnel, c'est-à-dire le handicap généré par la maladie ou de l'évolution de cette maladie. Elle est centrée sur l'individu soigné et ne tient pas compte des interactions entre l'individu et son environnement social et familial. Par exemple, le fait de décrire un patient comme présentant un syndrome pyramidal des deux membres inférieurs, un syndrome cérébelleux, une névrite rétro-bulbaire et des troubles cognitifs peut permettre de proposer le diagnostic de sclérose en plaque mais ni la description sémiologique ni l'étiquette diagnostique ne renseigne sur ses possibilités de marcher ou de lire. Ces données fonctionnelles sont pourtant centrales dans les préoccupations du patient lui-même et dans l'évaluation des conséquences médico-économiques.

2. La classification internationale des handicaps (CIH)

La CIH, proposée par l'Organisation mondiale de la santé, est publiée pour la première fois en 1980 par Philip-Wood, pour compléter la classification internationale des maladies (CIM) en étudiant leurs effets dans la vie de l'individu, car contrairement au CIM, ce classement s'attache à identifier les processus d'invalidité relativement aux normes environnementales et sociétales. Le modèle de Wood est dit tridimensionnel car il va intégrer les trois dimensions du handicap dans son analyse.

Ainsi le premier niveau d'analyse désigne les déficiences qui vont désigner des lésions physiologiques ou anatomiques. Ainsi une déficience est définie comme la perte de substance ou l'altération d'une fonction ou d'une structure psychologique, physiologique ou anatomique.

Ensuite le deuxième niveau d'analyse désigne le plan fonctionnel et renvoie aux incapacités. Ainsi une incapacité est définie comme la réduction, résultant d'une déficience, de la capacité d'accomplir une action dans les limites considérées normales pour un humain.

Enfin le troisième niveau d'analyse renvoie au handicap, entendu comme un désavantage social. Le handicap y est défini comme le préjudice qui résulte des déficiences et des incapacités et limite l'accomplissement des rôles normaux.

3. La classification du fonctionnement humain (CIF)

La classification internationale du Fonctionnement, du handicap et de la santé (ou CIF) a été proposée par l'OMS en 2001 et adoptée par 200 pays. Elle se substitue ainsi à la *classification internationale des handicaps* (*CIH*) datant de 1980 dont elle est la révision, et affine sa particularité qui consiste à aborder l'invalidation comme une interaction entre les potentialités d'un individu et son environnement en précisant le rôle des facteurs environnementaux.

Les précédents trois axes d'identification du handicap (les déficiences, les incapacités, les désavantages), sont remplacées par les quatre catégories suivantes :

- *fonction organique* (fonction mentale, sensorielle, digestives, etc.), c'est-à-dire le domaine de fonctionnement corporel ;
- *structure anatomique* (structure du système nerveux, structure liée au mouvement...) qui situe l'organisation physique en jeu ;
- *activité et participation* (activité de communication, de mobilité...) qui identifie les fonctionnements concernés ;
- *facteurs environnementaux* (produit et système technique, soutien et relation...) qui relient aux facteurs extérieurs potentiellement handicapants.

L'OMS a construit un schéma qui permet de rendre compte des multiples interactions en jeu dans ce modèle multidimensionnel du handicap.

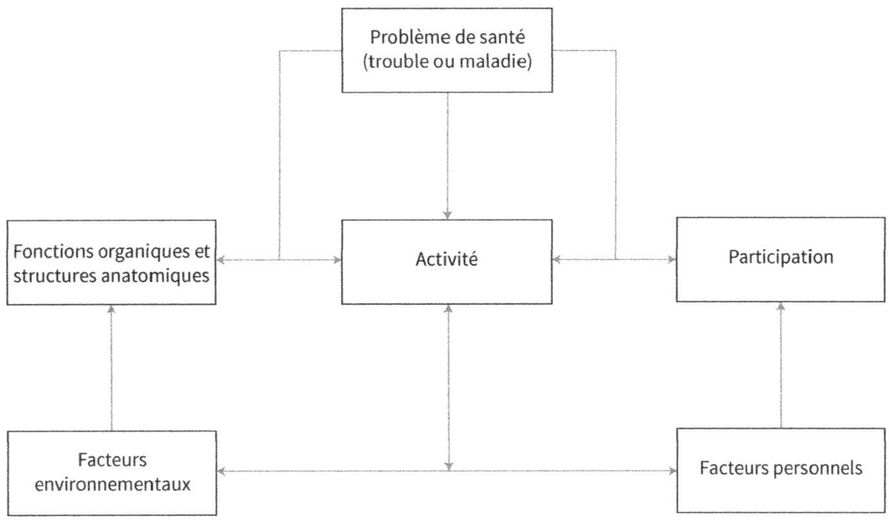

II. Épidémiologie du handicap

A. Épidémiologie du handicap dans le monde

Voici les chiffres du handicap dans le monde d'après les organismes internationaux, classés selon trois critères : santé, éducation et emploi.

1. Handicap et santé

D'après l'OMS, 1 milliard de personnes vivent avec un handicap dans le monde, soit une personne sur 7. Cela représente environ 15 % de la population mondiale. Entre 110 millions (2,2 %) et 190 millions (3,8 %) de personnes âgées de plus de 15 ans présentent des difficultés fonctionnelles importantes. En outre, la fréquence du handicap est en partie majorée du fait de populations vieillissantes et de l'augmentation des maladies chroniques. L'OMS estime qu'une personne handicapée sur deux n'a pas les moyens de se soigner.

D'après l'Unicef, 30 % des enfants des rues sont handicapés.

2. Handicap et éducation

Dans les pays en développement, 90 % des enfants handicapés ne sont pas scolarisés, d'après l'Unesco. Le taux d'alphabétisme mondial pour les adultes handicapés ne dépasse pas 3 %, et 1 % pour les femmes handicapées, d'après une étude du PNUD datant de 1998.

Dans les pays de l'OCDE, les handicapés qui font des études supérieures restent sous-représentés, même si leur nombre augmente.

3. Handicap et emploi

Quelque 386 millions de personnes en âge de travailler sont handicapées, selon l'Organisation internationale du travail (OIT). Pour elles, le chômage atteint 80 % dans certains pays.

En France, d'après le rapport de l'Agefiph, publié en avril 2017, ce sont plus de 507 000 personnes handicapées qui sont actuellement au chômage. En 2015, dernière année pour laquelle les statistiques sont disponibles, 2,7 millions de personnes âgées de 15 à 64 ans avaient une reconnaissance administrative de leur handicap (soit 7 % de la population française), et 938 000 occupaient un emploi. Il faut rappeler qu'en France, tout employeur occupant au moins 20 salariés est tenu d'employer à plein temps ou à temps partiel des travailleurs handicapés dans une proportion de 6 % de l'effectif total de l'entreprise. Les établissements ne remplissant pas ou que partiellement cette obligation doivent s'acquitter d'une contribution à l'Agefiph, le fonds pour l'insertion professionnelle des personnes handicapées.

B. Épidémiologie du handicap en France

En France, près de 12 millions de personnes, soit environ 20 % de la population, souffriraient d'un handicap.

On peut aussi classer les personnes selon le handicap dont elles souffrent, en distinguant handicap visuel, auditif, moteur et intellectuel :

- Concernant le handicap visuel, 1,7 million de personnes souffrent d'une déficience visuelle. 61 % des déficients visuels sont des personnes âgées de plus de 60 ans. 15 % des aveugles ont appris le braille, 10 % l'utilisent pour la lecture et 10 % pour l'écriture également. L'apprentissage du braille est plus rare chez les malvoyants profonds (3 % environ) et les malvoyants moyens (1 % environ).
- Pour le handicap auditif, ce sont 5,18 millions de personnes qui souffrent d'une déficience auditive : 1,43 million de personnes souffrent d'une déficience auditive moyenne à sévère ; 303 000 personnes souffrent d'une déficience auditive profonde ou totale. Moins de 1 % des déficients auditifs (44 000) déclarent utiliser la langue des signes (8 % chez les personnes ayant une déficience auditive profonde ou totale).
- Concernant le handicap moteur et les déficiences motrices, elles concernent environ 2 300 000 personnes, soit 4 % de la population générale.
- Quant au handicap intellectuel, on considère qu'environ 700 000 personnes souffrent de handicaps intellectuels (difficultés de l'apprentissage, du langage, ou retards mentaux).

Si l'on se réfère maintenant aux personnes touchant des prestations liées au risque invalidité, on peut constater que 965 000 personnes touchent des pensions d'invalidité, et que près d'1 million de personnes (997 000) touchent l'Allocation pour adulte handicapé, ces deux chiffres étant en augmentation constante depuis 2008.

III. Les dépenses liées au handicap

A. Les dépenses pour les enfants

En termes de prestations, on estime qu'au 31 décembre 2018, 287 440 enfants sont bénéficiaires de l'Allocation d'éducation de l'enfant handicapé (AEEH) au titre de leur(s) enfant(s) handicapé(s).

Concernant les établissements et services médico-éducatifs, on considère qu'ils offraient 488 211 places fin 2018 pour accompagner les personnes handicapées, soit 158 207 places pour les enfants et 330 004 places pour les adultes en 2017.

On peut noter enfin qu'à la rentrée 2017, 390 800 élèves handicapés étaient scolarisés en France, dont 321 476 enfants scolarisés en milieu ordinaire

B. Les dépenses pour les adultes

En ce qui concerne les prestations pour adulte, on estime qu'au 31 décembre 2018, le nombre de bénéficiaires de l'allocation aux adultes handicapés (AAH) est de 1 159 898, pour un montant total de 9,5 milliards d'euros environ.

Au total, l'effort social consenti en faveur des personnes handicapées s'élève à 43,5 milliards d'euros en 2018, financés à 34 % par l'État, 28 % par la CNSA (Caisse nationale de Solidarité pour l'Autonomie), 21 % par la Sécurité sociale, 16 % par les départements et le reste par l'AGEFIPH (Association de gestion du fonds pour l'insertion professionnelle des personnes handicapées) et la FIPHFP (Fonds pour l'insertion des personnes handicapées dans la fonction publique).

Testez-vous

1. D'après l'OMS, combien de personnes vivent avec un handicap dans le monde ?

- ☐ **A.** 10 000.
- ☐ **B.** 100 000.
- ☐ **C.** 1 million.
- ☐ **D.** 10 millions.
- ☐ **E.** 1 milliard.

2. Combien de personnes vivraient avec un handicap en France ?

- ☐ **A.** 1 200.
- ☐ **B.** 12 000.
- ☐ **C.** 120 000.
- ☐ **D.** 1,2 million.
- ☐ **E.** 12 millions.

3. À propos du handicap, cochez les réponses vraies :

- ☐ **A.** La CIH tient compte de la qualité de vie.
- ☐ **B.** L'ordre de succession des différentes classifications du handicap est : la Classification des maladies (CIM), puis la classification du fonctionnement humain (CIF) puis la Classification internationale des handicaps (CIH).
- ☐ **C.** Modèle de Wood et CIF (Classification internationale du fonctionnement humain) sont synonymes.
- ☐ **D.** La CIM (Classification des maladies) est la classification la plus ancienne.
- ☐ **E.** D'après l'OMS, le handicap désigne les déficiences, les limitations d'activité et les restrictions de participation.

4. En France, de quand date la loi pour l'égalité des droits et des chances, la participation et la citoyenneté des personnes handicapées ?

- ☐ **A.** 4 mars 2002.
- ☐ **B.** 6 août 2004.
- ☐ **C.** 11 février 2005.
- ☐ **D.** 22 avril 2005.
- ☐ **E.** 21 juillet 2009.

5. À combien s'élèvent les dépenses en faveur des personnes handicapées en France en 2018 ?

- ☐ **A.** 3,5 millions d'euros.
- ☐ **B.** 43,5 millions d'euros.
- ☐ **C.** 3,5 milliards d'euros.
- ☐ **D.** 5,3 milliards d'euros.
- ☐ **E.** 43,5 milliards d'euros.

17 Infections sexuellement transmissibles et Sida

Le 30 juin 2014, le journal Le Monde s'inquiétait du « retour des Infections sexuellement transmissibles », et notamment de la syphilis. 3 ans plus tard, en 2019, le constat se confirme avec plus de 1 500 cas, en baisse par rapport au pic de 2016 (1863 cas), mais en hausse par rapport à 2011 où il n'y avait que 750 cas en 2011, et aucun cas avant 2000. Le constat est le même pour les infections à gonocoques puisqu'on recensait plus de 4 000 cas en France en 2019, alors même qu'il n'y en avait aucun dans les années 1990. Enfin, on dénombre près de 130 000 cas de chlamydiose en France en 2019, chiffre lui aussi en augmentation constante.
Cette augmentation massive et constante des IST, qui continue en 2021, constitue ainsi une véritable préoccupation de santé publique et signe le maintien voire l'augmentation des comportements à risque, notamment la baisse de l'utilisation du préservatif, seul rempart contre toutes ces infections.

I. Généralités sur les Infections sexuellement transmissibles et le Sida

A. Les IST

Les IST sont causées par plus de 30 bactéries, virus et parasites et se transmettent principalement par voie sexuelle, y compris lors d'un rapport vaginal, anal ou oral. Certaines IST peuvent se transmettre par contact cutané lors d'un rapport sexuel. Les organismes responsables des IST peuvent aussi se propager par d'autres voies, comme les transfusions sanguines et les greffes. Un grand nombre d'IST (notamment la chlamydiose, la gonorrhée, la syphilis, l'hépatite B et les infections à VIH, à VPH et à HSV2) se transmettent aussi de la mère à l'enfant pendant la grossesse et à l'accouchement.

On peut avoir contracté une IST sans présenter pour autant de symptômes apparents. En conséquence, la dénomination « Infection sexuellement transmissible » (IST) est plus générale que « maladie sexuellement transmissible » (MST). Parmi les symptômes les plus courants des MST figurent les pertes vaginales, les écoulements urétraux chez l'homme, les ulcérations génitales et les douleurs abdominales.

Sur plus de 30 agents pathogènes connus comme transmissibles par voie sexuelle, huit sont responsables de la majorité des cas. On peut actuellement guérir quatre des huit infections qu'ils provoquent: la syphilis, la gonorrhée, la chlamydiose et la trichomonase. Les quatre autres (l'hépatite B, l'herpès, l'infection à VIH et l'infection à VPH) sont par contre des infections virales incurables dont on peut toutefois atténuer ou moduler les effets par traitement.

B. Le Sida

Le 5 juin 1981, aux États-Unis, les *Centers for Disease Control* font état de leurs observations sur une maladie rare semblant toucher des membres de la communauté homosexuelle. Cette lettre est depuis citée comme la description des « cinq premiers cas de Sida ». Le Sida (syndrome d'immunodéficience acquise) frappe la planète entière. Son virus, le VIH (virus de l'immunodéficience humaine), s'est répandu sans doute dès le milieu du xxe siècle. Le Sida se manifeste par la perte progressive des défenses immunitaires de l'organisme, qui devient sensible à toutes les infections opportunistes (tuberculose, pneumocystose, herpès virus 8 responsable du sarcome de Kaposi, etc.).

Deux virus en sont responsables : VIH-1 et VIH-2. Le premier virus du Sida fut isolé en 1983 par l'équipe de Françoise Barré-Sinoussi et Luc Montagnier à l'Institut Pasteur. Les deux chercheurs furent lauréats du prix Nobel en 2008 pour cette découverte. Le principal sérogroupe de la souche VIH-1, appelé M. (pour Main), provient d'un virus qui frappe surtout les chimpanzés. Mais d'autres espèces de singes africains (singes verts, mangabeys, mandrills et cercocèbes) sont affectées par des virus très proches (les SIV, virus d'immunodéficience simienne) du VIH.

Le plus ancien virus VIH-1 a été retrouvé dans des sérums humains datant de 1959. Selon l'arbre phylogénétique établi par comparaison de plusieurs centaines de virus issus de différentes souches, l'ancêtre commun du VIH-1 a dû apparaître en Afrique dans les années 1920-1930. Il est probable que l'homme a été contaminé à plusieurs reprises dans son histoire du fait de la consommation de chimpanzés ou de leur morsure. La souche VIH-2, découverte en 1986, moins virulente, surtout fréquente en Afrique occidentale et en Asie du Sud, dérive elle aussi d'un virus simien.

Le VIH est un rétrovirus qui se lie aux lymphocytes, principales cellules anti-infectieuses de notre système immunitaire. Il possède un taux de mutation très élevé, ce qui rend difficile la mise au point d'un vaccin. Par ailleurs, le virus utilise le matériau de nos propres cellules (polymérases, ribosomes, ARN) pour se propager, de sorte qu'il est difficile d'enrayer sa progression sans affaiblir du même coup les lymphocytes.

Le VIH se transmet par trois voies : la voie sanguine (transfusion de sang, aiguilles contaminées, contact de plaies), la voie maternelle (contamination du fœtus par la mère séropositive et du nouveau-né par l'allaitement) et la voie sexuelle (par les muqueuses génitales).

L'infection à VIH touche principalement la tranche d'âge 30-40 ans. Les homosexuels à partenaires multiples ont été les premiers cas observés aux États-Unis. Puis l'épidémie a été révélée dans le monde occidental chez les transfusés, les hémophiles et les toxicomanes.

Actuellement, le mode de transmission le plus important dans le monde entier est la voie hétérosexuelle.

II. Épidémiologie des IST et du Sida

Selon la dernière estimation de l'ONUSIDA en 2020, plus d'un million de personnes contractent une infection sexuellement transmissible (IST) chaque jour dans le monde. On estime ainsi que, chaque année, 357 millions de personnes contractent l'une des quatre IST suivantes : chlamydiose, gonorrhée, syphilis ou trichomonase. Plus de 500 millions de personnes sont atteintes du virus responsable de l'herpès génital (HSV2) et plus de 290 millions de femmes souffrent d'une infection à papillomavirus humain (VPH) (1).

Concernant le VIH, on estime que 37,7 millions de personnes vivaient avec le VIH en 2020 dans le monde, dont 1,7 million d'enfants de 0 à 14 ans (Onusida 2020). 680 000 personnes sont décédées de maladies liées au sida en 2020. Sur les 37,7 millions de personnes vivant avec le VIH, 27,5 millions de personnes avaient accès à la thérapie antirétrovirale en 2020, soit 73 %. Parmi eux, 84 % de toutes les personnes vivant avec le VIH connaissaient leur statut sérologique en 2020, tandis qu'environ 6,1 millions de personnes ne savaient pas qu'elles vivaient avec le VIH en 2020. 53 % de l'ensemble des personnes vivant avec le VIH sont des femmes et des filles.

Depuis le début de l'épidémie, 79,3 millions de personnes ont été infectées par le VIH et 36,3 millions de personnes sont décédées de suite de maladies liées au sida. Il faut noter que les décès liés au sida ont été réduits de 64 % depuis le pic de 2004 et de 47 % depuis 2010.

En 2020, environ 1,5 million de personnes ont été infectées par le VIH, contre 3 millions en 1997, soit une baisse des nouvelles infections de 52 %.

En France, d'après Santé Publique France, près de 173 000 personnes vivaient avec le VIH à la fin 2019 et environ 6 200 nouvelles contaminations sont intervenues au cours de la même année.

En 2018, 6 155 personnes ont découvert leur séropositivité. Le nombre total de découvertes de séropositivité a diminué de façon significative entre 2017 et 2018 (-7 %). Parmi les personnes ayant découvert leur séropositivité en 2018, 56 % ont été contaminées par rapports hétérosexuels, 40 % lors de rapports sexuels entre hommes, et 2 % par usage de drogues injectables. Les hommes ont été contaminés majoritairement par rapports sexuels entre hommes (61 %). Quant aux femmes, elles ont été contaminées par rapports hétérosexuels pour 96 % d'entre elles.

De 2013 à 2018, le nombre de découvertes de séropositivité a diminué de façon significative chez les personnes nées en France, aussi bien chez les hommes ayant des rapports sexuels avec des hommes (HSH) que chez les hommes et femmes contaminés par rapports hétérosexuels. La diminution concerne également les hommes hétérosexuels nés à l'étranger. Ces diminutions peuvent être le reflet d'une diminution du nombre de personnes vivant avec le VIH mais non encore diagnostiquées, en lien avec l'élargissement et la diversification du dépistage, et/ou d'une diminution de l'incidence depuis plusieurs années.

Par lieu de naissance, la majorité des découvertes en 2018 (56 %) concernent des personnes nées à l'étranger, dont 66 % dans un pays d'Afrique subsaharienne, 13 % dans un pays du continent américain ou à Haïti, 10 % en Europe hors France et 10 % dans un autre pays. La proportion de personnes nées à l'étranger est plus importante chez les femmes que chez les hommes (81 % vs 43 %). Les hétérosexuels nés à l'étranger représentent près de 40 % des découvertes de séropositivité. Il s'agit en majorité de femmes, nées en Afrique subsaharienne. Grâce à l'étude ANRS-Parcours, on sait que près de la moitié de ces personnes a été infectée en France. Le principal facteur de risques est d'avoir vécu une période de grande précarité à l'arrivée sur le sol français.

La région francilienne concentre 42 % des découvertes de séropositivité pour 18 % de la population vivant en France. Le nombre de découvertes de séropositivité n'a pas diminué dans les dernières années, environ 2 500 personnes sont diagnostiquées chaque année. Plus de 48 000 patients sont suivis pour une infection par le VIH dans les hôpitaux franciliens. Les deux départements les plus concernés sont Paris, qui concentre 41 % des découvertes de séropositivité pour le VIH en Île-de-France et la Seine-Saint-Denis (15 %). Dans la capitale française, l'épidémie est cinq fois plus élevée que la moyenne française. En Île-de-France, l'épidémie est concentrée chez les hommes ayant des relations sexuelles avec des hommes et chez les personnes hétérosexuelles – femmes et hommes – nées en Afrique subsaharienne. Au total, un tiers des personnes vivant en Île-de-France qui ont découvert leur séropositivité au VIH sont des femmes, dont la moitié est originaire d'Afrique subsaharienne

En 2019, 6,2 millions de sérologies VIH ont été réalisées par les laboratoires de biologie médicale, nombre en augmentation depuis 2014 (+10 % entre 2014 et 2018). Cette augmentation s'est accélérée en 2019 (+6 % entre 2018 et 2019).

Cette augmentation de l'activité de dépistage en 2019 s'est accompagnée d'une augmentation du nombre de sérologies confirmées positives (+6 % sur 2018-2019). Le taux de positivité qui avait diminué entre 2014 et 2018, s'est ainsi stabilisé en 2019 à 1,9 pour mille sérologies.

Le nombre de TROD (tests rapides d'orientation diagnostique) réalisés en 2018 dans le cadre d'actions de « dépistage communautaire » était de 64 500, nombre qui a augmenté par rapport à 2017 (environ 56 000). Ces actions touchent toujours les populations les plus exposées au VIH (hommes ayant des rapports sexuels avec des hommes – HSH – et migrants), ce qui explique un taux de positivité plus élevé (8,4 TROD positifs pour 1 000 TROD réalisés) que celui des sérologies réalisées par les laboratoires (1,9 sérologies positives pour 1 000 en 2018).

Le nombre d'autotests VIH vendus en pharmacie au cours de l'année 2019, sans possibilité de connaître la population y ayant recours, est d'environ 79 500, soit une augmentation de 6 % par rapport à 2018.

III. Prévention des IST et du Sida

A. Conseil et approches axées sur le comportement

Les interventions comportementales et de conseil permettent d'assurer une prévention primaire des IST (y compris du VIH) et des grossesses non désirées. On peut citer :

- une éducation sexuelle complète et des conseils avant et après le dépistage des IST et notamment du VIH ;
- des conseils sur les rapports protégés/la réduction des risques, ainsi que la promotion de l'utilisation du préservatif ;
- des interventions ciblant les populations vulnérables et les plus concernées, comme les adolescents, les travailleurs du sexe, les hommes ayant des rapports sexuels avec d'autres hommes et les consommateurs de drogues injectables.

En outre, les activités de conseil peuvent améliorer la capacité qu'ont les gens de reconnaître les symptômes des IST et accroître la probabilité qu'ils consultent ou encouragent un partenaire sexuel à le faire. Malheureusement, l'insuffisance des connaissances du public et de la formation des agents de santé, de même que la stigmatisation fréquente dont les IST font depuis longtemps l'objet, est autant un obstacle à un recours plus large et efficace à ces interventions.

B. Méthodes mécaniques

Lorsqu'ils sont utilisés correctement et avec constance, les préservatifs constituent l'une des méthodes de protection les plus efficaces contre les IST, y compris le VIH. Les préservatifs féminins sont efficaces et sûrs, mais ne sont pas aussi largement employés par les programmes nationaux que leurs équivalents masculins.

C. Diagnostic des IST

Les tests diagnostiques fiables sont d'un usage généralisé dans les pays à revenu élevé. Même s'ils sont particulièrement utiles pour le diagnostic des infections asymptomatiques, il est rare qu'ils soient disponibles dans les pays à revenu faible et intermédiaire. Lorsqu'ils le sont, ils restent d'ordinaire coûteux et inaccessibles d'un point de vue géographique, et, pour recevoir les résultats, les patients doivent attendre longtemps ou retourner dans l'établissement du test. Le suivi des cas peut en pâtir, comme les soins ou le traitement qui peuvent être incomplets.

Actuellement, le dépistage de la syphilis est le seul test sanguin rapide et abordable disponible pour une IST. Le test est fiable et facile à administrer avec une formation minimale, et les résultats peuvent être obtenus en 15 à 20 minutes. Il a été prouvé que les tests de dépistage rapide de la syphilis permettaient d'augmenter le nombre de femmes enceintes dépistées pour cette maladie. Des efforts accrus doivent néanmoins être déployés dans les pays à revenu faible et intermédiaire pour que toutes les femmes enceintes en bénéficient.

D. La loi Santé de 2016 et la prévention des IST

La loi de modernisation de notre système de santé du 26 janvier 2016 prévoit d'améliorer le dépistage des infections sexuellement transmissibles à travers un certain nombre de mesures : elle entend ainsi développer la pratique des tests rapides d'orientation diagnostique (TROD) et des autotests de dépistage des maladies sexuellement transmissibles, dont le VIH, notamment en autorisant leur dispensation gratuite par les associations de patients et les structures de prévention. Elle poursuit en outre les actions engagées auprès des populations les plus exposées au risque de développer des maladies sexuellement transmissibles. Le traitement prophylactique en préexposition du VIH est ainsi rendu disponible aux personnes les plus exposées dans les nouveaux Centres gratuits d'information, de dépistage et de diagnostic (CegiDD).

En ce qui concerne les usagers de drogue, la loi Santé réorganise les fondements et les moyens de la politique de réduction des risques des toxicomanes. Elle permet en particulier l'expérimentation, pendant 6 ans, d'un nouveau dispositif de réduction des risques auxquels s'exposent les toxicomanes: les « salles de consommation à moindre risque ». Il s'agit d'espaces supervisés par des professionnels assurant aux usagers de drogues injectables des conditions d'hygiène (pour éviter les risques infectieux) et leur permettant de recevoir conseils et aides spécifiques. Les expériences étrangères ont montré que ce dispositif permettait de diminuer les comportements à risque et les overdoses mortelles.

IV. Les thérapeutiques

A. Les traitements

On dispose actuellement de traitements efficaces pour plusieurs IST.

- on peut généralement guérir trois IST bactériennes (chlamydiose, gonorrhée et syphilis) et une IST d'origine parasitaire (trichomonase) à l'aide d'antibiothérapies à dose unique;
- les médicaments les plus efficaces pour le traitement de l'herpès et de l'infection à VIH sont des antiviraux qui, bien qu'ils ne puissent guérir la maladie, peuvent en moduler l'évolution;
- les immunomodulateurs (interférons) et les médicaments antiviraux peuvent aider à combattre le virus de l'hépatite B et ralentir les dommages hépatiques.

Ces dernières années, la résistance aux antibiotiques s'est développée rapidement pour certaines IST (gonorrhée en particulier), limitant ainsi les options de traitement. L'apparition d'une perte de sensibilité du gonocoque face à l'option thérapeutique de dernière intention (céphalosporine par voie orale et parentérale), associée à une résistance déjà démontrée à certains agents antimicrobiens comme les pénicillines, les sulfonamides, les tétracyclines, les quinolones et les macrolides, font de *N. gonorrhoeae* une bactérie multirésistante. Bien que cela soit moins courant, on peut aussi observer une résistance antimicrobienne pour d'autres IST, ce qui rend indispensables la prévention et le traitement rapide.

B. La prise en charge des cas d'IST

Les pays à revenu faible et intermédiaire assurent une prise en charge syndromique des IST, qui repose sur l'identification de groupes de symptômes cohérents et de signes facilement reconnaissables (syndromes) pour orienter le traitement, sans recourir à des tests de laboratoire. Cette approche, qui se fonde souvent sur des algorithmes cliniques, permet au personnel de santé de diagnostiquer une infection spécifique sur la base des syndromes observés.

C. Les vaccins et autres interventions biomédicales

On dispose de vaccins sûrs et très efficaces contre deux IST : l'hépatite B et l'infection à VPH. Ces vaccins représentent une avancée majeure en matière de prévention des IST. Le vaccin contre l'hépatite B figure dans les programmes de vaccination du nourrisson de 93 % des pays. Il a déjà permis d'éviter quelque 1,3 million de décès imputables à une maladie chronique du foie ou au cancer.

Le vaccin anti-VPH est disponible dans le cadre des programmes de vaccination systématique de 45 pays (pour l'essentiel à revenu élevé ou intermédiaire). Il pourrait permettre d'éviter plus de 4 millions de décès chez les femmes dans les pays à revenu faible et intermédiaire, où la charge de morbidité imputable au cancer du col est la plus lourde, pour autant que l'on atteigne une couverture vaccinale de 70 %.

Même si la recherche sur les vaccins contre l'herpès et le VIH a bien progressé, aucun vaccin candidat n'a pour le moment été mis au point pour l'une ou l'autre de ces infections. La recherche sur les vaccins contre la chlamydiose, la gonorrhée, la syphilis et la trichomonase est moins avancée.

D'autres interventions biomédicales permettent de prévenir certaines IST, comme la circoncision masculine et l'utilisation d'antimicrobiens.

- la circoncision masculine permet de réduire d'environ 60 % le risque de contracter l'infection à VIH lors de rapports hétérosexuels et assure une certaine protection contre d'autres IST, comme l'herpès et l'infection à VPH ;
- en 2010, le gel Ténofovir, un microbicide permettant aux femmes d'éviter activement de contracter le VIH, a atteint le stade de la « validation de principe », aux termes d'essais cliniques. D'autres recherches cliniques sont en cours en vue de la confirmation de son innocuité et de son efficacité par les autorités de réglementation.

Il existe 2 % à 5 % des personnes asymptomatiques à long terme (« survivants à long terme ») : après plus de dix ans d'infection par le VIH, ils ne développent pas le Sida. Moins de 1 % des populations caucasiennes résiste à l'infection par le VIH en raison de mutations génétiques protectrices. Ces cas, de même que ceux des couples « paradoxaux », de certaines prostituées ou encore de certains enfants nés de mères infectées et résistants à l'infection sont à l'étude, afin de comprendre comment l'organisme peut ainsi s'opposer au rétrovirus.

IST : chiffres-clés	
- Chaque jour, plus d'un million de personnes contractent une Infection sexuellement transmissible (IST). - On estime que, chaque année, 500 millions de personnes contractent l'une des quatre IST suivantes : chlamydiose, gonorrhée, syphilis ou trichomonase. - Plus de 530 millions de personnes sont atteintes du virus responsable de l'herpès génital (HSV2). - Plus de 290 millions de femmes souffrent d'une infection à papillomavirus humain (VPH).	
Le Sida dans le monde	**Le Sida en France**
- 37,7 millions de personnes vivaient avec le VIH en 2020. - 1,5 million de personnes sont devenues nouvellement infectées par le VIH en 2020. - 680 000 personnes sont décédées de maladies liées au sida en 2020. - 27,5 millions de personnes avaient accès à la thérapie antirétrovirale en 2020. - 79,3 millions de personnes ont été infectées par le VIH depuis le début de l'épidémie. - 36,3 millions de personnes sont décédées de suite de maladies liées au sida depuis le début de l'épidémie.	- 173 000 personnes vivent avec le VIH à la fin 2019. - 6 200 nouvelles contaminations sont intervenues en 2019. - En 2018, 6 155 personnes ont découvert leur séropositivité. - Parmi les personnes ayant découvert leur séropositivité en 2018, 56 % ont été contaminées par rapports hétérosexuels, 40 % lors de rapports sexuels entre hommes, et 2 % par usage de drogues injectables. - Les hommes ont été contaminés majoritairement par rapports sexuels entre hommes (61 %). Quant aux femmes, elles ont été contaminées par rapports hétérosexuels pour 96 % d'entre elles. - La région Île-de-France reste la région la plus touchée par la découverte de sérologies positives en métropole, avec 42 % des découvertes de séropositivité. Hors métropole, c'est la Guyane qui est la plus touchée. 30 000 personnes sont séropositives et l'ignorent.

Testez-vous

1. **Depuis le début de l'épidémie, combien de personnes sont décédées dans le monde des suites du VIH ?**

   ☐ **A.** 173 000.
   ☐ **B.** 680 000.
   ☐ **C.** 1,5 million.
   ☐ **D.** 2,4 millions.
   ☐ **E.** 36,3 millions.

2. **En 2020, dans le monde, combien de personnes sont mortes du Sida ?**

   ☐ **A.** 173 000.
   ☐ **B.** 680 000.
   ☐ **C.** 1,5 million.
   ☐ **D.** 2,4 millions.
   ☐ **E.** 36,3 millions.

3. **En 2020, dans le monde, combien de personnes ont été infectées par le Sida ?**

   ☐ **A.** 173 000.
   ☐ **B.** 680 000.
   ☐ **C.** 1,5 million.
   ☐ **D.** 2,4 millions.
   ☐ **E.** 36,3 millions.

4. **Combien de personnes sont infectées par le VIH en France ?**

   ☐ **A.** 173 000.
   ☐ **B.** 680 000.
   ☐ **C.** 1,5 million.
   ☐ **D.** 2,4 millions.
   ☐ **E.** 36,3 millions.

5. **En 2019, en France, combien de personnes ont été infectées par le Sida ?**

   ☐ **A.** Plus de 600.
   ☐ **B.** Plus de 6 000.
   ☐ **C.** Plus de 60 000.
   ☐ **D.** Plus de 66 000.
   ☐ **E.** Plus de 600 000.

Éthique médicale et bioéthique

18 Secret médical

> Avec la généralisation du Pass Sanitaire, chacun devra désormais obligatoirement présenter une preuve de sa vaccination ou d'un test de dépistage négatif au Covid-19 pour entrer dans les lieux de loisirs et de culture rassemblant plus de 50 personnes (salles de spectacle, les parcs d'attractions, les salles de concert, les festivals, les salles de sport, les cinémas...), ainsi que dans les cafés, restaurants, centres commerciaux, hôpitaux, maisons de retraite, établissements médico-sociaux, ainsi que pour les voyages en avion, train et car pour les trajets de longue distance. Autrement dit, le secret médical, qui est censé appartenir au patient, et qui constitue un élément central de la relation médecin-patient, est sacrifié sur l'autel de la santé publique et de la lutte contre l'épidémie de Covid-19. Bien évidemment le Pass sanitaire ne précise pas si vous avez été vaccinés ou testés négatifs, mais, malgré cette lutte contre l'épidémie qu'on peut estimer légitime, il est tout de même permis de s'interroger sur le type de société que cela produit quand tout le monde contrôle tout le monde en permanence. Nul doute que cela ne va pas se faire sans générer de nombreux conflits.

I. Définition

Le secret peut se définir comme *un ensemble de connaissances, d'informations, réservées à quelques-uns et que le détenteur ne doit pas divulguer*. C'est une **confidence** qui impose le **silence** aux personnes dépositaires du secret.

Le **secret médical** est un cas particulier de ce que l'on appelle le **secret professionnel** qui s'impose par exemple aux avocats, aux fonctionnaires, à certaines professions privées qui travaillent dans des secteurs à risque (nucléaire, armement, hautes technologies, etc.) et bien sûr aux professionnels de santé. Il implique une notion de confidentialité. Cette *confidentialité* implique elle-même, étymologiquement, la *confiance*, qui est le socle d'une bonne relation médecin-malade. Sans confiance, le malade ne peut s'exprimer totalement sur les maux dont il souffre; et le professionnel de santé ne peut donc être suffisamment informé pour offrir les soins appropriés.

II. Le secret médical: un droit du patient, un devoir des professionnels de santé

A. Droit au secret et devoir de confidentialité

En France, c'est l'article 226-13 du *Nouveau Code pénal* qui détermine la peine en cas de violation du secret professionnel: «La révélation d'une information à caractère secret par une personne qui en est dépositaire soit par profession, soit en raison d'une fonction ou d'une mission temporaire est punie d'un an d'emprisonnement et de 20000 euros d'amende.» De même, le Code pénal indique que: «Le fait d'obtenir ou de tenter d'obtenir la communication de ces informations en violation du présent article est puni d'un an d'emprisonnement et de 15000 euros d'amende. » Cela concerne donc toutes les professions qui sont couvertes par le secret.

Concernant le secteur de la santé, l'article L. 1110-4 du Code de la santé publique, introduit par la loi du 4 mars 2002 « relative aux droits des malades et à la qualité du système de santé », précise que « Toute personne prise en charge par un professionnel, un établissement, un réseau de santé ou tout autre organisme participant à la prévention et aux soins a droit au respect de sa vie privée et du secret des informations la concernant. »

Le **délit de violation du secret professionnel** est constitué dès lors que la révélation est effective, intentionnelle, même si son objet est de notoriété publique, même si elle n'entraîne aucun préjudice (art. L. 1110-4 du CSP). Les sanctions sont d'ordre pénal (prison et amende), civil (en cas de préjudice moral ou physique), et disciplinaires (Conseil de l'Ordre).

Le secret n'est pas opposable au patient qui doit être totalement informé de son état afin de se soigner. Le médecin « doit à son patient une **information claire, loyale et intelligible** » tant sur son état que sur les diagnostics, les thérapeutiques et les éventuels risques qu'il encourt.

B. Le domaine du secret médical

L'article 4 du *Code de déontologie* des médecins précise le champ d'application de ce secret : « Le secret professionnel, institué dans **l'intérêt des patients**, s'impose **à tout médecin** dans les conditions établies par la loi. Le secret couvre tout ce qui est **venu à la connaissance** du médecin dans l'exercice de sa profession, c'est-à-dire non seulement ce qui lui a été **confié** mais aussi ce qu'il a **vu**, **entendu** ou **compris** voire **interprété** lors de l'exercice médical. » Sont donc couverts par le secret : les déclarations du malade, les diagnostics, les thérapeutiques, les dossiers, mais aussi les conversations surprises au domicile du patient, les confidences des familles, etc.

C. Les personnes tenues au secret

L'article L. 1110-4 du Code de la santé publique précise que le secret médical « s'impose à tout professionnel de santé, ainsi qu'à tous les professionnels intervenant dans le système de santé ». Cela concerne donc :

1. Le personnel médical

a. Soignant

- Médecins traitants, étudiants en médecine en stage, externes, internes.
- Dentistes, pharmaciens, sages-femmes, infirmiers, masseurs-kinésithérapeutes, pédicures-podologues, orthoptistes, orthophonistes, psychologues, diététiciens.
- Laboratoires d'analyses et laborantins, préparateurs en pharmacie.
- En milieu hospitalier : tout le service est tenu au secret.

b. Non-soignant

Certains médecins peuvent connaître l'état de santé d'un patient, en dehors de tout contexte de soins. Il s'agit des médecins-conseils de Caisses de Sécurité sociale, ou de la Mutualité sociale agricole, des médecins du travail, des médecins des compagnies d'assurances ou encore des médecins experts (notamment auprès des tribunaux).

2. Le personnel non médical

La secrétaire du médecin libéral, le personnel hospitalier tel que l'agent hospitalier, l'assistante sociale sont aussi tenus au secret.

III. Les dérogations au secret médical

Il existe six grands types de cas où le secret médical peut ou doit être levé, cette levée étant bien sûr strictement encadrée par la loi :

1. *Dans l'intérêt du patient* : le secret médical peut être levé dans le cas où la loi impose ou autorise la révélation du secret, à savoir en cas de sévices ou de privations infligés à un mineur de moins de 15 ans ou à une personne qui n'est pas en mesure de se protéger en raison de son âge ou de son état physique ou psychique ; en cas de violences sexuelles ; en cas de crime ou délit contre l'intégrité corporelle d'une personne. Il faut l'accord de la personne si elle est majeure. Si elle est mineure ou incapable majeure, le médecin peut décider de prévenir les autorités concernées sans l'accord de la personne. Dans tous les cas le médecin est autorisé à divulguer le secret médical (il ne sera pas poursuivi pour l'avoir fait), mais il n'y est pas obligé. Par contre il doit tout faire pour mettre en œuvre les moyens nécessaires pour porter secours à toute personne en péril. Sinon, c'est de la non-assistance à personne en danger, qui est punie de 5 ans de prison et de 100 000 euros d'amende.
2. *Dans un but de santé publique* : le médecin est obligé de déclarer les maladies contagieuses, les maladies professionnelles, les accidents du travail, les certificats de naissance et de décès, ainsi que les certificats médicaux.
3. *Dans un but de sécurité publique* : cela concerne la divulgation obligatoire du secret médical dans le cas d'une injonction de soins dans les cas de toxicomanie ou de délinquants sexuels, mais aussi dans le cas de l'hospitalisation d'office des malades mentaux, et enfin dans le cas où le patient détient une arme (dans ce dernier cas seulement la déclaration est facultative).
4. *Pour contrôler le bien-fondé d'une demande d'indemnisation* : il s'agit du cas où l'État indemnise des patients victimes d'une transfusion de sang contaminé, d'infractions, de l'amiante ou encore d'erreurs médicales.
5. *Dans le cas de la recherche de la vérité par l'autorité judiciaire* : trois cas sont possibles :

- **l'expertise médicale** : le médecin expert doit répondre à toutes les questions mais ne doit révéler que les éléments relatifs à ces questions ;
- **la saisie** : le médecin ne peut s'opposer à une saisie mais la perquisition doit se faire soit en présence d'un chef de service soit en présence d'un membre

du Conseil de l'Ordre. De plus il faut que les scellés soient immédiats, et que seules les pièces utiles soient saisies ;

- pour que le médecin puisse se défendre ou se justifier dans le cas où il se retrouve accusé.

6. *Lutte contre le dopage* : tout médecin doit avertir l'antenne médicale de lutte contre le dopage.

Enfin la loi du 4 mars 2002 a introduit quatre nouvelles dérogations :

- **Notion de secret partagé** : « Deux ou plusieurs professionnels de santé peuvent toutefois, sauf opposition de la personne dûment avertie, échanger des informations relatives à une même personne prise en charge, afin d'assurer la continuité des soins ou de déterminer la meilleure prise en charge sanitaire possible. Lorsque la personne est prise en charge par une équipe de soins dans un établissement de santé, les informations la concernant sont réputées confiées par le malade à l'ensemble de l'équipe. » (Art. L. 1 110-4 du CSP)
- **Notion de personne de confiance** : ce peut être un membre de la famille, un proche, ou un médecin que le patient désigne afin de l'accompagner dans les démarches médicales. Le patient autorise le médecin à communiquer à cette personne des éléments concernant sa santé, mais aussi à ce qu'il prenne éventuellement des décisions à sa place s'il n'est plus en mesure de le faire.
- **En cas de diagnostic ou de pronostic grave** : « En cas de diagnostic ou de pronostic grave, le secret médical ne s'oppose pas à ce que la famille, les proches de la personne malade ou la personne de confiance reçoivent les informations nécessaires destinées à leur permettre d'apporter un soutien direct à celle-ci, sauf opposition de sa part. » (Art. L. 1110-4 du CSP)
- **En cas de décès** : « Le secret médical ne fait pas obstacle à ce que les informations concernant une personne décédée soient délivrées à ses ayants droit, dans la mesure où elles leur sont nécessaires pour :
  - leur permettre de connaître les causes de la mort ;
  - de défendre la mémoire du défunt ;
  - ou de faire valoir leurs droits, sauf volonté contraire exprimée par la personne avant son décès. » (Art. L. 1110-4 du CSP)

Testez-vous

1. Le secret médical :

- ☐ **A.** Est institué dans l'intérêt du patient.
- ☐ **B.** Appartient au médecin.
- ☐ **C.** Couvre ce qui a été vu, entendu, compris voire interprété par le médecin.
- ☐ **D.** Peut concerner des faits non médicaux.
- ☐ **E.** Doit concerner directement le patient. Les faits ne le concernant pas ne sont pas tenus secrets.

2. Concernant le secret médical, cocher la ou les réponses correctes :

- ☐ **A.** Le secret médical concerne uniquement les informations confiées au médecin.
- ☐ **B.** Les articles 226-13 du Code de déontologie et 4 du Code pénal sont les fondements du secret médical.
- ☐ **C.** Les personnes tenues au secret médical sont le personnel soignant et non soignant.
- ☐ **D.** Le patient a la possibilité de désigner un tiers de confiance auquel le médecin peut révéler les informations le concernant.
- ☐ **E.** L'article 35 du Code de déontologie stipule que la disposition de la révélation appartient toujours au patient.

3. Concernant le secret médical, cocher la ou les réponses correctes :

- ☐ **A.** Les personnes tenues au secret sont soit le personnel médical soignant, soit le personnel médical non soignant.
- ☐ **B.** Les conversations surprises au domicile lors d'une visite ne sont pas du domaine du secret médical.
- ☐ **C.** La révélation d'une information à caractère secret par une personne qui en est dépositaire peut être punie par de la prison.
- ☐ **D.** Le personnel médical soignant tenu au secret comprend entre autres : les étudiants de médecine en stage, les pharmaciens, les médecins des compagnies d'assurances, les infirmiers, les assistantes sociales…
- ☐ **E.** Les personnes tenues au secret peuvent faire partie du personnel non médical.

4. Chassez l'intrus (ou les intrus) parmi ces dérogations facultatives au secret médical :

- ☐ **A.** Déclarations de naissance et de décès.
- ☐ **B.** Certificat du médecin requis par l'autorité judiciaire.
- ☐ **C.** Déclaration des maladies infectieuses.
- ☐ **D.** Mauvais traitements sur mineurs ou sur personne incapable de se protéger.
- ☐ **E.** Si le patient est dangereux et détient une arme.

5. Chassez l'intrus (ou les intrus) parmi ces dérogations obligatoires au secret médical :

- ☐ **A.** Déclarations de naissance et de décès.
- ☐ **B.** Violences sexuelles présumées sur un adulte, avec l'accord de la victime.
- ☐ **C.** Accidents du travail et maladies professionnelles.
- ☐ **D.** Mauvais traitements sur mineur ou sur personne incapable de se protéger.
- ☐ **E.** Certificat de vaccination obligatoire.

19 Procréation médicalement assistée et gestation pour autrui

Le 12 juin 2019, le Premier ministre Édouard Philippe annonçait que le projet de loi sur la bioéthique serait débattu à l'Assemblée nationale « dès la fin septembre ». Plus de deux ans plus tard, la loi sur la bioéthique a finalement été adoptée par l'Assemblée nationale le 29 juin 2021. C'est une loi importante car elle permet la légalisation de l'Assistance médicale à la procréation pour les couples de femmes ainsi que pour les femmes célibataires. Le texte de loi précise ainsi : « L'assistance médicale à la procréation est destinée à répondre à un projet parental. Tout couple formé d'un homme et d'une femme ou de deux femmes ou toute femme non mariée ont accès à l'assistance médicale à la procréation après les entretiens particuliers des demandeurs avec les membres de l'équipe médicale clinicobiologique pluridisciplinaire ». Les opposants à ce projet de loi, et notamment ceux qui étaient du mouvement de la « Manif pour tous », vont sans doute se mobiliser et brandissent déjà le spectre de la gestation pour autrui, tandis que les partisans de cette extension, et notamment le mouvement LGBT, saluent une avancée qui en appelle d'autres.

I. Définition

« L'assistance médicale à la procréation (AMP) se définit comme un ensemble de pratiques cliniques et biologiques permettant la conception *in vitro*, le transfert d'embryons et l'insémination artificielle, ainsi que toute technique d'effet équivalent permettant la procréation en dehors du processus naturel. » (Art. L. 152-1 du Code de la santé publique)

La gestation pour autrui (GPA) est une méthode de procréation qui se pratique généralement en cas d'infertilité féminine liée à l'absence d'utérus, ou à sa déformation. La mère porteuse porte l'enfant d'un couple qui a fourni ses embryons et ne fournit aucune contribution génétique, c'est-à-dire un ovule : elle se borne à prendre en charge le développement in utero d'un embryon et, à la naissance, remet l'enfant à la « mère biologique » (ou « sociale » en cas de don d'ovules) et à son père. Dans le cas de recours à la GPA par un couple homosexuel masculin, la problématique est un petit peu différente : en général, le couple homosexuel a aussi eu recours à un ovocyte de donneuse, qui a été fécondé avec du sperme de l'un des deux membres du couple, et après fécondation in vitro, l'embryon est transféré dans l'utérus d'une autre femme que la donneuse, femme qui va, au terme de la gestation, remettre le bébé au couple homosexuel, dont les deux membres seront reconnus comme étant les parents (et les seuls parents) de l'enfant, si bien sûr, la GPA est légale dans le pays considéré.

Le diagnostic préimplantatoire est un diagnostic biologique effectué à partir de cellules prélevées sur l'embryon in vitro, réalisé avant implantation dans l'utérus. Il est autorisé à titre exceptionnel lorsqu'un couple présente une forte probabilité de donner naissance à un enfant atteint d'une maladie génétique grave et incurable et ne peut avoir d'autre objet que de rechercher l'affection en cause ainsi que les moyens de la prévenir et de la traiter. Il se différencie du diagnostic prénatal en ce qu'il est conditionné par la pratique d'une fécondation in vitro.

II. Les techniques

Il existe actuellement plusieurs techniques pour l'AMP : le traitement hormonal (pour remédier à des troubles de l'ovulation), le traitement chirurgical par exemple en cas d'obstacle tubaire, les fécondations artificielles. Parmi les techniques de fécondation artificielle, trois techniques sont particulièrement utilisées aujourd'hui.

A. L'insémination artificielle

L'insémination artificielle est une des techniques les plus courantes dans les centres de traitement de la stérilité. En fonction de l'origine du sperme, il y a deux types d'insémination artificielle : l'Insémination artificielle avec sperme du conjoint (IAC), et l'Insémination artificielle avec sperme de donneur (IAD). La technique consiste à déposer à l'intérieur du vagin, du col utérin ou de la cavité utérine un peu de sperme.

B. La fécondation in vitro et transfert d'embryons (FIVETTE)

La technique de fécondation in vitro (FIV) consiste à faire réaliser la fusion de l'œuf et du spermatozoïde au laboratoire plutôt qu'à l'intérieur de la trompe de Fallope de la patiente. La technique de FIV implique une stimulation de l'ovulation de façon à obtenir plusieurs ovocytes qui conduiront à l'obtention de plusieurs embryons qui donneront un meilleur taux de grossesse. Au moment opportun, les ovaires sont ponctionnés afin d'en aspirer le contenu et en obtenir des ovocytes. Ces ovocytes sont incubés avec des spermatozoïdes du conjoint. La fécondation a lieu dans les 48 heures qui suivent, les embryons obtenus sont déposés dans la cavité utérine entre 2 et 6 jours après la ponction de façon à ce que l'implantation puisse se faire les jours suivants. Réparties sur trois jours ces étapes sont donc : le conditionnement des spermatozoïdes, le conditionnement des ovocytes (stimulation et ponction), la fécondation des ovocytes par les gamètes mâles, la culture des embryons, l'examen et le transfert des embryons obtenus après deux jours de culture in vitro, éventuellement la congélation des embryons surnuméraires pour un transfert différé.

C. L'injection intracytoplasmique de spermatozoïdes (ICSI)

Provenant de sperme éjaculé, épididymaire ou testiculaire et complémentaire de la Fécondation in vitro (FIV), la micro-injection intra-ovocytaire de spermatozoïde (ICSI : *Intra-Cytoplasmic Sperm Injection)* est la « thérapeutique biologique la plus avancée des fécondations dites « assistées » et fait nettement reculer la notion de stérilité masculine. Son but principal est de court-circuiter l'étape de fixation-fusion-pénétration du spermatozoïde dans l'ovule lorsqu'existe un dysfonctionnement au niveau d'une ou plusieurs de ces phases. Elle consiste en une introduction mécanique sous microscope d'un et un seul spermatozoïde vivant, à l'intérieur de chaque ovule recueilli par ponction ».

III. Le cadre légal de l'AMP et de la GPA

Le cadre légal de l'AMP a été grandement assoupli avec la loi autorisant l'AMP pour toutes. Elle élargit ainsi l'accès à la procréation médicalement assistée (AMP) aux couples de femmes et aux femmes célibataires et supprime le critère médical d'infertilité. Elle était jusqu'à présent réservée aux couples hétérosexuels sur indication médicale. Le remboursement de l'AMP par l'assurance maladie est ouvert à ces femmes.

La demande d'AMP doit néanmoins répondre à un « projet parental », qui peut être celui de « **tout couple formé d'un homme et d'une femme ou de deux femmes** ou de **toute femme non mariée** ».

Lorsqu'il s'agit d'un couple, font obstacle à l'insémination ou au transfert des embryons :

1. Le décès d'un des membres du couple ;
2. L'introduction d'une demande en divorce ;
3. L'introduction d'une demande en séparation de corps ;
4. La signature d'une convention de divorce ou de séparation de corps par consentement mutuel selon les modalités prévues à l'article 229-1 du code civil ;
5. La cessation de la communauté de vie ;
6. La révocation par écrit du consentement prévu au troisième alinéa du présent article par l'un ou l'autre des membres du couple auprès du médecin chargé de mettre en œuvre l'assistance médicale à la procréation.

Les deux membres du couple ou la femme célibataire souhaitant réaliser une AMP en France devront donner leur consentement devant un notaire, préalablement à l'insémination artificielle ou au transfert des embryons.

Le texte prévoit que les personnes nées d'une AMP en France pourront accéder dès leur majorité à des « données non identifiantes » (âge, caractéristiques physiques, situation familiale ou encore professionnelle...) ou à l'identité de leur donneur. Tout donneur de gamètes devra donc consentir à la communication de ces données avant de procéder au don. Les enfants nés d'une AMP avant la promulgation de la loi pourront saisir la nouvelle Commission d'accès aux données du donneur afin qu'elle contacte le donneur et l'interroge sur son souhait de communiquer ses informations personnelles.

Un nouveau mode de filiation fondé sur une déclaration anticipée de volonté est mis en place pour les enfants nés d'une AMP dans un couple de femmes. Les deux femmes du couple devront établir une reconnaissance conjointe de l'enfant avant sa naissance auprès d'un notaire. La filiation ainsi établie aura la même portée et les mêmes effets que la filiation « par le sang » ou la filiation adoptive. En outre, les couples de femmes qui ont eu recours à une AMP à l'étranger avant la publication de cette loi auront un délai de trois ans pour faire une reconnaissance conjointe pour établir la filiation. Pour les enfants nés de gestation pour autrui (GPA) à l'étranger, leur filiation sera appréciée au regard de la loi française, la transcription d'un acte d'état civil étranger sera limitée au seul parent biologique, le second parent devra passer par une procédure d'adoption.

Afin qu'ils puissent plus tard recourir à une AMP, les femmes et les hommes pourront faire congeler leurs gamètes (ovocytes ou spermatozoïdes) sans motif médical. Jusqu'à présent, une femme ne pouvait avoir recours à la congélation de ses propres ovocytes, sauf nécessité médicale. Des bornes d'âge seront posées par décret. Les actes liés au recueil ou au prélèvement des gamètes seront remboursés mais pas le coût de la conservation.

Par ailleurs, même si la nouvelle loi n'est pas claire à ce sujet, l'embryon doit être conçu avec des gamètes provenant d'au moins un des deux membres du couple (ou les gamètes de la femme non mariée). Le double don de gamètes et d'ovocytes est ainsi prohibé par la loi. Néanmoins, les deux membres du couple peuvent aussi consentir par écrit à ce que leurs embryons soient transférés à un autre couple, à condition que le couple d'accueil satisfasse les critères exigés pour toute AMP. Le transfert de l'embryon est subordonné à une décision judiciaire.

Le don d'ovocytes et de gamètes est anonyme et gratuit. Le recueil du consentement du conjoint du donneur de gamètes, obligatoire jusque-là, a été supprimé par la nouvelle loi. Le donneur (ou la donneuse) devra se plier aux examens suivants : recherche de son groupe sanguin, d'infections telles que Sida, syphilis, hépatite B et C. Il est possible de demander une enquête généalogique afin de dépister d'éventuelles maladies génétiques.

La loi ne limite pas le nombre d'ovocytes à féconder en vue de satisfaire la demande parentale du couple ou de la femme afin d'éviter les ponctions ovocytaires à répétition, ce qui implique de congeler des embryons en vue d'un transfert ultérieur, et ce qui conduit à des embryons surnuméraires (puisqu'il y a plus d'embryons créés que d'embryons pouvant être implantés). La loi ne limite pas non plus le nombre d'embryons à transférer in utero. La loi autorise ainsi le transfert sélectif des embryons c'est-à-dire le **diagnostic préimplantatoire** (DPI) qui permet de choisir entre ceux qui ne sont pas atteints de certaines maladies afin d'être implantés.

La loi du 6 août 2013 a modifié les lois du 6 août 2004 et du 7 juillet 2011 en autorisant sous certaines conditions la recherche sur l'embryon et les cellules-souches embryonnaires, alors qu'elles étaient auparavant interdites et seulement autorisées par dérogation. Ainsi l'article L. 2151-5 du Code de santé publique précise qu'« aucune recherche sur l'embryon humain ni sur les cellules-souches embryonnaires ne peut être entreprise sans autorisation. Un protocole de recherche conduit sur un embryon humain ou sur des cellules-souches embryonnaires issues d'un embryon humain ne peut être autorisé que si :

1. La pertinence scientifique de la recherche est établie ;
2. La recherche, fondamentale ou appliquée, s'inscrit dans une finalité médicale ;

3. En l'état des connaissances scientifiques, cette recherche ne peut être menée sans recourir à ces embryons ou ces cellules-souches embryonnaires;
4. Le projet et les conditions de mise en œuvre du protocole respectent les principes éthiques relatifs à la recherche sur l'embryon et les cellules-souches embryonnaires.»

Ce même article précise qu'une recherche «ne peut être menée qu'à partir d'embryons conçus in vitro dans le cadre d'une assistance médicale à la procréation et qui ne font plus l'objet d'un projet parental. La recherche ne peut être effectuée qu'avec le consentement écrit préalable du couple dont les embryons sont issus, ou du membre survivant de ce couple, par ailleurs dûment informés des possibilités d'accueil des embryons par un autre couple ou d'arrêt de leur conservation. [...]. Le consentement des deux membres du couple ou du membre survivant du couple est révocable sans motif tant que les recherches n'ont pas débuté». De même il est précisé que «les embryons sur lesquels une recherche a été conduite ne peuvent être transférés à des fins de gestation».

Les pratiques de la **mère porteuse** (aussi appelée **gestation pour autrui** ou GPA) sont **interdites** en France: c'est la femme qui accouche qui est la mère de l'enfant (hors adoption). Le Code pénal réprime en effet la provocation à l'abandon et l'entremise en vue d'adoption. De plus, au plan civil, les conventions de maternité pour autrui sont prohibées et considérées comme nulles, car elles mettraient à la disposition des demandeurs les fonctions reproductrices de la mère et ont pour objet l'enfant à naître. Il s'agit là de dispositions d'ordre public car elles visent à protéger aussi bien les intéressés que la société, notamment au regard des conséquences sur la filiation, puisque serait remis en cause notamment le principe selon lequel la mère est celle qui accouche.

Les législations sont très diverses sur le territoire européen. L'AMP est autorisée mais réservée aux couples hétérosexuels dans huit pays: Italie, Pologne, Roumanie, République tchèque, Lituanie, Slovaquie, Slovénie et Allemagne. Dans ce dernier cas, le recours à l'AMP pour les femmes seules et les couples lesbiens n'est pas interdit par la loi, mais l'appréciation est laissée aux centres d'assistance à la procréation, qui, dans les faits, leur restent souvent fermés. En revanche, au Portugal, en Espagne, au Royaume-Uni et en Suède, l'AMP est ouverte aux couples de femmes et aux femmes seules, sans limite d'âge précise, si ce n'est l'âge «naturel de procréation». En Grèce, en Estonie, en Belgique, en Bulgarie, au Danemark, en Irlande, au Luxembourg, en Finlande et aux Pays-Bas, la procédure est également ouverte, mais un âge maximal de recours est fixé par la loi. À Chypre, en Hongrie, en Lettonie et à Malte, le recours à la AMP est autorisé à toutes les femmes, sans limite d'âge. Il en est de même en Autriche, mais la procédure n'est pas ouverte aux femmes seules.

IV. Chiffres-clés de l'AMP et de la GPA

C'est en **1777** que la **première fécondation artificielle** sur des œufs de grenouille est réalisée par l'abbé Spallanzani, qui récidive en 1781 en pratiquant la **première insémination artificielle** sur sa chienne. Par là il ouvre la voie aux procréations artificielles chez l'humain : ainsi la première insémination artificielle chez une femme est réalisée en **1791** par **John Hunter**.

Il faut ensuite attendre plus d'un siècle et demi pour voir apparaître une nouvelle technique : la congélation du sperme. C'est en effet en 1968 que sont créées aux États-Unis les premières banques de sperme congelé. En France, il faut attendre 1973 pour voir apparaître les **CECOS** (Centre d'étude et de conservation des œufs et du sperme humain), qui recueillent les dons de sperme de façon anonyme et gratuite.

Le **25 juillet 1978** se produit un événement décisif pour la communauté scientifique et médicale : **le premier « bébé-éprouvette »**, c'est-à-dire le premier bébé obtenu par fécondation in vitro, naît en Angleterre et se prénomme Louise Brown.

La France n'est pas en reste avec la naissance, le 24 février 1982, à l'hôpital Antoine-Béclère de Clamart, du premier bébé-éprouvette français, prénommée Amandine.

En **1992** est mise au point la technique de l'**ICSI** à Bruxelles. Le premier bébé français conçu grâce à une ICSI naît en 1994 et se prénomme Audrey. Cette nouvelle technique bouleverse le paysage de l'AMP puisque pour la première fois, les hommes souffrant d'une infécondité sévère peuvent concevoir un enfant sans avoir recours au don de sperme.

En France, en 2018, d'après l'Agence de Biomédecine, 148 711 tentatives d'AMP ont été recensées, pour 25 120 enfants nés d'une AMP (soit 16,9 % de réussite). Ces 25 120 enfants représentaient en 2018 3,3 % des naissances en France (contre 2,6 % en 2009).

On note ainsi parmi les 25 120 enfants nés issus d'une AMP réalisée en 2018 :

- 21,9 % (5 495 enfants) ont été conçus par insémination intra-utérine, AMP la plus simple, la moins invasive et la moins coûteuse. L'insémination intra-utérine vient ici confirmer sa place au sein des traitements de l'infertilité.
- 34,6 % (8 693 enfants) sont issus d'une congélation embryonnaire. Ce nombre en constante augmentation (16 % en 2013, 29,2 % en 2017) témoigne de la diminution du nombre moyen d'embryons transférés à chaque transfert et de la place croissante des transferts différés d'embryons dans la stratégie de prise en charge des couples en AMP. Ces évolutions sont favorisées par le développement de la vitrification embryonnaire et la meilleure survie des embryons après réchauffement.

Pour près de 96 % des AMP, les tentatives sont réalisées avec les gamètes des deux membres du couple. Dans 4,3 % des cas, les tentatives utilisent des spermatozoïdes, des ovocytes ou des embryons issus de don.

Notons que 5,1 % des enfants conçus par AMP sont nés grâce à un don, soit 1270 enfants :

- 3,6 % des enfants sont issus d'un don de spermatozoïdes (906 enfants).
- 1,4 % des enfants sont issus d'un don d'ovocytes (343 enfants).
- 0,08 % des enfants sont issus d'un accueil d'embryon (21 enfants).

Au 31 décembre 2018, on dénombrait 245590 embryons conservés pour 85423 couples. Chaque année, des relances sont faites par les centres pour interroger les couples sur leur souhait de poursuivre ou non la conservation. Les embryons peuvent être conservés pendant plusieurs années sans dommage, dans différentes situations :

- Celle d'un projet parental en cours pour 76 % d'entre eux est la situation de loin la plus fréquente (186691 embryons pour 65354 couples concernés). Les embryons sont alors destinés à être décongelés/dévitrifiés et transférés, dans les mois ou années suivantes pour la poursuite du projet parental.
- Dans 11,4 % des cas (28103 embryons), les couples (9702) n'ont plus de projet parental pour les embryons conservés. Les embryons pourront être accueillis par un autre couple ou donnés pour la recherche si les couples y consentent. Les embryons sont de fait conservés dans les centres d'AMP où ils ont été congelés tant que la mise en œuvre de l'accueil d'embryons ou de la recherche n'est pas effective.
- Pour 12,5 % des embryons conservés (30796 embryons), les couples ne répondent pas aux relances annuelles ou ne sont pas en accord quant à leur devenir. Dans ces situations, il est mis fin à la conservation dès lors que les embryons sont conservés depuis au moins 5 ans.

Concernant l'accueil d'embryons, 85 transferts ont été réalisés chez 143 couples receveurs et ont conduit à la naissance de 21 enfants en 2018.

L'AMP est entièrement remboursée par l'assurance-maladie. Néanmoins, depuis le 30 mars 2005, l'assurance-maladie ne rembourse pas plus de six tentatives d'inséminations et plus de quatre tentatives de fécondation in vitro (FIV), ni les tentatives réalisées par une femme de plus de 43 ans. On estime en effet le coût de l'AMP pour l'assurance-maladie à 120 millions d'euros par an, le coût d'une insémination artificielle étant estimé par le ministère de la Santé à 450 € et celui d'une FIV ou d'une ICSI à 3000 €.

V. Les risques liés à l'AMP et à la GPA

Toute la controverse concernant l'AMP, et notamment l'ouverture de l'AMP aux couples homosexuels, interroge la fonction fondamentale de l'AMP : est-ce que cela doit être considéré comme une solution à un problème médical ou bien à un problème sociétal ? C'est là la principale contradiction de l'AMP : en effet, par définition, l'AMP désigne toute technique de procréation « en dehors du processus naturel », et il serait donc parfaitement logique qu'elle puisse être utilisée non pas simplement pour les personnes qui sont malades (infertilité ou risque de transmission d'une maladie grave) mais aussi pour les personnes qui ne peuvent pas naturellement avoir d'enfants, comme précisément les couples homosexuels.

Quant à la GPA, les risques sont évidemment multiples et concernant là aussi tout le monde. En effet, ceux qui sont contre la GPA le sont souvent au nom de l'intérêt de l'enfant à naître et du risque d'instrumentalisation du corps de la femme. L'enfant à naître sera en effet séparé de celle qui l'a porté, et on peut s'interroger sur les risques que les liens mère-enfant qui s'établissent lors de la grossesse soient rompus. De même la grossesse comporte un certain nombre de dangers pour la gestatrice et sa famille.

La controverse est aussi éthique et juridique: la parenté est complètement fragmentée puisque la procédure de GPA peut inclure jusqu'à cinq personnes (un donneur de sperme, une donneuse d'ovocytes et le couple désirant avoir l'enfant). Cela pose évidemment problème quant au risque évident d'exploitation des femmes, de la marchandisation de leur corps, et donc de l'atteinte à leur dignité. De plus, la GPA étant actuellement autorisée dans certains pays, se pose la question du sort réservé aux couples qui y auraient recours en toute légalité à l'étranger et aux enfants qui seraient nés dans ces conditions.

Dans tous les cas, il s'agit de savoir si le désir d'enfant doit être satisfait à tout prix et si des procédures moins coûteuses techniquement, financièrement et humainement ne pourraient pas être mises en place. Ainsi, étant donné le nombre d'orphelins dans le monde, qui est estimé à 150 millions d'enfants de moins de 18 ans, il semblerait assez logique de faciliter les procédures d'adoption, plutôt que d'autoriser une procédure de gestation pour autrui qui paraît assez complexe à mettre en œuvre et qui instrumentalise de fait le corps d'une femme, avec le risque que toute une partie de la population féminine pauvre soit utilisée comme un réservoir d'utérus à toute une partie de la population féminine riche. Les différences de législation entre les pays favorisent de plus le tourisme procréatif qui permet de contourner la loi française et qui en même temps l'affaiblit. De plus enfin, le fait qu'il y ait jusqu'à cinq protagonistes dans le cadre d'une GPA pose des problèmes de filiation et d'identité extrêmement compliqués. Dans tous les cas, il semble contraire aux valeurs françaises de laisser la question de la procréation aux lois du marché, mais il ne faudrait pas qu'en retour cela force des couples Français à partir à l'étranger pour réaliser leur rêve, réservant du même coup cette procédure aux Français les plus fortunés. Il s'agit donc de savoir si au final l'autonomie des personnes, ou des couples, doit être limitée par le bien-être de celui qui est justement tant désiré dans toutes ces procédures: l'enfant.

Testez-vous

1. Parmi les propositions suivantes concernant l'AMP, laquelle (lesquelles) est (sont) exacte(s) ?

- ☐ **A.** L'assistance médicale à la procréation s'entend des pratiques cliniques et biologiques permettant la conception in vitro, le transfert d'embryons et l'insémination artificielle, ainsi que toute technique d'effet équivalent permettant la procréation en dehors du processus naturel.
- ☐ **B.** L'AMP réussit dans 1,69 % des cas.
- ☐ **C.** La Gestation pour autrui est interdite en France.
- ☐ **D.** Le don d'ovocyte est gratuit en France mais aussi anonyme.
- ☐ **E.** L'embryon peut être créé à des fins de recherche scientifique, uniquement si les parents sont consentants.

2. Concernant l'AMP, cocher la ou les réponse(s) correcte(s) :

- ☐ **A.** Le Code de la santé publique précise qu'un couple ayant recours à l'AMP a le droit de choisir d'avoir recours ou non à l'intervention d'un tiers donneur.
- ☐ **B.** L'AMP comprend toutes les techniques permettant la procréation en dehors du processus naturel.
- ☐ **C.** En France, seules les femmes ne possédant pas d'utérus peuvent avoir recours à une « mère porteuse ».
- ☐ **D.** Tous les deux ans, le couple doit émettre un avis concernant la conservation de leurs embryons congelés.
- ☐ **E.** Aucune action ou responsabilité ne peut être exercée à l'égard du donneur.

3. Cochez les réponses fausses parmi les conditions requises pour avoir droit à l'AMP :

- ☐ **A.** Être marié ou en concubinage.
- ☐ **B.** Avoir déjà procréé.
- ☐ **C.** Être vivant et en âge de procréer (15-49 ans pour les femmes).
- ☐ **D.** Avoir une infertilité pathologique pour les deux membres du couple.
- ☐ **E.** Être un couple hétérosexuel.

4. Parmi les propositions suivantes concernant l'AMP, laquelle (lesquelles) est (sont) exacte(s) ?

- ☐ **A.** Les diagnostics préimplantatoire et prénatal sont réalisés avant l'implantation de l'embryon.
- ☐ **B.** On parle d'assistance médicale à la procréation dès lors que la procréation a été permise par une technique en dehors du processus naturel.
- ☐ **C.** Sont considérés comme surnuméraires les embryons qui ne font pas l'objet d'un projet parental immédiat.
- ☐ **D.** Les personnes nées d'une AMP en France pourront accéder dès leur majorité à des « données non identifiantes » (âge, caractéristiques physiques, situation familiale ou encore professionnelle…) ou à l'identité de leur donneur
- ☐ **E.** L'AMP peut se justifier pour un couple fertile.

5. Parmi les propositions suivantes concernant le vocabulaire relatif à la bioéthique, laquelle (lesquelles) est (sont) exacte(s) ?

- ☐ **A.** La loi interdit la rémunération du don d'ovocytes.
- ☐ **B.** Actuellement, une veuve ne peut être inséminée avec un embryon congelé conçu avant la mort de son mari.
- ☐ **C.** En cas de gestation pour autrui, la parenté pourrait inclure jusqu'à quatre personnes.
- ☐ **D.** Un peu plus d'1 enfant sur 30 né en France est issu d'une AMP.
- ☐ **E.** D'après la loi du 6 août 2004, les embryons congelés surnuméraires doivent être détruits au bout de 10 ans.

20 Don du sang, don d'organe, don du corps

Le 1er janvier 2017 sont entrées en vigueur les nouvelles modalités de consentement présumé et de refus de prélèvement d'organes, suite à la loi du 26 janvier 2016 de modernisation de notre système de santé.
Ainsi si chaque français reste un donneur présumé depuis la loi Caillavet de 1976, trois modalités de refus sont désormais possibles. En effet, si le registre national des refus est le moyen principal d'expression du refus de prélèvement, chaque personne opposée au prélèvement de tout ou partie de ses organes peut aussi faire un écrit, qui devra être confié à un proche. Ce dernier pourra ainsi le transmettre à l'équipe médicale en cas de décès rendant envisageable un prélèvement d'organes-tissus.
Troisième et dernière option : chacun peut faire savoir son opposition de vive voix à ses proches. Dans ce cas, il sera demandé de retranscrire par écrit les circonstances précises de l'expression de ce refus et au proche qui l'a fait connaître de signer cette retranscription.
Depuis janvier 2017, les demandes d'inscription sur le registre national des refus peuvent se faire directement en ligne à l'adresse suivante : www.registrenationaldesrefus.fr.
Les demandes d'inscription sur le registre national des refus restent également possibles par un formulaire PDF disponible à la même adresse ou sur papier libre, par envoi à l'Agence de la biomédecine.
Le formulaire de refus au prélèvement permet aussi de ne s'opposer au prélèvement que pour certains organes ou tissus.
L'inscription sur le registre national des refus est révisable et révocable à tout moment.
Enfin, le site internet https://www.dondorganes.fr permet vise à donner toutes les informations concernant la législation sur le don d'organes et relayer les campagnes de promotion ou d'information sur le prélèvement et la greffe d'organes.

I. Définitions

Tout d'abord, le don se définit par le fait de céder gratuitement et sans contrepartie quelque chose que l'on possède, à quelqu'un d'autre ou à une institution. De manière générale, quand il s'agit de dons d'organes, de tissus ou d'autres parties du corps humain, le don est non seulement gratuit mais aussi anonyme.

Dans le domaine médical, on distingue différents types de don.

- La transplantation se définit comme le transfert d'un organe entier provenant d'un donneur : elle implique le rétablissement de la continuité vasculaire afférente et efférente de cet organe avec l'appareil circulatoire du receveur.
- La greffe consiste quant à elle en un transfert de tissu ou de partie d'organe, d'un donneur vers un receveur. Cependant dans un sens plus élargi le terme « greffe » est aujourd'hui employé pour parler de transplantation.

On distingue différents types de greffes :

- **Autogreffe** : elle est effectuée sur le même individu (greffe de peau par exemple) ;
- **Isogreffe** : elle est effectuée sur un individu isogénique (jumeaux monozygotes par exemple) ;

- **Allogreffe** : elle est effectuée sur un individu non isogénique de la même espèce (c'est la greffe la plus courante) ;
- **Xénogreffe** : elle est effectuée sur un individu d'une espèce différente (greffe d'un foie de porc sur un homme par exemple).

Le rejet, enfin, se définit comme un mécanisme de destruction partielle ou totale de l'organe par le corps qui reçoit cet organe et le considère comme un corps étranger qu'il faut détruire.

A. Le don d'organes

En matière de don d'organes, il est impératif de distinguer un prélèvement sur donneur vivant, et un prélèvement sur donneur décédé, car ce ne sont pas les mêmes règles qui s'appliquent.

1. Le prélèvement d'organes sur personne décédée

Le prélèvement d'organes sur une personne décédée ne peut être effectué qu'à des fins thérapeutiques ou scientifiques. Il doit respecter les principes suivants :

- La gratuité, c'est-à-dire l'impossibilité de faire commerce d'organes humains ;
- L'anonymat, c'est-à-dire l'impossibilité pour la famille de la personne décédée de connaître l'identité du receveur et pour le receveur, de connaître l'identité du donneur.

La famille de la personne décédée pourra toutefois prendre connaissance à tout moment du résultat des greffes réalisées. La loi française pose le principe du consentement présumé de toute personne décédée sur le don de ses organes. La loi du 26 janvier 2016 prévoit que la famille du donneur ne sera plus consultée mais simplement informée d'un éventuel prélèvement d'organes. Toutefois, la loi distingue 3 modalités de refus :

1. Le principal moyen de s'opposer au prélèvement de ses organes et tissus après la mort est de s'inscrire sur le registre national des refus. La loi de 2016 rend l'inscription possible en ligne sur le site registrenationaldesrefus.fr.
2. Sinon, il est possible de faire valoir son refus de prélèvement par écrit et de confier le document daté et signé à un proche.
3. Enfin, il est possible de communiquer oralement son opposition à ses proches qui devront en attester auprès de l'équipe médicale.

De plus, le refus peut désormais être partiel, et ne concerner que certains organes ou tissus, ce qui n'était pas possible avant 2016.

Pour pouvoir prélever les organes, il faut que la personne soit considérée comme morte, c'est-à-dire que les médecins établissent un constat précoce de la mort. La mort du donneur doit être médicalement constatée par deux médecins. Ces deux médecins ne doivent pas appartenir aux équipes en charge des greffes. En pratique, le constat de la mort repose sur trois critères cliniques simultanément présents :

- absence totale de conscience et d'activité motrice spontanée;
- abolition de tous les réflexes du tronc cérébral;
- abolition de la respiration spontanée.

Il est confirmé par examen paraclinique qui atteste du caractère irréversible de la destruction du cerveau. On réalise en général soit deux électroencéphalogrammes, chacun d'une durée de 30 minutes et à 4 heures d'intervalle, attestant de la destruction encéphalique par un tracé nul et aréactif, soit une angiographie objectivant l'arrêt de la circulation encéphalique. Il faut ensuite établir un procès-verbal de la mort sur le document prévu à cet effet.

Ensuite, à l'annonce du décès, le corps du défunt est maintenu artificiellement en vie. Des analyses biologiques sont réalisées pour identifier les compatibilités possibles avec des profils de personnes en attente de greffe. La coordination hospitalière des greffes effectue les vérifications nécessaires auprès de la famille du défunt et se met en relation avec les services régionaux de l'Agence de la biomédecine.

La procédure peut être interrompue à tout moment pour raisons médicales (dégradation de l'état des organes) ou sur la connaissance d'un indice du désaccord du défunt. Les organes pour lesquels les besoins sont les plus importants sont, dans l'ordre: le rein, le foie, le cœur, le poumon, le pancréas.

On prélève également souvent les cornées, et parfois des parties de l'intestin ou des tissus comme des os, des artères, des tendons… Les yeux ne sont jamais prélevés à des fins de greffe. Évidemment, les éléments du corps qui, une fois prélevés, peuvent modifier l'aspect du défunt sont remplacés par des éléments artificiels: de fines lentilles à la surface des yeux pour remplacer les cornées, des prothèses en matériaux synthétiques pour les os. Ainsi, le corps rendu aux familles ne porte pas de cicatrices apparentes des prélèvements, seulement des pansements. En effet, les médecins qui procèdent à un prélèvement d'organes sur une personne décédée sont tenus de s'assurer de la meilleure restauration possible du corps. La violation de ce principe peut faire l'objet d'un recours devant la justice.

Enfin, les greffons sont répartis en respectant les principes d'équité, d'éthique médicale et viser l'amélioration de la qualité des soins. C'est l'Agence de biomédecine qui orchestre 24 heures sur 24 la répartition et l'attribution des organes, au travers de son pôle national de répartition des greffons. En effet, tous les malades ayant besoin d'une greffe d'organes sont inscrits par leur médecin sur la liste nationale d'attente gérée par l'Agence de la biomédecine.

La répartition tient compte des priorités médicales et des déplacements géographiques auxquels seront soumis les greffons. Certains patients de la liste d'attente sont prioritaires: les enfants, les receveurs dont la vie est menacée à très court terme, les receveurs pour lesquels la probabilité d'obtenir un greffon est très faible du fait de caractéristiques morphologiques ou immunogénétiques particulières.

En l'absence de receveur prioritaire, l'attribution se fait par échelons géographiques successifs: local, régional, national, selon les règles spécifiques à chaque organe. On s'efforce de réduire le temps entre le prélèvement et la greffe en diminuant au maximum la distance à parcourir pour le greffon. Il s'agit de préserver sa qualité et optimiser les réussites de la greffe.

La répartition des organes s'appuie sur un registre informatisé appelé Cristal et, pour les cas prioritaires, des collèges d'experts chargés d'examiner les demandes individuelles d'inscription de malades en liste d'attente. Lorsqu'un greffon n'est adapté à aucun receveur en attente à ce moment-là en France, il est proposé à l'échelon international aux organismes européens homologues de l'Agence de la biomédecine.

Tous les frais liés au prélèvement d'organes pour le donneur et la transplantation d'organes pour le ou les receveur(s) sont pris en charge par l'établissement de santé qui effectue le prélèvement.

2. Le prélèvement sur donneur vivant

Une personne vivante peut faire un don d'organe dans l'intérêt thérapeutique direct d'un receveur qui ne peut être qu'un membre proche de sa famille. Ainsi, le malade peut recevoir un organe :

- de son père ou de sa mère ;
- de son fils ou de sa fille ;
- de son frère ou de sa sœur ;
- de ses grands-parents, oncles ou tantes, cousins ou cousines germaines ;
- de son conjoint ou d'une personne avec laquelle il vit en couple depuis au moins 2 ans.

En cas d'incompatibilité entre la personne ayant exprimé l'intention de donner un organe et le receveur, le donneur et le receveur peuvent se voir proposer le recours à un don croisé d'organes. Celui-ci consiste à mettre en contact deux couples donneur/receveur et à permettre un don entre le donneur du 1er couple et le receveur du 2e couple et l'inverse. Dans ce cas, l'anonymat entre donneur et receveur est préservé.

Par contre, aucun prélèvement d'organe, en vue d'un don, ne peut avoir lieu sur une personne vivante mineure ou sur une personne vivante majeure faisant l'objet d'une mesure de protection légale (personne incapable de jouir de ses droits du fait d'une mesure de protection juridique).

Chaque procédure de don d'organes entre personnes vivantes doit passer devant un comité d'experts : en France, il existe neuf comités d'experts (nommés par arrêté du ministre chargé de la Santé pour 3 ans) ayant chacun une compétence géographique propre. Le comité concerné est celui dans le ressort duquel demeure le donneur. Si le donneur a dû se rapprocher du lieu d'hospitalisation du receveur, il peut saisir le comité compétent sur cet établissement. Le rôle du comité est d'informer le donneur et d'autoriser le prélèvement.

Avant d'exprimer son consentement, le donneur doit être informé :

- des risques qu'il encourt ;

- des conséquences éventuelles du prélèvement (conséquences prévisibles, d'ordre physique ou psychologique, ainsi que ses répercussions éventuelles sur sa vie personnelle, familiale et professionnelle);
- et des résultats qui peuvent être attendus de la greffe pour le receveur.

Cette information est délivrée par le comité d'experts ou, en cas d'urgence vitale, par le médecin prescripteur de la greffe, ou par tout autre médecin du choix du donneur. Le comité d'experts s'assure, au cours d'une audition, que le donneur fait son choix en pleine connaissance de ces informations. Le comité d'experts peut avoir accès aux informations médicales concernant le donneur et le receveur, afin d'apprécier la justification de l'opération. Ses membres sont soumis au secret.

Ensuite, le donneur doit, à sa demande, exprimer son consentement devant le président du tribunal de grande instance ou un magistrat désigné par lui. Le magistrat s'assure du consentement libre et éclairé du donneur.

En cas d'urgence vitale attestée par le médecin responsable du service où le prélèvement est envisagé, le donneur peut adresser par tout moyen au Procureur de la République un document signé faisant part de son consentement au don et attestant de son lien avec le receveur. Le procureur atteste par écrit qu'il a reçu ce consentement et en informe le médecin responsable. Le consentement fait l'objet d'un acte écrit, signé par le magistrat et par le donneur. Il est révocable à tout moment. Ensuite, le donneur doit adresser sa demande d'autorisation du prélèvement au comité d'experts, par écrit. La demande doit être accompagnée de la copie de l'acte par lequel a été recueilli son consentement. Après délibération, la décision autorisant le prélèvement est prise par le comité d'experts à la majorité. Elle est communiquée par tout moyen qui permet d'en garder une trace écrite au donneur, et au médecin responsable du service où le prélèvement est envisagé, qui la transmet au directeur de l'établissement.

Tous les frais engagés par le donneur d'organe sont pris en charge par l'établissement de santé qui réalise le prélèvement.

B. Le don de sang

Le don de sang permet de pratiquer une transfusion sanguine, prescrite en cas de manque de globules rouges, de plaquettes, de facteurs de coagulation, de globules blancs. Il existe trois grands cas de figure d'utilisation de ces produits sanguins: en hématologie, en obstétrique et lors d'une intervention chirurgicale. Pour faire un don de sang, il faut être en bonne santé et peser au minimum 50 kg. Nul ne peut être exclu du don de sang en dehors de contre-indications médicales. Sont notamment exclues du dispositif de don du sang: les personnes qui ont bénéficié d'une transfusion, quelle qu'en soit la date; les personnes qui ont séjourné au Royaume-Uni pendant au minimum un an entre 1980 et 1996; les personnes qui sont susceptibles de transmettre par la voie du sang, une bactérie, un virus ou un parasite entraînant des maladies.

Selon l'âge, la nature du don sera différente : avant 18 ans et après 70 ans, aucun don n'est autorisé, alors que de 18 à 50 ans tous les types de dons sont autorisés. Aucun prélèvement ne peut être réalisé sur un majeur protégé, quel que soit son âge.

On distingue différents types de prélèvements :

- **le don du sang total** : il est utilisé pour des transfusions sanguines et la recherche médicale. Un homme ne peut faire que 6 dons maximum dans l'année, une femme 4. Un intervalle de deux mois minimum doit être respecté entre 2 dons ;
- **le don de plasma** : il est utilisé pour la préparation des vaccins et sérums, remède contre l'hémophilie, prévention de la maladie du nouveau-né liée au rhésus. On peut faire 24 dons maximum dans l'année, avec un intervalle de 2 semaines entre chaque don ;
- **le don de plaquettes sanguines** : il sert notamment à soigner certains cancers, dont la leucémie. On peut faire douze dons maximum dans l'année, avec un intervalle d'1 mois entre chaque don.

C. Le don de sperme et d'ovocytes

Le don de sperme est peu connu mais reste, pour certains couples touchés par l'infertilité masculine, le seul espoir d'avoir un enfant. Pour donner son sperme, il faut être majeur et âgé de moins de 45 ans, être en bonne santé. Si le donneur n'a jamais eu d'enfant, il se voit proposer le recueil et la conservation d'une partie de ses gamètes en vue d'une éventuelle réalisation ultérieure, à son bénéfice, d'une assistance médicale à la procréation. Le don de sperme est anonyme aussi bien pour le couple receveur que pour le donneur. Il n'est pas rémunéré. Les frais de transport ou d'hébergement sont pris en charge sur présentation de justificatifs. Il ne peut se pratiquer que dans un organisme ou établissement de santé à but non lucratif. Ce sont les CECOS (Centre d'étude et de conservation des œufs et du sperme), qui recueillent et conservent les dons.

Le don d'ovocytes est lui aussi peu connu mais reste le seul espoir pour des couples d'avoir un enfant si la femme souffre de problèmes de fertilité. Pour pouvoir donner ses ovocytes, la femme doit être majeure et âgée de moins de 37 ans, elle doit être en bonne santé, et elle donne son consentement par écrit. Si la donneuse n'a jamais eu d'enfant, l'équipe médicale lui propose le recueil et la conservation d'une partie de ses ovocytes en vue d'une éventuelle assistance médicale à la procréation en sa faveur. Le don d'ovocytes est anonyme aussi bien pour le couple receveur que pour la donneuse. Il n'est pas rémunéré. Les frais de transport ou d'hébergement sont pris en charge sur présentation de justificatifs. Ce sont là aussi les CECOS qui recueillent les dons d'ovocytes.

D. Le don de lait maternel

Pour certains enfants, présentant des troubles digestifs des allergies ou des déficiences immunitaires ainsi que pour les prématurés, l'allaitement maternel est un besoin vital. En effet, toutes les mamans n'ont pas toujours la possibilité d'assurer une lactation assez importante pour répondre aux besoins de l'enfant. Le don de lait, bien qu'encore assez peu répandu, répond à ces besoins.

C'est pourquoi il existe des Lactariums : le Lactarium est une banque du lait maternel qui collecte, analyse, contrôle et redistribue ce lait sur prescription médicale à des enfants prématurés, ou présentant certaines maladies digestives immunologiques et allergiques. Les Lactariums peuvent être soit intégrés au Centre hospitalier universitaire, soit indépendants : ce sont des centres de consultations et d'informations en matière d'allaitement maternel. Le lait recueilli provient des mères en maternité ou à domicile qui allaitent entièrement leur bébé et acceptent, une ou plusieurs fois par jour d'offrir leur surplus de lait. Le recueil du lait maternel obéit à des règles strictes : suivi médical, contrôle HIV, hépatite B, hépatite C, examens bactériologiques pratiqués sur le lait de chaque mère Ils consistent à dénombrer la flore totale par millilitre de lait et, en particulier, la présence de staphylocoques. Le don de lait maternel est anonyme et gratuit.

E. Le don de moelle osseuse ou de cellules-souches hématopoïétiques

La moelle osseuse contient des cellules-souches hématopoïétiques à l'origine de la formation des globules rouges, blancs et des plaquettes. La moelle osseuse est prélevée sous anesthésie générale par ponction dans les os du bassin. Le volume du prélèvement est fonction du poids du donneur et des besoins du malade.

En dehors des risques liés à l'anesthésie, le don est sans danger : la moelle est un tissu vivant qui se régénère rapidement. En règle générale ce don sert à soigner les leucémies, mais aussi les anémies.

Tout le monde peut devenir volontaire au don de moelle osseuse : un membre (même mineur) de la famille du patient, un donneur volontaire, inscrit sur un fichier, ou encore une mère après son accouchement (cordon ombilical). Mais il faut impérativement respecter les conditions suivantes : être en parfaite santé, avoir plus de 18 ans et moins de 51 ans lors de l'inscription (même si l'on peut ensuite donner jusqu'à 60 ans), accepter de répondre à un questionnaire de santé et faire une prise de sang.

Certaines contre-indications médicales peuvent rendre le don et donc l'inscription impossible, notamment si le donneur a ou a eu des affections cardiaques, une hypertension artérielle, des affections respiratoires, des maladies du système nerveux, des antécédents de cancers, ou encore des affections métaboliques (diabète, insuffisance hépatique).

Le don de moelle osseuse est évidemment, comme tous les dons, anonyme et gratuit. À ce titre, l'établissement de santé qui réalise le prélèvement prend à sa charge les frais d'examens afférents au prélèvement, la totalité des frais d'hospitalisation, les frais de transport ainsi que, le cas échéant, l'indemnisation de la perte de rémunération subie par le donneur. Ce don nécessite un consentement écrit : ainsi, lorsque le donneur est sollicité par le registre national pour un don de moelle osseuse, il doit se rendre au Tribunal de Grande Instance de son domicile afin de confirmer son consentement au don de moelle osseuse. Cette démarche permet de recueillir le libre accord du donneur pour le prélèvement ainsi que le fait qu'il ait été correctement informé de la procédure. Ce consentement reste révocable à tout moment.

On trouve également des cellules-souches dans le sang et dans le cordon ombilical : c'est ce que l'on appelle le don de sang placentaire. La greffe de sang placentaire constitue une alternative à la greffe de moelle osseuse. Le sang de cordon est prélevé dans les minutes suivant l'accouchement. Il est anonyme, et sans douleur, pour la mère comme pour l'enfant. Une sage-femme recueille le sang placentaire, qui est ensuite acheminé vers l'une des banques de sang de cordon, où il est enregistré, analysé, et stocké.

F. Le don de son corps à la science

Enfin, on peut faire don de son corps à la science : pour cela, il faut s'adresser à la faculté de médecine la plus proche de son domicile. Le donateur doit rédiger une déclaration manuscrite de don, datée et signée. Une carte de donneur est remise à l'intéressé qui doit la conserver avec lui durant toute sa vie. La faculté de médecine peut toujours refuser le don d'un corps si elle n'en a pas l'utilité.

II. Historique de la transfusion sanguine et de la transplantation d'organes

En France, la première expérience de transfusion sanguine remonte à janvier 1670 : un jeune médecin parisien, Jean-Baptiste Denis, tente de soigner un malade mental par transfusion… de sang de veau. Le décès du malheureux patient amène le Parlement à interdire toute nouvelle tentative de transfusion. Il faudra attendre un siècle et demi avant que de nouvelles expériences soient tentées.

Quant à l'histoire de la transplantation, c'est au début du XXe siècle qu'elle commence véritablement. Tout d'abord, c'est en France qu'Alexis Carrel et Emerich Ullman sont les premiers à tenter et à réussir en 1902 la transplantation d'organe chez un animal : Carrel, notamment, rapporte avoir transplanté le rein d'un chien à son cou. Mais tous deux prennent conscience, après de multiples essais, que seule l'autogreffe fonctionne et que pour le moment, l'allogreffe est impossible. En 1906, toujours en France, Mathieu Jaboulay réalise la première greffe rénale sur l'homme : il greffe un rein de porc au coude d'une femme atteinte d'insuffisance rénale. Cette opération se solde par un échec. En effet, si la technique chirurgicale semble à présent maîtrisée, il reste que les greffes échouent dans quasiment tous les cas car les receveurs.

En 1909 à Vienne, la découverte par Karl Landsteiner des groupes sanguins puis leur classification dans le système ABO, ouvre la voie à la transfusion sanguine moderne, mais aussi à la transplantation d'organes.

Pendant la Première Guerre mondiale, le 16 octobre 1914 eut lieu, à l'Hôpital de Biarritz, la première transfusion sanguine directe de la Première Guerre mondiale : Isidore Colas, un breton en convalescence à la suite d'une blessure à la jambe, sauve par le don de son sang le caporal Henri Legrain, arrivé exsangue du Front. Leurs sangs devaient être compatibles puisque l'opération réussit. À la fin de 1914, 44 transfusions avaient été pratiquées en France selon ce procédé, avec des résultats intéressants, malgré la méconnaissance complète des groupes sanguins. L'efficacité de l'acte transfusionnel est peu à peu démontrée. Les méthodes se professionnalisent et commencent à être appliquées, après la guerre, dans les hôpitaux.

En 1949, Arnaud Tzanck crée le Centre National de Transfusion Sanguine. La première collecte mobile est organisée la même année, pour répondre aux besoins en plasma d'ouvriers brûlés par les explosions dans leur usine. À l'époque, en effet, on ne donne pas son sang : on le vend. Arnaud Tzanck milite pour que le geste devienne gratuit et volontaire. Cela fonctionne : en 1950, la Fédération nationale de donneurs de sang bénévoles est créée. Elle précède de deux ans le vote au Parlement de la première loi sur la transfusion sanguine, qui précise : « *le sang et ses dérivés ne sont pas des médicaments et ne constituent pas un bien du commerce* ».

En 1952, Jean Dausset, à Paris, met en évidence le système HLA (*Human Leucocyte Antigens* ou antigènes des leucocytes humains qui sont des molécules à la surface des cellules qui permettent l'identification par le système immunitaire) qui est lié au système immunitaire et qui permet à l'organisme de distinguer entre le soi et le non-soi : c'est le CMH ou complexe majeur d'histocompatibilité.

La même année, en France, l'équipe de l'hôpital Necker, sous la conduite des professeurs Jean Vaysse et Jean Hamburger, tente une greffe sur donneur vivant : en effet, le jeune Marius Renard, 16 ans, charpentier de son état, perd son unique rein lors de la chute d'un toit. Sa mère supplie les médecins qu'on lui prenne un rein pour le donner à son fils : ceux-ci décident de tenter l'opération de la dernière chance et réussissent à redonner une fonction rénale au jeune garçon. Mais celui-ci meurt 21 jours après. Néanmoins, l'espoir suscité, amplifié par la couverture médiatique de cet événement, est immense et ne va pas tarder à devenir une réalité.

En effet, c'est en 1954 que la première greffe rénale à partir d'un donneur vivant réussit (le critère de réussite étant la survie plus de six mois après l'opération). L'opération a lieu à Boston, sous l'égide des docteurs Murray, Merrill et Harrison, entre deux jumeaux monozygotes. À présent, la transplantation d'organes entre dans une nouvelle ère. Les médecins ont compris que le problème qu'il s'agissait désormais de résoudre est immunitaire : il faut trouver un moyen d'affaiblir ou de supprimer le système immunitaire de la personne greffée si l'on veut que la greffe réussisse.

En 1960, l'équipe de l'hôpital Foch, à Suresnes, dirigée par René Kuss et Marcel Legrain, réalise les premières greffes entre frère et sœur non jumeaux, puis en dehors de tout lien de parenté entre le donneur et le receveur. Pour éviter le rejet, ils pratiquent une irradiation totale, à laquelle est ajouté un traitement par corticoïde et de la mercaptopurine (un immunosuppresseur). Les greffes réussissent, avec une survie prolongée des patients, même si le greffon a tendance à se dégrader.

Néanmoins, ce succès en matière de transplantation rénale ouvre la voie à la transplantation d'autres organes.

Ainsi en 1967, Christian Barnard réalise la première greffe du cœur en Afrique du Sud. Le patient, Louis Washkansky, 54 ans, meurt au bout de dix-huit jours d'une pneumonie liée à l'immunosuppression. En 1968 est réalisée à Paris la première greffe cardiaque en Europe, par Christian Cabrol.

Au début des années 1980, l'apparition d'un nouveau médicament immunosuppresseur, découvert par le médecin suisse Jean-François Borel, modifie considérablement les perspectives en matière de greffes et surtout de survie: il s'agit de la ciclosporine (ou cyclosporine). C'est une révolution et les greffes, même les plus aventureuses, se multiplient:

- en 1984, à Villejuif en France, Henri Bismuth met au point la technique du «split liver» qui consiste à couper en deux le foie du donneur pour le transplanter à deux receveurs;
- en 1998 est réalisée avec succès la première greffe de la main à Lyon par les professeurs Jean-Michel Dubernard et Earl Owen;
- en 2000, les professeurs Owen et Dubernard récidivent en réalisant une double greffe des deux mains et des avant-bras;
- en 2005, à Amiens, le professeur Dubernard, aidé cette fois-ci du professeur Devauchelle, réalise la première greffe partielle du visage (nez-bouche) sur Isabelle Dinoire, une femme de 38 ans défigurée par un chien;
- en 2010 est réalisée la première greffe totale de visage, par le professeur Lantieri, à l'hôpital de Créteil.

III. La législation encadrant le don d'organes

Quatre lois jalonnent l'histoire de l'encadrement des pratiques de dons de sang ou d'organe.

A. La loi Caillavet du 22 décembre 1976

C'est la première grande loi en matière de don d'organes de l'histoire: elle a constitué un cadre juridique permettant les prélèvements les plus divers, non seulement d'organes, mais aussi de tissus. Le législateur a choisi d'adapter les organes disponibles aux besoins grandissants, en consacrant une présomption de consentement aux prélèvements après décès. Elle introduit la notion de «consentement présumé» et distingue deux catégories de prélèvement: sur donneur vivant ou sur cadavre. Elle définit aussi la finalité de la transplantation: la finalité doit être soit thérapeutique soit scientifique. On n'a donc le droit de prélever ou de transplanter un organe que dans un but de recherche ou de soin et la validité juridique du consentement est subordonnée à cette fin.

B. La loi de Bioéthique de 1994

La loi n° 94-654 du 29 juillet 1994 relative au *don et à l'utilisation des éléments et produits du corps humain, à l'assistance médicale à la procréation et au diagnostic prénatal* a permis l'affirmation des cinq principes généraux de la greffe d'organes :

- Gratuité du don ;
- Anonymat entre le donneur et le receveur ;
- Consentement du donneur ;
- Interdiction de toute publicité pour le don d'éléments du corps humain en faveur d'une personne, d'un établissement ou d'un organisme déterminé ;
- Sécurité sanitaire des prélèvements d'éléments du corps humain.

C. Loi du 1er juillet 1998 relative au renforcement de la veille sanitaire et du contrôle de la sécurité sanitaire des produits destinés à l'homme

Elle réorganise en profondeur le système transfusionnel français, et crée à ce titre l'Établissement français du sang (EFS).

L'Établissement français du sang (EFS) est l'opérateur civil unique de la transfusion sanguine en France. C'est un établissement public à caractère industriel et commercial, placé sous la tutelle du ministère en charge de la Santé.

La transfusion sanguine, dont l'EFS a le monopole depuis 2000, comprend le don de sang, le don de plasma et le don de plaquettes. L'Établissement français du sang est le garant de la sécurité de la chaîne transfusionnelle, du donneur au receveur. L'EFS permet chaque année de pourvoir aux besoins d'un million de malades, grâce à la générosité des donneurs, au professionnalisme de son personnel, et à la volonté d'un vaste réseau de bénévoles.

1. Missions

Sa mission première, qui est une mission de service public, consiste à assurer l'autosuffisance de la France en produits sanguins dans des conditions de sécurité et de qualité optimales. Son rôle est également d'assurer le lien entre la générosité des donneurs et les besoins des malades. L'EFS gère ainsi les activités de collecte, de préparation, de qualification, de distribution des produits sanguins labiles, et fournit plus de 1900 établissements de santé (hôpitaux et cliniques) partout en France.

L'EFS assure aussi l'approvisionnement en plasma du Laboratoire français du fractionnement et des biotechnologies (LFB) qui fabrique les médicaments dérivés du sang. Au-delà de son cœur de métier, l'EFS mène des activités thérapeutiques et des activités de recherche dans des domaines innovants, comme l'ingénierie et la thérapie cellulaires et tissulaires.

2. Organisation

L'EFS est solidement implanté sur le territoire grâce à ses 17 établissements régionaux de transfusion sanguine, qui sont chargés du prélèvement, de la préparation, de la qualification, de l'immuno-hématologie et de la distribution des produits sanguins aux hôpitaux et cliniques. L'Établissement français du sang est également présent en France (DOM inclus) avec 153 sites de collecte et 40 000 collectes mobiles.

D. La loi « relative à la bioéthique » du 6 août 2004

Cette loi a considérablement assoupli les conditions d'accès aux organes, en vue de répondre aux besoins de la pratique. Ainsi, le cercle des personnes pouvant procéder à un don d'organe pour une greffe est élargi. Outre le père et la mère du receveur, « peuvent être autorisés à se prêter à un prélèvement d'organe dans l'intérêt thérapeutique direct d'un receveur son conjoint, ses frères ou sœurs, ses fils ou filles, ses grands-parents, ses oncles ou tantes, ses cousins germains et cousines germaines ainsi que le conjoint de son père ou de sa mère », et « toute personne apportant la preuve d'une vie commune d'au moins deux ans avec le receveur » (article L. 1231-1).

C'est cette loi qui crée l'Agence de la biomédecine, compétente dans les domaines de la greffe, de la reproduction, de l'embryologie et de la génétique humaines.

L'**Agence de biomédecine** est un établissement public de l'État, créé par la loi de bioéthique de 2004 et placé sous la tutelle du ministère de la Santé. Elle remplit une fonction d'expertise et de contrôle des activités liées aux quatre grands domaines de la biologie et de la médecine humaines : l'assistance médicale à la procréation, le diagnostic prénatal et génétique, la recherche sur l'embryon et les cellules-souches embryonnaires ainsi que le prélèvement et la greffe d'organe, de tissus et de cellules. C'est la seule agence en Europe rassemblant ces quatre domaines que sont le prélèvement et la greffe, la procréation, l'embryologie et la génétique humaines.

L'Agence de la biomédecine met tout en œuvre pour que chaque malade reçoive les soins dont il a besoin, dans le respect des règles de sécurité sanitaire, d'éthique et d'équité.

1. Missions

Par son expertise, l'Agence de la biomédecine est l'autorité de référence sur tous les aspects médicaux, scientifiques et éthiques relatifs à ces questions. Elle se voit notamment confier les missions suivantes :

- suivre, évaluer et contrôler les activités thérapeutiques et biologiques relevant de ses compétences et veiller à leur transparence ;
- participer à l'élaboration de la réglementation des activités relevant de ses prérogatives ;
- délivrer les autorisations pour les recherches in vitro sur l'embryon et les cellules embryonnaires et pour la conservation de cellules-souches embryonnaires à des fins de recherches ;
- autoriser les échanges de cellules reproductives et de cellules-souches embryonnaires avec des pays tiers destinés à la recherche ;
- délivrer les autorisations des centres pluridisciplinaires de diagnostic prénatal et des centres de diagnostic préimplantatoire ;

- agréer les praticiens réalisant de l'assistance médicale à la procréation, du diagnostic prénatal et du diagnostic préimplantatoire, des examens des caractéristiques génétiques;
- reprendre l'ensemble des activités de l'Établissement français des greffes en matière de prélèvement et de greffe;
- gérer le registre France greffe de moelle, registre national des volontaires au don de moelle osseuse. Créé en 1986, le registre France greffe de moelle est au service des malades qui ont besoin d'une greffe de moelle osseuse mais qui n'ont pas de donneur compatible dans leur fratrie. Il rassemble l'ensemble des volontaires au don de moelle osseuse en France, soit actuellement plus de 210 000 donneurs. En relation avec les médecins greffeurs, les centres donneurs et les registres internationaux, le registre français centralise les données des donneurs et assure la coordination et l'organisation des prélèvements de moelle osseuse pour le bénéfice de tous les patients, où qu'ils se trouvent dans le monde. Il garantit l'anonymat entre le donneur et le receveur;
- gérer avec toutes les garanties requises les fichiers nécessaires à la gestion et au suivi des activités thérapeutiques relevant de sa compétence;
- promouvoir le don d'organes, de tissus et de cellules, ainsi que le don de gamètes.

2. Organisation

Au niveau national, en plus des directions fonctionnelles d'appui, l'Agence de biomédecine est composée de quatre directions techniques: la direction médicale et scientifique, la direction opérationnelle du prélèvement et de la greffe organes-tissus, la direction du registre France greffe de moelle et la mission d'inspection.

Au niveau territorial, elle est organisée d'une part en zones interrégionales de prélèvement et de répartition des greffons (ZIPR) qui sont au nombre de 7, et d'autre part en services de régulation et d'appui de l'Agence de la biomédecine (SRA), au nombre de 4, qui constituent les niveaux d'organisation déconcentrés de l'Agence, ainsi qu'un pôle national de répartition des greffons. Ces services sont par ailleurs, sous la direction opérationnelle du prélèvement et de la greffe.

IV. Le don: les chiffres-clés

La Journée mondiale des donneurs de sang se tient le 14 juin de chaque année. C'est à cette époque en général que l'Établissement français du sang (EFS) fait la promotion du don du sang et en profite pour faire le bilan de son action.

Ainsi, en 2019, **2 925 409 dons de sang** ont été effectués. On note également que sur les **1 610 173 donneurs de sang** en 2019, la majorité d'entre eux (52,6 %) étaient des donneuses. L'EFS a accueilli, en 2019, **288 382 nouveaux donneurs**.

Les besoins des malades en produits sanguins ne faiblissent pas. Il n'existe aujourd'hui aucun produit capable de se substituer au sang humain. Le don de sang est donc indispensable pour sauver des vies. Il permet chaque année de soigner

1 million de malades. En effet **10 000** dons du sang sont nécessaires au quotidien pour soigner les personnes malades. Cela correspond à environ 19 dons par minute. **114** personnes malades reçoivent des produits sanguins toutes les heures.

À l'heure actuelle les techniques de la greffe et de la transplantation sont bien maîtrisées. En d'autres termes, la transplantation est devenue une opération presque banale : ainsi, en France, en 2019, on recense plus de **63 000** personnes **porteuses d'un greffon fonctionnel**.

En 2019, l'activité de greffe est en baisse : après avoir franchi le cap des 6 000 greffes, seules 5 901 greffes d'organe ont été réalisées en 2019. L'activité de prélèvement a augmenté, avec **1 729 personnes prélevées pour 3 471 donneurs recensés** (en état de mort encéphalique). L'activité de greffe à partir de donneurs vivants baisse aussi en 2019 avec **529 greffes** (contre 629 en 2017).

Après le rein (3 643 greffes), les organes les plus transplantés ont été le foie (1 356), le cœur (425), les poumons (384) et le pancréas (84). Enfin, l'âge des donneurs prélevés augmente : 58,3 ans en 2019.

Néanmoins, le principal problème relatif aux greffes et transplantations d'organe ne réside plus ni dans les techniques chirurgicales ni dans les problèmes de compatibilité entre la personne hôte et le greffon mais bien dans la pénurie de greffons. En effet, selon l'Agence de biomédecine, en 2019, sur les **26 116 personnes en attente de greffe**, seules **5 901 personnes ont pu être greffées**, tandis que 713 **personnes en attente de greffes sont mortes** faute d'organes disponibles. La majorité des donneurs prélevés sont en effet des personnes qui décèdent à l'hôpital en état de mort encéphalique suite à un arrêt vasculaire cérébral ou un traumatisme crânien. Or, cela concerne moins de 1 % des décès à l'hôpital ; alors que cette source d'organes représente actuellement près de 92,5 % des greffes réalisées en France. Et sur ces donneurs potentiels, on constate que près d'un prélèvement possible sur trois est refusé (**taux de refus à 30,5 % en 2019**) : près de 300 000 personnes seraient inscrites sur le registre national des refus en 2019. C'est pourquoi l'Agence de la biomédecine soutient le développement du prélèvement d'organes sur d'autres catégories de donneurs : les donneurs vivants et les donneurs décédés après un arrêt cardiaque.

Quant aux greffes de moelle osseuse, 930 greffes de moelle osseuse ont été effectuées en 2019, alors que 4 000 personnes environ ont besoin d'un greffe de moelle osseuse chaque année en France. Il existe un fichier des Donneurs Volontaires de Moelle Osseuse (DVMO) dans de nombreux pays du monde. **Au 31 décembre 2019, on comptait 311 555** donneurs volontaires inscrits sur le registre national France Greffe de Moelle, et **36 millions** de donneurs volontaires inscrits sur l'ensemble des registres internationaux.

Testez-vous

1. Concernant l'Établissement français du sang, cocher la ou les réponse(s) correcte(s) :

- ☐ **A.** Il a été créé en 1992.
- ☐ **B.** Sa mission première, qui est une mission de service public, consiste à assurer l'autosuffisance de la France en produits sanguins.
- ☐ **C.** Il regroupe 153 sites de collecte en France.
- ☐ **D.** On compte 17 établissements régionaux de transfusion sanguine en France.
- ☐ **E.** Il a notamment pour mission de promouvoir le don du sang.

2. Combien de personnes étaient en attente de greffes en 2019 ?

- ☐ **A.** 1729.
- ☐ **B.** 5901.
- ☐ **C.** 26116.
- ☐ **D.** 288382.
- ☐ **E.** 300000.

3. Combien de personnes ont été greffées en 2019 ?

- ☐ **A.** 1729.
- ☐ **B.** 5901.
- ☐ **C.** 26116.
- ☐ **D.** 288382.
- ☐ **E.** 300000.

4. Combien de Français(es) ont donné leur sang en 2019 ?

- ☐ **A.** 328000 environ.
- ☐ **B.** 1,6 million environ.
- ☐ **C.** 3 millions environ.
- ☐ **D.** 5 millions environ.
- ☐ **E.** 10 millions environ.

5. Chassez l'intrus parmi les principes généraux de la loi de bioéthique de 1994 sur les greffes :

- ☐ **A.** Interdiction de la publicité.
- ☐ **B.** Inviolabilité du corps humain.
- ☐ **C.** Gratuité du don.
- ☐ **D.** Anonymat entre le donneur vivant et le receveur.
- ☐ **E.** Sécurité sanitaire.

21 Fin de vie

11 ans après son accident de la route en 2008, après de multiples décisions médicales, vite remises en cause par d'innombrables procédures intentées devant la totalité des juridictions possibles, en France et en Europe, Vincent Lambert, infirmier en psychiatrie, s'est éteint le 11 juillet 2019.
Cette affaire qui a mobilisé de nombreux médecins, avocats, juges, etc., et qui a déchiré une famille, ainsi que la société française, a permis de mettre en lumière les difficultés de légiférer sur la fin de vie, mais a aussi permis de faire évoluer la législation en vigueur.
Il est donc important de savoir de quoi l'on parle précisément quand il s'agit d'euthanasie et d'examiner notamment la législation française en la matière.

I. Définitions

Au sens courant, l'euthanasie désigne le fait d'*abréger un processus de mort pour éviter des souffrances chez un malade incurable*.

Néanmoins, originellement, l'euthanasie désignait simplement une mort heureuse, c'est-à-dire une mort douce et paisible, sans qu'aucune connotation médicale soit attribuée à ce terme. L'étymologie du mot atteste de ce sens premier : le préfixe « eu » désigne ainsi en grec ce qui est bien ou bon, la racine « thanatos » désignant quant à elle la mort.

Le Grand Robert de la langue française garde d'ailleurs ce sens premier puisqu'il définit l'euthanasie comme une « mort douce et sans souffrance, survenant naturellement ou grâce à l'emploi de substances calmantes ou stupéfiantes ».

En fait, ce n'est qu'à partir du XVIIe siècle que l'euthanasie prend un sens véritablement médical et devient l'affaire du médecin, et ce, sous l'impulsion du philosophe anglais Francis Bacon. Celui-ci, dans son livre publié en 1605 et intitulé *Du progrès et de la promotion des savoirs (Livre II, partie III)* considère l'euthanasie comme un devoir moral du médecin : « *De euthanasia exteriore* » [De l'euthanasie physique]. Plus encore, j'estime que c'est la tâche du médecin, non seulement de faire retrouver la santé, mais encore d'atténuer la souffrance et les douleurs. Et ce, non seulement quand un tel traitement est propice à la guérison, mais aussi quand il peut aider à trépasser paisiblement et facilement.

Afin d'être précis, il convient de distinguer entre trois formes d'euthanasie ou plutôt de mort volontaire dans le champ médical :

- **L'euthanasie au sens strict ou « euthanasie active »** : elle consiste à provoquer la mort par l'administration de substances létales, en précipitant le processus naturel de mort. L'action est médicale, le soignant met en œuvre lui-même la technique appropriée, que ce soit ou non à la demande du patient. La mort est le but de l'action ;
- **Le refus de soins (décision du patient) ou la limitation de soins (décision du médecin)** : on nomme parfois cette limitation « euthanasie passive » car l'abstention d'un nouveau soin (ne pas administrer d'antibiotiques…) et le retrait

d'un soin en cours (débrancher le respirateur) provoquent indirectement la mort. La mort est donc la conséquence de l'action (ou de l'inaction) médicale, non le but;

- **Le suicide médicalement assisté ou aide médicale au suicide** : elle consiste à fournir au patient les moyens nécessaires pour se donner la mort au moment où lui seul le décidera. La différence avec l'euthanasie est que c'est le patient qui est l'agent de sa propre mort et non le soignant.

L'acharnement thérapeutique désigne quant à lui le fait d'utiliser systématiquement tous les moyens médicaux dont on peut disposer pour maintenir en vie une personne. Cette expression est plus souvent utilisée par le grand public que par les médecins et a une connotation péjorative. Les médecins ne parlent pas en effet d'acharnement thérapeutique mais d'« obstination déraisonnable ». Ainsi à l'article 37 du Code de déontologie (article R. 4127-37 du Code de la santé publique) est énoncé ceci : « en toutes circonstances, le médecin doit s'efforcer de soulager les souffrances du malade par des moyens appropriés à son état et l'assister moralement. Il doit s'abstenir de toute obstination déraisonnable dans les investigations ou la thérapeutique et peut renoncer à entreprendre ou poursuivre des traitements qui apparaissent inutiles, disproportionnés ou qui n'ont d'autre objet ou effet que le maintien artificiel de la vie ». Si le mot « acharnement thérapeutique » n'apparaît pas explicitement, il est néanmoins parfaitement clair que l'idée est bien présente et que donc l'acharnement thérapeutique est interdit par le Code de déontologie.

Les soins palliatifs ont été définis par l'OMS en 2002 : « Les soins palliatifs cherchent à améliorer la qualité de vie des patients et de leur famille, face aux conséquences d'une maladie potentiellement mortelle :

- par la prévention et le soulagement de la souffrance, identifiée précocement et évaluée avec précision ;
- par le traitement de la douleur et des autres problèmes physiques, psychologiques et spirituels qui lui sont liés.

Les soins palliatifs :

- procurent le soulagement de la douleur et des autres symptômes gênants, soutiennent la vie et considèrent la mort comme un processus normal ;
- n'entendent ni accélérer ni repousser la mort ;
- intègrent les aspects psychologiques et spirituels des soins aux patients ;
- proposent un système de soutien pour aider les patients à vivre aussi activement que possible jusqu'à la mort ;
- offrent un système de soutien qui aide la famille à tenir pendant la maladie du patient et leur propre deuil ;
- utilisent une approche d'équipe pour répondre aux besoins des patients et de leurs familles en y incluant si nécessaire une assistance au deuil ;
- peuvent améliorer la qualité de vie et influencer peut-être aussi de manière positive l'évolution de la maladie ;

- sont applicables tôt dans le déclin de la maladie, en association avec d'autres traitements pouvant prolonger la vie, comme la chimiothérapie et la radiothérapie ;
- incluent les investigations qui sont requises afin de mieux comprendre les complications cliniques gênantes et de manière à pouvoir les prendre en charge. »

II. Historique de l'euthanasie et des soins palliatifs

Le concept de soins palliatifs apparaît en Grande-Bretagne, sous l'égide de Cicely Saunders (1918-2005), tour à tour infirmière, travailleuse sociale, puis médecin. C'est elle qui développe ce qui va devenir l'outil clé des soins palliatifs, à savoir le concept de « douleur totale » (*total pain*, traduit en français par « souffrance totale » ou par « approche globale »). Cette approche est qualifiée de globale ou de totale dans la mesure où elle entend prendre en charge les dimensions physiques, psychologiques, sociales et spirituelles de la douleur. Par-là, elle inaugure une nouvelle manière de prendre en charge les malades en fin de vie : il s'agit en effet de les accueillir dans un environnement qui ressemble plus à une maison qu'à un hôpital, qui soit ouvert à la famille, tourné vers le monde extérieur, et où la mort est acceptée ; en bref il s'agit de les accueillir non dans un hôpital mais dans un *hospice* (selon le terme anglais, qui n'a rien à voir avec les hospices français), d'où le nom anglais du mouvement pour les soins palliatifs, à savoir l'*hospice movement*. Ainsi, en 1967, elle crée le *Saint-Christopher's hospice*, qui a constitué et qui constitue toujours le centre de l'*hospice movement*, où d'ailleurs Cicely Saunders est morte d'un cancer en 2005.

Elizabeth Kübler-Ross (1926-2004) est une autre figure majeure du mouvement des soins palliatifs. D'abord secrétaire d'un ophtalmologiste, elle devient médecin en 1957 à Zurich puis s'expatrie aux États-Unis où elle devient psychiatre en 1963. Son grand livre est *On Death and Dying*, paru en 1969. Elle y décrit les cinq étapes par lesquelles une personne mourante est supposée passer :

- **Le déni ou la négation** : « je ne vais pas mourir » ;
- **La colère** : « c'est de la faute de tout monde si je vais mourir » ;
- **Le marchandage ou la négociation** : le malade cherche à retarder l'échéance y compris par la prière ;
- **La dépression** : sentiment de perte. Le patient comprend qu'il va tout perdre ;
- **L'acceptation** : le patient accepte l'idée qu'il va mourir sans tristesse et sans dépression.

En France, le débat sur la question des soins palliatifs ne commence véritablement que vers les années 1970 à travers de nombreux colloques et publications pluridisciplinaires. Mais c'est en 1974, avec le « Manifeste des Prix Nobel », publié dans *Le Monde* et *Le Figaro*, que le débat sur l'euthanasie et les soins palliatifs prend une dimension publique et politique. En 1980 est fondée l'ADMD (« Association pour le droit de mourir dans la dignité »), branche française de la Fédération mondiale pour le droit de mourir dans la dignité. Le 26 août 1986 est promulguée la Circulaire Barzach sur l'organisation des soins et l'accompagnement des malades en phase terminale. Elle marque l'acte de naissance officiel des soins palliatifs en France et les définit ainsi : « Les soins palliatifs visent à répondre aux besoins spécifiques des personnes parvenues au terme de leur existence. Ils comprennent un ensemble de techniques de prévention et de lutte contre la douleur, de prise en charge psychologique du malade et de sa famille, de prise en considération de leurs problèmes individuels, sociaux et spirituels. L'accompagnement des mourants suppose donc une attitude d'écoute, de disponibilité, une mission menée en commun par toute l'équipe intervenant auprès du malade. Il s'agit d'apaiser les douleurs et l'angoisse, d'apporter le plus possible de confort et de réconfort à celui qui va mourir, d'accueillir et d'entourer sa famille pendant cette période difficile et même plus tard dans son deuil. Le problème du soulagement de la douleur est central dans la démarche d'accompagnement. »

Le 9 juin 1999 est promulguée la loi qui vise à garantir le droit à l'accès aux soins palliatifs. Cette loi met aussi en place le « Programme national de développement des soins palliatifs », plan triennal qui sera reconduit en 2002, en 2005 et en 2008. Elle énonce que « toute personne malade dont l'état le requiert a le droit d'accéder à des soins palliatifs et à un accompagnement ».

Enfin, le 22 avril 2005 est votée la loi « relative aux droits des malades et à la fin de vie » (ou loi Léonetti) qui fournit le cadre légal à toutes ces questions autour de la fin de vie : elle n'autorise pas l'euthanasie dite active, mais permet, moyennant une procédure collégiale de limiter ou d'arrêter le traitement.

III. Cadre législatif de la fin de vie

A. L'interdiction de l'euthanasie

En France, l'euthanasie est assimilée à un assassinat s'il y a administration d'un traitement intentionnel pour tuer : « Le meurtre commis avec préméditation constitue un assassinat. Il est puni de la réclusion à perpétuité. » (Art. 221-3 du Code pénal).

Selon le Code de déontologie médicale (article 38), le médecin « n'a pas le droit de provoquer délibérément la mort ». Si on limite les traitements et que cette limitation entraîne la mort, l'euthanasie est assimilée à la non-assistance à personne en danger (article 223-6 du Code pénal).

B. La loi relative aux droits des malades et à la fin de vie de 2005, dite « loi Léonetti »

Néanmoins, depuis la loi du 22 avril 2005 « relative aux droits des malades et à la fin de vie », dite loi Léonetti, la limitation ou l'arrêt de soins est reconnu par la loi. Décidé de manière collégiale, l'arrêt ou la limitation des traitements consiste à refuser de commencer ou de continuer des traitements inutiles ou devenus inhumains. Cette limitation ou cet arrêt de soins est entendu dans les conditions cliniques où la poursuite des soins est inutile (éviter « l'obstination déraisonnable ») et lorsque le traitement médical n'apporte aucun bénéfice au malade, ou pire quand il engendre douleur et inconfort, c'est-à-dire plus d'inconvénients que d'avantages. Deux cas sont alors possibles.

1. Le patient est conscient

La loi Léonetti dit ceci : « Lorsqu'une personne en phase avancée ou terminale d'une affection grave et incurable, quelle qu'en soit la cause, décide de limiter ou d'arrêter tout traitement, le médecin doit respecter sa volonté après l'avoir informée des conséquences de son choix. La décision du malade est inscrite dans son dossier médical. [...] Le médecin sauvegarde la dignité du mourant et assure la qualité de sa fin de vie en dispensant les soins adaptés. »

2. Le patient est inconscient

L'article 37 du Code de déontologie préconise la démarche suivante lorsque le patient est inconscient : « lorsque le patient est hors d'état d'exprimer sa volonté, le médecin ne peut décider de limiter ou d'arrêter les traitements dispensés sans avoir préalablement mis en œuvre une procédure collégiale dans les conditions suivantes :

- la décision est prise par le médecin en charge du patient, après concertation avec l'équipe de soins si elle existe et sur l'avis motivé d'au moins un médecin, appelé en qualité de consultant. Il ne doit exister aucun lien de nature hiérarchique entre le médecin en charge du patient et le consultant. L'avis motivé d'un deuxième consultant est demandé par ces médecins si l'un d'eux l'estime utile ;
- la décision prend en compte les souhaits que le patient aurait antérieurement exprimés, en particulier dans des directives anticipées, s'il en a rédigé, l'avis de la personne de confiance qu'il aurait désignée ainsi que celui de la famille ou, à défaut, celui d'un de ses proches. »

Il faut noter que les directives anticipées ne sont pas contraignantes, mais constituent une manifestation de la volonté du malade s'il devient inconscient et prennent symboliquement la place de la parole du patient qui doit toujours être écoutée dans le cadre du colloque singulier qu'est la relation médecin-malade.

Enfin, l'article 38 du Code de déontologie précise que les soins palliatifs font partie des devoirs du médecin : « Le médecin doit accompagner le mourant jusqu'à ses derniers moments, assurer par des soins et mesures appropriés la qualité d'une vie qui prend fin, sauvegarder la dignité du malade et réconforter son entourage. »

C. La loi du 2 février 2016 créant de nouveaux droits en faveur des malades et des personnes en fin de vie, dite « loi Léonetti 2 »

Une nouvelle loi a été votée en janvier 2016 concernant la fin de vie, à l'initiative des parlementaires Alain Clayes et Jean Leonetti, et qui vise à donner de nouveaux droits à la personne en fin de vie. Elle loi pose le principe selon lequel « toute personne a droit à une fin de vie digne et apaisée. Les professionnels de santé mettent en œuvre tous les moyens à leur disposition pour que ce droit soit respecté ».

Elle introduit trois modifications essentielles à la loi de 2005 :

- Elle introduit la notion de **sédation profonde** : à la demande du patient afin d'éviter la souffrance et une prolongation inutile de sa vie, une sédation profonde et continue provoquant une altération de la conscience pourra être administrée jusqu'au décès, associée à une analgésie et à l'arrêt des traitements. La mise en œuvre de la sédation profonde est néanmoins limitée à certains cas : patient atteint d'une affection grave et incurable et dont le pronostic vital est engagé à court terme présentant une souffrance réfractaire aux traitements, si l'arrêt d'un traitement est susceptible d'entraîner une souffrance insupportable.

Les directives anticipées, déjà prévues par la loi de 2005 mais qui n'étaient considérées que comme facultatives, acquièrent une force contraignante : révisables ou révocables par la personne à tout moment, et rédigées selon un modèle unique, elles s'imposeront au médecin, pour toute décision d'investigation, d'actes, d'intervention ou de traitement, sauf en cas d'urgence vitale pendant le temps nécessaire à une évaluation complète de la situation. Si les directives anticipées apparaissent manifestement inappropriées, le médecin doit solliciter un avis collégial. La décision de refus d'application des directives est alors portée à la connaissance de la personne de confiance désignée par le patient.

IV. Euthanasie et soins palliatifs : les chiffres-clés

Concernant la législation sur l'euthanasie, on peut noter tout d'abord que seuls trois pays autorisent l'euthanasie active dans le monde : les Pays-Bas, la Belgique et le Luxembourg.

D'autres autorisent l'aide médicale au suicide : la Suisse, la Suède, et certains États américains.

Un certain nombre de pays, comme la France, reconnaissent l'euthanasie active, c'est-à-dire la possibilité d'arrêter un traitement : c'est le cas de la Norvège, du Danemark, de l'Allemagne, de l'Autriche, de la Hongrie ou de l'Espagne.

La majorité des pays du monde interdit de fait toute euthanasie, active ou passive, ou toute aide médicale au suicide.

Concernant les soins palliatifs, l'OMS a publié début 2014 un *Atlas mondial des soins palliatifs en fin de vie*. Il en ressort tout d'abord qu'1 personne sur 10 seulement ayant besoin de soins palliatifs en bénéficie. L'OMS estime en effet que, chaque année, plus de 20 millions de patients ont besoin de soins palliatifs en fin de vie, dont 6 % sont des enfants. Ce chiffre passe à au moins 40 millions si l'on compte toutes les personnes qui pourraient bénéficier de soins palliatifs à un stade plus précoce de leur maladie. Or, en 2011, environ 3 millions de patients ont reçu des soins palliatifs, dont la grande majorité en fin de vie. Bien que la plupart des soins palliatifs soient dispensés dans des pays à revenu élevé, près de 80 % des besoins mondiaux en soins palliatifs se situent dans les pays à revenu faible ou intermédiaire. L'OMS estime que seuls vingt pays dans le monde (dont la France), essentiellement des pays riches, ont pleinement intégré les soins palliatifs dans leurs systèmes de soins de santé.

L'OMS appelle donc tous les pays à inclure les soins palliatifs comme élément essentiel d'un système de soins de santé moderne tandis qu'ils progressent vers la couverture sanitaire universelle. Cela signifie qu'on lève les obstacles tels que:

- l'absence de politiques reconnaissant l'utilité des soins palliatifs et leur nécessité aussi bien en fin de vie que pendant les maladies évolutives;
- le manque de ressources pour mettre en œuvre les services, y compris l'accès aux médicaments essentiels, notamment pour soulager la douleur;
- le manque de connaissances des professionnels de santé, des bénévoles communautaires et du grand public quant aux avantages des soins palliatifs.

En France, les divers plans triennaux de développement des soins palliatifs ont permis de rattraper le retard par rapport à de nombreux autres pays européens. En 2012, la DGOS a dressé le bilan des soins palliatifs dans notre pays: en 2012, on dénombre 122 Unités de soins palliatifs (USP) qui totalisent 1301 lits, auxquels il faut ajouter 5057 «lits identifiés de soins palliatifs», qui sont en fait des lits dédiés à ces soins dans des services non dédiés aux soins palliatifs. Les USP sont en effet des structures d'hospitalisation à part entière d'environ 10 lits accueillant pour une durée limitée les patients en soins palliatifs. Elles sont réservées aux situations les plus complexes. L'accueil se fait par une équipe pluridisciplinaire de soignants et de bénévoles. De plus il existe 353 Équipes mobiles de soins palliatifs (EMSP) qui ont pour mission d'apporter une aide, un soutien, des conseils aux soignants qui prennent en charge des malades en fin de vie dans d'autres services. Elles ont aussi pour mission le retour et le maintien à domicile du patient. On compte aussi 100 réseaux ville-hôpital de soins palliatifs financés par les Agences régionales de santé (ARS): ceux-ci permettant d'assurer la continuité des soins pour les patients en phase palliative qui souhaitent rester à domicile.

Enfin, le Programme national de développement des soins palliatifs 2008-2012 a mis en place une allocation d'accompagnement d'une personne en fin de vie: ainsi, toute personne qui souhaite aider un proche en fin de vie peut prendre un congé de solidarité familiale, d'une durée maximale de trois mois, renouvelable une fois, pendant lequel il est indemnisé.

Testez-vous

1. De quand date la loi relative aux droits des malades et à la fin de vie en France ?

☐ **A.** 20 décembre 1988.
☐ **B.** 4 mars 2003.
☐ **C.** 22 avril 2005.
☐ **D.** 29 juillet 1994.
☐ **E.** 6 août 2004.

2. Qui a inventé le concept de soins palliatifs ?

☐ **A.** Cicely Saunders.
☐ **B.** Elizabeth Kübler-Ross.
☐ **C.** Francis Bacon.
☐ **D.** Jean Léonetti.
☐ **E.** Michelle Barzach.

3. Quel est le nom de la circulaire qui marque la naissance des soins palliatifs en France ?

☐ **A.** Bachelot.
☐ **B.** Douste-Blazy.
☐ **C.** Kouchner.
☐ **D.** Barzach.
☐ **E.** Léonetti.

4. De quand date cette circulaire ?

☐ **A.** 26 août 1986.
☐ **B.** 20 décembre 1988.
☐ **C.** 4 mars 2003.
☐ **D.** 22 avril 2005.
☐ **E.** 6 août 2004.

5. Quel(s) énoncé(s) à propos des soins palliatifs est (sont) faux ?

☐ **A.** Ils ont été fondés par Cicely Saunders en 1967.
☐ **B.** C'est la loi du 22 avril 2005 qui introduit le droit d'accès aux soins palliatifs en France.
☐ **C.** Il y a aujourd'hui environ 1 300 lits de soins palliatifs en France en 2012.
☐ **D.** L'ADMD est l'Association pour le droit de mourir dans la dignité.
☐ **E.** L'OMS estime que, chaque année, plus de 20 millions de patients ont besoin de soins palliatifs en fin de vie.

22 Bioéthique

I. Définitions

Le terme **bioéthique** (*bioethics*) a été inventé en 1970 par le biologiste américain Van Rensselaer Potter, auteur l'année suivante de *Bioethics: Bridge to the Future*. Bioéthique vient de « bio », qui veut dire « vivant », et d'« éthique », qui renvoie à la réflexion sur ce qui est bien et mal. La bioéthique est une partie de l'éthique qui est apparue, en tant que « champ » ou « discipline » nouvelle, dans le courant des années 1960 et des interrogations au sujet du développement de la biomédecine et des technosciences. Elle s'intéresse notamment aux activités médicales et de recherche qui utilisent des éléments du corps humain. Par exemple :

- la greffe d'organes, de tissus (cornées, peau...), de moelle osseuse ;
- l'assistance médicale à la procréation, qui fait appel aux dons d'ovules et de sperme ;
- les recherches ayant comme objet l'embryon et les cellules embryonnaires ;
- le dépistage de maladies faisant appel aux gènes.

Elle cherche à répondre le mieux possible aux questions soulevées par le progrès scientifique et technique, au regard des valeurs de notre société, et à garantir le respect de la dignité humaine et la protection des plus vulnérables contre toute forme d'exploitation, notamment dans la recherche biomédicale.

Les **recherches biomédicales** se définissent quant à elles comme « les recherches organisées et pratiquées sur l'être humain en vue du développement des connaissances biologiques ou médicales » (article L. 1121-1 du Code de la santé publique).

Le mot **clone** vient du grec « *klon* » qui signifie originellement une « jeune pousse » : il apparaît en 1903 sous la plume du botaniste Herbert Webber pour désigner les jeunes plants obtenus par reproduction asexuée, par bouturage notamment, à partir d'une plante mère. Puis, lorsque les biologistes commencent à faire des cultures de cellules bactériennes, végétales ou animales, le mot « clone » définit tout ensemble de cellules dérivant par divisions successives d'une cellule unique, et ayant donc exactement le même patrimoine génétique.

Ensuite, avec l'avènement du **génie génétique** (ou ingénierie génétique, qui désigne *l'ensemble des techniques permettant de modifier le patrimoine héréditaire d'une cellule par la manipulation de gènes in vitro*), les biologistes commencent à répliquer des fragments d'ADN renfermant tel ou tel gène dans des populations de bactéries par exemple. Enfin, avec la naissance de la brebis Dolly, on appelle « clone » une lignée d'animaux obtenus par reproduction asexuée à partir d'un même parent, la technique utilisée étant quant à elle dénommée « clonage ». C'est ce dernier sens qui nous intéresse ici.

Deux types de clonage sont à distinguer : le **clonage reproductif** et le **clonage thérapeutique**. Si la technique d'obtention de l'embryon est identique dans les deux cas, la différence radicale entre les deux types de clonage réside dans le transfert, ou non, de cet embryon dans un utérus. En effet ce transfert est indispensable dans le cas du clonage reproductif, puisqu'un embryon cultivé in vitro ne dépasse pas le stade blastocyste (atteint en sept jours) et a besoin d'un utérus pour se développer. Néanmoins, étant donné que le taux de réussite du clonage et l'état de santé des clones sont mauvais, il serait absurde d'envisager le clonage reproductif comme une technique alternative de procréation médicalement assistée. Le clonage thérapeutique, en revanche, ne nécessite aucun transfert car l'objectif est de prélever des cellules-souches embryonnaires (CSE, ou en anglais ESC, pour *Embryonic Stem Cells*) : celles-ci sont en effet pluripotentes, et peuvent donc se différencier en n'importe quel type de cellule. Ainsi, elles sont potentiellement utilisables pour soigner des pathologies dues à la déficience d'un type cellulaire donnée.

C'est ce qu'on appelle la **thérapie génique**, qui consiste à insérer un gène fonctionnel dans la cellule malade, pour compenser le gène absent ou défectueux. Les gènes sont alors utilisés comme des médicaments afin de traiter certaines maladies qui ont un déterminant héréditaire (comme la mucoviscidose ou la myopathie) ou génétique (comme certains cancers qui sont dus à un dysfonctionnement d'un oncogène, qui entraîne une prolifération de cellules malades). Ce type de thérapie représente l'avenir de la médecine puisqu'elle pourrait permettre de guérir de nombreuses maladies.

Le mot **génome**, enfin, désigne l'ensemble de l'information héréditaire d'un organisme, c'est-à-dire l'ensemble des instructions nécessaires au développement, au fonctionnement, au maintien de l'intégrité et à la reproduction des cellules et de l'organisme. Ces instructions sont nommées gènes. Le support matériel de l'information génétique est l'ADN (Acide Désoxyribonucléique). Cette information est présente en totalité dans chacune des cellules de l'organisme. Lorsqu'une cellule se divise, l'information est copiée et transmise aux cellules filles. Deux êtres vivants d'espèces différentes présentent ainsi des génomes qui diffèrent par leur taille, mais aussi par le nombre, l'ordre et la nature des instructions qu'ils contiennent. Deux individus de la même espèce, au contraire, possèdent le même catalogue d'instructions, même si celles-ci peuvent exister dans des versions légèrement différentes. C'est en ce sens que l'on parle du génome humain, commun à tous les êtres humains. Au sens strict, le génome de chaque être humain est unique (à l'exception des vrais jumeaux), mais il ne diffère que de 0,1 % environ de celui d'une personne non apparentée. Le génome humain a été séquencé dès 2003, le séquençage permettant aux chercheurs de déterminer l'enchaînement des nucléotides d'un fragment d'ADN donné, donc de « lire » en quelque sorte l'information contenue dans cette séquence, et par là de permettre d'identifier ou de diagnostiquer des maladies génétiques.

Cela nous renvoie alors à ce que l'on appelle la **médecine prédictive**, qui consiste à évaluer le risque pour un individu sain de développer une pathologie dans un avenir plus ou moins lointain et, si possible, de mettre en place des stratégies destinées à l'éviter. Prédire l'apparition d'une maladie avant les premiers symptômes, tel est donc l'objectif premier de la médecine prédictive. Cela pose évidemment un certain nombre de problèmes, notamment la question de savoir si les prédictions vont s'avérer justes, car ce ne sont que des probabilités : ainsi, pour une même altération génétique, une personne souffrira de symptômes graves alors qu'une autre restera indemne. Cela pose aussi le problème du diagnostic prénatal et du diagnostic préimplantatoire, et du risque eugéniste que ces tests prédictifs font courir à la société. Il faut noter que cette médecine prédictive est en plein essor du fait d'enjeux commerciaux et industriels colossaux.

L'**eugénisme** peut être défini comme un *programme de modification des populations humaines par sélection artificielle*, ou autrement dit **une sélection artificielle de l'homme par l'homme**. Étymologiquement, eugénisme vient du grec « *eu* » qui veut dire bon ou bien (nous retrouvons le même préfixe dans « euthanasie ») et « *génès* » qui désigne la génération et la naissance. Eugénisme signifie donc : « bien-né » ou « bonne naissance », d'où l'eugénique ou « la science des bien-nés ».

Le mot « *eugenics* » est un néologisme forgé par Francis Galton (1883), géographe, cousin de Darwin. Il définit l'eugénisme comme « *l'étude des facteurs soumis au contrôle social et susceptible d'augmenter ou de diminuer les qualités soit physiques soit mentales des futures générations. Son but est de régler les unions humaines de façon à obtenir le plus grand nombre d'individus aptes à composer la société considérée comme la meilleure.* » On distingue généralement entre deux types d'eugénisme :

- **l'eugénisme positif** : souhaite la diffusion et de la croissance au sein de la population des qualités jugées positives. Il s'agit d'encourager la reproduction des meilleurs, par exemple en donnant des allocations familiales aux « bonnes familles » ;
- **l'eugénisme négatif** : vise quant à lui à *empêcher la diffusion des moins bonnes qualités et à entraver la reproduction de ceux que l'on juge indésirables*, en stérilisant par exemple les malades mentaux.

II. Bref historique de la bioéthique

1903	Le botaniste H.-J. Webber utilise pour la première fois le mot « clone » pour désigner des plantes reproduites par reproduction asexuée.
1979	L'américain L.-B. Shettles tente la première expérience de clonage humain, en greffant des cellules germinales mâles dans des ovocytes énucléés. Des embryons se seraient développés pendant quelques divisions jusqu'à stade « Morula » (entre 8 et 16 cellules).
1983	Décret du 23 février 1983 portant création du Comité consultatif national d'éthique pour les sciences de la vie et de la santé (CCNE).
1988	Loi du 20 décembre 1988 relative à la protection des personnes dans la recherche biomédicale (dite « loi Huriet »), visant à combler le vide juridique concernant l'expérimentation des médicaments sur l'être humain.

1993	Installation par l'Unesco d'un Comité international de bioéthique (CIB). Il a pour fonction d'approfondir la réflexion éthique en matière de progrès des recherches dans les sciences de la vie et leurs applications, en exposant les enjeux en présence dans un souci de respect des principes de dignité et de liberté de la personne humaine.
1994	Promulgation de la loi n° 94-653 du 29 juillet 1994 relative au respect du corps humain et de la loi n° 94-654 du 29 juillet 1994 relative au don et à l'utilisation des éléments et produits du corps humain, à l'assistance médicale à la procréation et au diagnostic prénatal.
Février 1997	Annonce, par une équipe de chercheurs britanniques, qu'elle est parvenue en juillet 1996 à cloner pour la première fois un mammifère adulte obtenu par transfert de noyau de cellule adulte : il s'agit d'une brebis nommée « Dolly » Dolly sera euthanasiée en 2003 pour des problèmes pulmonaires, sans rapport apparent avec le fait qu'elle soit clonée.
Avril 1997	Signature, sous l'égide du Conseil de l'Europe, de la Convention sur les droits de l'homme et la biomédecine (« Convention pour la protection des droits de l'homme et de la dignité de l'être humain à l'égard des applications de la biologie et de la médecine », dite « Convention d'Oviedo »). Elle est entrée en vigueur le 1er décembre 1999.
Novembre 1997	Adoption de la « Déclaration universelle sur le génome humain et les droits de l'homme » par la Conférence générale de l'Unesco. L'Assemblée générale des Nations unies l'adopte à son tour le 9 décembre 1998.
Janvier 1998	Signature du Protocole additionnel à la Convention pour la protection des droits de l'homme et de la dignité de l'être humain à l'égard des applications de la biologie et de la médecine, portant interdiction du clonage d'êtres humains (Conseil de l'Europe). Il est entré en vigueur le 1er mars.
1998	Marguerite, première vache française clonée, voit le jour dans une ferme de l'INRA. Elle est le résultat d'un clonage par transfert du noyau d'une cellule fœtale de muscle.
14 avril 2003	Annonce, par une déclaration conjointe des chefs d'État et de gouvernement d'Allemagne, de Chine, des États-Unis, de France, du Japon et du Royaume-Uni, que des chercheurs de ces six pays ont achevé l'essentiel du séquençage de l'ADN du génome humain, projet entrepris en 1990.
16 octobre 2003	La Conférence générale de l'Unesco adopte la « Déclaration internationale sur les données génétiques humaines ».
6 août 2004	Promulgation de la loi relative à la bioéthique.
25 mai 2005	L'agence de la biomédecine est créée par décret, une création prévue par la loi de bioéthique de 2004. Les domaines couverts sont ceux de la procréation, de l'embryologie et de la génétique humaine, ainsi que des prélèvements et greffe d'organes, de tissus et de cellules.
19 octobre 2005	La Conférence générale de l'Unesco adopte la « Déclaration universelle sur la bioéthique et les droits de l'homme ».
7 juillet 2011	La loi relative à la bioéthique est promulguée le 7 juillet 2011.

III. Le droit de la bioéthique

A. Le droit en France

La première loi en France introduite qui énonce les règles encadrant la recherche médicale est la loi du 20 décembre 1988 « relative à la protection des personnes dans la recherche biomédicale », dite « loi Huriet-Sérusclat », du nom des sénateurs Sérusclat (pharmacien) et Huriet (médecin) qui sont à l'initiative de cette loi.

Pour garantir la protection des personnes qui se prêtent à des recherches biomédicales sont créés les CCPPRB (Comités consultatifs de protection des personnes dans la recherche biomédicale), qui deviendront les CPP (Comités de protection des personnes) en 2006. Ils sont chargés d'être les garants indépendants de la protection des personnes dans les pratiques de recherche biomédicale. En pratique, toute recherche biomédicale doit être réalisée après l'avis favorable du CPP et de l'autorisation de l'autorité compétente, à savoir l'ANSM.

La loi Huriet-Sérusclat est révisée à l'occasion des lois de bioéthique de 1994 et de 2004. Ses dispositions sont désormais inscrites dans le Code de la santé publique aux articles L. 1121 et 1122 où il est énoncé : « Aucune recherche biomédicale ne peut être effectuée sur l'être humain :

- si elle ne se fonde pas sur le dernier état des connaissances scientifiques et sur une expérimentation préclinique suffisante ;
- si le risque prévisible encouru par les personnes qui se prêtent à la recherche est hors de proportion avec le bénéfice escompté pour ces personnes ou l'intérêt de cette recherche ;
- si elle ne vise pas à étendre la connaissance scientifique de l'être humain et les moyens susceptibles d'améliorer sa condition ;
- si la recherche biomédicale n'a pas été conçue de telle façon que soient réduits au minimum la douleur, les désagréments, la peur et tout autre inconvénient prévisible lié à la maladie ou à la recherche, en tenant compte particulièrement du degré de maturité pour les mineurs et de la capacité de compréhension pour les majeurs hors d'état d'exprimer leur consentement. »

Le code précise que « l'intérêt des personnes qui se prêtent à une recherche biomédicale prime toujours sur les seuls intérêts de la science et de la société » et qu'« aucune recherche biomédicale ne peut être pratiquée sur une personne sans son consentement libre et éclairé. Le consentement est donné par écrit ou, en cas d'impossibilité, attesté par un tiers ».

L'article 223-8 du Code pénal énonce enfin que « le fait de pratiquer ou de faire pratiquer sur une personne une recherche biomédicale sans avoir recueilli le consentement libre, éclairé et exprès de l'intéressé, des titulaires de l'autorité parentale ou du tuteur dans les cas prévus par les dispositions du présent code est puni de trois ans d'emprisonnement et de 45 000 euros d'amende ».

À part la loi « relative à la protection des personnes dans la recherche bio-médicale », de 1988, trois lois plus générales jalonnent l'histoire de la bioéthique en France : 1994, 2004 et 2011.

1. Les lois relatives à la bioéthique de 1994

Trois lois ont été votées en 1994, afin d'encadrer juridiquement et éthiquement de nombreuses technologies biomédicales qui avaient fait leur apparition. Elles recouvrent « à la fois l'affirmation des principes généraux de protection de la personne humaine qui ont été introduits notamment dans le Code civil, les règles d'organisation de secteurs d'activités médicales en plein développement tels que ceux de l'assistance médicale à la procréation ou de greffes ainsi que des dispositions relevant du domaine de la santé publique ou de la protection des personnes se prêtant à des recherches médicales » :

- la loi n° 94-548 du 1er juillet 1994 relative au traitement des données nominatives ayant pour fin la recherche dans le domaine de la santé et modifiant la loi n° 78-17 du 6 janvier 1978 relative à l'informatique, aux fichiers et aux libertés ;
- la loi n° 94-653 du 29 juillet 1994 relative au respect du corps humain ;
- la loi n° 94-654 du 29 juillet 1994 relative au don et à l'utilisation des éléments et produits du corps humain, à l'assistance médicale à la procréation et au diagnostic prénatal. C'est cette dernière loi qui a fait l'objet d'une révision en 2004.

Ainsi, la loi du 29 juillet 1994 « relative au respect du corps humain » complète le Code civil en interdisant et sanctionnant les pratiques eugéniques. Les pratiques eugénistes sont regardées comme des atteintes à l'intégrité de l'espèce humaine. La loi énonce que « nul ne peut porter atteinte à l'intégrité de l'espèce humaine », que « toute pratique eugénique tendant à l'organisation de la sélection des personnes est interdite », et qu'aucune transformation ne peut être apportée aux caractères génétiques dans le but de modifier la descendance de la personne. Selon l'article L. 214-1 du Code pénal, « le fait de mettre en œuvre une pratique eugénique tendant à l'organisation de la sélection des personnes est puni de trente ans de réclusion criminelle et de 7 500 000 euros d'amende ».

En ce qui concerne le clonage et les recherches sur les cellules-souches, cette loi interdit les recherches sur l'embryon et les cellules-souches embryonnaires humaines.

2. La loi de bioéthique de 2004

La révision des lois de bioéthique de 1994 est intervenue par la loi du 6 août 2004 « relative à la bioéthique ». Les principales dispositions de la loi 2004 sont les suivantes :

- Le clonage, reproductif ou thérapeutique, est interdit.
- La recherche sur l'embryon et les cellules embryonnaires est en principe interdite. Par dérogation, les recherches peuvent être autorisées sur l'embryon et les cellules embryonnaires, pour une période limitée à cinq ans si « elles sont susceptibles de permettre des progrès thérapeutiques majeurs ». La loi de 2004 a prévu, à titre dérogatoire et exceptionnel, pendant une période de cinq ans, d'autoriser des projets de recherche en les encadrant de façon très stricte. Ces

recherches ne sont autorisées que si elles sont « susceptibles de permettre des progrès thérapeutiques majeurs » et s'il n'existe pas de « méthode alternative d'efficacité comparable ». Cela ne concerne cependant que les embryons surnuméraires, c'est-à-dire les embryons issus d'une fécondation in vitro dans le cadre de l'AMP, qui n'ont pas été transférés dans l'utérus de la mère et qui sont conservés par congélation. Dans ce cadre, tous les ans, pendant cinq ans, les médecins doivent demander au couple, par écrit, ses intentions. Le couple peut choisir de poursuivre la conservation des embryons en vue de concevoir un autre enfant plus tard. Si le couple n'a plus de projet parental, ou en cas de décès de l'un de ses membres, trois solutions sont ouvertes :

- donner les embryons à un couple qui ne peut pas avoir d'enfant autrement (accueil d'embryon) ;
- consentir à ce que les embryons fassent l'objet d'une recherche sous le strict encadrement de la loi ;
- mettre fin à la conservation des embryons.

- Si le couple choisit de donner ses embryons à la recherche, il doit y consentir par écrit et renouveler son consentement après un délai de trois mois. Le couple peut revenir sur son consentement à tout moment. Aucun transfert pour gestation, c'est-à-dire aucune réimplantation dans l'utérus de la mère, ne peut être autorisé après que ces embryons sont donnés à la recherche. Seule l'Agence de biomédecine est habilitée à délivrer les autorisations pour ces recherches.
- En ce qui concerne la médecine prédictive et les tests génétiques, les examens sur le matériel génétique d'une personne sont autorisés, dans trois cas uniquement : dans un cadre judiciaire (en cas d'enquête judiciaire ou de recherche de filiation) ; suivant une finalité médicale ; ou encore à des fins de recherche scientifique.
- La réalisation d'examens génétiques dans un cadre médical est particulièrement encadrée en France. Ces examens doivent être prescrits par des médecins spécialement autorisés et ne peuvent être pratiqués que dans des laboratoires d'analyses également autorisés. Le recours à des tests génétiques apportant des informations à caractère médical est justifié par les avantages qu'une personne peut en attendre directement pour sa santé, et seulement pour sa santé. D'ailleurs, le Code Civil précise que « nul ne peut faire l'objet de discriminations en raison de ses caractéristiques génétiques » (article 16-13). C'est pourquoi la loi protège la personne contre les discriminations qui pourraient être liées à une mauvaise utilisation des tests dans le cadre par exemple du travail ou des contrats d'assurance. C'est à la personne concernée, et uniquement à elle, de décider si elle veut ou non faire un test génétique. Elle doit être informée de la nature et du but de l'examen, et donner son consentement par écrit à la réalisation de l'examen. Les résultats ne peuvent être rendus à la personne que par le médecin qui lui a prescrit l'examen. La personne concernée peut aussi refuser de connaître les résultats du test. Dans ce cas, son refus doit être consigné par écrit dans son dossier médical. Le médecin informe aussi la personne de la manière dont la maladie recherchée peut se transmettre ainsi que des conséquences éventuelles pour les autres membres de la famille.

Si une anomalie génétique grave est diagnostiquée, le médecin informe la personne de l'intérêt pour les autres membres de la famille potentiellement concernés de connaître cette information, lorsque des mesures de prévention ou de soins peuvent leur être proposées. L'information que donne le médecin est résumée dans un document remis à la personne concernée. Si la personne refuse d'informer sa famille, il existe la procédure d'information médicale à caractère familial.

- Le cercle des personnes pouvant procéder à un don d'organe pour une greffe est élargi.
- La brevetabilité du génome humain est autorisée pour « une invention constituant l'application technique d'une fonction d'un élément du corps humain ».
- Une Agence de la biomédecine est créée.
- La loi de bioéthique sera réexaminée par le Parlement dans un délai de 5 ans.

3. La loi de bioéthique du 7 juillet 2011

La loi du 7 juillet 2011 est l'aboutissement de la clause de révision inscrite dans la loi de 2004 et doit faire l'objet d'un nouvel examen d'ensemble par le Parlement dans un délai maximal de sept ans après son entrée en vigueur. Les principales innovations de ce nouveau texte portent sur les points suivants :

- autorisation du don croisé d'organes intervenant en cas d'incompatibilité entre proches : deux personnes, candidates au don pour un proche mais incompatibles avec leur proche malade, s'échangent leur receveur respectif s'ils leur sont compatibles. Cette possibilité concernant essentiellement les greffes de rein permettrait d'en réaliser 100 ou 200 de plus chaque année ;
- une nouvelle définition des modalités et les critères permettant d'autoriser les techniques d'assistance médicale à la procréation et d'encadrer leur amélioration. Ainsi la congélation ovocytaire ultra rapide (ou vitrification) devrait être autorisée.

Un amendement adopté lors du débat en première lecture au Sénat modifiait le régime des recherches sur l'embryon et les cellules-souches embryonnaires en les soumettant à un régime d'autorisation réglementée. L'Assemblée nationale a rétabli un régime d'interdiction pour ces recherches, avec possibilité de quelques dérogations. Les députés ont également refusé une disposition adoptée par le Sénat qui permettait aux femmes homosexuelles de recourir à l'assistance médicale à la procréation. L'Assemblée nationale a adopté un amendement rejetant l'ouverture d'une possibilité « d'accès à l'identité du donneur pour les personnes issues d'un don de gamètes » prévue par le texte du projet de loi initial.

B. Le droit en Europe

La « Convention sur les droits de l'homme et la biomédecine » (dite Convention d'Oviedo), qui date de 1997 et qui est élaborée sous l'égide du Conseil de l'Europe, est le premier texte européen à réglementer les questions juridiques et éthiques liées à la manipulation du génome. Elle énonce tout d'abord que « toute forme de discrimination à l'encontre d'une personne en raison de son patrimoine génétique est interdite » (article 11). Puis en ce qui concerne la médecine prédictive, elle stipule qu'il « ne pourra être procédé à des tests prédictifs de maladies génétiques ou permettant soit d'identifier le sujet comme porteur d'un gène responsable d'une maladie soit de détecter une prédisposition ou une susceptibilité génétique à une maladie qu'à des fins médicales ou de recherche médicale, et sous réserve d'un conseil génétique approprié » (article 12). Enfin, en ce qui concerne les interventions sur le génome humain, elle précise qu'une « intervention ayant pour objet de modifier le génome humain ne peut être entreprise que pour des raisons préventives, diagnostiques ou thérapeutiques et seulement si elle n'a pas pour but d'introduire une modification dans le génome de la descendance » (article 13).

La « Charte des droits fondamentaux de l'Union européenne », promulguée en 2000, va dans le même sens puisque, dans son article 3 consacré au « droit à l'intégrité de la personne », elle interdit le clonage reproductif des êtres humains, ainsi que la constitution d'embryons humains à des fins de recherche.

C. Le droit dans le monde

Le premier texte international concernant la recherche biomédicale est consécutif aux atrocités des médecins nazis dans les camps. La communauté internationale se rend alors compte de la nécessité d'encadrer la recherche médicale. Un certain nombre de principes éthiques sont alors énoncés dans le Code de Nuremberg (1947), texte fondateur en la matière.

Le consentement volontaire du sujet humain est absolument essentiel. Cela veut dire que la personne intéressée doit jouir de capacité légale totale pour consentir : qu'elle doit être laissée libre de décider, sans intervention de quelque élément de force, de fraude, de contrainte, de supercherie, de duperie ou d'autres formes de contrainte ou de coercition. Il faut aussi qu'elle soit suffisamment renseignée, et connaisse toute la portée de l'expérience pratiquée sur elle, afin d'être capable de mesurer l'effet de sa décision.

- l'expérience doit avoir des résultats pratiques pour le bien de la société impossibles à obtenir par d'autres moyens ; elle ne doit pas être pratiquée au hasard et sans nécessité ;
- on doit faire en sorte d'écarter du sujet expérimental toute éventualité, si mince soit-elle, susceptible de provoquer des blessures, l'invalidité ou la mort ;
- le sujet humain doit être libre, pendant l'expérience, de faire interrompre l'expérience, s'il estime avoir atteint le seuil de résistance, mentale ou physique, au-delà duquel il ne peut aller.

Le code de Nuremberg (1947) a connu trois prolongements :

1. La Déclaration d'Helsinki (1964) : il s'agit du texte de la 18e Assemblée médicale mondiale, qui tente de préciser dans quelles conditions la recherche scientifique est compatible avec l'activité clinique des médecins. Cette déclaration distingue une recherche clinique à but thérapeutique et une recherche clinique à but

scientifique. Dans les deux cas, le consentement éclairé est requis. De plus elle stipule que le projet et l'exécution de chaque phase de l'expérimentation sur l'être humain doivent être clairement définis dans un protocole expérimental qui doit être soumis à un comité indépendant désigné spécialement à cet effet pour avis et conseil.

2. Le Rapport « Belmont » (1979) : ce rapport est le fruit du travail de la « Commission nationale pour la protection des êtres humains dans la recherche médicale et comportementale », créée en 1974 par le Congrès américain. Ce rapport met en place les IRB (*Institutional Review Board*) qui supervisent tous les protocoles de recherche. Il édicte quatre principes éthiques auxquels toute recherche sur l'homme doit se référer :

- Principe d'autonomie : il s'agit de respecter le consentement de la personne, qui garantit sa dignité ;
- Principe de bienfaisance : le bénéfice de la recherche doit être supérieur au risque de cette même recherche ;
- Principe de non-malfaisance : la recherche ne doit pas nuire de quelque façon que ce soit à la personne qui se prête à cette recherche ;
- Principe de justice : il s'agit de respecter une certaine équité dans l'enrôlement des sujets expérimentaux. Il s'agit d'éviter que ce soient toujours les personnes les plus défavorisées et donc les plus vulnérables qui se prêtent à ces recherches.

3. La Déclaration de Manille (1981) : l'Organisation mondiale de la santé y énonce des directives consacrées à la recherche biomédicale sur les populations vulnérables, c'est-à-dire par exemple les malades mentaux, les prisonniers, les pauvres et les habitants des pays en voie de développement, les enfants ou encore les personnes en fin de vie. Le consentement éclairé paraît difficile à recueillir dans cette situation, ce qui nécessite le recours à un tiers : les comités d'éthique indépendants, qui sont chargés de la révision des protocoles expérimentaux proposés.

Enfin, le 11 novembre 1997, l'Unesco a adopté à l'unanimité la « Déclaration universelle sur le génome humain et les droits de l'homme », où sont énoncés les principes éthiques fondamentaux à respecter en matière de recherches sur le génome.

Tout d'abord, il s'agit dès l'article 1 de poser le génome comme une valeur universelle, mais aussi et comme patrimoine universel que la communauté internationale a le devoir de préserver dans sa diversité individuelle et collective. La notion de génome renvoie ainsi à la fois au patrimoine génétique individuel, entendu alors comme le matériel et l'information génétique, et à l'ensemble du patrimoine génétique de l'espèce humaine.

Le texte rappelle les principes des droits et de la diversité des êtres humains, qui ne peuvent être réduits à leurs caractéristiques génétiques ni faire l'objet de discriminations fondées sur ces caractéristiques (article 2). Elle refuse tout déterminisme génétique qui conduirait à considérer l'individu comme génétiquement programmé, indépendamment des conditions de vie et de l'environnement, l'être humain étant capable de transcender sa condition génétique par sa liberté de choix et de jugement.

Elle énonce aussi que le génome est un patrimoine personnel, ce qui exige la protection de la confidentialité des données et le respect de la vie privée. Toute intervention sur le génome nécessite ainsi le consentement de la personne et le respect des procédures éthiques du soin et de la recherche médicale (article 5).

De plus, elle interdit le clonage reproductif et précise que les applications de la recherche sur le génome « doivent tendre à l'allégement de la souffrance et à l'amélioration de la santé de l'individu et de l'humanité tout entière » (article 12).

Elle formule enfin des principes relatifs à la nécessité d'une solidarité internationale et d'égalité en matière de recherche sur le génome (article 18).

Testez-vous

1. **Quel est le nom de la première loi française relative à la protection des personnes qui se prêtent à des recherches médicales ?**

- ☐ **A.** La loi Kouchner.
- ☐ **B.** La loi Perruche.
- ☐ **C.** La loi Veil.
- ☐ **D.** La loi Huriet-Sérusclat.
- ☐ **E.** La loi Léonetti.

2. **De quand date cette loi ?**

- ☐ **A.** 20 décembre 1988.
- ☐ **B.** 11 novembre 1997.
- ☐ **C.** 4 mars 2003.
- ☐ **D.** 22 avril 2005.
- ☐ **E.** 21 juillet 2009.

3. **De quand date le Code de Nuremberg qui vise à encadrer d'un point de vue éthique et juridique la recherche médicale ?**

- ☐ **A.** 1937.
- ☐ **B.** 1947.
- ☐ **C.** 1957.
- ☐ **D.** 1967.
- ☐ **E.** 1977.

4. **De quand date la Déclaration universelle sur le génome humain et les droits de l'homme de l'Unesco ?**

- ☐ **A.** 20 décembre 1988.
- ☐ **B.** 11 novembre 1997.
- ☐ **C.** 4 mars 2003.
- ☐ **D.** 22 avril 2005.
- ☐ **E.** 21 juillet 2009.

5. **Comment s'appelle la première brebis clonée de l'histoire, en 1996 ?**

- ☐ **A.** Polly.
- ☐ **B.** Molly.
- ☐ **C.** Dolly.
- ☐ **D.** Jolly.
- ☐ **E.** Lolly.

23 Les droits des patients

La loi du 4 mars 2002 « relative aux droits des malades et à la qualité du système de santé », couvre le champ de la médecine libérale et de la médecine publique, et fait suite aux États Généraux de la santé qui se sont tenus dans toute la France de septembre 1998 à juin 1999. Il s'agissait d'associer les Français au débat sur la santé : de connaître leurs principales préoccupations en la matière, leurs attentes vis-à-vis du système et de ses acteurs, leur capacité d'investissement sur ses sujets. L'objectif était de faire émerger une véritable démocratie sanitaire afin que le débat sur les questions de santé ne soit plus réservé aux seuls professionnels ou experts de la santé. Le bilan de ces États Généraux peut se résumer à cinq mots : relation, information, prévention, accès aux soins, et participation. La loi du 4 mars 2002 traduit donc en termes concrets ces souhaits exprimés par les citoyens au cours des États Généraux de la Santé et vise autant à moderniser qu'à démocratiser le système de santé. Cette loi comporte cinq titres mais seuls le Titre II et le Titre IV nous intéressent ici. Le titre II est en effet consacré à la démocratie sanitaire et affirme notamment les droits fondamentaux de la personne. Il précise les droits et les responsabilités des usagers ainsi que la participation des usagers au fonctionnement du système de santé. Le titre IV traite quant à lui de la réparation des conséquences des risques sanitaires.

I. Les droits de la personne

Tout d'abord, la loi fait du droit à la santé un principe constitutionnel, et affirme que le système de santé doit reconnaître et respecter tout malade en tant que personne et garantir à chacun un égal accès aux soins. Elle conforte ainsi les principes de :

- Dignité : « la personne malade a droit au respect de sa dignité » ;
- Non-discrimination : « aucune personne ne peut faire l'objet de discrimination dans l'accès à la prévention ou aux soins » en raison de son état de santé, de son handicap ou de son patrimoine génétique ;
- respect de la vie privée et du secret médical : « Toute personne a le droit au respect de sa vie privée et au secret des informations le concernant »[1].

La loi du 4 mars 2002, relative aux droits des malades et à la qualité du système de santé, réaffirme la primauté du droit à la protection de la santé : « Le droit fondamental à la protection de la santé doit être mis en œuvre par tous moyens disponibles au bénéfice de toute personne » (article L. 1110-1 du Code de la santé publique). Ce droit à la protection de la santé passe par le :

- Droit à la prévention : « L'accès à la prévention et aux soins des populations fragilisées constitue un objectif prioritaire de la politique de santé » (article L. 1411-1 du CSP, loi relative à la politique de santé publique de 2004).

1. Voir la fiche 18 du présent ouvrage sur le secret médical.

- Droit d'égal accès à des soins de qualité : cela implique la non-discrimination dans l'accès aux soins, mais aussi le droit de recevoir les soins les plus appropriés et de bénéficier des thérapeutiques dont l'efficacité est reconnue (article L. 1110-5 du Code de la santé publique).
- Droit à la sécurité sanitaire: les actes médicaux ne doivent pas faire courir des risques disproportionnés par rapport au bénéfice escompté. Des agences sanitaires placées sous la tutelle du ministre chargé de la Santé ont ainsi été créées afin de s'assurer et d'évaluer la sécurité sanitaire[1].
- Droit à la prise en charge de la douleur et droit aux soins palliatifs: « toute personne a le droit de recevoir des soins visant à soulager sa douleur ». Les professionnels de santé doivent « assurer à chacun une vie digne jusqu'à la mort ».

II. Les droits et responsabilités des usagers du système de santé

Concernant les droits et responsabilités des usagers, l'article L. 1111-1 précise que « les droits reconnus aux usagers s'accompagnent des responsabilités de nature à garantir la pérennité du système de santé et des principes sur lesquels il repose ».

A. Le droit à l'information

Le premier droit de l'usager est le **droit d'être informé sur son état de santé**. L'article L. 1111-2 du Code de la santé publique énonce ainsi : « *Toute personne a le droit d'être informée sur son état de santé* [...] ».

1. Contenu du droit à l'information

L'information du patient « *incombe à tout professionnel de santé dans le cadre de ses compétences et dans le respect des règles professionnelles qui lui sont applicables* ». Elle est délivrée lors d'un entretien individuel. L'information du patient doit porter sur son état de santé (ses maladies ou facteurs de risque), les différents examens complémentaires ou les différents traitements qui lui sont proposés et les « *risques fréquents ou graves normalement prévisibles qu'ils comportent* » (article L. 1111-12 du Code de la santé publique). Elle porte aussi sur les frais inhérents à sa prise en charge médicale.

La charge de la preuve que l'information a bien été délivrée incombe au professionnel (depuis l'arrêt Hedreul du 25 février 1997) de santé et cette preuve pourra être apportée par tout moyen.

1. Voir la fiche 10 du présent ouvrage sur la Sécurité sanitaire.

2. Les dérogations à l'obligation d'information

Dans certaines situations le médecin peut déroger à cette obligation d'information :

- en cas d'urgence, quand le patient n'est pas en mesure de recevoir cette information (si le patient est inconscient) ; l'information lui sera délivrée dès qu'il sera en état de la recevoir ;
- lorsque le patient lui-même souhaite rester dans l'ignorance d'un diagnostic ou d'un pronostic « *sauf lorsque des tiers sont exposés à un risque de transmission* ».

3. La qualité de l'information

L'information délivrée par le médecin doit être « *loyale, claire et appropriée sur son état, les investigations et les soins qu'il lui propose* » (Article 35 du Code de déontologie). Tout au long de la prise en charge le médecin doit s'assurer que cette information a bien été comprise par le malade.

Lors de la prise en charge d'enfants, d'adolescents ou de majeurs sous tutelle, l'information médicale doit être délivrée aux représentants de l'autorité parentale ou aux tuteurs. Mais cela ne dispense pas d'informer le jeune patient ou le majeur protégé sur son état de santé dans un langage adapté à ses degrés de maturité et à ses facultés de discernement. Si les soins sont confidentiels (IVG pour une mineure par exemple) les parents ne doivent par contre pas être informés si la jeune fille mineure ne le souhaite pas.

4. Droit d'accès direct à son dossier médical

Participant à l'information du patient et visant à replacer le patient au centre de sa prise en charge, le droit et les conditions d'accès au dossier médical ont été redéfinis par la loi du 4 mars 2002. Depuis cette date, le patient a un droit d'accès aux informations médicales concernant sa santé détenues par les professionnels de santé, c'est-à-dire un droit d'accès à son dossier, comportant les « *résultats d'examen, comptes rendus de consultation, d'intervention, d'exploration ou d'hospitalisation, des protocoles et prescriptions thérapeutiques mis en œuvre, feuilles de surveillance, correspondances entre professionnels de santé* » (article L. 1111-6 du Code de la santé publique), à l'exception des informations communiquées par des tiers ou concernant des tiers.

Cet accès peut être direct pour le patient ou se faire par l'intermédiaire d'un médecin désigné par le patient, notamment en cas d'hospitalisation psychiatrique. La présence d'un intermédiaire peut également être recommandée par le médecin responsable de la prise en charge du malade, si la communication directe du dossier au patient lui fait courir un risque.

Le délai de transmission de ce dossier est de 8 jours pour la plupart des cas, et de 2 mois pour les dossiers datant de plus de 5 ans ou en cas d'hospitalisation sous contrainte.

B. Le droit de prendre les décisions concernant sa santé

Le second droit de l'usager est le **droit de prendre les décisions concernant sa santé**. Cette décision est prise avec le professionnel de santé « en tenant compte des informations et des préconisations qu'il lui fournit ». Cela implique qu'« aucun acte médical ni aucun traitement ne peuvent être pratiqués sans le consentement libre et éclairé de la personne et ce consentement peut être retiré à tout moment ». Le consentement du patient doit donc être libre et éclairé : il se fait par oral, sauf dans sept cas où il doit être consigné par écrit : prélèvement d'organe sur personne vivante, IVG, expérimentation humaine, études à caractère génétique, assistance médicale à la procréation, transfusion sanguine et chirurgie esthétique. Ainsi, si jamais un patient refuse un traitement ou des soins, ce qu'il a désormais le droit de faire, « le médecin doit respecter la volonté de la personne après l'avoir informée des conséquences de ses choix. Si la volonté de la personne de refuser ou d'interrompre un traitement met sa vie en danger, le médecin doit tout mettre en œuvre pour la convaincre d'accepter des soins indispensables ». Le refus de consentement doit alors être consigné par écrit. Ce droit de prendre les décisions concernant sa santé inclut le **droit de désigner une personne de confiance**.

III. De nouveaux droits pour les patients : la loi de modernisation de notre système de santé du 26 janvier 2016

La loi de modernisation de notre système de santé du 26 janvier 2016 introduit de nouveaux droits concrets pour les patients :

- La loi instaure un droit à l'oubli pour les anciens malades de certaines pathologies lourdes comme les cancers[1].
- Elle rend plus effectif l'accès à l'IVG sur l'ensemble du territoire[2], en permettant notamment aux centres de santé de réaliser des IVG instrumentales et aux sages-femmes de réaliser des IVG médicamenteuses. Le délai minimal de réflexion de 7 jours est aussi supprimé.
- Elle prend des mesures pour faire progresser la démocratie sanitaire, comme l'ouverture des données de santé (*open data*), qui doivent permettre de concilier les deux impératifs de l'accès aux données, notamment à des fins de recherche scientifique, et de protection des informations personnelles.
- La loi renforce l'association des usagers au fonctionnement des agences sanitaires en rendant obligatoire leur représentation au sein des instances de gouvernance de ces agences.
- Elle renforce la transparence sur les liens d'intérêts entre médecins et industries de santé, notamment en rendant publiques les rémunérations versées dans le cadre de collaborations entre industrie et professionnels de santé. Un site

1. Voir la Fiche 11 sur les cancers pour le détail des mesures.
2. Voir la Fiche 33 sur l'IVG et la contraception pour le détail des mesures.

Internet a été développé à cet effet par le ministère de la Santé, www.santé.gouv.fr.

- Elle renforce enfin la sécurité des patients en leur apportant de nouvelles garanties sur l'approvisionnement et le contrôle des médicaments : la loi crée ainsi une liste spécifique de médicaments (notamment les vaccins) d'intérêt thérapeutique majeur qui induisent un certain nombre d'obligations pour les acteurs du circuit pharmaceutique, avec, notamment, la mise en place de plans de gestion des pénuries, impliquant la constitution de stocks. Elle renforce aussi le suivi et la traçabilité des dispositifs médicaux.
- Enfin, la loi du 26 janvier 2016 permet aux patients de se défendre collectivement face à certains préjudices subis dans le domaine sanitaire (action de groupe). Tout le monde a à l'esprit des situations, qui ont pu faire des victimes en nombre. Les produits de santé (comme l'affaire des prothèses mammaires dites « PIP », ou bien encore le scandale du Mediator) ont en effet été, dans les dernières décennies, la source de scandales affectant de nombreux usagers de manière similaire. La loi permettra aux victimes de mieux se défendre à travers des actions de groupe (« class-action ») : elle ouvre la possibilité de déposer des recours collectifs devant la justice pour demander réparation. Concrètement, une association d'usagers du système de santé agréée pourra désormais engager une procédure pour faire reconnaître la responsabilité dans la survenue de dommages corporels occasionnés par une même cause. Elle pourra ainsi éviter la multiplication des procédures individuelles, particulièrement lourdes pour les victimes.

Testez-vous

1. Quel article du Code de la santé publique consacre le droit à la qualité des soins ?

- ☐ **A.** L'article L. 1110-1.
- ☐ **B.** L'article L. 1110-2.
- ☐ **C.** L'article L. 1110-3.
- ☐ **D.** L'article L. 1110-4.
- ☐ **E.** L'article L. 1110-5.

2. Concernant le consentement, une seule proposition est fausse :

- ☐ **A.** Le consentement du patient doit être libre.
- ☐ **B.** Le consentement du patient doit être éclairé.
- ☐ **C.** Le consentement du patient doit être révocable à tout moment.
- ☐ **D.** Le consentement du patient doit être formulé par écrit en cas d'Assistance Médicale à la Procréation ou de recherche médicale.
- ☐ **E.** Le consentement du mineur ou de l'incapable majeur ne doit pas nécessairement être recherché.

3. Concernant l'information médicale, une seule proposition est fausse :

- ☐ **A.** Le médecin doit à son patient une information claire, loyale et appropriée.
- ☐ **B.** Il est possible de ne pas informer son patient en cas d'urgence absolue.
- ☐ **C.** Il est possible de ne pas informer son patient si celui-ci est inconscient ou incapable de comprendre.
- ☐ **D.** Il est possible de ne pas informer son patient si celui-ci refuse d'être informé, même s'il y a un risque de transmission de maladies infectieuses.
- ☐ **E.** La charge de la preuve d'information incombe au médecin et non patient.

4. Concernant l'information, cocher la ou les réponses correctes.

- ☐ **A.** Selon l'article L. 1111-2 toute personne a le droit d'être informée sur son état de santé.
- ☐ **B.** En ce qui concerne les mineurs, les parents doivent obligatoirement être informés.
- ☐ **C.** L'information doit nécessairement être écrite.
- ☐ **D.** Selon l'article 35 du Code de déontologie le médecin doit à la personne qu'il examine, qu'il soigne ou qu'il conseille une information loyale, claire et appropriée sur son état, les investigations et les soins qu'il lui propose.
- ☐ **E.** L'information doit dans tous les cas être délivrée au patient.

5. À propos du consentement, chasser le ou les intrus parmi les cas qui nécessitent un consentement écrit :

- ☐ **A.** Stérilisation à visée contraceptive.
- ☐ **B.** Assistance Médicale à la Procréation.
- ☐ **C.** Recherche génétique.
- ☐ **D.** Prélèvement d'organes sur personne majeure décédée.
- ☐ **E.** Prélèvement de moelle osseuse sur un mineur.

La démographie

24 La démographie française

Au début de chaque année, l'INSEE dresse un bilan démographique de la population française, qui est en 2020 assez catastrophique, en raison de l'épidémie de Covid-19. Au 1er janvier 2021, la France compte 67,4 millions d'habitants. Au cours de l'année 2020, la population a augmenté de 0,3 %. Cette progression est due pour moitié au solde naturel (+ 82 000 personnes), différence entre les nombres de naissances et de décès. Il a fortement baissé du fait de la forte hausse des décès liée à la pandémie de Covid-19.

En 2020, 736 000 bébés sont nés en France. En recul depuis 2015, l'indicateur conjoncturel de fécondité s'établit à 1,84 enfant par femme en 2020. La France reste, en 2018, le pays le plus fécond de l'Union européenne.

En 2020, 669 000 personnes sont décédées en France, soit 7,3 % de plus qu'en 2019. La pandémie de Covid-19 a particulièrement affecté les décès au printemps et en fin d'année. L'espérance de vie à la naissance s'établit à 85,1 ans pour les femmes et à 79,1 ans pour les hommes. Elle diminue nettement par rapport à 2019 (–0,5 an pour les femmes et –0,6 an pour les hommes). La baisse est bien plus forte qu'en 2015, année marquée par une forte grippe hivernale (–0,3 an et –0,2 an).

En 2020, 148 000 mariages ont été célébrés, en recul de 34 % par rapport à 2019, la pandémie ayant empêché la tenue des célébrations ou incité à les repousser en raison de la limitation du nombre d'invités

Malgré tous ces signaux négatifs, la France a pourtant la démographie la plus dynamique de l'Union européenne. Il est donc nécessaire de regarder dans le détail les points forts et les points faibles de la démographie française.

I. Bilan démographique

A. Un accroissement naturel en baisse pour la cinquième année consécutive

Au 1er janvier 2021, la France compte 67 422 000 habitants : 65 250 000 résident en métropole et 2 172 000 dans les cinq départements d'outre-mer. La population augmente de 0,3 % en 2020, comme en 2019. De 2014 à 2018, la population augmentait en moyenne de 0,4 % par an

En 2020, le solde naturel, différence entre les nombres de naissances et de décès, s'établit à + 82 000. En 2016, il avait atteint son niveau le plus bas depuis la fin de la Seconde Guerre mondiale. Il n'a cessé de baisser depuis lors et atteint de nouveau un point très bas en 2020. Cette baisse est due au recul des naissances qui se poursuit, mais surtout à la forte hausse du nombre des décès pendant la pandémie de Covid-19. La moitié de la croissance de la population en 2020 est ainsi due au solde naturel et l'autre moitié au solde migratoire, estimé à + 87 000 personnes.

Au 1er janvier 2019, la France est le deuxième pays le plus peuplé de l'Union européenne (UE) derrière l'Allemagne (83,16 millions d'habitants). Un peu plus des deux tiers de la population de l'UE vit dans les cinq pays les plus peuplés : Allemagne, France , Italie (59,28 millions), Espagne (47,39 millions) et Pologne (37,84 millions). Entre 2020 et 2021, neuf pays ont enregistré une baisse de leur population. Ainsi, c'est l'**Italie** qui accuse la plus forte diminution avec une perte de 384 000 habitants

(–0,6 %). À l'inverse, selon les chiffres d'Eurostat, la plus forte croissance démographique a été observée en **France** (+119 000, +0,2 %).

B. Structure par âge de la population

Le niveau stable de la fécondité et de la natalité sur le long terme implique qu'aujourd'hui encore, la base de la pyramide de la population française est relativement large. Bien que le solde naturel soit encore nettement positif, le processus de vieillissement en cours a pour conséquence une augmentation du nombre de décès annuel, du fait de l'augmentation du volume de la population ayant les plus forts risques de décès.

Structure de la population par groupe d'âges, France entière

Population au 1er janvier 2021					
2021 (p) y compris Mayotte	*Moins de 20 ans*	*de 20 à 59 ans*	*de 60 à 64 ans*	*65 ans ou plus*	*Dont 75 ans ou plus*
Population par tranche d'âges	16 124 004	33 192 633	4 125 693	13 964 911	6 409 568
Répartition par tranche d'âges (%)	23,9	49,3	6,1	20,7	9,5

Source : Estimations de population (résultats provisoires à fin 2019). Insee, Bilan démographique

Depuis une quinzaine d'années, l'Irlande et la France ont la proportion de jeunes de moins de 15 ans la plus élevée de l'UE en 2020 (respectivement 20,8 % et 18,1 %), devant le Royaume-Uni et la Suède. Cette part est inférieure à 14 % dans quatre pays (Allemagne, Italie, Malte, Portugal) et elle est de 15,6 % pour l'ensemble de l'UE.

Au 1er janvier 2021, plus d'une personne sur cinq (20,7 %) en France a 65 ans ou plus. Cette part augmente depuis plus de 30 ans et le vieillissement de la population s'accélère depuis le milieu des années 2010, avec l'arrivée à ces âges des premières générations nombreuses nées après-guerre. La part des personnes âgées de 65 ans ou plus augmente dans tous les pays de l'UE. En 2019, elles représentent 20,0 % de la population de l'UE, contre 17,4 % en 2009. Leur part varie de 14,1 % en Irlande à 22,8 % en Italie.

Pyramide des âges de la France métropolitaine en 2021

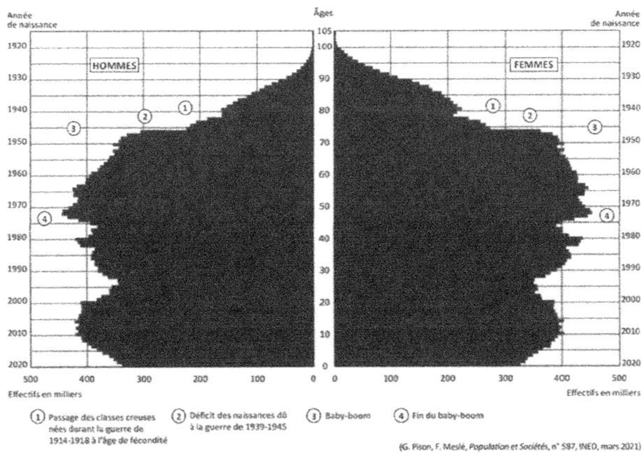

Source : INED

II. Les naissances et la fécondité

Baisse de la natalité et de la fécondité

Ainsi, en 2020, 736 000 bébés sont nés en France, soit 17 000 naissances de moins qu'en 2019 (–2,3 %). Le nombre de naissances diminue chaque année depuis six ans : en 2020, il y a eu 83 000 naissances de moins qu'en 2014. Ce nombre de naissances est le plus bas observé depuis la fin de la Seconde Guerre mondiale et inférieur au point bas de 1994. La baisse du nombre des naissances s'explique par la diminution de la population féminine en âge de procréer et par la baisse de sa fécondité. Les femmes âgées de 20 à 40 ans, les plus fécondes, sont de moins en moins nombreuses depuis le milieu des années 1990. Elles sont environ 8 millions en 2020, contre 9,3 millions en 1995.

En 2020, l'indicateur conjoncturel de fécondité (ICF) s'établit à 1,84 enfant par femme. Il était de 2 en 2014. Ces 6 années de baisse font suite à huit années de relative stabilité, autour de 2 enfants par femme. En France, la fécondité reste malgré tout globalement élevée.

En 2019, la France reste le pays de l'Union européenne (UE) le plus fécond (ICF de 1,86), suivie par la Roumanie (1,77). Aussi fécondes que la France il y a quelques années, l'Irlande et la Suède ont un ICF désormais plus bas : 1,71 en 2019, comme la République tchèque. Trois pays méditerranéens ont des ICF inférieurs à 1,3 : Malte, l'Espagne et l'Italie. L'Allemagne, qui faisait partie il y a dix ans des pays les moins féconds de l'UE, figure désormais dans la moyenne (ICF de 1,54, contre 1,53 pour l'ensemble de l'UE).

En 2020, l'âge moyen à la maternité se stabilise à 30,8 ans, contre 29,8 en 2008. En 2018, la France reste le pays de l'Union européenne (UE) le plus fécond (ICF de 1,87), suivie par la Suède (1,76), la Roumanie (1,76) et l'Irlande (1,75). Trois pays ont des ICF inférieurs à 1,3, principalement des pays méditerranéens : Malte, l'Espagne et l'Italie. L'Allemagne, qui faisait partie il y a dix ans des pays les moins féconds de l'UE, figure désormais dans la moyenne (ICF de 1,57, contre 1,56 pour l'ensemble de l'UE).

III. La mortalité

A. Une mortalité élevée

Concernant la mortalité, 669 000 personnes sont décédées en France en 2020, d'après l'INSEE : c'est 56 000 de plus qu'en 2019. En raison de l'arrivée des générations nombreuses du *baby-boom* à des âges où la mortalité est plus élevée, le nombre de décès augmente chaque année depuis 2010. La hausse observée en 2020 est cependant sans commune mesure avec celle des années passées. À espérance de vie constante depuis 2019, l'augmentation de la population et son vieillissement en 2020 auraient entraîné un accroissement des décès d'environ 14 000. Si les gains d'espérance de vie s'étaient prolongés au même rythme que ceux observés lors de la dernière décennie, l'augmentation aurait été moindre, de l'ordre de 6 000. L'essentiel de la hausse des décès en 2020 est donc porté par l'augmentation des taux de mortalité aux âges élevés du fait de l'épidémie de Covid-19. Cette dernière entraîne une diminution marquée de l'espérance de vie à la naissance, d'un peu plus de 6 mois par rapport à 2019.

L'excédent de mortalité, toutes causes confondues, lors de la première vague de la pandémie (en mars et avril 2020) par rapport à la moyenne 2016-2019 est plus élevé en Espagne (70 %), en Italie (47 %), au Royaume-Uni et en Belgique (43 %) qu'en France (28 %). À l'inverse, il est beaucoup plus faible en Allemagne (4 %). Si le pic des décès a été atteint en France comme en Espagne la semaine du 30 mars, il a eu lieu plus tôt en Italie, et plus tard en Belgique et au Royaume-Uni. En Suède, l'excédent de mortalité s'est prolongé tout le mois de mai. La hausse des décès constatée en France depuis la mi-octobre, avec un pic au cours de la première semaine de novembre, est nettement plus accentuée en Belgique. Selon les données disponibles début décembre 2020 (Eurostat), le surplus de décès depuis début octobre jusqu'à la troisième semaine de novembre est le plus élevé en Belgique (42 %), suivie de l'Espagne (26 %) et de la France (22 %) ; il est moindre au Royaume-Uni (11 %) et limité en Allemagne (moins de 5 %).

B. L'espérance de vie en baisse

En 2020, l'espérance de vie à la naissance est de 85,1 ans pour les femmes et de 79,1 ans pour les hommes. Les femmes perdent 0,5 an d'espérance de vie par rapport à 2019 et les hommes 0,6 an. Cette baisse est deux fois plus marquée qu'en 2015 (respectivement -0,3 an et -0,2 an), où la grippe hivernale avait été très meurtrière. Ces dernières années, les gains d'espérance de vie s'étaient ralentis pour les hommes comme pour les femmes : entre 2010 et 2019, soit avant 2020, les femmes avaient gagné 1,0 an contre 1,7 an entre 2001 et 2010 ; pour les hommes, les gains étaient de 1,7 an après 2,6 ans.

En moyenne dans l'UE en 2019, l'espérance de vie des femmes est de 84 ans et celle des hommes de 78,5 ans. L'espérance de vie des femmes en France est l'une des plus élevées de l'UE : seule l'Espagne (86,7 ans) devance la France (85,9 ans). Pour les hommes, la France (79,9 ans) se situe un peu au-dessus de la moyenne de l'UE ; neuf pays, en particulier l'Italie et la Suède (81,5 ans) ont une espérance de vie supérieure à la France pour les hommes.

En France, l'écart d'espérance de vie entre femmes et hommes est de 6 ans en 2020. Il était plus élevé en 2009 à 6,7 ans, et est stable autour de 6 ans depuis 2015. En 2019, cet écart est plus élevé en France (6 ans) que dans tous les pays de l'ouest de l'Europe, à l'exception du Portugal (6,1 ans). L'écart moyen dans les pays de l'UE est de 5,5 ans. Il varie de 4 ans aux Pays-Bas à 9,2 ans en Lettonie.

Au 1er janvier 2021	
Population totale	67,4 millions d'habitants (65,3 millions en métropole et 2,1 millions dans les cinq départements d'outre-mer)
Natalité	736 000 naissances
Mortalité	669 000 décès
Solde naturel	+67 000 personnes par an
Solde migratoire	+87 000 personnes
Espérance de vie à la naissance tous sexes confondus	82,1 ans
Espérance de vie à la naissance pour les femmes	85,1 ans
Espérance de vie à la naissance pour les hommes	79,1 ans
En tête des pays européens en termes de fécondité	Indice Conjoncturel de Fécondité = 1,84/femme
Taux de mortalité infantile	3,6/1 000 enfants nés vivants

Testez-vous

1. Combien y a-t-il d'habitants en France en 2021 ?

- ☐ **A.** 65,4 millions.
- ☐ **B.** 66,4 millions.
- ☐ **C.** 67,4 millions.
- ☐ **D.** 68,4 millions.
- ☐ **E.** 69,4 millions.

2. Combien y a-t-il eu de naissances et de décès en France en 2020 ?

- ☐ **A.** 736000 naissances pour 736000 décès.
- ☐ **B.** 669000 naissances pour 736000 décès.
- ☐ **C.** 736000 naissances pour 669000 décès.
- ☐ **D.** 669000 naissances pour 669000 décès.
- ☐ **E.** 154000 naissances pour 736000 décès.

3. Quelle est la part de la population française âgée de plus de 65 ans au 1er janvier 2021 ?

- ☐ **A.** 5,7 %.
- ☐ **B.** 10,7 %.
- ☐ **C.** 20,7 %.
- ☐ **D.** 30,7 %.
- ☐ **E.** 40,7 %.

4. Quelle est la part de la population française âgée de moins de 20 ans au 1er janvier 2021 ?

- ☐ **A.** 3,9 %.
- ☐ **B.** 13,9 %.
- ☐ **C.** 23,9 %.
- ☐ **D.** 33,9 %.
- ☐ **E.** 43,9 %.

5. Concernant l'espérance de vie la naissance, en France, en 2020, indiquez la proposition fausse :

- ☐ **A.** Elle est de 85,1 pour les femmes.
- ☐ **B.** Elle est de 79,1 pour les hommes.
- ☐ **C.** L'espérance de vie est calculée à partir de la probabilité de décéder à chaque âge de la vie.
- ☐ **D.** L'écart entre l'espérance de vie des hommes et des femmes tend à s'accentuer.
- ☐ **E.** La proportion de personnes âgées en France croît au fil du temps, du fait de l'accroissement de l'espérance de vie.

25 La démographie de l'Union européenne

Le 31 janvier 2020 à minuit, le Royaume-Uni a officiellement quitté l'Union européenne, après être entré dans le Marché commun en 1973. L'Union européenne ne compte donc plus que 27 membres et a perdu plus de 66 millions de personnes, alors même que le Royaume-Uni comptait parmi les pays les plus dynamiques de l'UE en termes d'accroissement naturel. L'UE ne compte donc plus désormais que 447,7 millions d'habitants. Mais le principal problème démographique de l'Union européenne se situe dans son vieillissement global, auquel s'ajoute le fait qu'elle compte plus de décès que de naissances, ce qui fait que sa population doit baisser mécaniquement. Heureusement, l'apport de l'immigration permet à l'UE de gagner des habitants : sa population a ainsi augmenté de 0,9 million de personnes en 2020. Au plan politique, les élections européennes de 2019 ont modifié le visage aussi bien de la Commission Européenne, ainsi que du Parlement et des autres institutions, et l'année 2020, avec la crise due au Covid-19 constitue sans nul doute une année charnière pour l'Union européenne où, pour dire les choses clairement, se joue sa survie même. En effet, l'épidémie de Covid-19 a montré l'absence totale d'union politique au niveau européen, ainsi que l'absence de solidarité : quand ils ne se volaient pas les cargaisons de masques entre eux, les pays de l'UE ont agi de façon unilatérale et nombre d'entre eux, comme l'Italie, ont dû faire appel à la Russie ou à la Chine (et même à Cuba) pour les aider à gérer cette crise sans précédent. Si au plan économique, l'Union européenne a mis en place un plan de relance de 750 milliards d'euros, il est difficile de savoir si cela suffira. Dans tous les cas, avec la montée des souverainismes et des nationalismes un peu partout en Europe, l'Union européenne n'a sans doute jamais été aussi proche de mourir. Et il faut malheureusement constater qu'elle n'a pas fait grand-chose pour éviter cela, alors même qu'elle avait (et qu'elle a toujours) de nombreux atouts à faire valoir.

I. Bilan démographique

Au 1er janvier 2021, la population de l'Union européenne (UE) est estimée à près de 447,7 millions, contre 446,9 millions d'habitants au 1er janvier 2019 (hors Royaume-Uni). Si l'on ajoute le Royaume-Uni la population de l'UE comptait 513,5 millions de personnes : le Brexit a donc amputé l'UE de 13 % de sa population. Au cours de l'année 2020, plus de décès que de naissances ont été enregistrés dans l'UE (5,2 millions de décès et 4 millions de naissances), ce qui signifie que la variation naturelle de la population de l'UE a été négative pour la troisième année consécutive, avec – 312 000 habitants. Parmi les États membres, l'Allemagne est le plus peuplé avec 83,2 millions de résidents soit 19 % de la population totale de l'UE au 1er janvier 2021, suivis par la France (67,4 millions, soit 15,0 %), l'Italie (59,3 millions, soit 13 %), l'Espagne (47,4 millions, soit 11 %) et la Pologne (37,8 millions, soit 9 %). Quatorze États membres ont une part comprise entre 1 % et 5 % dans la population totale de l'UE, tandis que huit ont une part inférieure à 1 %.

II. La natalité

Entre les années 1960 et le début du XXIe siècle, le nombre de naissances vivantes dans l'UE a fortement diminué, passant de 7,5 millions à un niveau plancher de 5,0 millions en 2002. La sortie du Royaume-Uni a bien évidemment fait toucher un nouveau plancher, à 4 millions.

Au cours de l'année 2020, 4 millions de naissances ont été enregistrées dans l'UE, soit 2,2 % (hors Royaume-Uni) de moins que l'année précédente. Parmi les États membres, les taux bruts de natalité les plus élevés en 2020 ont été enregistrés par l'Irlande (11,2 pour 1 000 résidents), Chypre (11,1‰), la France (10,9‰) et la Suède (10,9‰). À l'autre extrémité de l'échelle, les taux de natalité les plus faibles ont été enregistrés en Italie (6,8 ‰), en Espagne (7,1 ‰), et en Grèce (7,9 ‰). À l'échelle de l'UE, le taux brut de natalité était de 9,1 naissances pour 1 000 résidents.

III. La mortalité

5,2 millions de décès ont été comptabilisés dans l'UE au cours de l'année 2020, soit 11 % de plus que l'année précédente, essentiellement en raison du Covid-19 : il s'agit du plus grand nombre de décès observés depuis une cinquantaine d'années. Les taux bruts de mortalité les plus faibles ont été enregistrés en Irlande (6,4 décès pour 1 000 résidents), à Chypre (7,2 ‰), au Luxembourg (7,3 ‰) et à Malte (7,9 ‰). À l'opposé, le taux de mortalité le plus élevé a été enregistré en Bulgarie (18 ‰), suivis par la Lituanie (15,6 ‰), la Roumanie (15,4 ‰), la Lettonie (15,2 ‰) et la Hongrie (14,5 ‰).

Le taux brut de mortalité pour l'UE est de 11,6 décès pour 1 000 résidents.

IV. La structure de la population

L'impact du vieillissement de la population au sein de l'UE devrait prendre une importance majeure dans les décennies à venir. Les taux de natalité systématiquement bas et l'augmentation de l'espérance de vie vont modifier la forme de la pyramide des âges de l'Union européenne. Le changement le plus important sera probablement la transition marquée vers une population beaucoup plus âgée, et cette tendance apparaît déjà clairement dans plusieurs États membres. En conséquence, la proportion de personnes en âge de travailler dans l'UE-27 diminue tandis que le nombre relatif de personnes retraitées augmente.

Ainsi, la population européenne continue de vieillir : au 1er janvier 2021, la part des 65 ans ou plus représente 21 % de la population contre 16 % 20 ans plus tôt. C'est en Italie (23 %), puis en Grèce, en Finlande, en Allemagne, en Bulgarie et au Portugal que cette part est la plus élevée (22 % pour tous ces pays) et en Irlande la plus faible (14 %). La France, avec 20,7 %, se situe légèrement au-dessus de la moyenne européenne.

Ainsi, au cours de la dernière décennie pour laquelle des données sont disponibles, l'âge médian de la population de l'UE-28 a augmenté pour atteindre 44 ans en 2020 (contre 38 ans en 2001, soit 6 ans de plus en 20 ans). Au 1er janvier 2021, l'âge médian de la population était inférieur à 40 ans dans seulement trois États membres de l'UE : l'Irlande et Chypre (38 ans pour les 2). En revanche, deux États membres enregistraient des âges médians particulièrement élevés : l'Italie (47 ans), l'Allemagne et le Portugal (46,0 ans), la Bulgarie et la Grèce (45 ans).

Selon les dernières projections d'Eurostat, l'Union européenne continuerait à perdre des habitants : Eurostat considère ainsi qu'elle perdra 31 millions d'habitants entre aujourd'hui et 2100. La population européenne continuerait à vieillir : la population âgée de plus de 65 ans passerait ainsi de presque 20 % de la population en 2019 à 30 % en 2100, tandis que la population active passerait de 65 % en 2019 à 55 % en 2100. L'âge médian atteindrait quant à lui 48,8 ans en 2100 : la moitié de la population européenne aurait alors moins de 48,8 ans, et l'autre plus de 48,8 ans.

Testez-vous

1. Quel est le pays le plus peuplé de l'Union européenne ?

- ☐ **A.** La France.
- ☐ **B.** L'Allemagne.
- ☐ **C.** La Bulgarie.
- ☐ **D.** L'Italie.
- ☐ **E.** L'Espagne.

2. Au 1er janvier 2020, l'UE comptait combien d'habitants ?

- ☐ **A.** 147 millions.
- ☐ **B.** 347 millions.
- ☐ **C.** 447 millions.
- ☐ **D.** 747 millions.
- ☐ **E.** 147 milliards.

3. Quel pays a le taux de natalité le plus bas de l'Union européenne ?

- ☐ **A.** L'Irlande.
- ☐ **B.** La Bulgarie.
- ☐ **C.** La France.
- ☐ **D.** L'Allemagne.
- ☐ **E.** L'Italie.

4. Quel pays a le taux de mortalité le plus haut de l'Union européenne ?

- ☐ **A.** L'Irlande.
- ☐ **B.** La Bulgarie.
- ☐ **C.** La France.
- ☐ **D.** L'Allemagne.
- ☐ **E.** L'Italie.

5. Combien de bébés sont nés dans l'UE en 2020 ?

- ☐ **A.** 1 million.
- ☐ **B.** 2 millions.
- ☐ **C.** 4 millions.
- ☐ **D.** 10 millions.
- ☐ **E.** 50 millions.

26 La démographie mondiale

I. La population mondiale en 2021

En 2021, la population mondiale est estimée à 7,87 milliards d'êtres humains, contre 3 milliards environ en 1960. Elle devrait augmenter de près d'un milliard de personnes au cours des douze prochaines années, pour atteindre 8,5 milliards en 2030 et 9,7 milliards en 2050. C'est la Chine qui compte la plus grande population avec 1,44 milliard d'habitants, juste devant l'Inde qui compte 1,39 milliard d'habitants.

En 2019, le monde a enregistré 58,3 millions de décès environ, pour environ 140 millions de naissances, soit un décès pour plus de deux naissances, d'où l'augmentation rapide de la population mondiale. L'Inde est le pays qui enregistre le plus de naissances avec 24,1 millions de nouveau-nés en 2019 (devant la Chine, qui compte 16,5 millions de naissances environ). La Chine est le pays qui enregistre le plus de décès avec 10,4 millions de décès en 2019, devant l'Inde avec 9,9 millions de décès (source : Ined, *Population & Sociétés*, n° 569, septembre 2019).

II. Répartition géographique de la population dans le monde

En 2019, c'est en Asie que réside plus de la moitié de la population mondiale (60 % environ), avec 4,6 milliards d'habitants. Le continent européen n'arrive qu'en 3e position avec 747 millions d'habitants, soit environ 10 % de la population mondiale, juste derrière l'Afrique qui compte plus de 1,3 milliard d'habitants.

Répartition par continent de la population mondiale en 2019

Continent	Population	Pourcentage de la population mondiale
Asie	4 641 055 000	59 %
Afrique	1 340 598 000	17 %
Europe	747 636 000	10 %
Amérique latine et Caraïbes	653 962 000	8 %
Amérique du Nord	368 870 000	5 %
Océanie	42 678 000	1 %
Monde	7 794 799 000	100,0 %

Source : ONU, *World Population Prospects*, 2019

III. Structure de la population dans le monde

De façon assez logique, la structure de la population par âge varie en fonction des différents continents et du niveau de richesse de chacun. Les pays d'Afrique sont ainsi ceux qui comptent proportionnellement le plus de jeunes de moins de 15 ans dans leur population : presque 41 % des Africains ont ainsi moins de 15 ans, alors que cette proportion n'est que de 23,7 % en Asie, et de 16,1 % en Europe, et de 17,8 % en France, pour une moyenne mondiale de 25,4 %. Ceci explique pourquoi le continent africain est plus dynamique dans le monde d'un point de vue démographique, malgré l'épidémie de Sida qui y sévit. À l'inverse, les populations des pays les plus riches sont ceux qui comptent proportionnellement le plus de personnes âgées de plus de 65 ans dans leur population : ainsi, 18,8 % de la population européenne a plus de 65 ans. À l'inverse cette proportion n'est que de 3,5 % en Afrique, et elle est en moyenne de 9,3 % dans le monde, avec une tendance à l'augmentation de cette proportion dans toutes les régions du monde à part l'Afrique. Ceci traduit aussi bien le fait que la natalité soit plus élevée dans les pays d'Afrique par exemple, que le fait que l'espérance de vie y soit plus courte.

Ainsi, d'ici 2050, une personne sur six dans le monde aura plus de 65 ans (16 %), contre une sur onze en 2019 (9 %). Les régions où la proportion de la population âgée de 65 ans ou plus devrait doubler entre 2019 et 2050 comprennent l'Afrique du Nord et l'Asie occidentale, l'Asie centrale et du Sud, l'Asie de l'Est et du Sud-Est, l'Amérique latine et les Caraïbes. D'ici 2050, une personne sur quatre vivant en Europe et Amérique du Nord pourrait avoir 65 ans ou plus. En 2018, pour la première fois dans l'histoire, les personnes âgées de 65 ans ou plus étaient plus nombreuses que les enfants de moins de cinq ans dans le monde. Le nombre de personnes âgées de 80 ans ou plus devrait tripler, passant de 143 millions en 2019 à 426 millions en 2050.

Structure par âge de la population dans le monde en 2019 en %

Continent	2019		
	Moins de 15 ans	15 à 64 ans	65 ans ou plus
Afrique	40,6	56	3,5
Amérique du Nord	18,3	65,4	16,4
Amérique latine, Caraïbes	24,2	67,1	8,7
Asie	23,7	67,7	8,6
Europe	16,1	65,2	18,8
Océanie	23,7	63,8	12,5
Monde	25,4	65,3	9,3

Source : ONU, *World Population Prospects*, 2019

IV. Une démographie symbolique des inégalités sociales et économiques

Si l'on regarde un certain nombre d'indicateurs qui sont aussi bien démographiques que sanitaires, on s'aperçoit que qu'il y a de grandes disparités géographiques en termes d'espérance de vie, de taux de mortalité et de taux de mortalité infantile.

En effet, on remarque qu'il y a presque 20 ans d'écart d'espérance de vie entre les pays d'Afrique et les pays d'Europe: l'espérance de vie d'une personne vivant en Europe ou en Amérique du Nord se situe en effet autour de 79 ans (78,7 ans exactement) alors que celle d'une personne vivant en Afrique subsaharienne n'excède pas 61,1 ans; la moyenne mondiale se situant autour de 72,6 ans. En 2019, l'espérance de vie à la naissance dans les pays les moins avancés accuse un retard de 7,4 ans par rapport à la moyenne mondiale, principalement en raison de la persistance de taux de mortalité infantile et maternelle élevés, de violences, de conflits et de l'impact persistant de l'épidémie de VIH.

Les nouvelles perspectives démographiques indiquent que plus de la moitié de la croissance projetée de la population mondiale d'ici 2050 se concentrera dans neuf pays: Inde, Nigéria, Pakistan, République démocratique du Congo, Éthiopie, République-Unie de Tanzanie, Indonésie, Égypte et les États-Unis d'Amérique (en ordre décroissant de l'augmentation attendue). Vers 2027, l'Inde devrait dépasser la Chine en tant que pays le plus peuplé du monde.

L'indice synthétique de fécondité global, qui a baissé de 3,2 naissances par femme en 1990 à 2,5 en 2019, devrait encore diminuer pour s'établir à 2,2 en 2050. En 2019, la fécondité reste supérieure à 2,1 naissances par femme en moyenne au cours de la vie en Afrique subsaharienne (4,6), en Océanie à l'exception de l'Australie/Nouvelle-Zélande (3,4), en Afrique du Nord et Asie de l'Ouest (2,9), et en Asie centrale et du Sud (2,4) (Un niveau de fécondité de 2,1 naissances par femme est nécessaire pour assurer le remplacement des générations et éviter le déclin de la population à long terme en l'absence d'immigration.)

Les écarts en termes de mortalité des enfants de moins de 5 ans sont encore assez importants: un enfant né en Afrique sub-saharienne (taux de mortalité infantile de 74,2 ‰) a ainsi 20 fois plus de chances de mourir avant 5 ans qu'un enfant né en Australie (3,7 ‰).

La migration est devenue une composante majeure de l'évolution de la population dans certains pays. En effet, entre 2010 et 2020, quatorze pays ou territoires ont connu une entrée nette de plus d'un million de migrants, tandis que dix pays ont connu une sortie nette d'ampleur similaire. Certains des flux migratoires les plus importants sont motivés par la demande de travailleurs migrants (Bangladesh, Népal et Philippines) ou par la violence, l'insécurité et les conflits armés (Myanmar, Syrie et Venezuela). La Biélorussie, l'Estonie, l'Allemagne, la Hongrie, l'Italie, le Japon, la Fédération de Russie, la Serbie et l'Ukraine connaîtront un afflux net de migrants au cours de la décennie, contribuant à compenser les pertes de population causées par un excès de décès par rapport aux naissances. La Syrie a ainsi vu ainsi plus de 5 millions de ses habitants émigrer vers des pays en paix, tandis que les États-Unis ont accueilli 10 millions de migrants et l'Allemagne 5 millions entre 2010 et 2020. Bien évidemment, les flux de migrants se font essentiellement des pays les plus pauvres vers les pays les plus riches.

Testez-vous

1. Quel est le pays le plus peuplé du monde en 2020, avec 1,44 milliard d'habitants ?

- ☐ **A.** L'Inde.
- ☐ **B.** Les États-Unis.
- ☐ **C.** Le Nigeria.
- ☐ **D.** La Chine.
- ☐ **E.** La France.

2. Quelle est la part de la population mondiale âgée de plus de 65 ans en 2019 ?

- ☐ **A.** 9,3 %.
- ☐ **B.** 19,3 %.
- ☐ **C.** 29,3 %.
- ☐ **D.** 39,3 %.
- ☐ **E.** 49,3 %.

3. Quelle est la part de la population mondiale âgée de moins de 15 ans en 2019 ?

- ☐ **A.** 5,4 %.
- ☐ **B.** 15,4 %.
- ☐ **C.** 25,4 %.
- ☐ **D.** 35,4 %.
- ☐ **E.** 45,4 %.

4. Concernant la démographie mondiale en 2019, quelle(s) sont la ou les bonne(s) réponse(s) ?

- ☐ **A.** Environ 140 millions de personnes sont nées dans le monde.
- ☐ **B.** Environ 58,3 millions de personnes sont nées dans le monde.
- ☐ **C.** L'Inde est le pays où le nombre de naissances annuelles est le plus élevé, avec 24,1 millions de naissances en 2019.
- ☐ **D.** L'Inde est le pays où le nombre de décès annuels est le plus élevé, avec 9,9 millions de décès en 2019.
- ☐ **E.** L'Afrique est le continent où le taux de natalité mais aussi le taux de mortalité infantile sont les plus élevés du monde, alors que l'espérance de vie est la plus faible du monde.

5. Concernant la démographie mondiale en 2019, quelle(s) sont la ou les bonne(s) réponse(s) ?

- ☐ **A.** La population mondiale dépasse les 7 milliards.
- ☐ **B.** L'Amérique du Sud a une population plus importante que l'Europe.
- ☐ **C.** La population de l'Asie représente à elle seule plus de la moitié de la population mondiale de 2019.
- ☐ **D.** Entre 1960 et 2020, la population mondiale a été multipliée par plus de 2.
- ☐ **E.** L'Amérique du Nord a une population deux fois plus importante que l'Europe.

La famille

27 Famille et parentalité

I. Définition

A. La famille d'un point de vue classique

Une famille peut se définir comme une communauté d'individus réunis par des liens de parenté. Elle existe dans toutes les sociétés humaines. Elle est dotée d'un nom, d'un domicile, et crée entre ses membres une obligation de solidarité morale et matérielle censée les protéger et favoriser leur développement social, physique et affectif. Si cette notion est universelle, le nombre d'individus qu'elle inclut ou la solidarité accordée est variable, c'est même une des notions centrales dans la culture. Il en découle de grandes différences par exemple dans le droit, dans la transmission du patrimoine ou la religion.

B. La famille d'un point de vue statistique

L'INSEE définit la famille de la façon suivante : « Une famille est la partie d'un ménage comprenant au moins deux personnes et constituée :

- soit d'un couple vivant au sein du ménage, avec le cas échéant son ou ses enfant(s) appartenant au même ménage ;
- soit d'un adulte avec son ou ses enfant(s) appartenant au même ménage (famille monoparentale).

Pour qu'une personne soit enfant d'une famille, elle doit être célibataire et ne pas avoir de conjoint ou d'enfant faisant partie du même ménage. Un ménage peut comprendre zéro, une ou plusieurs familles. »

II. La famille en France : état des lieux

A. Famille et enfants

En 2018, on comptait 8 millions de familles vivant avec au moins un enfant de moins de 18 ans (leur nombre augmente modérément depuis 1990). En 2020, la France compte environ 12 millions d'enfants de moins de 15 ans et un peu plus de 4 millions de jeunes de 15 à 19 ans.

En 2018, en France hors Mayotte, 14,1 millions d'enfants de moins de 18 ans vivent dans une famille. Sur 100 enfants mineurs, 68 vivent dans une famille « traditionnelle », avec leurs deux parents au domicile et leurs frères et sœurs s'ils en ont. 21 enfants vivent dans une famille monoparentale, et résident donc avec un seul de leurs parents, qui ne vit pas en couple, le plus souvent leur mère (18 enfants). Enfin, 11 enfants vivent dans une famille recomposée, dans laquelle, par définition, au moins un enfant n'est pas issu du couple. Parmi eux, 7 sont nés d'une union antérieure : ils vivent avec un parent, un beau-parent et éventuellement des demi-frères ou demi-sœurs. Les 4 autres sont des enfants du couple : ils vivent avec leurs deux parents et des demi-frères ou demi-sœurs.

28 % des enfants mineurs (soit 4,0 millions d'enfants) vivent donc avec un seul de leurs parents, que ce dernier se soit remis en couple (famille recomposée) ou non (famille monoparentale). Ils vivent le plus souvent avec leur mère (82 %), et ce davantage quand il s'agit d'une famille monoparentale (85 % contre 76 % pour les familles recomposées).

72 % des enfants (soit 10,1 millions d'enfants) vivent avec leurs deux parents au domicile. Parmi eux, 95 % vivent dans une famille « traditionnelle » et 5 % dans une famille recomposée.

B. La famille et l'allongement de l'espérance de vie

L'allongement de la durée de la vie a un certain nombre de conséquences pour les familles. D'une part les enfants connaissent plus longtemps leurs grands-parents, voire leurs arrière-grands-parents, ce qui a des conséquences en termes affectifs, en termes d'entraide familiale mais également en termes de transferts financiers entre générations. D'autre part, la dépendance des personnes âgées entraîne généralement un besoin d'aide de la part de leur famille.

En 2011, d'après l'INSEE, 8,9 millions de grands-mères et 6,2 millions de grands-pères, soit 15,1 millions de grands-parents vivent en France métropolitaine. Parmi les personnes âgées de 75 ans ou plus, une sur cinq n'est pas devenue grand-parent, soit parce qu'elle n'a pas eu d'enfant (14 %), soit parce que ses enfants n'en ont pas eu (6 %). Les personnes qui ont eu plusieurs enfants sont toutefois pratiquement assurées d'être grands-parents. Les femmes deviennent grands-mères à 54 ans en moyenne et les hommes grands-pères à 56 ans. Après 75 ans les grands-parents ont en moyenne 5,2 petits-enfants.

Le Nord-Pas-de-Calais et la Lorraine sont les régions qui comptent le plus de grands-parents parmi les 75 ans ou plus (85 %), tandis que l'Île-de-France est celle qui en compte le moins (75 %). Plus on a de frères et sœurs, plus on a d'enfants puis de petits-enfants. Enfin, les petits-enfants connaissent plus souvent leurs grands-mères que leurs grands-pères, et plus souvent leurs grands-parents maternels que paternels.

III. Unions et désunions des familles françaises

A. Les unions

En France, en 2016, on compte environ 15 millions de couples, dont 77 % sont mariés. Le nombre d'unions officialisées entre hommes et femmes (PACS et mariages) est passé de 322 000 en 2000 à 432 000 en 2018, ce qui marque une régression du concubinage.

1. Les mariages

En 2020, 155000 mariages ont été célébrés, dont 150000 entre personnes de sexe différent et 5000 entre personnes de même sexe. Il s'agit d'un recul historique : –31,0 % par rapport à 2019. En effet, les célébrations de mariages ont été interdites durant le confinement du printemps, puis autorisées, mais avec une stricte limitation du nombre d'invités. De nombreux mariages ont ainsi été annulés ou reportés. Il n'y a eu presque aucun mariage en avril-mai, et nettement moins que les années précédentes en juin-juillet.

Pour la première fois depuis la promulgation de la loi ouvrant le mariage aux couples de même sexe, le nombre de mariages de femmes est supérieur au nombre de mariages d'hommes.

2. Les Pactes civils de solidarité (PACS)

En 2019, 196000 pactes civils de solidarité (Pacs) ont été conclus, soit 13000 de moins qu'en 2018. Le nombre de Pacs a augmenté chaque année de 2002 à 2018 à l'exception de 2011, année depuis laquelle les couples ne peuvent plus signer trois déclarations de revenus différentes l'année de leur union. À partir de novembre 2017, la possibilité de contractualiser un Pacs en mairie plutôt qu'au tribunal a pu entraîner un report calendaire de 2017 à 2018 expliquant la forte progression du nombre de Pacs en 2018.

3. Les cohabitations sans mariage

L'INSEE estime qu'un couple sur cinq vit en union libre. Les écarts entre générations sont importants : 80 % des jeunes de 20-24 ans en couple vivent en union libre, contre 5 % des plus de 65 ans.

4. Types d'union et diversité des familles

Parmi les 18-39 ans, 85 % des personnes mariées ont un enfant à charge contre 54 % pour les personnes liées par un PACS et 51 % de celles qui vivent en union libre. Il est fréquent que le mariage intervienne après qu'un couple pacsé ou vivant en union libre a donné naissance à un ou plusieurs enfants. En 2004, 81000 enfants premiers-nés ont ainsi précédé le mariage de leurs parents (soit 18 % des naissances de premiers-nés).

En cas de conception hors mariage, les parents se marient beaucoup plus fréquemment après la naissance qu'au cours de la grossesse, ce qui n'était pas le cas il y a une trentaine d'années.

B. Les désunions

1. Les veufs et les orphelins

Dans le cadre de ses travaux sur les ruptures familiales, le Haut conseil de la famille a estimé à 42000 le nombre annuel de décès ayant pour conséquence un parent survivant de moins de 60 ans et au moins un enfant à charge de moins de 20 ans. Dans 80 % des cas, il s'agit du décès d'un des conjoints au sein d'un couple marié.

On estime qu'il y aurait au moins 270 000 orphelins de père ou de mère de moins de 20 ans vivant en ménages ordinaires, hors institutions: 62 % sont orphelins de père avec une mère vivante; 32 % sont orphelins de mère avec un père vivant; 6 % sont orphelins de père et de mère.

Si la perte d'un ou des deux parents reste très marginale dans la prime enfance (0,5 % des enfants de moins de 5 ans), elle devient plus fréquente avec l'âge: un enfant sur trente est orphelin entre 10 et 14 ans, plus d'un sur vingt entre 15 et 19 ans.

85 % des orphelins de père et 62 % des orphelins de mère passent leur enfance avec le parent survivant. Les autres sont généralement accueillis par un autre membre de la famille et plus rarement en Institution (6 % des orphelins de mère, 4 % des orphelins de père, soit 11 700). En revanche, un quart des orphelins de père et de mère sont accueillis en Institution (soit un peu plus de 4 000).

Ainsi un peu plus de 15 000 orphelins (d'un ou de deux de leurs parents) seraient accueillis dans un établissement de l'aide sociale à l'enfance, soit entre un enfant sur quatre et un enfant sur cinq placé en établissement de l'aide sociale à l'enfance.

2. Les divorces et les séparations

Au total, l'INED estime que le nombre total de ruptures de couples avec enfants (qu'ils soient mariés, pacsés ou en concubinage) se situe autour de 145 000 par an, dont 75 000 divorces avec enfants et aux alentours de 70 000 séparations de couples pacsés ou vivant en concubinage (ou union libre). Le nombre total de séparations s'élèverait à environ 350 000 chaque année.

a. Les divorces

En 2018, 62 300 divorces ont été prononcés par un juge. Depuis le 1er janvier 2017, les divorces par consentement mutuel ne sont plus du ressort du juge mais sont enregistrés par un notaire, sauf si un enfant demande à être auditionné. Le nombre de divorces par consentement mutuel enregistré par un juge, déjà divisé par deux en 2017, devient ainsi négligeable en 2018 (300, après 33 500 en 2017). Cette très forte baisse entraîne une diminution de 31 % des ruptures d'union prononcées par le juge aux affaires familiales.

b. Les ruptures de Pactes civils de solidarité (PACS)

Depuis la création de cette nouvelle forme d'union en 1999, 186 736 Pacs ont été dissous, soit 16 % de l'ensemble des PACS conclus. Sur l'ensemble des dissolutions de PACS enregistrées depuis 1999:

- 34 % sont dues à un mariage;
- 61 % font suite à un commun accord des partenaires;
- 4% à la demande unilatérale d'un des partenaires;
- 1% à un décès.

82 345 PACS ont été dissous en 2017. Dans 55 % des cas, cette dissolution résultait d'un accord commun ou d'une volonté unilatérale d'un des membres du couple. Dans 40 % des cas, cette dissolution était due à un mariage.

c. Le devenir des enfants suite à un divorce ou à une séparation

Si l'on estime avec l'INED qu'environ 145 000 couples avec enfants se séparent chaque année, ce sont environ 250 000 enfants qui connaissent chaque année la séparation de leurs parents (dont 140 000 leur divorce).

La proportion d'enfants dont la garde est confiée à la mère suite à une séparation ou à un divorce diminue avec l'âge de l'enfant mais reste très majoritaire. En moyenne, que ce soit suite à une séparation ou à un divorce, 13,5 % des enfants concernés ont fait l'objet d'une résidence en alternance en application d'une décision de justice.

La garde alternée reste l'exception pour les enfants de moins d'un an (elle concerne en 20095 à 6 % des enfants de moins d'un an dans le cadre des divorces pour faute ou des divorces acceptés et 12 % des enfants dans les divorces par consentement mutuel).

IV. Évolution de la structure de famille française

A. Répartition des enfants en fonction du type de famille

En France, en 2018, 68 % des enfants mineurs vivent dans une famille « traditionnelle », 21 % vivent dans une famille monoparentale, et 11 % vivent dans une famille recomposée : 7 % avec un parent et un beau-parent et 4 % avec leurs deux parents. Au total, 28 % des enfants résident donc avec un seul de leurs parents.

Alors qu'en 2011 la moitié des familles étaient des familles « traditionnelles » avec deux parents mariés, en 2018 ces mêmes familles ne sont plus majoritaires (45 % de l'ensemble des familles). En effet, la part des familles « traditionnelles » a baissé et, en leur sein, les couples sont de moins en moins souvent mariés (72 % en 2011, 67 % en 2018). Le Pacs s'est répandu, y compris au sein des familles « traditionnelles ».

Répartition des familles et des enfants mineurs selon le type de famille en 2018

		Familles « traditionnelles »	Familles monoparentales	Familles recomposées	Ensemble
Familles en 2018	Effectif (en milliers)	5341	1890	728	7959
	Répartition (en %)	67,1	23,8	9,1	100,0
Nombre d'enfants mineurs en 2018 (en milliers)		9571	2983	1519	14073
Nombre moyen d'enfants* par famille en 2018		1,9	1,8	2,4	1,9

	Familles « traditionnelles »	Familles monoparentales	Familles recomposées	Ensemble
Part des familles avec 3 enfants* ou plus en 2018 (en %)	20	16	38	21

* mineurs ou majeurs présents au domicile.

Champ : France hors Mayotte, familles avec au moins un enfant mineur, familles avec au moins un enfant de 0 à 17 ans (en âge révolu).
Sources : *Ined-Insee, enquête Migrations, famille et vieillissement 2010* ; *Insee, enquête Famille et logements 2011, recensement de la population 2011, enquête annuelle de recensement 2018.*

B. Les familles monoparentales (ou foyers monoparentaux)

La France est l'un des pays de l'Union européenne où la proportion de foyers monoparentaux est la plus élevée (après le Royaume-Uni, le Danemark, la Bulgarie, l'Irlande et la Pologne) : 23 % des foyers avec au moins un enfant de moins de 18 ans (contre 10 % en 1975).

Sur les 8 millions de familles avec enfants de moins de 18 ans, 1,9 million sont des familles monoparentales, soit 23 %. Cette part a fortement augmenté depuis 1990 où elle s'élevait à 12 %. Dans 84 % des cas, les enfants résident (ou résident principalement) avec leur mère. On compte près de 1,7 million de foyers monoparentaux avec un enfant de moins de 18 ans, dont 1,4 million de femmes avec un enfant de moins de 18 ans, contre 283 000 hommes avec un enfant de moins de 18 ans.

La situation de ces foyers est souvent transitoire : nombre de parents de ces foyers reprennent une vie de couple et la situation prend fin au départ des enfants. On estime la durée moyenne de monoparentalité des familles ayant des enfants de moins de 20 ans à près de 7 ans mais, pour un nombre élevé de ces familles, elles restent isolées pendant de nombreuses années (en particulier lorsque la mère est seule à la naissance de l'enfant).

Les foyers monoparentaux ont moins d'enfants (1,6 en moyenne) que les couples (plus de 1,8).

C. Les familles recomposées

Pour l'INSEE, « une famille recomposée comprend un couple d'adultes, mariés ou non, résidant avec au moins un enfant né d'une union précédente de l'un des conjoints. Les enfants qui vivent avec leurs deux parents et des demi-frères ou demi-sœurs font aussi partie d'une famille recomposée. »

La part des familles recomposées est quasiment stable depuis 1999 : un enfant sur dix vit en famille recomposée. Les familles recomposées comptent en moyenne plus d'enfants que les familles traditionnelles. Ainsi, en 2018, au domicile d'une famille comprenant au moins un enfant mineur, il y a en moyenne 1,9 enfant (y compris des majeurs). Les familles recomposées ont en moyenne plus d'enfants (2,4). 38 % d'entre elles sont des familles nombreuses (trois enfants ou plus au domicile), contre 21 %

de l'ensemble des familles. Dans la moitié des familles recomposées, des enfants du couple actuel sont présents : les enfants sont alors d'autant plus nombreux (2,9). À l'inverse, les familles monoparentales comptent moins d'enfants : 1,8 en moyenne. Dans 48 % d'entre elles, seul un enfant vit au domicile, contre 36 % de l'ensemble des familles. Enfin, les familles « traditionnelles » sont dans une situation intermédiaire, avec le plus souvent 2 enfants au domicile (46 %).

Dans les familles recomposées, les enfants vivent moins souvent avec deux adultes en emploi (58 %) que dans les familles « traditionnelles » (68 %).

Les enfants des familles recomposées sont moins présents dans les grands centres urbains, où à l'inverse la proportion d'enfants en famille monoparentale est forte.

La part des enfants vivant en famille recomposée varie de 7 % en Martinique et dans les Hauts-de-Seine à 17 % en Guyane. Les enfants des familles « traditionnelles » vivent plus souvent à l'Ouest et à l'Est de la France, alors que ceux des familles monoparentales sont très présents dans le pourtour méditerranéen et les départements d'Outre-mer.

En 2018, les couples des familles recomposées sont aussi fréquemment pacsés que ceux des familles « traditionnelles » (13 %), mais moins souvent mariés (43 % contre 67 %) et plus souvent en union libre (44 % contre 20 %).

D. Les familles homoparentales

La notion d'homoparentalité est assez récente. Ce sont les débats sur le pacte civil de solidarité en 1998-1999, le militantisme d'associations et, plus largement, le mouvement de reconnaissance du couple de même sexe et des familles homoparentales par certains pays qui ont popularisé cette notion, qui n'existait pas il y a vingt ans.

L'INED définit une famille homoparentale de la façon suivante : « Une famille homoparentale réunit un parent ou un couple de parents dont l'orientation homosexuelle est clairement reconnue et un ou plusieurs enfants légalement liés à l'un des parents au moins. »

14 % des couples de même sexe vivent avec des enfants dans leur logement, contre 50 % des couples de sexe différent. Environ 31 000 enfants vivent ainsi avec un couple de même sexe, dont 26 000 mineurs.

Un quart des couples de femmes vivent avec des enfants. Cette situation est rare pour les couples d'hommes. Les couples de femmes résidant avec des enfants vivent plus souvent avec un seul enfant (57 %) que les couples de sexe différent (41 %). La moitié de ces familles comprend au moins un enfant âgé de moins de six ans tandis que seulement une sur dix ne comprend que des enfants majeurs.

Quel que soit l'âge des partenaires, la présence d'enfants dans le logement de couples de même sexe est moins fréquente que pour les couples de sexe différent. Entre 35 et 44 ans, 90 % des femmes en couple avec un homme vivent avec des enfants. Aux mêmes âges, cette situation est moitié moins fréquente pour les couples de femmes.

Entre la promulgation de la loi ouvrant le mariage aux couples de personnes de même sexe (mai 2013) et aujourd'hui on estime que plus de 50000 couples de même sexe ont célébré leur mariage en France : 7500 en 2013, 10000 en 2014, 8000 en 2015, 7000 en 2016 et 2017, et enfin 6000 en 2018 et 2019. En 2019, la moitié des couples mariés de même sexe sont des couples de femmes et l'autre moitié des couples d'hommes, alors même que les mariages entre femmes ne représentaient que 42 % des mariages de même sexe en 2013. Au sein des couples homosexuels, les hommes se marient en moyenne à 43 ans et les femmes à 37,9 ans, chiffre qui baisse chaque année.

V. La politique familiale en France

La notion de politique familiale française recouvre les politiques publiques successives, comprenant des mesures et budgets pris par les pouvoirs publics pour favoriser la famille et/ou la natalité. Elle se compose tout à la fois de prestations, de mesures fiscales et d'actions sociales, menées principalement par les caisses d'allocations familiales mais aussi par les collectivités territoriales (Régions, départements et communes).

Les objectifs affichés des politiques familiales qui se sont succédé en France ont varié, incluant souvent un objectif nataliste visant le renouvellement des générations et le financement des retraites, un objectif de compensation des « *charges de famille* », une solidarité par réduction des inégalités de revenus entre personnes chargées de famille et sans enfants, par la lutte contre les inégalités et la pauvreté des familles, mais aussi la conciliation entre la vie familiale et la vie professionnelle ou la prise en charge du jeune adulte (y compris handicapé le cas échéant).

En France la politique familiale se concrétise par deux mécanismes principaux depuis la fin de la Seconde Guerre mondiale :

- Le versement de prestations familiales instauré dans les années 1930 et consacré par l'ordonnance d'octobre 1945 instituant la Sécurité sociale. Mais dès la fin du XIXe siècle étaient apparues les premières initiatives d'aides aux familles, dans la fonction publique tout d'abord. Puis, devant la misère de la classe ouvrière, quelques patrons accordèrent des avantages financiers à leurs salariés chefs de famille nombreuse. Le code de la famille de 1939 marque ensuite le caractère nataliste des aides aux familles : le droit aux allocations familiales est étendu aux professions indépendantes, avant que la loi du 22 août 1946 n'élargisse leur bénéfice à la quasi-totalité de la population. La généralisation ne sera effectivement atteinte qu'en 1978. En vertu du principe d'universalité, les allocations familiales sont versées à tous les ménages à partir de deux enfants, sans condition de ressources.
- La politique fiscale en faveur des familles, basée sur le quotient familial instauré le 31 décembre 1945 par la loi de Finances et en vigueur depuis 1948. Le quotient a été plafonné pour la première fois en 1981. En 2012, le plafond

de l'avantage fiscal a été abaissé de 2336 euros à 2000 euros par demi-part. Il a été de nouveau abaissé en 2014 à 1500 €, pour revenir à 1551 € actuellement.

Ainsi, il existe en France un certain nombre de prestations et d'allocations destinées aux familles qui leur permettent de faire face à la charge financière que représente l'éducation des enfants. Ces prestations familiales se décomposent de la manière suivante :

- Les allocations familiales (AF) attribuées à partir du 2e enfant à charge : 4,9 millions de personnes en ont bénéficié en 2018.
- La prestation d'accueil du jeune enfant (PAJE) attribuée pour les enfants nés ou adoptés à compter du 1er janvier 2004. Elle comprend :
  - Une prime à la naissance ou à l'adoption attribuée au ménage ou à la personne dont les ressources ne dépassent pas un plafond pour chaque enfant né ou à naître ; elle est versée au 7e mois de grossesse ou lors de l'arrivée de l'enfant au foyer des parents adoptants. 46000 familles ont bénéficié de cette prime en 2018.
  - Une allocation de base attribuée au ménage ou à la personne dont les ressources ne dépassent pas un plafond pour chaque enfant né ou à naître, dans les mêmes conditions que pour la prime à la naissance ou à l'adoption ; elle est versée du mois de la naissance de l'enfant jusqu'à ses trois ans ou du mois de son adoption pendant une durée de 36 mois. 1,6 million de familles en ont bénéficié en 2018.
  - Une prestation partagée d'éducation de l'enfant (PreParE) ou un complément de libre choix d'activité attribué à taux plein au parent qui n'exerce plus d'activité professionnelle ou à taux partiel au parent qui exerce une activité professionnelle ou une formation professionnelle rémunérée à temps partiel pour s'occuper d'un enfant de moins de trois ans. Ce complément bénéficie aux personnes remplissant une condition d'activité antérieure de deux ans au cours d'une période de référence qui varie selon le rang de l'enfant ouvrant droit au complément. 281000 familles en ont bénéficié en 2018.
  - Un complément de libre choix du mode de garde attribué au ménage ou à la personne exerçant une activité professionnelle et employant une assistante maternelle agréée ou à une garde à domicile pour la garde d'un enfant de moins de trois ans. Ce complément est attribué à taux réduit pour les enfants âgées de trois à six ans. Il se compose d'une prise en charge totale ou partielle des cotisations et contributions sociales dues pour l'emploi et d'une somme prenant en charge 85 % du salaire dans la limite d'un plafond variable en fonction des revenus de la famille. Enfin, ce complément est attribué aux personnes qui recourent à un organisme privé pour assurer la garde de leurs enfants selon des modalités spécifiques dès lors qu'elles répondent aux conditions de droit de ce complément et que l'enfant est gardé un minimum d'heures. 894000 familles en ont bénéficié en 2018.
  - Au total, en 2018, 2 millions de familles ont bénéficié de la PAJE, pour un total de 11 milliards d'euros.

- Le complément familial (CF) attribué au ménage ou à la personne dont les ressources n'excèdent pas un plafond et qui assure la charge d'un nombre d'enfants ayant tous au moins l'âge au-delà duquel l'allocation pour jeune enfant ne peut plus être prolongée. 875000 familles en ont bénéficié en 2018.
- L'allocation d'éducation de l'enfant handicapé (AEEH) destinée à compenser les frais liés à l'éducation d'un enfant handicapé de moins de 20 ans. 293500 familles en ont bénéficié en 2018.
- L'allocation de soutien familial (ASF) versée pour élever un enfant privé de l'aide de l'un ou de ses deux parents, parce qu'il est orphelin, ou parce que l'autre parent ne participe plus à l'entretien de l'enfant, ou se soustrait au paiement de sa pension alimentaire. 786000 familles en ont bénéficié en 2018.
- L'allocation de rentrée scolaire (ARS) attribuée sous condition de ressources pour les enfants âgés de moins de 18 ans qui poursuivent leurs études ou en apprentissage lorsque leur rémunération n'excède pas 55 % du SMIC. 3 millions de familles en ont bénéficié en 2018.
- L'allocation de logement à caractère familial (ALF) attribuée sous condition de ressources, de salubrité et du peuplement du logement, aux ménages et aux familles. 1,2 million de familles en ont bénéficié en 2018.
- L'allocation de logement à caractère social (ALS) attribuée sous condition de ressources, de salubrité et de peuplement des logements, aux personnes qui ne sont éligibles ni à l'APL, ni à l'ALF. 2,1 millions de familles en ont bénéficié en 2018.
- Au total, en 2018, 7,4 millions de familles bénéficient de 31,7 milliards d'euros de prestations familiales versées dans l'année, soit 430 euros par mois en moyenne pour chaque foyer aidé.

Ces prestations sont gérées par la Caisse nationale des Allocations familiales, c'est-à-dire la branche famille de la Sécurité sociale. Elle compte 12,7 millions d'allocataires en 2018 et couvre ainsi plus de 32 millions de personnes en France. En 2018, elle a versé 37,1 milliards d'euros de prestations familiales, d'action sociale et en faveur du logement. La part de ces prestations représente 1,6 % du PIB. L'excédent de la branche famille est de 0,5 milliard d'euros en 2018.

Testez-vous

1. Combien y a-t-il eu de mariages en France en 2020 ?

- ☐ **A.** 5 000.
- ☐ **B.** 62 300.
- ☐ **C.** 155 000.
- ☐ **D.** 227 000.
- ☐ **E.** 414 728.

2. Combien y a-t-il eu de divorces en France en 2018 ?

- ☐ **A.** 5 000.
- ☐ **B.** 62 300.
- ☐ **C.** 155 000.
- ☐ **D.** 227 000.
- ☐ **E.** 414 728.

3. Combien y a-t-il eu de mariages homosexuels en France en 2020 ?

- ☐ **A.** 5 000.
- ☐ **B.** 62 300.
- ☐ **C.** 155 000.
- ☐ **D.** 227 000.
- ☐ **E.** 414 728.

4. Combien compte-t-on de familles monoparentales en France en 2018 ?

- ☐ **A.** Environ 0,9 million.
- ☐ **B.** Environ 1,9 million.
- ☐ **C.** Environ 5,9 millions.
- ☐ **D.** Environ 10,9 millions.
- ☐ **E.** Environ 30,9 millions.

5. Quel est le coût de la politique familiale française en 2018 ?

- ☐ **A.** 17,1 milliards d'euros.
- ☐ **B.** 37,1 milliards d'euros.
- ☐ **C.** 57,1 milliards d'euros.
- ☐ **D.** 77,1 milliards d'euros.
- ☐ **E.** 97,1 milliards d'euros.

28 L'adoption

I. Définition

En droit de la famille, l'adoption du latin «*adoptare*» (étymologiquement: *ad optare*, «à choisir») signifie «donner à quelqu'un le rang et les droits de fils ou de fille». Autrement dit, l'adoption est une institution par laquelle un lien de famille ou de filiation est créé entre l'adopté, généralement un enfant et le ou les adoptants, son/ses nouveaux parents qui ne sont pas ses parents biologiques. L'adopté devient l'enfant de l'adoptant (lien de filiation) et obtient donc des droits et des devoirs moraux et patrimoniaux.

L'adoption peut avoir pour but de pourvoir aux besoins d'un enfant par l'établissement d'une filiation alors qu'il en est dépourvu car il est orphelin. L'adoption peut aussi permettre à une personne, l'adoptant, de transmettre son héritage car elle n'a pas d'enfant.

L'adopté peut être un enfant mineur ou un majeur, un orphelin, l'enfant de son conjoint, ou un enfant abandonné volontairement ou retiré à ses parents par l'État (protection de l'enfance) ou illégalement par une personne (trafic d'enfants). L'adoptant est une personne seule ou un couple de sexe différent ou de même sexe (adoption homoparentale), un étranger ou le conjoint du parent de l'enfant.

II. Cadre juridique de l'adoption

A. Adoption plénière et adoption simple

Le premier objectif de l'adoption est de donner des parents à un enfant qui n'en a pas. L'enfant privé de milieu familial est confié à des parents adoptants en vue de former une famille. L'adoption est une mesure de protection de l'enfance.

Toute adoption est la rencontre entre un enfant qui n'a pas ou plus de famille susceptible de le prendre en charge et des adoptants qui expriment leur désir d'être parents. L'adoption répond donc à la fois à l'attente légitime pour un enfant d'avoir une famille et au souhait pour l'adoptant de consacrer son affection à un enfant.

L'adoption crée un lien de filiation établi par la décision d'une autorité (juge ou administration). Deux types d'adoptions sont reconnus en France: l'adoption plénière et l'adoption simple.

- L'adoption plénière consiste à substituer un nouveau lien de filiation au lien de filiation existant entre l'enfant adopté et sa famille d'origine, qui est donc supprimé, sauf en cas d'adoption plénière de l'enfant de son conjoint.
- L'adoption simple crée un nouveau lien de filiation entre l'adoptant et l'adopté. Mais elle ne supprime pas les liens de filiation entre l'adopté et sa famille d'origine: les deux liens de filiation coexistent.

Quel que soit leur lieu de naissance, en France ou à l'étranger, les enfants adoptés doivent bénéficier d'une protection et des garanties identiques à celles de tout enfant né et élevé dans sa famille de naissance, comme le prévoit la Convention des Nations unies du 20 novembre 1989 relative aux droits de l'enfant et la Convention de La Haye du 29 mai 1993 sur la protection des enfants et la coopération en matière d'adoption internationale.

B. Qui peut adopter ?

En France, l'adoption est ouverte à toute personne âgée de plus de vingt-huit ans (mariée ou non, vivant seule ou en couple) et aux époux (non séparés de corps) mariés depuis plus de deux ans ou âgés tous les deux de plus de vingt-huit ans.

L'adoption est également possible pour un seul des deux époux, s'il a plus de vingt-huit ans et avec l'accord de son conjoint. Toutefois si l'un des époux veut adopter l'enfant de son conjoint, il peut le faire même s'il n'a pas vingt-huit ans.

Les concubins (union libre) ne peuvent pas adopter ensemble un enfant. L'enfant ne peut être adopté que par un seul des concubins (qui est juridiquement célibataire). Les partenaires d'un pacte civil de solidarité (Pacs) sont dans la même situation.

Deux personnes doivent être mariées pour adopter ensemble un enfant. En principe, l'adoptant doit avoir au minimum quinze années de plus que l'enfant qu'il veut adopter, sauf s'il s'agit de l'enfant de son conjoint (la différence d'âge minimum exigée n'est alors que de dix ans). Le juge peut accorder des dérogations pour des écarts d'âge plus faibles.

Tout candidat à l'adoption (français ou étranger), résidant en France, qui souhaite accueillir en vue de son adoption un pupille de l'État ou un enfant étranger doit préalablement obtenir un agrément délivré par le président du Conseil général après avis d'une commission d'agrément. L'agrément est également exigé en cas d'adoption intrafamiliale, à l'exception de l'adoption de l'enfant de son conjoint.

Dans ces conditions, l'agrément ne peut être délivré qu'à des candidats mariés ou à des candidats célibataires :

- un candidat marié peut adopter conjointement ou seul avec l'autorisation de son conjoint ;
- un candidat non marié vivant en couple (union libre, concubinage, Pacs) est juridiquement célibataire et ne peut donc adopter que seul.

Dans les deux cas, les évaluations sociale et psychologique doivent attester que les conditions d'accueil offertes par le demandeur sur les plans familial, éducatif et psychologique correspondent aux besoins et à l'intérêt d'un enfant adopté et donc prendre en compte la composition du foyer où il sera accueilli.

Si le couple marié qui a reçu un agrément conjoint se sépare et que l'un des deux souhaite conserver un agrément ou si un couple non marié se marie et souhaite un agrément conjoint, ils doivent renoncer à l'agrément en cours et demander un nouvel agrément.

Dans tous les cas, la situation matrimoniale et les conditions d'accueil étant changées, une réévaluation est nécessaire ainsi qu'un avis de la commission départementale d'agrément.

Lorsque le projet d'adoption concerne un enfant vivant à l'étranger, les candidats à l'adoption doivent également satisfaire aux conditions légales posées par le pays d'origine de l'enfant. Par exemple, certains pays ne permettent pas l'adoption à des personnes ayant déjà des enfants.

C. Qui peut être adopté ?

Selon leur lieu de naissance, les enfants adoptables ne bénéficient pas des mêmes statuts.

1. En France, trois catégories d'enfants sont adoptables

- **Les enfants dont le père et la mère ou le conseil de famille ont consenti à l'adoption** : ce sont des enfants qui ont principalement été remis au service de l'aide sociale à l'enfance (ASE) ou à un organisme autorisé pour l'adoption (OAA). Les parents disposent d'un délai de deux mois pour revenir sur leur décision : c'est le délai de rétractation. C'est pourquoi le placement en vue de l'adoption d'un enfant est impossible avant que celui-ci ait atteint l'âge de deux mois.
- **Les pupilles de l'État** : ce sont des enfants recueillis par le service de l'aide sociale à l'enfance et qui constituent la majorité des enfants adoptables. Les enfants pupilles de l'État bénéficient d'un régime de tutelle particulier. Cette tutelle est exercée par le préfet du département (tuteur) et le conseil de famille des pupilles de l'État. Le Conseil général, dans le cadre de ses missions de protection de l'enfance, assure la prise en charge de ces enfants. Les pupilles de l'État peuvent être adoptés soit par les personnes à qui l'ASE les a confiés pour en assurer la garde (lorsque les liens affectifs qui se sont établis entre la famille d'accueil et l'enfant justifient cette mesure), soit par des personnes candidates à l'adoption disposant d'un agrément.
- **Les enfants déclarés abandonnés par décision de justice suite à un désintérêt de leurs parents depuis plus d'un an** : ils sont pris en charge soit par le service de l'ASE (dans la majorité des cas, et deviennent alors pupilles de l'État), soit par un établissement, soit par un particulier.

Ainsi, pour les enfants pupilles de l'État : c'est le préfet du département, avec l'accord du conseil de famille des pupilles de l'État qui définit le projet d'adoption (simple ou plénière) et le choix de l'adoptant. Le conseil de famille des pupilles de l'État comprend des représentants du Conseil général, des membres d'associations à caractère familial, d'associations d'assistantes familiales, d'associations d'entraide de pupilles ou anciens pupilles et des personnalités qualifiées en raison de leur intérêt pour les questions de protection de l'enfance et de la famille.

Pour les enfants remis à un OAA, c'est le tuteur, avec l'accord du conseil de famille de la tutelle qui a été sollicitée par l'organisme, qui va définir le projet d'adoption (simple ou plénière) et le choix de l'adoptant.

2. Adopter un enfant à l'étranger

Pour pouvoir adopter un enfant à l'étranger, il faut à la fois que la loi du pays de l'enfant et la loi française le permettent. Tous les pays ne permettent pas l'adoption dans les mêmes termes. Certains ne l'autorisent d'ailleurs pas. Pour l'adoption internationale, il faut en France obtenir l'agrément du président du Conseil général.

Pour les adoptions d'enfants à l'étranger, il existe une agence spécialisée: L'Agence française de l'adoption (AFA). Créée par la loi du 4 juillet 2005, elle a pour mission d'informer, de conseiller et d'accompagner les familles, et de servir d'intermédiaire pour l'adoption de mineurs étrangers de moins de 15 ans. Elle propose ainsi une nouvelle voie pour les candidats à l'adoption internationale. Son caractère public implique qu'elle « assure ses compétences dans le strict respect des principes d'égalité et de neutralité». C'est une agence publique placée sous la tutelle des ministères des Affaires étrangères et européennes, de la Famille, de la Justice et de l'Intérieur. Elle fonctionne ainsi exclusivement par des fonds publics attribués par le ministère de la Famille.

En qualité de service public, elle accepte toute candidature sans discrimination (ethnique, raciale, sociale, religieuse...) et agit strictement en conformité avec le droit français et la législation du pays d'origine.

Du fait du grand nombre d'agréments en cours de validité (environ 19000) et de la sélectivité des organismes autorisés pour l'adoption (privés), l'AFA est destinataire d'un grand nombre de demandes d'accompagnement. L'Agence accompagne les candidats lorsque leur projet d'adoption est orienté vers un pays où elle est habilitée et accréditée pour intervenir, qu'il répond aux conditions requises dans le pays d'origine et correspond aux profils des enfants adoptables dans ce pays. L'Agence française de l'adoption travaille avec 35 pays partenaires, accompagne 6338 familles et gère 7895 projets d'adoption.

III. Les chiffres-clés de l'adoption

Le nombre d'enfants adoptés est très en deçà du nombre de candidats agréés pour l'adoption: l'ONPE recensait 10676 agréments d'adoption en cours de validité en France fin 2018, un nombre en forte diminution (-12% par rapport à fin 2017).

On peut distinguer trois grands types d'adoption:

- **L'adoption intrafamiliale**: 9300 adoptions intrafamiliales ont été prononcées en 2010 (dernier chiffre connu): ces adoptions recouvrent en grande majorité l'adoption de l'enfant du conjoint ou de l'ex-conjoint. Les procédures peuvent être engagées en France ou à l'étranger et débouchent généralement sur une adoption simple (8900 enfants adoptés, soit 95% des adoptions intrafamiliales) qui ne rompt pas les liens avec la famille d'origine.
- **L'adoption nationale**: avec 3035 pupilles de l'État au 31 décembre 2018, leur nombre augmente pour la sixième année consécutive. Les garçons sont plus nombreux que les filles (55%) et la moyenne d'âge est de 8,9 ans. Les pupilles

âgés de moins de 1 an représentent 16% de l'ensemble de cette population et 8,5% ont atteint l'âge de 17 ans (contre respectivement 19% et 7,5% au 31 décembre 2017). Le nombre d'enfants pupilles de l'État confiés à une famille en vue de leur adoption diminue, passant de 973 en 2017 à 949 en 2018. En 2018, 2086 enfants (soit 75% des pupilles de l'État) n'ont à l'inverse pas été confiés en vue d'adoption et vivent en famille d'accueil.

- **L'adoption internationale**: elle concerne 421 enfants en 2018 (contre 3500 enfants en 2010). La grande majorité a fait l'objet d'adoptions plénières. En 2019, les enfants adoptés à l'étranger sont venus principalement du Vietnam (49 enfants), pays suivi par la Colombie (43 enfants), la Thaïlande (37 enfants) et Haïti (30 enfants). L'origine géographique des enfants adoptés se répartit entre l'Asie (38%), l'Afrique (26%), les Amériques (22%) et l'Europe (13,5%). Quant aux enfants adoptés, 33,7% ont entre 0 et 2 ans, 28% ont entre 3 et 5 ans, 30,6% entre 6 et 10 ans, 4,3% entre 11 et 14 ans, et 3,3% ont plus de 15 ans.

La France est le troisième État d'accueil d'enfants adoptés à l'étranger, après les États-Unis et l'Italie.

Testez-vous

1. Combien d'enfants venant de l'étranger ont été adoptés en France en 2019 ?

- ☐ **A.** 421.
- ☐ **B.** 949.
- ☐ **C.** 2086.
- ☐ **D.** 3035.
- ☐ **E.** 10676.

2. Combien y a-t-il eu d'adoptions de pupilles de l'État en France en 2019 ?

- ☐ **A.** 421.
- ☐ **B.** 949.
- ☐ **C.** 2086.
- ☐ **D.** 3035.
- ☐ **E.** 10676.

3. Parmi les cas suivants, lesquels n'ont pas le droit d'adopter ?

- ☐ **A.** Toute personne célibataire de plus de 28 ans.
- ☐ **B.** Les couples mariés âgés de plus de 28 ans, ou mariés depuis plus de 2 ans.
- ☐ **C.** Les couples pacsés âgés de plus de 28 ans, ou pacsés depuis plus de 2 ans.
- ☐ **D.** Les couples en concubinage âgés de plus de 28 ans, ou concubins depuis plus de 2 ans.
- ☐ **E.** Aucune des propositions précédentes.

4. Comment s'appelle l'organisme français qui s'occupe des adoptions à l'étranger ?

- ☐ **A.** L'Organisme autorisé pour l'adoption.
- ☐ **B.** L'Agence des pupilles de la Nation.
- ☐ **C.** L'Agence française de l'adoption.
- ☐ **D.** L'Autorité française de l'adoption.
- ☐ **E.** Aucune des propositions précédentes.

5. Quel est le pays du monde qui adopte le plus d'enfants à l'étranger ?

- ☐ **A.** Les États-Unis.
- ☐ **B.** La France.
- ☐ **C.** L'Italie.
- ☐ **D.** Haïti.
- ☐ **E.** La Colombie.

La jeunesse

29 Enfance et maltraitance

D'après un sondage Harris Interactive commandé par l'association l'Enfant bleu, et publié en novembre 2017, la situation concernant la maltraitance infantile semble préoccupante. En effet, si la lutte contre la maltraitance des enfants est identifiée comme un objectif unanimement (97 %) prioritaire aux yeux des Français., une très large majorité des sondés juge le phénomène fréquent (73 %) et touchant tous les milieux sociaux (92 %). La maltraitance est également identifiée comme un sujet peu évident à aborder : 79 % le qualifient encore de « tabou ». Ce constat alarmiste trouve sans doute son origine dans le nombre très important de Français qui ont été exposés à la maltraitance infantile. Ainsi, plus de 2 Français sur 10 (22 %) relatent des événements assimilables à de la maltraitance (2) dont 16 % témoignent d'une maltraitance de nature sexuelle, 8 % d'une maltraitance psychologique, 5 % de violences régulières, et 3 % de négligence répétée (soins, hygiène).
Pis, 80 % des Français déclarent ne pas avoir parlé des maltraitances vécues au moment des faits. Parmi les personnes affirmant avoir parlé de leurs maltraitances, 61 % estiment que cette situation s'est arrêtée totalement ou partiellement suite aux révélations.
Quant aux solutions institutionnelles, elles ne sont que très peu citées, qu'il s'agisse des services sociaux (9 %), de la police (6 %), des professionnels de santé (5 %), des associations (3 %) ou du numéro d'appel national, le 119 (3 %).
Il y a donc encore beaucoup de travail à faire en la matière.

I. Définitions

Étymologiquement, le terme « enfant » vient du latin « *infans* » qui signifie « celui qui ne parle pas ». Chez les Romains, ce terme désignait l'enfant dès sa naissance, jusqu'à l'âge de 7 ans.

D'un point de vue médical, l'enfance est une période de l'évolution de l'homme qui se situe au début de son existence. L'enfance débute dès les premiers jours de vie d'un être humain et se termine à la puberté, qui marque le début de l'adolescence. L'enfance est composée de trois grandes périodes : la période néonatale qui couvre le premier mois de vie d'un enfant, la première enfance qui commence avec le deuxième mois de vie et qui se termine aux 2 ans de l'enfant et la deuxième enfance qui débute à 2 ans et qui se termine vers 12 ans à l'adolescence.

La *Convention internationale relative aux droits de l'enfant* de 1989 définit de manière légale le terme « enfant » : « [...] *tout être humain âgé de moins de dix-huit ans, sauf si la majorité est atteinte plus tôt en vertu de la législation qui lui est applicable.* »

La maltraitance infantile est définie par la Convention sur les droits de l'enfant de l'ONU de 1989, que la France a signée dès 1990, comme « toute forme de violences, d'atteinte ou de brutalités physiques et mentales, d'abandon et de négligence, de mauvais traitements ou d'exploitation, y compris la violence sexuelle ».

La définition généralement retenue en France est celle de l'Observatoire décentralisé d'action sociale, proche de celle de l'ONU : « L'enfant maltraité est celui qui est victime de violence physique, cruauté mentale, abus sexuels, négligences lourdes ayant des conséquences graves sur son développement physique et psychologique. »

Quant à l'Organisation mondiale de la santé (OMS), elle définit la maltraitance de l'enfant comme « toutes les formes de mauvais traitements physiques et/ou psychologiques affectifs, de sévices sexuels, de négligences ou d'exploitation commerciale ou autre, entraînant un préjudice réel ou potentiel pour la santé de l'enfant, sa survie, son développement ou sa dignité dans un contexte d'une relation de responsabilité, de confiance ou de pouvoir ».

Enfin, la loi du 5 mars 2007 élargit la définition de la maltraitance avec la notion « d'enfant en danger » qui s'applique « lorsque la santé, la sécurité ou la moralité du mineur sont en danger ou risquent de l'être, ou lorsque les conditions de son éducation ou de son développement physique, affectif, intellectuel et social sont gravement compromises ».

Elle définit aussi la protection de l'enfance. Celle-ci a pour but « de prévenir les difficultés auxquelles les parents peuvent être confrontés dans l'exercice de leurs responsabilités éducatives, d'accompagner les familles et d'assurer, le cas échéant, selon des modalités adaptées à leurs besoins, une prise en charge partielle ou totale des mineurs. Elle comporte à cet effet un ensemble d'interventions en faveur de ceux-ci et de leurs parents ».

II. Législation sur les droits et la protection de l'enfance

A. Les droits de l'enfant

La prise de conscience des droits de l'enfant s'est faite au lendemain de la Première Guerre mondiale, avec l'adoption de la Déclaration de Genève, en 1924. Le processus de reconnaissance des droits de l'enfant a continué sous l'impulsion de l'ONU, avec l'adoption de la Déclaration des droits de l'enfant en 1959. La reconnaissance de l'intérêt de l'enfant et de ses droits se concrétise le 20 novembre 1989 avec l'adoption de la *Convention internationale des droits de l'enfant* qui est le premier texte international juridiquement contraignant consacrant l'ensemble des droits fondamentaux de l'enfant.

Les droits de l'enfant ont pour vocation de protéger l'enfant en tant qu'être humain. Ainsi tout comme les droits de l'homme de manière générale, les droits de l'enfant sont constitués de garanties fondamentales et de droits humains essentiels. On peut les classer en cinq catégories : les droits civils, les droits économiques, les droits politiques, les droits sociaux et les droits culturels :

Catégorie de droits	Droits détaillés
Droits civils	- Droit à la vie. - Droit d'avoir un nom et une nationalité. - Droit à la vie privée. - Droit d'accéder à la justice. - Droit à la protection des enfants handicapés. - Droit à la non-discrimination.
Droits économiques	- Droit à un niveau de vie suffisant. - Droit à la protection contre l'exploitation au travail (le travail forcé). - Droit à la Sécurité sociale.
Droits politiques	- Droit d'avoir des opinions et de les exprimer (liberté d'association et de réunion, liberté d'expression, liberté de pensée, de conscience et de religion). - Droit à la protection contre les mauvais traitements (mauvais traitements et torture). - Droit à la protection contre la privation des libertés. - Droit à la protection contre la séparation d'avec les parents.
Droits sociaux	- Droit d'être nourri et soigné par des médecins. - Droit à la protection contre toutes les formes d'exploitation (notamment l'exploitation sexuelle), l'enlèvement et la drogue. - Droit à la protection en cas de guerre (interdiction d'être soldat avant 15 ans).
Droits culturels	- Droit d'être éduqué (l'enseignement primaire doit être gratuit et obligatoire pour tous). - Droit à une information appropriée. - Droit aux loisirs (jeux, culture, activités artistiques).

B. L'évolution de la législation sur la maltraitance

- La loi du 24 juillet 1889, dite loi Roussel, entend protéger les enfants maltraités et moralement abandonnés.
- La loi de 1898 prévoit l'aggravation de la peine lorsque l'auteur du délit est l'ascendant ou le gardien de l'enfant.
- La loi de 1945, relative à la création de l'aide sociale à l'enfance, construit le système français de la protection de l'enfance.
- Le 10 juillet 1989, la loi relative à la protection des mineurs et à la prévention des mauvais traitements est votée. Elle a pour effet de redéfinir et de soutenir le travail des professionnels de l'enfance.
- Le 20 novembre 1989, la Convention internationale des droits de l'enfant, proclamée par l'Assemblée générale de l'Organisation des Nations unies, énonce au travers de 54 articles les droits fondamentaux de l'enfant.
- En 1995, le Parlement français décide de faire du 20 novembre « La journée nationale de défense et de promotion des droits de l'enfant ».

- La loi du 17 juin 1998, relative à la prévention et à la répression des infractions sexuelles ainsi qu'à la protection des mineurs, comporte deux volets : le suivi socio-judiciaire des délinquants sexuels et le renforcement de la défense et de la protection des victimes. L'enregistrement audiovisuel de l'enfant peut se faire au cours de l'enquête avec le consentement de l'enfant ou de son représentant légal.
- La loi du 2 janvier 2004, relative à l'accueil et à la protection de l'enfance prévoit, entre autre, la création de l'ONED (l'Observatoire national de l'enfance en danger) ainsi que de nouvelles dispositions relatives au signalement des actes de maltraitance par les professionnels soumis au secret.
- La loi du 9 mars 2004 porte sur l'adaptation de la justice aux évolutions de la criminalité. Elle prévoit notamment l'allongement des délais de prescription des infractions sexuelles commises sur des mineurs, et la création du fichier judiciaire national des auteurs d'infractions sexuelles.
- La loi du 5 mars 2007 réforme la protection de l'enfance et confie au Conseil général la responsabilité d'assurer le recueil, le traitement et l'évaluation des informations préoccupantes relatives aux mineurs en danger. Elle fait de la prévention un des axes majeurs du dispositif de protection de l'enfance. Elle aménage le secret professionnel et instaure la primauté de la protection administrative sur la protection judiciaire.
- Enfin, la loi du 14 mars 2016 relative à la protection de l'enfant poursuit deux objectifs majeurs :
  - Tout d'abord, il s'agit tout d'abord de mieux prendre en compte les besoins de l'enfant : cela passe par le développement de la prévention à tous les âges de l'enfant, l'amélioration du repérage et du suivi des situations de danger pour pouvoir mieux y répondre, mais aussi par plus de cohérence et de stabilité dans les parcours des enfants en protection de l'enfance.
  - Ensuite, il faut améliorer la gouvernance nationale et locale de protection de l'enfance : cela passe notamment par un décloisonnement des interventions au niveau pilotage de la protection de l'enfance. À cet effet est créé le CNPE (Conseil national de la protection de l'enfance) : cet organisme est chargé de proposer au Gouvernement les orientations nationales de la politique de protection de l'enfance, de formuler des avis sur toute question s'y rattachant et d'en évaluer la mise en œuvre, il constitue l'instance de pilotage de la politique de protection de l'enfance, une politique à la fois interministérielle et décentralisée. De plus, pour développer la recherche et adapter ainsi la politique de protection de l'enfance à la réalité des situations et soutenir les professionnels dans leur pratique, la loi relative à la Protection de l'enfant vient renforcer les missions des observatoires : l'Observatoire national de protection de l'enfance (ONPE), qui remplace l'Observatoire national de l'Enfance en Danger (ONED) et les observatoires départementaux de la protection de l'enfance.

III. Formes et facteurs de risque de la maltraitance

A. Les différentes formes de maltraitance

On distingue généralement quatre formes de maltraitance : les violences physiques, les violences sexuelles, les violences psychologiques et les négligences lourdes.

- **Les violences physiques** : l'enfant est victime de sévices physiques, d'actes de torture et de barbarie… Elle est celle que l'on découvre le plus rapidement, étant apparente sur le corps même de l'enfant. La gravité des lésions physiques ne dépend pas que de la violence des coups portés mais aussi de l'âge de l'enfant. Chez les nourrissons et les enfants en bas âge, la quasi-totalité des actes de violences laissent des traces sur le corps.
- **Les violences sexuelles** : l'Organisation mondiale de la santé définit la violence sexuelle comme « Tout acte sexuel, tentative pour obtenir un acte sexuel, commentaire ou avances de nature sexuelle, ou actes visant à un trafic ou autrement dirigés contre la sexualité d'une personne utilisant la coercition, commis par une personne indépendamment de sa relation avec la victime, dans tout contexte, y compris, mais sans s'y limiter, le foyer et le travail. » En général, on estime qu'il s'agit d'une agression sexuelle sur enfant quel que soit le comportement ou l'affect éprouvé du mineur de 15 ans :
  - Quand l'enfant est confronté à une situation sexuelle inappropriée à son âge civil, à son niveau de maturation psychique, à son degré psycho-social et physique de développement ;
  - Quand un adulte, mais aussi un mineur, a recours aux menaces, à la force, à l'autorité pour contraindre un enfant à une activité sexuelle.
- **Les violences psychologiques** : le mineur est soumis à des violences verbales, dites psychologiques telles que les insultes, les menaces, les terreurs, les humiliations ou encore l'absence totale de lien affectif ou de parole. C'est la forme de maltraitance la plus difficile à détecter, alors que le ralentissement sur le développement psychoaffectif de l'enfant peut être aussi grave que les conséquences de violences physiques. Cette forme de violence est le plus souvent associée aux autres formes de maltraitances. Une violence physique va entraîner une terreur psychologique et une peur des coups.
- **Les négligences lourdes** : l'enfant manque d'attention et de soins élémentaires ou reçoit des soins complémentaires inappropriés. Il peut être privé de nourriture, de sommeil, d'hygiène, de vêtements… Dans les cas graves, le phénomène de négligence peut entraîner une mort par sous-alimentation ou par infections.

B. Facteurs de risque et conséquences de la maltraitance

La maltraitance survient le plus souvent dans le cadre de la famille et peut être répétitive. Les auteurs des mauvais traitements sont, dans la très grande majorité des cas, les parents naturels (le plus souvent la mère). Les familles de ces enfants sont souvent connues de la justice ou des services sociaux. Les répétitions de décès violents dans une même fratrie ne sont pas exceptionnelles. Les enfants décédés de violences physiques ont souvent connu de nombreux épisodes antérieurs de maltraitance.

Les facteurs psychoaffectifs prédominent sur les facteurs socio-économiques. Si l'absence d'activité professionnelle des mères (et non le chômage) semble être un facteur péjoratif, il est de plus en plus admis que c'est le défaut d'attachement à la naissance entre les parents et le jeune enfant, plus que des facteurs d'ordre économique, qui constitue le plus grand facteur de risque de négligence et de mauvais traitements; les situations médicales telles que la grande prématurité, source d'hospitalisation néonatale prolongée, ou la dépression du post-partum, sont particulièrement dangereuses pour l'établissement du lien mère-enfant.

Ces problèmes traversent toutes les classes sociales et c'est dans l'objectif d'identifier ces familles vulnérables qu'a été mis au point l'entretien du 4e mois de grossesse, proposé de façon systématique, en population générale, à l'ensemble des femmes enceintes et à leur compagnon lorsqu'il est accessible.

Dans le cas des néonaticides faisant suite à des grossesses non désirées, non déclarées et non suivies, le principal problème semble être celui de l'isolement social ou de l'extrême solitude morale de femmes qui ne peuvent pas se confier au conjoint ou à la famille.

Les conséquences à court et moyen terme sont sévères. Les conséquences à court terme sont souvent sévères, somatiques, mais aussi psychologiques (anxiété, dépression, troubles du comportement à type d'agressivité…). À long terme, toute la littérature internationale converge pour montrer les liens entre violence subie dans la petite enfance et survenue ultérieure de conduites délinquantes ou de tentatives de suicide. Selon cette littérature, la négligence a des effets particulièrement délétères sur le développement cognitif et affectif.

IV. Enfance et maltraitance : les chiffres-clés

A. Démographie de l'enfance

- **En France** : en 2018, en France, on estime que 24,4 % de la population a moins de 20 ans (soit 16,4 millions de personnes), pourcentage en diminution compte tenu de l'augmentation du nombre de personnes âgées de 60 ans ou plus. Au 1er janvier 2017, la France compte 4,7 millions d'enfants de moins de 6 ans et 2,3 millions d'enfants de moins de 3 ans.
- **Dans le monde** : d'après l'Unicef, un tiers (33 %) de la population mondiale a moins de 18 ans le monde, soit 2,2 milliards d'enfants. Le monde compte 650 millions d'enfants de moins de 5 ans.

B. Les enfants en danger en France

1. Les enfants pris en charge par la protection de l'enfance

Au 31 décembre 2018, le nombre de mineurs bénéficiant d'au moins une prestation ou mesure relevant du dispositif de protection de l'enfance est estimé à 306 800 sur la France entière (hors Mayotte), ce qui représente un taux de 21‰ des mineurs. Il convient de noter que le nombre consolidé de mineurs suivis en protection de l'enfance s'élevait au 31 décembre 2017 à 305 600, un nombre légèrement inférieur à l'estimation provisoire publiée initialement par l'ONPE 31, qui faisait état de 308 400 mineurs suivis. Au 31 décembre 2018, le nombre de jeunes majeurs concernés par un suivi en protection de l'enfance est estimé à près de 21 400 sur la France entière, ce qui représente 9,1 ‰ des jeunes âgés de 18 à 21 ans, un taux en hausse de 4 % entre 2017 et 2018.

2. La situation des pupilles de l'État

Avec 3 035 pupilles de l'État au 31 décembre 2018, leur nombre augmente pour la sixième année consécutive. Les garçons sont plus nombreux que les filles (55 %) et la moyenne d'âge est de 8,9 ans. Les pupilles âgés de moins de 1 an représentent 16 % de l'ensemble de cette population et 8,5 % ont atteint l'âge de 17 ans (contre respectivement 19 % et 7,5 % au 31 décembre 2017). Le nombre d'enfants pupilles de l'État confiés à une famille en vue de leur adoption diminue, passant de 973 en 2017 à 949 en 2018. En 2018, 2 086 enfants (soit 75 % des pupilles de l'État) n'ont à l'inverse pas été confiés en vue d'adoption et vivent en famille d'accueil. En 2018, 1 357 enfants ont été admis au statut de pupille de l'État, à titre définitif ou provisoire, une forte augmentation (+8 %) après celle enregistrée en 2017 (+9 %). Cette nouvelle hausse est essentiellement due aux admissions d'enfants à la suite d'une déclaration judiciaire de délaissement parental, leur nombre passant de 384 à 462 (+20 %), et aux admissions d'enfants orphelins, dont le nombre croît de 85 à 156 (+84 %), tandis que les admissions d'enfants nés sous le secret reculent (-11 %) même s'il s'agit du contingent d'admissions le plus important (548, soit 40 %). Les enfants admis en 2018 sont âgés en moyenne de 5,6 ans (contre 4,7 ans en 2017) et pour 44 % ont moins de 1 an lors de leur admission (contre 52 % en 2017). Au cours de l'année 2018, 1 105 enfants ont quitté le statut de pupille de l'État (-1 % rapport à 2017) : 65 % à la suite d'un jugement d'adoption, 21 % du fait de leur majorité, et 10 % du fait d'une restitution à leurs parents, pour la plupart avant le terme du délai légal (103 sur 107). Les autres motifs de sortie représentent 4 % du total (soit 49 enfants) : 25 tutelles familiales, 12 enfants pris en charge par l'ASE sous un autre statut que celui de pupille de l'État, 4 pupilles transférés dans un autre département et 9 décès.

3. Informations préoccupantes et infractions envers les enfants

D'après l'ONPE, en 2018, concernant les **violences physiques**, les services de police et de gendarmerie ont enregistré en 2018, 63 033 mineurs victimes dont 4 sur 10 dans la sphère familiale (39 %). Ces violences touchent les filles et les garçons sensiblement dans les mêmes proportions (taux de victimation de respectivement 1,6 et 1,8 pour 1 000 mineurs) dans le cadre intrafamilial (figure 2) alors que les garçons sont plus exposés dans le cadre extrafamilial (taux de victimation de 3,3 ‰ pour les garçons contre 1,9 ‰ pour les filles). Quelles que soient les classes d'âge de mineurs, le taux de victimation est plus élevé chez les garçons. Aussi bien chez les filles que chez les garçons, ce taux de victimation (intrafamilial et extrafamilial) augmente avec l'âge. En revanche, dans le cadre intrafamilial, seuls les garçons voient leur taux de victimation diminuer à l'adolescence alors qu'il continue d'augmenter chez les filles. En termes d'évolution, le nombre d'enregistrements de violences physiques a progressé de plus de 6 % entre 2017 et 2018, cette progression étant similaire pour les garçons et les filles.

Concernant les **violences sexuelles**, en 2018, les forces de sécurité ont enregistré près de 23 600 mineurs victimes, un chiffre en hausse de 7 % par rapport à 2017. Cette augmentation fait suite à celle constatée entre 2016 et 2017, de l'ordre de 10 %, qui s'inscrit dans une tendance à l'augmentation de ces plaintes depuis 2010[36]. Dans l'ensemble de la population mineure de France métropolitaine, 1,6 personne sur 1 000 déclarent avoir subi des violences sexuelles en 2018. Parmi ces mineurs victimes déclarées de violences sexuelles, 3 sur 10 ont subi l'atteinte dans la sphère familiale (31 %). Par ailleurs, 18 740 (80 %) sont des filles. Ainsi, le taux de victimation le plus élevé concerne les personnes mineures de sexe féminin : il est de 2,6 ‰ pour les mineures de sexe féminin, contre 0,6 ‰ pour les mineurs de sexe masculin. Cet écart augmente avec l'âge, il est plus de deux fois plus élevé pour les moins de 12 ans et sept fois plus élevé ensuite. Lorsque ces atteintes ont lieu dans un cadre intrafamilial et concernant les filles, le taux diminue à partir de 12 ans : il passe de 1,0 ‰ pour les filles âgées de 6 à 11 ans à 0,6 ‰ pour les filles de 12 ans et plus. On observe également que parmi les violences sexuelles, les viols touchent encore plus fortement les filles, que ce soit dans le cadre intrafamilial (80 %) ou dans un cadre plus large (81 %). En termes d'évolution par rapport à 2017, le nombre d'enregistrements de plaintes pour violences sexuelles a progressé plus rapidement lorsque des filles sont victimes (+8 %) que lorsqu'il s'agit de garçons (+5 %).

En 2018, 122 mineurs victimes d'**infanticide** ont été enregistrés par les forces de sécurité, l'auteur pouvant être un membre de la famille ou une personne extérieure à la famille. Parmi ces mineurs, 80 sont décédés dans le cadre intrafamilial, c'est-à-dire que l'auteur des faits se trouve être un parent (père, mère, beau-parent, grand-parent, oncle, tante, fratrie, etc.), contre 67 en 2017. Les quelques personnes mises en cause « ayant autorité » sur l'enfant sont comptabilisées dans ce nombre. Concernant les décès d'enfants dans le cadre intrafamilial, deux tiers des enfants étaient âgés de moins de 5 ans au moment du décès. Par ailleurs, la répartition entre filles et garçons s'est inversée en 2018, puisque les victimes sont majoritairement des filles (44 filles et 36 garçons) alors qu'en 2017 les garçons étaient majoritaires (30 victimes filles et 36 victimes garçons).

V. Les structures de protection de l'enfance en France et dans le monde

A. La PMI

La Protection maternelle et infantile, ou PMI, est un système de protection de la mère et de l'enfant, créé en France par une ordonnance du 2 novembre 1945 voulue par le ministre de la Santé François Billoux.

Le service de protection maternelle et infantile (PMI) est un service départemental, placé sous l'autorité du président du Conseil général et chargé d'assurer la protection sanitaire de la mère et de l'enfant.

La PMI est actuellement gérée par le Conseil général. Ainsi, elle se situe souvent dans les centres médico-sociaux. Cela permet notamment un travail en étroite collaboration entre infirmiers en puériculture, psychologues, les médecins de PMI, les sages-femmes de PMI, les assistants de service social et les éducateurs de jeunes enfants.

Les missions de la PMI sont nombreuses et variées et concernent aussi bien les enfants de moins de 6 ans, les adolescents, les jeunes adultes, les femmes enceintes et plus généralement les futurs parents. La PMI s'occupe ainsi des mesures de prévention médicales, psychologiques, sociales et d'éducation pour la santé en faveur des futurs parents et des enfants; elle mène des actions de prévention et de dépistage des handicaps des enfants de moins de six ans ainsi que de conseil aux familles pour la prise en charge de ces handicaps; elle mène des actions d'aide aux familles; mais elle a aussi pour mission la surveillance et le contrôle des établissements et services d'accueil des enfants de moins de six ans ainsi que des assistantes maternelles. Enfin, elle doit signaler auprès de la cellule de recueil de l'information préoccupante (CRIP) toute suspicion d'enfant en danger.

B. L'ONPE

Créé par la loi du 14 mars 2016, l'ONPE (Observatoire national de la Protection de l'Enfance) reprend les 3 missions principales confiées à l'ONED (Observatoire national de l'enfance en danger) qu'il remplace:

- Améliorer la connaissance sur les questions de mise en danger et de protection des mineurs à travers le recensement et le développement des données chiffrées d'une part, des études et recherches d'autre part.
- Recenser, analyser et diffuser les pratiques de prévention et d'intervention en protection de l'enfance.
- Soutenir les acteurs de la protection de l'enfance.

L'ONPE appartient au Groupement d'Intérêt public enfance en danger (GIPED), auquel est aussi rattaché le Service national d'accueil téléphonique de l'enfance en danger (SNATED) qui exerce deux missions:

- Une mission de prévention et de protection: accueillir les appels d'enfants en danger ou en risque de l'être et de toute personne confrontée à ce type de situations, pour aider à leur dépistage et faciliter la protection de mineurs en danger.

- Une mission de transmission : transmettre les informations préoccupantes concernant ces enfants aux services départementaux compétents en la matière, à savoir les cellules de recueil des informations préoccupantes (CRIP).

Il existe ainsi un numéro national dédié à la prévention et à la protection des enfants en danger ou en risque de l'être, joignable 24 H/24 et 7 J/7, et confidentiel : le 119.

Il existe aussi un site internet : http://www.allo119.gouv.fr/

C. L'Unicef et la protection de droits de l'enfant dans le monde

Le Fonds des Nations unies pour l'enfance (Unicef) est une agence de l'Organisation des Nations unies consacrée à l'amélioration et à la promotion de la condition des enfants. Lors de sa création le 11 décembre 1946, son nom était originellement *United Nations International Children's Emergency Fund*, dont elle a conservé l'acronyme. Elle a activement participé à la rédaction, la conception et la promotion de la Convention relative aux droits de l'enfant (CIDE), adoptée le 20 novembre 1989. L'UNICEF a ainsi célébré en 2019 le 30e anniversaire de la Convention relative aux droits de l'enfant, et début 2020, le 25e anniversaire de la Déclaration et du Programme d'action de Beijing sur l'égalité des genres et l'autonomisation des femmes.

En 2018, l'UNICEF a élaboré son plan stratégique 2018-2021 et défini cinq groupes d'objectifs :

1. Chaque enfant survit et s'épanouit.
2. Chaque enfant apprend.
3. Chaque enfant est protégé contre la violence et l'exploitation.
4. Chaque enfant vit dans un environnement sûr et propre.
5. Chaque enfant a les mêmes chances de réussir dans la vie.

Dans son rapport annuel pour l'année 2019, l'UNICEF estime que 74 % des cibles définies dans son Plan stratégique ont été atteintes. Néanmoins, si l'UNICEF s'est avéré performant dans bon nombre des domaines visés par les ODD, les progrès restent trop lents dans d'autres : elle accuse ainsi un retard sur 26 % des cibles. Au rythme actuel, par exemple, certaines cibles des ODD touchant des questions cruciales comme la vaccination, la santé, la nutrition, le VIH et le sida, et le développement de la petite enfance ne seront pas atteintes. En outre, les progrès sont lents en ce qui concerne : l'accès à une éducation de qualité, l'enregistrement des naissances et la violence envers les enfants, la gestion en toute sécurité des services d'eau potable et d'assainissement, la réduction des risques de catastrophe et les changements climatiques, ou encore la pauvreté infantile.

Néanmoins, elle présente un certain nombre de bons résultats :

- La mise en œuvre d'opérations d'aide humanitaire dans 281 situations d'urgence dans 96 pays.
- La naissance sûre de près de 28 millions de bébés dans des centres de santé.
- La prestation de services de prévention de la malnutrition auprès de 307 millions d'enfants âgés de moins de 5 ans.
- L'administration d'un traitement à 4,1 millions d'enfants souffrant de malnutrition aiguë sévère en situation d'urgence.
- L'accès à l'éducation préscolaire, primaire ou secondaire de 17 millions d'enfants déscolarisés et la mise en œuvre de programmes de développement des compétences au profit de 4 millions d'enfants et de jeunes.
- L'enregistrement de plus de 21 millions de naissances dans 47 pays.
- L'accès à l'eau potable et à des services d'assainissement essentiels pour 18,3 millions et 15,5 millions de personnes supplémentaires, respectivement.
- L'extension des services d'hygiène et de santé menstruelles, y compris par le biais d'un soutien direct à 20 495 écoles dans 49 pays.
- La mise en œuvre de programmes d'assistance en espèces qui ont bénéficié à 51 millions d'enfants, dont 8,5 millions en situation d'urgence.
- Une prise en charge et des interventions visant à éviter le mariage précoce de 5,7 millions d'adolescentes.

VI. Les établissements et les métiers de la petite enfance en France

La France parvient à maintenir un niveau élevé de natalité alors même que les femmes françaises sont nombreuses à prendre part au marché du travail. Atteindre ce double objectif est en partie permis par une offre d'accueil des jeunes enfants relativement étoffée.

Selon l'enquête « Modes de garde et d'accueil des jeunes enfants » menée par la DREES en 2013, parue en juillet 2016, 61 % des enfants de moins de 3 ans sont gardés principalement par un de leurs parents et 3 % par un autre membre de la famille.

En dehors des parents, l'accueil chez une assistante maternelle agréée constitue le mode de garde à titre principal le plus fréquent (19 %). Vient ensuite l'accueil en établissement qui concerne 13 % des jeunes enfants (9 % en crèche municipale ou départementale, 2 % en crèche parentale ou familiale, 1 % en crèche de personnel ou d'entreprise et 1 % en micro crèche ou halte-garderie).

D'après cette même enquête, l'accueil en école maternelle est ainsi le mode de garde principal de 3 % des enfants de moins de 3 ans. Selon le ministère de l'Éducation nationale, les écoles maternelles ont accueilli environ 96 600 enfants de 2 ans, en France métropolitaine, lors de la rentrée 2016. Après une longue période de stabilité, de la fin des années 1970 au début des années 2000, où près d'un enfant sur trois de 2 ans fréquentait l'école maternelle, le taux de scolarisation à 2 ans a nettement baissé pour atteindre 12 % depuis 2011 (il est en revanche de quasiment 100 % pour les enfants de 3 ans).

En 2016, près de 12200 établissements accueillent des jeunes enfants sur l'ensemble du territoire français, hors Mayotte. Ils proposent plus de 404400 places. À cela, il faut ajouter 33 100 places qui ne sont pas subventionnées par la CAF (crèches de personnel, micro-crèches, etc.), soit un total de 437 600 places.

Les établissements d'accueil collectif (crèches, haltes-garderies, jardins d'enfants et établissements multi-accueil) regroupent 87 % de l'ensemble des places, les services d'accueil familial (crèches familiales) 13 %. Les microcrèches s'implantent de plus en plus et représentent 14 % des établissements et 5 % des places en accueil collectif.

Dans l'ensemble des modes d'accueil, l'offre la plus importante réside, toutefois, dans l'accueil par les assistantes maternelles employées directement par les parents. Elles représentent plus de 992000 places, soit 70 % de l'offre globale.

A. Les établissements d'accueil de la petite enfance

La petite enfance désigne généralement les enfants de moins de 3 ans, qui sont environ 2,3 millions en France. On distingue un certain nombre des structures d'accueil de la petite enfance. Ces établissements ou services relèvent du Code de la santé publique (art. L. 2324-1) :

- les crèches traditionnelles de quartier ;
- les crèches de personnel ou d'entreprise ;
- les crèches parentales ;
- les haltes-garderies ;
- les crèches multi-accueil combinant, par exemple, crèche traditionnelle et halte-garderie ;
- les jardins d'enfants.

B. Les métiers de la petite enfance

1. Les différents métiers

Les conditions requises pour l'emploi de personnels dans le secteur de l'accueil du jeune enfant sont fixées par le Code de la santé publique (art. R.2 324-16 à 47) et un arrêté du 26 décembre 2000. On distingue :

- **Les éducateurs et éducatrices de jeunes enfants (EJE)** : l'éducateur de jeunes enfants est un travailleur social qualifié, chargé de l'éducation des enfants de 0 à 7 ans. Il exerce une action sociale, éducative, préventive et de formation. Le diplôme d'EJE se prépare dans des écoles spécialisées auxquelles on accède par concours. Il peut aussi s'acquérir par la voie de la VAE (validation des acquis de l'expérience). Dans certains cas, un EJE peut se voir confier la direction d'une structure d'accueil des jeunes enfants. Par rapport aux puéricultrices, le diplôme est moins centré sur des compétences en matière médico-sanitaire et insiste davantage sur des dimensions d'éveil et de développement de l'enfant, ainsi que les relations avec la famille.

- **Les puériculteurs et puéricultrices** : les puériculteurs(trices) sont des infirmiers(ères) diplômé(e)s d'État (ou éventuellement des sages-femmes) titulaires d'un diplôme de spécialisation dans la petite enfance (0 à 15 ans). Ils assument des responsabilités de soin, d'éducation, de relation, de gestion et d'encadrement. Le métier peut s'exercer dans des établissements de santé ou des services de PMI, aussi bien que dans des établissements d'accueil des jeunes enfants. Ce sont le plus souvent des puériculteurs(trices) qui assurent les fonctions de direction au sein des établissements d'accueil des jeunes enfants. Comme il s'agit d'un diplôme de spécialisation, devenir puériculteur(rice) rajoute 1 an à la formation d'infirmier(ière), ce qui représente en tout 5 années d'études.
- **Les auxiliaires de puériculture** : l'auxiliaire de puériculture réalise des activités d'éveil et de soins visant au bien-être, à l'autonomie et au développement de l'enfant. L'auxiliaire est titulaire du « diplôme d'État d'auxiliaire de puériculture ». Ce diplôme s'acquiert à l'issue d'une formation ou par validation des acquis de l'expérience (VAE).
- **Le CAP petite enfance** : sans être obligatoire pour intégrer une structure d'accueil, le CAP peut être considéré comme un plus par les directeurs d'établissement de petite enfance (école, crèche).
- **Les assistants maternels** : l'assistant(e) maternel(le) a un rôle complémentaire à celui des parents (sans jamais prendre leur place). Il est chargé d'élever et d'éveiller au mieux les enfants qui lui sont confiés. Il a une obligation de résultat en ce qui concerne la sécurité de l'enfant. Il ne peut exercer sa profession sans Agrément de la PMI sous peine de sanctions pénales. L'Agrément, s'il est accordé, est national, valable pendant 5 ans et est renouvelable. Dans l'exercice de son travail, l'assistant maternel est suivi et contrôlé par les services de la PMI (Protection maternelle et infantile) délégués par le Conseil général. Les parents qui l'emploient sont habilités à faire part de leurs observations à ce service. Il devra accueillir un ou plusieurs enfants en respectant les règles d'hygiène corporelle et mentale, concourir à l'éveil intellectuel, affectif et éducatif de l'enfant, établir de bonnes relations avec les parents (nécessaires pour l'épanouissement de l'enfant). Il peut être embauché par une crèche familiale, et sera suivi(e) par la Directrice de crèche, sans jamais dépasser le nombre d'enfants accueillis simultanément figurant sur son agrément.

Testez-vous

1. Quel pourcentage de la population française a moins de 20 ans ?

- ☐ **A.** 10 %.
- ☐ **B.** 19 %.
- ☐ **C.** 25 %.
- ☐ **D.** 33 %.
- ☐ **E.** 50 %.

2. Combien d'enfants vivent sous le seuil de pauvreté en France en 2015 ?

- ☐ **A.** 300 000.
- ☐ **B.** 3 millions.
- ☐ **C.** 6 millions.
- ☐ **D.** 9 millions.
- ☐ **E.** 12 millions.

3. Quelle agence de l'ONU s'occupe spécifiquement de l'enfance ?

- ☐ **A.** La FAO.
- ☐ **B.** Le PNUD.
- ☐ **C.** L'Unicef.
- ☐ **D.** L'OMS.
- ☐ **E.** La Banque mondiale.

4. Quel est l'intrus parmi les 5 objectifs que l'UNICEF s'est fixé dans le cadre de son plan stratégique 2018-2021 ?

- ☐ **A.** Chaque enfant survit et s'épanouit.
- ☐ **B.** Chaque enfant apprend.
- ☐ **C.** Chaque enfant est protégé contre la violence et l'exploitation.
- ☐ **D.** Chaque enfant vit dans un environnement pacifique.
- ☐ **E.** Chaque enfant a les mêmes chances de réussir dans la vie.

5. Concernant la PMI, cocher la réponse fausse :

- ☐ **A.** La PMI est la Protection maternelle et infantile.
- ☐ **B.** La PMI a été créée en France par une ordonnance du 2 novembre 1945.
- ☐ **C.** La PMI est gérée par le Conseil régional.
- ☐ **D.** La PMI a pour mission la surveillance et le contrôle des établissements et services d'accueil des enfants de moins de six ans ainsi que des assistantes maternelles.
- ☐ **E.** La PMI doit signaler auprès de la cellule de recueil de l'information préoccupante (CRIP) toute suspicion d'enfant en danger.

30 L'adolescence

Le 14 mai 2014, l'OMS publiait un rapport intitulé « La santé pour les adolescents du monde » qui compile, pour la première fois, l'ensemble des problèmes de santé auxquels sont confrontés les adolescents. Le rapport estime que 1,3 million d'adolescents sont morts dans le monde en 2012.
Selon l'OMS, la dépression est globalement la maladie numéro un dans cette classe d'âge, et le suicide est la troisième cause de mortalité. Certaines études montrent que la moitié des personnes souffrant de problèmes mentaux ont manifesté leurs premiers symptômes dès l'âge de 14 ans, mais la plupart ne sont pas diagnostiqués.
De même, les accidents de la route constituent la première cause de mortalité et la deuxième cause de maladie et de handicap chez les 10-19 ans. Ainsi, 330 adolescents meurent chaque jour dans le monde des suites d'un accident de la route.
Les garçons sont davantage touchés que les filles, avec un taux de mortalité plus de trois fois supérieur.
Le Sida est la deuxième cause de mortalité chez les 10-19 ans. Des estimations suggèrent que le nombre de décès liés au VIH chez les adolescents augmente, principalement en Afrique, alors que le nombre de morts dues au virus VIH diminue dans les autres catégories de population.
De plus, malgré une baisse importante de la mortalité maternelle, notamment en Asie du Sud-Est, en Afrique et au Moyen-Orient, les complications liées à la grossesse et à l'accouchement restent la deuxième cause de mortalité chez les filles de 15 à 19 ans dans le monde, après le suicide.
Par ailleurs, certaines maladies infectieuses banales restent fatales aux adolescents.
Par exemple, les diarrhées et les infections respiratoires comme la pneumonie et la bronchite arrivent en deuxième et quatrième positions dans les causes de décès chez les 10-14 ans.
Enfin, les données recueillies dans les pays qui ont réalisé des enquêtes sur le sujet montrent que moins d'un adolescent sur quatre fait de l'exercice de manière suffisante. L'OMS recommande au moins une heure d'activité modérée par jour. Dans certains pays, un adolescent sur trois est obèse.
Toutefois, certains comportements s'améliorent. Ainsi, le tabagisme est en baisse chez les adolescents les plus jeunes dans la plupart des pays riches, mais aussi dans certains pays pauvres.
Ainsi, l'adolescence semble constituer une période particulièrement à risque en matière de santé. Il est donc utile de définir ce qu'est l'adolescence et de connaître les problèmes spécifiques à cette période.

I. Définitions

L'adolescence (du latin *adolescere* : « grandir ») est une phase du développement humain physique et mental qui survient généralement entre la puberté et l'âge adulte, et suit la phase de l'enfance. C'est donc une période de transition, de passage entre l'enfance et l'âge adulte, ces deux pôles faisant déjà entrevoir l'origine des difficultés, ambivalences, conflits qui marqueront le plus souvent ce que l'on appelle la « crise de l'adolescence ».

L'adolescence est un processus maturatif, où les potentialités renvoyant aux acquis antérieurs vont désormais pouvoir, mais aussi devoir, se concrétiser. C'est une étape sensible du développement de la personnalité dont les enjeux peuvent être déterminants pour l'avenir. L'adolescence consiste donc d'une part à s'autonomiser, d'autre part à construire sa propre identité, en particulier sexuée.

C'est une période sensible parce que l'adolescent est rendu vulnérable par les effets physiques et psychiques de la puberté qui sexualisent et conflictualisent les liens avec son entourage et plus particulièrement ses parents. Il est obligé de trouver de nouvelles distances relationnelles et perd le cocon de l'enfance et le recours facile aux adultes. L'adolescent va devoir quitter ses parents et le monde de son enfance, c'est-à-dire faire leur deuil, pour assumer sa nouvelle identité d'adulte, concrétisée en particulier par l'affirmation de son identité sexuelle, et la possibilité de s'éloigner, de vivre une relation amoureuse.

Il dispose pour cela d'un héritage au sens large du terme :

- génétique, qui prédétermine pour partie ses aptitudes et compétences, en interaction avec l'influence environnementale ;
- familial, au-delà de l'aspect financier et matériel, par l'intermédiaire de ce qui lui a été et lui est transmis par les générations précédentes (explicitement ou non, consciemment ou non) ;
- personnel, enfin, correspondant à ce qu'il a accumulé, ce dont il s'est nourri au cours de sa petite enfance et de sa période dite de « latence ». Les expériences de la petite enfance se retrouvent remises en jeu, en particulier en ce qui concerne l'attachement.

Trois approches différentes sont proposées pour décrire l'adolescence : physiologique, cognitif, affectif.

A. Le développement physiologique

L'adolescence se traduit par la *puberté* qui commence à partir de 12 ans environ, et se manifeste par une accélération de la croissance, l'apparition des caractères sexuels secondaires et l'émergence de la maturité génitale somatique. La durée de la puberté a été progressivement allongée : elle est aujourd'hui plus précoce (12,5 ans pour les premières règles, 17 ans au XIXe siècle) et de plus l'accès au monde adulte est plus tardif, à cause de l'allongement de la durée des études. Les phénomènes pubertaires modifient le schéma corporel de l'adolescent qui se cherche une nouvelle identité.

B. Le développement cognitif ou intellectuel

Il existe un bouleversement dans les structures cognitives au moins aussi important que les transformations pubertaires. En effet, Piaget décrit l'apparition d'une nouvelle forme d'intelligence, l'intelligence opératoire formelle, à partir de 12-13 ans.

Dans la théorie cognitive de Piaget, le stade des opérations formelles correspond au développement de la structure de « groupe combinatoire ». Après le stade opératoire concret, l'accession au stade opératoire formel se caractérise par la capacité du préadolescent à raisonner par hypothèse, d'envisager l'ensemble des cas possibles et de considérer le réel comme un simple cas particulier.

Il est essentiel de comprendre qu'avec le stade des opérations formelles, le rapport au monde change complètement : l'intelligence accède à un niveau tel qu'elle se situe au plan des relations entre le possible et le réel, mais avec une inversion de sens tout à fait remarquable car, au lieu que « le possible se manifeste simplement sous la forme d'un prolongement du réel, c'est au contraire le réel qui se subordonne au possible ».

C. Le développement affectif

L'adolescence peut être considérée comme une réédition de l'enfance. L'adolescent doit renoncer aux premiers objets d'amour, les parents, et établir de nouvelles relations objectales. En proie à ses pulsions, l'adolescent doit rejeter ses parents, dont la présence réactive les conflits œdipiens et le menace d'un inceste maintenant réalisable. L'adolescent est donc obligé de trouver de nouvelles distances relationnelles. Les conditions d'un véritable traumatisme sont ainsi réunies, du fait de la pression des désirs sexuels et de la possibilité physique de les réaliser.

Tout ce que nous venons d'envisager illustre bien un des traits les plus caractéristiques et les plus contraignants de l'adolescence : la nécessité d'une mise à distance des premiers objets d'amour : les parents. Cette mise à distance s'opère bien souvent par l'intermédiaire du conflit qui réalise un compromis en liant les désirs contradictoires de l'adolescent, atténuant ainsi la situation de tension. Le conflit aigu avec les parents permet en effet de garder le contact et de rester attaché, tout en manifestant son indépendance et sa différence. Ceci peut provoquer un renversement des affects en leur contraire : l'adolescent s'en prend à ses anciens objets d'amour, l'amour se change en haine, l'admiration en dédain, pouvant entraîner la dévalorisation de tout le monde des adultes. L'ampleur de ce renversement témoigne de l'importance de l'attachement et de l'idéalisation antérieurs.

Cependant, cette provocation au conflit est souvent une forme extrême, et n'est pas sans susciter une forte culpabilité. Celle-ci est rarement reconnue comme telle par l'adolescent, mais agit par l'intermédiaire d'une incitation à la punition. L'adolescent suscite des réactions agressives et de rejet de la part de ses parents, qui apaisent sa culpabilité et en même temps ont l'air de lui donner raison dans le bien-fondé de son opposition. Cette situation conflictuelle rend l'adolescent particulièrement vulnérable et réceptif à tout ce qui peut se substituer aux parents.

L'adolescence est donc l'occasion d'une mise à distance des figures d'attachement primaires ; de la création de nouveaux liens d'attachement de type symétrique (avec les pairs, c'est-à-dire d'autres adolescents tels que lui), et de l'émergence des systèmes comportementaux de reproduction et de caregiving, mais aussi la sexualisation des liens amicaux.

II. La santé mentale des adolescents

A. Le mal-être

D'après les données de l'enquête Baromètre Santé 2010, les jeunes de 12 à 25 ans, qu'ils soient scolarisés ou non, apparaissent en moins bonne santé mentale que les adultes (de 26 à 75 ans). Cette fragilité n'est certes pas ressentie par tous les jeunes, mais ils sont plus nombreux à déclarer un certain mal de vivre que les adultes, qui parviennent peut-être à mieux relativiser les épreuves ou à les affronter.

En moyenne, les jeunes se déclarent plus anxieux, plus déprimés et affichent une moins bonne estime d'eux-mêmes que leurs aînés. Ces tendances s'observent aussi bien chez les filles que chez les garçons, mais le mal-être s'exprime particulièrement chez les jeunes filles, avec un pic entre 15 et 19 ans. Leurs scores d'anxiété et de dépression dépassent nettement ceux des garçons du même âge et ceux de l'ensemble des femmes adultes.

Contrairement à ce que l'on observe pour l'anxiété, la dépression ou l'estime de soi, les jeunes de 12 à 25 ans détiennent un meilleur score de « santé sociale » que les adultes. Lorsque ces résultats sont analysés par sexe, ce phénomène s'observe néanmoins uniquement chez les garçons, la santé sociale des jeunes filles étant à peu près équivalente à celle des femmes adultes. Tous les jeunes, cependant, n'ont pas forcément une vie sociale très intense. Ainsi, chez les jeunes scolarisés et étudiants de 12 à 25 ans, 23 % n'ont pas eu en dehors de l'école, au cours de la semaine précédant l'enquête, de rencontre avec des amis ou des personnes de leur famille. Ce phénomène est plus fréquent chez les collégiens et en concerne près d'un sur trois. De même, plus d'un jeune scolarisé sur six n'a pas eu, au cours des huit jours précédant l'enquête, d'activités de groupe ou de loisirs, les collégiens étant plus souvent dans cette situation (23 %) que les jeunes faisant des études supérieures (9 %).

Au niveau de la qualité des relations, les jeunes scolarisés semblent être relativement à l'aise avec les autres : seuls 3 % d'entre eux disent ne pas l'être et un sur quatre se dit à peu près à l'aise avec les autres.

Leurs relations avec leur famille sont aussi plutôt bonnes : 75 % se déclarent tout à fait contents de leur vie de famille, 20 % en sont à peu près satisfaits et 5 % n'en sont pas satisfaits.

B. Le suicide

Tous les adolescents qui vont mal n'en arrivent pas, heureusement, à un acte suicidaire. Cependant, le mal-être atteint chez certains une telle intensité qu'une des issues envisagées est le suicide. Le rapport au suicide est marqué par une différence très nette entre les filles et les garçons. À tout âge, les femmes expriment davantage que les hommes leurs pensées suicidaires et sont plus nombreuses que ces derniers à avoir fait une tentative de suicide au cours de leur vie. Les pensées suicidaires sont particulièrement fréquentes chez les jeunes filles de 15 à 19 ans : près d'une sur huit déclare avoir pensé au suicide au cours de l'année. En revanche, les hommes qui, verbalement, expriment moins leur souffrance que les femmes, sont plus nombreux à y mettre fin par le suicide.

À tout âge, la mortalité par suicide est donc plus importante chez les hommes. Chez les jeunes, le taux de suicide des garçons de 15 à 24 ans est quatre fois plus élevé que celui des filles appartenant à la même tranche d'âge.

Comparés à ceux de l'ensemble des quinze pays de l'Union européenne, les taux de suicide en France sont particulièrement élevés. Chez les jeunes néanmoins, la différence est faible jusqu'à 24 ans, mais s'accentue nettement entre 25 et 34 ans.

C. La violence

Thème ultra-médiatisé, la violence des jeunes est présentée comme un phénomène de plus en plus répandu. La question de l'accroissement de la violence est une question délicate et controversée. Au seuil du IIIe millénaire, l'accroissement de la violence au cours des dernières décennies est bien réel. En ce qui concerne spécifiquement les jeunes, les résultats du *Baromètre santé 2000* montrent, entre 1997 et 1999, une stabilité de la violence physique exercée ou subie (« coups portés et coups reçus ») par les jeunes de 12 à 19 ans. Mais il s'agit là d'une forme de violence particulière, et d'autres peuvent s'être accrues. En particulier, les incivilités constituent aujourd'hui une forme de violence.

La violence physique exercée par les jeunes est plutôt un phénomène masculin, mais les filles sont aussi concernées. Chez les jeunes scolarisés et étudiants de 12 à 25 ans, 10 % des garçons et 4 % des filles, agissant seul(e)s ou en groupe, ont frappé ou blessé physiquement quelqu'un au cours de l'année précédant l'enquête.

Concernant la violence subie, les garçons reçoivent également davantage de coups : un sur dix a été frappé ou blessé, alors qu'une fille sur vingt l'a été. On observe par ailleurs un lien entre les violences agies et subies : les jeunes ayant porté des coups sont plus nombreux à en avoir reçu que ceux qui n'en ont pas donné (40 % contre 5 %).

Le nombre d'agresseurs lors du dernier épisode de violence subie indique une différence de nature entre les violences subies par les filles et celles subies par les garçons. Chez les filles, les coups reçus proviennent plus souvent d'un seul agresseur, alors que les garçons ont été plus souvent frappés ou blessés par un groupe (40 % contre 23 % des filles victimes de violence).

La violence physique est plus fréquente à certaines périodes de la vie. Cela est particulièrement net chez les garçons en ce qui concerne le fait de porter des coups (violence agie). En effet, ils sont plus souvent impliqués dans des phénomènes de violence quand ils sont au collège, où 15 % d'entre eux disent avoir frappé ou blessé quelqu'un au cours de l'année, alors que c'est le cas de 9 % des lycéens et de 7 % des étudiants de l'enseignement supérieur.

D. Les agressions sexuelles

Les viols, les tentatives de viol ou les attouchements qui sont ici regroupés sous le terme d'agressions sexuelles sont une autre forme de violence subie par certains jeunes fréquentant les établissements scolaires. Les violences à caractère sexuel touchent essentiellement les filles, même si les garçons sont aussi concernés. Ainsi, 4 % des jeunes filles et 0,3 % des garçons scolarisés de 15 à 25 ans disent avoir subi des agressions sexuelles. Il n'y a pas, pour ce type de violence, de différence entre les scolarisés et les non-scolarisés.

E. La consommation de substances psychoactives

En matière de consommation de substances psychoactives, deux grandes tendances se dégagent : les jeunes qui consomment occasionnellement de l'alcool, du tabac, du cannabis dans un désir de conformité au groupe des pairs, et les jeunes qui consomment plusieurs produits ou ont une consommation très élevée, révélant un mal-être plus profond : c'est la « consommation problématique » qui concerne une minorité de jeunes. Cette consommation est « problématique » car elle est susceptible de provoquer des dommages physiques, affectifs, psychologiques ou sociaux pour le jeune consommateur et son entourage proche ou lointain. Les risques peuvent être sanitaires, entraînant une dégradation de l'état physique, la complication de certaines maladies, voire des décès prématurés ; ils sont sociaux lorsque la consommation et ses effets sont susceptibles de placer l'adolescent dans des situations dangereuses, sources de dommages pour lui-même ou pour autrui, ou d'entraver son insertion scolaire ou professionnelle.

1. Le tabac

Sur l'ensemble des jeunes de 12 à 25 ans (scolarisés et non scolarisés), un peu plus d'un sur trois (37 %) fume, ne serait-ce que de temps en temps (contre 32 % des adultes de 26 à 75 ans). Le pourcentage de jeunes fumeurs varie selon l'âge. Si moins d'un jeune sur dix (8 %) fume entre 12 et 14 ans, près d'un sur deux (48 %) fume entre 20 et 25 ans. Des différences de comportement s'observent aussi selon le sexe. De 12 à 19 ans, les filles sont un peu plus nombreuses à déclarer fumer que les garçons, mais ensuite, la tendance s'inverse.

Par ailleurs, les jeunes qui commencent à fumer deviennent très rapidement des fumeurs réguliers (c'est-à-dire consommant au moins une cigarette par jour). Ainsi, de 12 à 14 ans, la moitié des fumeurs sont des fumeurs occasionnels, mais, dès l'âge de 15 ans, la majorité des fumeurs sont des fumeurs réguliers.

2. Le cannabis

De plus en plus de parents se disent confrontés au fait que certains de leurs enfants consomment du cannabis. Déconcentration, passivité, assoupissement, absentéisme sont autant de signes qu'ils ont pu observer chez les jeunes consommateurs de cannabis. L'ampleur de ce phénomène a cependant tendance à être surestimée, aussi bien par les adultes que par les jeunes eux-mêmes.

En effet, si 4% d'entre eux en consomment régulièrement (au moins dix fois par mois), plus de 70% des jeunes scolarisés de 12 à 25 ans n'ont jamais pris de cannabis. De 16 à 19 ans, la consommation de cannabis est la même chez les jeunes scolarisés et les non scolarisés, alors que, de 20 à 25 ans, des différences importantes apparaissent. En effet, de 16 à 19 ans, autant d'élèves que de jeunes non scolarisés (un sur quatre) ont consommé du cannabis au moins une fois dans l'année et, chez ces consommateurs, la part d'usagers réguliers est identique dans les deux groupes. De 20 à 25 ans, au contraire, l'usage du cannabis est nettement plus fréquent chez les étudiants que chez les jeunes non scolarisés, que cet usage soit occasionnel (12% contre 7%) ou régulier (8% contre 6%).

3. L'alcool

La moitié des jeunes scolarisés et des étudiants de 12 à 25 ans n'a jamais consommé d'alcool dans l'année précédant l'enquête ou en a consommé moins d'une fois par mois; l'autre moitié en a consommé au moins une fois par mois. Cette répartition varie en fonction de l'âge et du sexe. La consommation d'alcool est plutôt masculine et sa fréquence augmente avec l'âge. Ainsi, au collège, un peu plus des trois quarts des élèves n'ont jamais consommé d'alcool ou en consomment occasionnellement, alors que, dans l'enseignement supérieur, cette tendance s'inverse: près des trois quarts des étudiants consomment de l'alcool au moins une fois par mois, et à peine plus d'un quart d'entre eux sont abstinents ou buveurs occasionnels.

Au lycée (y compris en CAP et en BEP), sur une classe de trente-cinq élèves, neuf boivent de l'alcool au moins une fois par mois et neuf au moins une fois par semaine (mais pas tous les jours). Dans l'enseignement supérieur, la consommation hebdomadaire prédomine: près d'un étudiant sur deux boit de l'alcool au moins une fois par semaine.

La consommation quotidienne d'alcool est, en revanche, assez rare, puisqu'elle concerne moins d'un élève sur cent dans les collèges et les lycées, et à peine plus d'un étudiant sur cent (1,4%) dans l'enseignement supérieur.

Des épisodes d'ivresse caractérisent assez souvent les comportements d'alcoolisation des jeunes scolarisés. Près d'un quart des élèves et étudiants de 12 à 25 ans a déclaré avoir été ivre au moins une fois dans l'année, alors que c'est seulement le cas d'un adulte sur dix. Davantage de garçons que de filles ont été ivres au cours de l'année. Par ailleurs, la proportion de jeunes ayant eu des ivresses dans l'année est plus importante dans l'enseignement supérieur (quatre étudiants sur dix) qu'au lycée (trois sur dix) et au collège, où seuls cinq élèves sur cent ont été ivres. Le nombre d'ivresses est également plus important chez les garçons: ils ont été ivres en moyenne six fois dans l'année, contre trois fois chez les filles. Ce nombre augmente aussi nettement avec l'âge: les collégiens ayant été ivres l'ont été en moyenne deux fois dans l'année, alors que les lycéens l'ont été quatre fois et les étudiants, six fois.

Selon un test évaluant les risques de dépendance à l'alcool, 4% des jeunes scolarisés auraient un risque élevé d'avoir une consommation excessive ou une éventuelle alcoolo-dépendance. À titre comparatif, ce risque concerne 10% des adultes de 26 à 75 ans, avec une prédominance des hommes sur les femmes (15%

contre 4 %). En revanche, chez les jeunes scolarisés et les étudiants de 12 à 25 ans, on n'observe pas de différence selon le sexe.

Au collège, la part des élèves présentant des risques d'alcoolo-dépendance est relativement faible (1 %), alors qu'au lycée et dans l'enseignement supérieur, environ 6 % des élèves sont concernés par ce problème. En dehors des risques physiologiques que peut entraîner une consommation excessive prolongée, la prise d'alcool peut, chez les jeunes, être à l'origine d'accidents de la route, de rapports sexuels non protégés, de violence.

4. La polyconsommation et les mélanges de produits psychoactifs

Sont considérés ici comme polyconsommateurs répétés les jeunes déclarant un usage très fréquent d'au moins deux des produits que sont l'alcool, le tabac et le cannabis. Cette consommation n'est pas forcément simultanée. La polyconsommation répétée concerne près de 16 % des jeunes scolarisés de 15 à 25 ans. 2 % sont polyconsommateurs de tabac, d'alcool et de cannabis, 3 % d'alcool et de tabac, 10 % de cannabis et de tabac et 0,5 % d'alcool et de cannabis. La polyconsommation des élèves et étudiants de 15 à 25 ans est plus fréquente chez les garçons (18 %) que chez les filles (13 %), et concerne davantage, dans les deux cas, les plus âgés. En effet, au collège, 7 % des élèves de 15 ans et plus sont des polyconsommateurs répétés, alors qu'ils sont 15 % au lycée et 18 % dans l'enseignement supérieur.

À la polyconsommation répétée de ces trois produits (alcool, tabac, cannabis) s'ajoute parfois, sans qu'il y ait nécessairement mélange (c'est-à-dire consommation en une même occasion), une prise de médicaments psychotropes tels qu'antidépresseurs, tranquillisants et somnifères. C'est ainsi que chez les jeunes scolarisés et les étudiants de 15 à 25 ans, près de 3 % ont été à la fois polyconsommateurs répétés et consommateurs de médicaments psychotropes au cours de l'année.

F. La sexualité

En France, l'âge médian au premier rapport sexuel est de 17,2 ans pour les garçons et de 17,6 pour les filles. Il y a cinquante ans, l'âge médian des femmes au premier rapport sexuel, âge auquel la moitié d'entre elles avaient vécu ce passage, était de 20,6 ans, soit deux ans de plus que les hommes. L'écart entre femmes et hommes n'est plus que de quelques mois.

Les premiers rapports sexuels sont souvent liés à un désir de « faire comme les autres », voire d'« être dans la norme », en particulier la norme sociale : à 17, 18 ou 19 ans, tout le monde a déjà eu une relation sexuelle, se disent les adolescents. Ils ont ainsi tendance à surestimer la proportion des jeunes de leur âge qui ont déjà eu un rapport.

Au collège, moins d'un élève sur cinq de plus de 15 ans a déjà eu un rapport sexuel. Au lycée, c'est le cas de moins d'un élève sur deux (46 %), et au niveau de l'enseignement supérieur, plus des trois quarts des étudiants ont déjà eu un rapport sexuel.

Quel que soit le cycle d'études considéré, il n'y a pas de différence entre les filles et les garçons.

Les jeunes scolarisés et étudiants de 15 à 25 ans ayant déjà eu un rapport sexuel ont majoritairement (85 %) utilisé un préservatif lors de leur premier rapport, les lycéens davantage que les étudiants du supérieur (90 % contre 82 %). Cependant, après ce premier rapport protégé, 4 % ont déclaré, au moment de l'enquête, « ne rien faire pour éviter une grossesse », alors qu'ils avaient des rapports et ne désiraient pas avoir d'enfant. Par ailleurs, d'après les résultats de l'enquête sur « les connaissances, attitudes, croyances et comportements face au VIH/Sida en France » de l'Observatoire régional de la santé en Île-de-France, l'utilisation du préservatif dans l'année par les jeunes de 18 à 24 ans a baissé entre 1998 et 2001.

Chez les jeunes filles scolarisées et étudiantes de 15 à 25 ans, 5 % de celles qui sont potentiellement concernées par la contraception n'utilisent pas de moyens contraceptifs, alors qu'elles ne désirent pas avoir d'enfant. Près d'une sur cinq (17 %) de celles qui ont déjà eu un rapport sexuel a déjà pris la pilule du lendemain et une sur vingt a eu une Interruption volontaire de grossesse. Il semble aussi que certaines d'entre elles prennent des risques répétés. Ainsi, 2 % de celles qui ont déjà eu recours à la pilule du lendemain ne font toujours rien, au moment de l'enquête, pour éviter une grossesse, alors qu'elles ne désirent pas d'enfant.

III. La mortalité des adolescents

Si l'on regarde dans le détail la mortalité des adolescents, qui correspondrait dans le tableau à la période 15-24 ans, on peut constater que la situation en France est comparable à la situation mondiale décrite par l'OMS. Ainsi la 1re cause de décès des adolescents est constituée par les causes externes qui représentent presque 60 % des décès. Les accidents de la route constituent la première cause de décès chez les 15-24 ans avec 25 % des décès, juste devant les autres causes, c'est-à-dire les causes indéterminées (19 % des décès de cette tranche d'âge) et les suicides (avec 16 % des décès de cette tranche d'âge). (Voir tableau page suivante.)

Néanmoins, on peut constater que globalement le nombre de décès de jeunes de 15 à 24 ans ne cesse de baisser depuis les années 1980, et ce, quelle que soit la cause de décès. Ainsi on dénombre 2 420 décès en 2015 contre près de 9 000 en 1979. Il faut noter néanmoins qu'environ trois quarts des décès recensés pour cette tranche d'âge concernent des hommes. Cette baisse continue et importante de la mortalité est plutôt encourageante.

Causes de décès des jeunes et des enfants en 2015 (effectifs)

Cause de décès	Moins de 1 an	De 1 à 4 ans	De 5 à 14 ans	De 15 à 24 ans
Causes externes	53	127	184	1359
dont:				
accidents de transport	4	31	61	601
suicides	0,0	0,0	31	357
Certaines infections de la période périnatale	1446	1	0,0	0,0
Malformations congénitales et anomalies chromosomiques	529	58	45	58
dont:				
malformations congénitales du système nerveux	53	2	6	9
malformations congénitales de l'appareil circulatoire	204	23	14	20
Tumeurs	17	78	196	275
Maladies du système nerveux et des organes des sens	83	48	54	114
Maladie de l'appareil circulatoire	48	22	36	97
Maladies infectieuses et parasitaires	40	22	7	27
Autres causes	400	141	151	490

Champ : France métropolitaine. Décès domiciliés.
Source : INSEE, *Inserm-CépiDc (Centre d'épidémiologie sur les causes médicales de décès).*

Causes de décès des jeunes et des enfants en 2016 : proportions *en %*

Cause de décès	Moins de 1 an	De 1 à 4 ans	De 5 à 14 ans	De 15 à 24 ans
Causes externes	2,2	27,4	25,2	58,3
dont :				
accidents de transport	*0,1*	*5,6*	*8,9*	*24,6*
suicides	*0,0*	*0,0*	*4,2*	*15,2*
Certaines infections de la période périnatale	53,5	0,0	0,0	0,0
Malformations congénitales et anomalies chromosomiques	19,3	11,2	7,1	1,5
dont :				
malformations congénitales de l'appareil circulatoire	*7,2*	*2,6*	*1,5*	*0,4*
malformations congénitales du système nerveux	*1,9*	*0,6*	*1,1*	*0,2*
Tumeurs	1,0	12,7	26,8	10,6
Maladies du système nerveux et des organes des sens	4,1	9,7	8,7	4,2
Maladies de l'appareil circulatoire	1,4	3,7	5,5	4,3
Maladies infectieuses et parasitaires	1,5	6,0	1,9	1,5
Autres causes	17,0	29,3	24,7	19,6

Champ : France métropolitaine, décès domiciliés.
Source : *Inserm-CépiDc (Centre d'épidémiologie sur les causes médicales de décès).*

Testez-vous

1. Quelle est la maladie qui touche le plus d'adolescents dans le monde ?

- ☐ **A.** Le VIH.
- ☐ **B.** La dépression.
- ☐ **C.** Les diarrhées.
- ☐ **D.** Les cancers.
- ☐ **E.** L'obésité.

2. Combien d'adolescents meurent chaque jour d'un accident de la route dans le monde ?

- ☐ **A.** 130.
- ☐ **B.** 230.
- ☐ **C.** 330.
- ☐ **D.** 430.
- ☐ **E.** 530.

3. Quel est l'âge médian du 1er rapport sexuel pour les garçons et les filles en France ?

- ☐ **A.** 15,2 et 15,6 ans.
- ☐ **B.** 16,2 et 16,6 ans.
- ☐ **C.** 17,2 et 17,6 ans.
- ☐ **D.** 18,2 et 18,6 ans.
- ☐ **E.** 19,2 et 19,6 ans.

4. Quel est le pourcentage des jeunes scolarisés de 12 à 25 ans qui n'ont jamais consommé de cannabis ?

- ☐ **A.** 30 %.
- ☐ **B.** 40 %.
- ☐ **C.** 50 %.
- ☐ **D.** 60 %.
- ☐ **E.** 70 %.

5. Combien de jeunes de 15 à 24 ans sont décédés en 201 en France ?

- ☐ **A.** 420.
- ☐ **B.** 1 420.
- ☐ **C.** 2 420.
- ☐ **D.** 3 420.
- ☐ **E.** 4 420.

31 L'éducation

Le confinement causé par la pandémie de Covid-19 a fait quelques heureux durant l'année 2020, et notamment les bacheliers: en effet, le taux de réussite au bac a atteint un nouveau record, avec 95,7 % d'admis après le rattrapage, soit 7,6 points de plus qu'en 2019. En effet, en raison de la crise du coronavirus, les épreuves finales ont été supprimées et seules ont compté les notes des premier et deuxième trimestres pour la délivrance de l'examen.

I. Définition

L'**éducation** est, étymologiquement, l'action de « guider hors de », c'est-à-dire développer, d'élever. Éduquer, c'est donc élever, former un enfant, un jeune homme. L'éducation est ainsi l'ensemble des habiletés ou des capacités intellectuelles ou manuelles qui s'acquièrent, et l'ensemble des qualités morales qui se développent.

On distingue en général éducation et instruction. L'instruction est étymologiquement le fait de bâtir, de construire: instruire quelqu'un c'est lui enseigner ou lui apprendre quelque chose.

L'instruction renvoie ainsi à l'esprit, aux connaissances que l'on acquiert, tandis que dans la notion d'éducation, il y a à la fois le cœur et l'esprit, c'est-à-dire qu'on acquiert des connaissances mais aussi des préceptes moraux qui dirigent ces connaissances.

La notion d'illettrisme s'applique aux personnes qui, après avoir été scolarisées en France, n'ont pas acquis une maîtrise suffisante de la lecture, de l'écriture, du calcul, des compétences de base, pour être autonomes dans les situations simples de la vie courante. Il s'agit pour elles de réapprendre, de renouer avec la culture de l'écrit, avec les formations de base, dans le cadre de la politique de lutte contre l'illettrisme.

À l'inverse l'analphabétisme désigne des personnes qui n'ont jamais été scolarisées. Il s'agit pour elles d'entrer dans un premier niveau d'apprentissage.

II. Bref historique de l'Éducation nationale en France

- **1791**: la Constitution du 3 septembre prévoit dans son Titre I: « Il sera créé et organisé une Instruction publique commune à tous les citoyens, gratuite à l'égard des parties d'enseignement indispensables pour tous les hommes et dont les établissements seront distribués graduellement, dans un rapport combiné avec la division du royaume. »
- **1833**: loi Guizot sur l'instruction primaire. La loi prévoit: l'ouverture obligatoire d'une école de garçons dans toute commune de plus de 500 habitants, l'ouverture d'une École normale d'instituteurs dans chaque département, la

création des écoles primaires supérieures et l'obligation pour les instituteurs d'être titulaires du Brevet de capacité.

- **1850** : loi Falloux : les communes de plus de 800 habitants sont tenues d'ouvrir une école de filles.
- **1867** : la loi Duruy impose la création d'une école de filles dans chaque commune de plus de 500 habitants, crée les Caisses des écoles (étape vers la gratuité) et préconise un examen qui deviendra ultérieurement le Certificat d'études.
- **1881-1882** : les lois Jules Ferry sur l'école primaire rendent l'école gratuite (1881), l'instruction obligatoire pour les enfants des deux sexes de 6 à 13 ans et l'enseignement public laïque (1882). Le jour vaqué est le jeudi.
- **1905** : adoption de la loi de séparation de l'Église et de l'État. S'ensuivent des heurts permanents jusqu'en 1914 et récurrents tout au long du siècle entre instituteurs et curés, école publique et école privée.
- **1936** : la loi Jean Zay porte prolongation de la scolarité obligatoire à quatorze ans.
- **1959** : réforme Berthoin (décret du 6 janvier 1959) : elle prolonge la scolarité obligatoire jusqu'à seize ans.
- **1969** : la mixité s'impose à l'école primaire.
- **1975** : publication de la loi relative à l'éducation qui institue le collège unique (« réforme Haby »). L'école primaire devient la première étape du système éducatif. Désormais, à l'issue du CM2, tous les enfants ayant atteint les objectifs de l'école élémentaire poursuivent leur scolarité au collège.
- **1981** : création de zones d'éducation prioritaires (renforcement sélectif de l'action éducative dans les zones et dans les milieux sociaux où le taux d'échec scolaire est le plus élevé).
- **1989** : publication de la loi d'orientation sur l'éducation qui étend, en priorité, la préscolarisation aux enfants de deux ans vivant dans un environnement social défavorisé, organise la scolarité en cycles, réaménage l'année scolaire (trente-six semaines réparties en cinq périodes) et allège la semaine d'une heure (vingt-six heures). La loi crée également les Instituts universitaires de formation des maîtres (IUFM) qui prennent le relais des écoles normales.
- **1990** : publication du décret qui organise la scolarité de l'école maternelle et primaire en trois cycles pédagogiques qui tiennent compte de la progression psychologique des enfants :
  - le cycle des apprentissages premiers se déroule à la maternelle ;
  - le cycle des apprentissages fondamentaux commence en maternelle et se poursuit dans les deux premières années de l'école primaire ;
  - le cycle des approfondissements correspond aux trois dernières années du primaire et débouche sur le collège.
- **2004** : promulgation de la loi encadrant, en application du principe de laïcité, le port de signes ou de tenues manifestant une appartenance religieuse dans les écoles, collèges et lycées publics.

- **2008** : promulgation de la loi du 20 août 2008 créant un droit d'accueil pour les élèves des écoles maternelles et élémentaires pendant le temps scolaire ; la loi impose notamment aux communes d'organiser l'accueil des élèves des écoles primaires, publiques ou privées sous contrat, lorsque la proportion des enseignants grévistes dans une école dépasse 25 % de l'effectif.
- **2009** : Xavier Darcos, ministre de l'Éducation nationale, et Valérie Pécresse, ministre de l'Enseignement supérieur et de la Recherche, annoncent une réforme du recrutement et de la formation des enseignants. Ceux-ci vont désormais être recrutés au niveau du master.
- **2013** : loi du 8 juillet 2013 pour la refondation de l'école de la République. Ses objectifs sont : élever le niveau de connaissances, de compétences et de cultures de tous les enfants, réduire les inégalités sociales et territoriales, réduire le nombre de sorties sans qualification. Pour les atteindre, le texte prévoit une programmation des moyens avec la création de 60 000 postes dans l'éducation sur cinq ans (enseignants et autres personnels). La loi prévoit la création des écoles supérieures du professorat et de l'éducation (ESPE) chargées d'assurer la formation initiale de tous les enseignants et personnels d'éducation. Elle accorde la priorité à l'école primaire avec l'affectation des deux tiers des nouveaux postes d'enseignants au premier degré. Le dispositif « plus de maîtres que de classes » doit être mis en place dans les zones difficiles et l'accueil des enfants de moins de trois ans développé. Le projet de loi prévoit l'enseignement obligatoire d'une langue vivante dès le cours préparatoire (CP). Une nouvelle mission est confiée à l'École : éduquer au numérique. Le projet de loi crée un service public de l'enseignement numérique. S'y ajoute une refonte du socle commun de connaissances, de compétences et de culture, avec de nouveaux enseignements (enseignement moral et civique, parcours d'éducation artistique et culturelle, éducation au numérique).

III. Organisation du système éducatif français

En France, l'organisation et la gestion de l'enseignement sont confiées au ministère de l'Éducation nationale ainsi qu'au ministère de l'Enseignement supérieur et de la Recherche. Ceux-ci ont la responsabilité de l'organisation et de l'administration de l'ensemble du système éducatif, et ce, de l'école maternelle à l'enseignement supérieur. Néanmoins, les lois de décentralisation de 1982-1983 et 2003-2004 ont transféré des compétences limitées aux collectivités territoriales. L'état a conservé les compétences liées à l'enseignement (programmes, calendrier scolaire, recrutement et paye des enseignants…) et délégué les fonctions matérielles (bâtiments, cantine, transport scolaire…) avec une contribution financière visant à assurer la mise en œuvre du principe d'égalité face au service public de l'enseignement. Ainsi les communes sont chargées des écoles maternelles et primaires, les départements des collèges, les régions des lycées et de l'enseignement professionnel.

Le système éducatif est divisé en plusieurs niveaux : primaire (maternel et élémentaire), secondaire, professionnel, apprentissage et supérieur. Il faut prendre également en compte la formation continue.

A. Le premier degré

À la rentrée 2019, on dénombre 6 703 750 élèves dans le 1er degré (école maternelle et école primaire). Ces 6,7 millions d'élèves sont encadrés par 377 700 enseignants (dont 332 850 dans le public), ce qui correspond à 1 enseignant pour 19,5 élèves à l'école élémentaire, pour un nombre moyen d'élèves par classe de 24 en préélémentaire et 22,1 en élémentaire en 2019 (contre respectivement 30,1 et 23,9 en 1980). On compte 50 100 écoles en France en 2019. 254 500 élèves en situation de handicap sont scolarisés dans le 1er degré.

1. L'école maternelle

L'école maternelle peut accueillir les enfants avant l'instruction obligatoire qui débute à 6 ans. Il s'agit d'une originalité du système français. Elle est le plus souvent organisée en petite, moyenne et grande section, en fonction de l'âge des enfants. Les locaux des écoles appartiennent aux communes qui ont la charge de leur entretien. À la rentrée 2019, il y avait 2 463 450 élèves inscrits à l'école maternelle.

2. L'école élémentaire

L'école élémentaire accueille les enfants scolarisés de 6 à 11 ans. Elle est mixte et gratuite si elle est publique. Elle comporte cinq niveaux : le CP, le CE1, le CE2, le CM1 et le CM2. Les locaux des écoles appartiennent aux communes qui ont la charge de leur entretien. À la rentrée 2019, il y avait 4 240 300 élèves inscrits en élémentaire.

B. Le second degré

À la rentrée 2019, on dénombre 5 676 500 élèves dans le second degré (collège et lycée), dont 4 468 500 (soit 78,7 %) dans le public. Ces 5,6 millions d'élèves sont encadrés par 488 800 enseignants, dont 392 350 dans le public. Cela correspond à 1 enseignant pour 13 élèves dans le secondaire. 173 300 élèves en situation de handicap sont scolarisés dans le 2nd degré.

1. Le collège

Le collège est l'établissement de niveau secondaire qui, à l'issue de l'école élémentaire, accueille tous les enfants scolarisés. Ils y suivent quatre années de scolarité : la sixième, la cinquième, la quatrième et la troisième. À la fin du collège, les élèves passent le diplôme national du brevet, qui évalue les connaissances et les compétences acquises à la fin du collège. À la rentrée 2019, on dénombre 3 413 150 collégiens pour 7 200 collèges, pour un nombre moyen d'élèves par classe de 25,6.

Le taux de réussite au DNB en 2021 est de 88 % : il était de 90,5 % en 2020 mais les épreuves écrites et orales du brevet avaient été supprimées en raison de la crise sanitaire liée à la pandémie de coronavirus. Les élèves ont pu en 2021 le passer dans des conditions relativement normales et c'est pourquoi le taux de réussite est proche de l'année 2019 (86,5 %)

2. Le lycée

À l'issue du collège, les élèves peuvent poursuivre leur scolarité dans un lycée d'enseignement général et technologique ou dans un lycée professionnel. La scolarité y a lieu en trois ans : la seconde, la première et la terminale. La fin du lycée est sanctionnée par le baccalauréat : créé en 1808, le baccalauréat est un diplôme qui a la double particularité de sanctionner la fin des études secondaires et d'ouvrir l'accès à l'enseignement supérieur. Il constitue le premier grade universitaire. Il existe trois types de baccalauréat, correspondant aux trois voies des études au lycée : baccalauréat général, baccalauréat technologique et baccalauréat professionnel.

En 2019, on compte 2 263 350 lycéens, dont 1 619 600 en formations générale et technologique, et 643 750 en formations professionnelles, répartis dans les 4 200 lycées que compte la France.

Après une année 2020 record en termes de taux de réussite au bac (96 % des 745 900 candidats au bac 2020 avaient été reçus), en raison de la pandémie, le taux de réussite au bac en 2021 se maintient à un niveau élevé avec 93,8 % de réussite pour les 732 800 candidats.

Pour la première édition du bac général sans les séries S, ES et L, le taux de réussite flirte avec le record de l'année dernière : 97,6 % de candidats au bac général ont été admis, contre 98,4 % en 2020. Et malgré 82 % de l'examen jugé au contrôle continu, les mentions sont nombreuses : on compte 13,6 % de mentions « très bien », 25,9 % de mentions « bien » et 34 % d'« assez bien ». Moins d'un admis au bac général sur quatre n'a pas de mention.

Les résultats au bac technologique sont également moins bons qu'en 2020 : 94 % ont été admis (contre 95,7 % l'an dernier). Dans le détail, le taux de réussite est de 92,9 % en STMG, 95,1 % en STI2D, 94,3 % en ST2S, 98,6 % en STD2A, 93,8 % en STL, 98,2 % en TMD, 98,5 % en STAV et 96,8 % en STHR.

Résultats également en baisse pour le bac professionnel : 86,7 % d'admis contre 90,7 % en 2020.

Cela conduit à une proportion de bacheliers dans une génération en juin 2021 de 83,1 %.

C. Les établissements scolaires d'enseignement français à l'étranger

Un enseignement conforme aux programmes français est dispensé à l'étranger dans les écoles, collèges et lycées homologués par le ministère de l'Éducation nationale. Ces « établissements scolaires d'enseignement français à l'étranger » ont pour vocation de prolonger à l'étranger, pour les 110 000 jeunes Français qui les fréquentent, le service public d'éducation. Ils contribuent aussi, en scolarisant plus de 205 000 élèves étrangers, au rayonnement culturel de la France. La plupart de ces établissements sont de statut privé et perçoivent des droits de scolarité. Deux réseaux regroupent la majeure partie de ces établissements:

- **L'agence pour l'enseignement français à l'étranger (AEFE)**: établissement public national à caractère administratif créé en 1990 et placé sous la tutelle du ministère des Affaires étrangères. Elle scolarise 355000 élèves dont 142000 Français avec 496 établissements implantés dans 137 pays.
- **La Mission laïque française (MLF)**: elle regroupe 111 établissements homologués implantés dans 48 pays et fréquentés par 55000 élèves.

D. La formation tout au long de la vie

La formation tout au long de la vie est un continuum entre la formation initiale, générale ou professionnelle, et l'ensemble des situations où s'acquièrent des compétences: actions de formation continue, activités professionnelles, implications associatives ou bénévoles. Elle inclut les démarches d'orientation, de bilan, d'accompagnement vers l'emploi, de formation et de validation des acquis de l'expérience.

La formation continue repose sur l'obligation, pour les employeurs, de participer au financement de la formation continue des salariés, et sur le droit, pour ces derniers, à se former sur leur temps de travail.

Les quatre principaux dispositifs qui permettent aux salariés de se former sur le temps de travail, sans perte de salaire sont:

- **Le plan de formation**: les salariés se forment sur leur temps de travail, en fonction des priorités de l'entreprise.
- **La période de professionnalisation**: les salariés en emploi bénéficient d'actions de formation alternant enseignements théoriques et pratiques.
- **Le congé individuel de formation**: les salariés choisissent leur formation. La durée (un an maximum), les modalités (sur temps de travail ou hors temps de travail) et les dates sont décidées d'un commun accord avec l'entreprise. Le financement, partiel ou total, est assuré par les Fongécif ou Opacif.
- **Le Compte Personnel de Formation (CPF) qui remplace le DIF au 1er janvier 2015**: le CPF permet à toute personne, salariée ou demandeur d'emploi, de suivre, à son initiative, une action de formation. Il accompagne son titulaire dès l'entrée dans la vie professionnelle, tout au long de sa carrière jusqu'au départ en retraite. Comme le DIF, le CPF est crédité en heures à la fin de chaque année, dans la limite de 150 heures de formation sur 8 ans.
- **Enfin la loi relative au travail, à la modernisation du dialogue social et à la sécurisation des parcours professionnels de 2016 (dite « loi El Khomri »)** a mis en place le compte personnel d'activité. Le CPA regroupe le compte personnel de formation (CPF) qui permet à toute personne active d'acquérir des droits à la formation et de les mobiliser tout au long de sa vie professionnelle; le compte prévention pénibilité (CPP), qui permet à tout actif exposé à des facteurs de risque de pénibilité dans le cadre de l'exercice de son activité professionnelle cumule des points qui convertibles en formation, temps partiel

ou retraite anticipée; et le compte d'engagement citoyen (CEC), qui recense les activités de bénévolat ou de volontariat, certaines de ces activités ouvrant un droit à la formation.

Les salariés peuvent aussi obtenir un congé pour faire un bilan de compétences ou conduire une démarche de validation d'acquis de l'expérience. La loi du 25 novembre 2009 introduit la portabilité du droit individuel à la formation (DIF): sous certaines conditions, le salarié peut utiliser ses droits en période de chômage ou pendant deux ans chez un nouvel employeur.

Les actions de formation peuvent être réalisées par les employeurs, avec l'appui de leur service interne de formation ou « achetées » auprès de différents organismes. On répertorie en France plus de 48000 organismes de formation, publics ou privés. C'est la mise en concurrence et les performances qui opèrent la sélection entre les opérateurs.

Les organismes publics de formation assurent 20% de l'activité de formation. Les plus importants sont les GRETA, les établissements relevant du ministère de l'Agriculture, les services de formation continue des universités et le CNAM. Les associations ainsi que les organismes parapublics tels que l'AFPA, les chambres de commerce ou les chambres de métiers jouent également un rôle important.

Les organismes privés sont nombreux car, en France, toute personne physique ou morale peut exercer une activité de formation continue. Ils réalisent 80% de l'activité de formation.

La dépense globale de formation (continue et d'apprentissage) est de 31,3 milliards d'euros, soit 1,6% du PIB. Elle se répartit ainsi:

- **Entreprises**: 41%;
- **État**: 15%;
- **Régions**: 14%;
- **Fonction publique pour ses agents**: 19%;
- **Pôle emploi**: 6%;
- **Ménages**: 4%.

IV. L'Éducation nationale: les chiffres-clés

A. Les élèves

Pour l'année 2019-2020, la France compte 12858550 écoliers, collégiens et lycéens (dont 8 sur 10 sont dans le public), qui se répartissent en 6703750 élèves du premier degré, et 5676500 élèves du second degré. Les 5,67 millions d'élèves du second degré se répartissent en 3413150 collégiens et 2263350 lycéens.

B. Les personnels

Au niveau des personnels, les 12,8 millions d'élèves sont encadrés par 866500 enseignants dans les écoles, les collèges et les lycées. 725200 sont dans le public et 141300 dans le privé sous contrat. À cela s'ajoutent 296350 personnels des missions non-enseignante. En tout, on compte donc 1162850 personnels de l'Éducation nationale.

C. La dépense d'éducation

En 2018, par élève et par an, la France dépense :

- 7040 euros par élève d'école maternelle ;
- 6609 euros par élève d'école élémentaire ;
- 8780 euros par collégien ;
- 11090 euros par élève de lycée général et technologique ;
- 12810 euros par élève de lycée professionnel.

Au total, la dépense intérieure d'éducation en 2018 est estimée à 157,2 milliards d'euros, soit 8290 euros par élève. Cela représente 6,7 % du PIB, ce qui correspond à la moyenne des pays de l'OCDE.

V. Les exclus du système éducatif

A. L'échec scolaire

Chaque année, ce ne sont pas moins de 150 000 élèves qui sortent du système éducatif sans aucune qualification, et ce, depuis 20 ans. Selon la fondation Terra Nova, le coût de cet échec scolaire est estimé a minima à 24 milliards d'euros par an.

Ne disposant pas d'une formation indispensable pour s'insérer dans le monde du travail, ni de l'éducation pour devenir le citoyen d'une société de plus en plus complexe, ce sont des dizaines de milliers de jeunes en situation d'exclusion que le système génère chaque année. Or sans diplôme leur chance de s'intégrer dans le monde du travail est beaucoup plus faible qu'avec un diplôme. Ainsi, quelle que soit l'ancienneté par rapport à la sortie du système scolaire, le taux de chômage est systématiquement plus élevé pour les personnes sans diplôme. De plus, plus le diplôme est élevé et plus le taux de chômage est faible. Ainsi, un jeune sans diplôme qui sort tout juste de l'école a un taux de chômage 5 fois plus élevé qu'un jeune qui sort de l'école avec au minimum un Bac+2 : 41,8 % contre 8,7 %.

En 2019 dans l'Union européenne, 10,7 % des jeunes âgés de 18 à 24 ans sont des « sortants précoces », à savoir qu'ils n'étudient plus et n'ont pas terminé avec succès l'enseignement secondaire de second cycle. L'objectif de l'UE est de faire baisser ce taux à 10 % en 2020.

En France, 6 % des jeunes sortent du système éducatif français et 7 % avec pour seul diplôme le brevet.

B. L'illettrisme

860 millions d'hommes et de femmes sont, dans le monde, confrontés à l'incapacité de lire et d'écrire, privés des plus simples compétences de base. Les pays industrialisés, où la scolarité est obligatoire, ne sont pas épargnés. Pour qualifier cette situation, qui touche tous les âges de la vie, et la distinguer de celle de personnes qui ne sont jamais allées à l'école, la France a donc choisi le terme d'illettrisme.

En France l'illettrisme concerne 2,5 millions de personnes.

En 2011, 9 % des personnes illettrées sont âgées de 18 à 25 ans, 15 % sont âgées de 26 à 35 ans, 23 % sont âgées de 36 à 45 ans, 23 % sont âgées de 46 à 55 ans, 30 % sont âgées de 56 à 65 ans. Ainsi, plus de la moitié des personnes en situation d'illettrisme ont plus de 45 ans.

Sur les 2,5 millions de personnes concernées, 60,5 % sont des hommes et 39,5 % sont des femmes (41 % en 2004).

La moitié des personnes concernées en situation d'illettrisme vivent dans des zones rurales ou faiblement peuplées, ce qui signifie que la politique doit s'organiser sur tout le territoire. 10 % vivent dans les Zones urbaines sensibles (ZUS).

Fait plus surprenant : plus de la moitié des personnes en situation d'illettrisme ont un emploi. 51 % des personnes en situation d'illettrisme sont dans l'emploi, 10 % sont au chômage, 17,5 % sont retraités, 13,5 % en formation ou en inactivité, et 8 % sont au foyer.

Fait moins surprenant : l'illettrisme touche prioritairement les personnes pauvres et précaires. Ainsi, 20 % des allocataires du RSA sont en situation d'illettrisme, soit trois fois plus que l'ensemble de la population concernée.

Pour lutter contre l'illettrisme a été créée en 2000 l'Agence nationale de lutte contre l'illettrisme (ou ANLCI) : elle a pour mission de centraliser les informations sur l'illettrisme, et de lutter contre en effectuant des statistiques sur les risques liés à l'environnement social familial, en publiant ses recherches, en organisant des formations. Elle est un partenaire de l'Éducation nationale, qui joue évidemment le rôle moteur en matière de prévention et de lutte contre l'illettrisme. L'illettrisme a ainsi été déclarée « Grande cause nationale » en 2013.

Testez-vous

1. **En 2019-2020 en France, combien y a-t-il au total d'écoliers, de collégiens et de lycéens ?**

- ☐ **A.** 1,8 million.
- ☐ **B.** 5,8 millions.
- ☐ **C.** 6,8 millions.
- ☐ **D.** 12,8 millions.
- ☐ **E.** 22,8 millions.

2. **Quel est le pourcentage de bacheliers dans une génération en 2021 ?**

- ☐ **A.** 83,1 %.
- ☐ **B.** 87,1 %.
- ☐ **C.** 90,1 %.
- ☐ **D.** 90,9 %.
- ☐ **E.** 91,1 %.

3. **Quel est le pourcentage du PIB français consacré à l'Éducation ?**

- ☐ **A.** 3,7 %.
- ☐ **B.** 4,7 %.
- ☐ **C.** 5,7 %.
- ☐ **D.** 6,7 %.
- ☐ **E.** 7,7 %.

4. **En 2019-2020, combien d'élèves étaient scolarisés dans un établissement privé ?**

- ☐ **A.** Environ 1 million.
- ☐ **B.** Environ 2 millions.
- ☐ **C.** Environ 3 millions.
- ☐ **D.** Environ 4 millions.
- ☐ **E.** Environ 5 millions.

5. **Combien de personnes sont considérées comme illettrées en France ?**

- ☐ **A.** 2,4 millions de personnes.
- ☐ **B.** 3,4 millions de personnes.
- ☐ **C.** 4,4 millions de personnes.
- ☐ **D.** 5,4 millions de personnes.
- ☐ **E.** 6,4 millions de personnes.

Les femmes

32 Les inégalités homme-femme

Les élections législatives de juin 2017 ont profondément modifié le visage de l'Assemblée nationale à tous points de vue. Surtout, la véritable nouveauté de cette Assemblée, censée représenter le peuple français, est qu'elle n'a jamais comporté autant de femmes : 223 femmes ont été élues, soit 38,65 % des député(e)s, alors qu'à l'issue du quinquennat 2012-2017, l'hémicycle était composé de seulement 155 femmes, soit 26,9 % des élu(e)s.
Danielle Bousquet, présidente du Haut Conseil à l'Égalité entre les hommes et les femmes a commenté ainsi cet évènement : « Cette évolution sans précédent de la part des femmes élues à l'Assemblée nationale est une avancée remarquable pour un partage effectif des responsabilités entre les femmes et les hommes, preuve que la parité n'est plus une option mais une exigence démocratique. »
Néanmoins, si l'on peut se féliciter que l'Assemblée nationale soit plus représentative de la société française, beaucoup de chemin reste encore à parcourir pour les femmes en France et dans le monde.

I. Définition

Une inégalité sociale est le résultat d'une distribution inégale, au sens mathématique de l'expression, entre les membres d'une société des ressources de cette dernière, due aux structures mêmes de cette société et faisant naître un sentiment d'injustice au sein de ses membres. La référence à la notion d'inégalité mathématique offre le double avantage de la simplicité et de l'univocité : elle est sans ambiguïté. Elle s'impose donc à ce titre, et toute définition des inégalités sociales y fait implicitement ou explicitement référence. Une unité de mesure étant définie (mètre, année, franc, etc.), il y a inégalité mathématique entre deux grandeurs quand l'une est supérieure à l'autre. Par analogie, on peut dire qu'il y a inégalité entre deux membres d'une même société dès lors que l'un se trouve davantage doté de ressources qu'un autre : les ressources de l'un sont en quantité supérieure à celles de l'autre. Par exemple, A dispose d'un revenu annuel supérieur à B ; ou encore l'espérance de vie d'A est supérieure à celle de B.

En matière d'inégalité homme-femme, on parle en général de parité : la parité est un concept d'égalité d'état ou d'équivalence fonctionnelle, et renvoie au nombre 2 (une paire), que l'on retrouve aussi en mathématiques et dans d'autres domaines, mais qui désigne en sociologie l'égalité des sexes.

La notion de parité constitue en effet le fondement des politiques de lutte contre les inégalités entre les hommes et les femmes. Au nom de ce principe ont été édictées plusieurs lois visant à réduire les disparités dans les domaines des salaires, de l'emploi, de l'éducation, de la représentation des femmes dans les instances de pouvoir politique et économique.

II. Historique du droit des femmes

Ainsi, depuis la Révolution française, un certain nombre de personnages et de lois ont permis de faire avancer la parité:

- **1791**: Olympe de Gouges rédige la « Déclaration des droits de la femme et de la citoyenne ».
- **1792**: la loi permet le divorce par consentement mutuel.
- **1804**: le Code civil prévoit que: « le mari doit protection à la femme, la femme doit obéissance à son mari ».
- **1850**: création obligatoire d'écoles de filles dans les communes de 800 habitants (loi Falloux).
- **1876**: Hubertine Auclert fonde la société « *Le droit des femmes* » qui soutient le droit de vote pour les femmes.
- **1903**: Marie Curie reçoit le prix Nobel de physique.
- **1924**: uniformisation des programmes scolaires masculins et féminins et création d'un baccalauréat unique.
- **1938**: suppression de l'incapacité juridique de la femme mariée.
- **1944**: droit de vote et d'éligibilité pour les femmes.
- **1946**: suppression de la notion de « salaire féminin ».
- **1956**: fondation de « la maternité heureuse » qui devient, en 1960, Mouvement français pour le planning familial.
- **1965**: les femmes mariées peuvent exercer une profession sans l'autorisation de leur mari.
- **1967**: loi Neuwirth autorisant la contraception.
- **1970**: l'autorité parentale remplace la puissance paternelle.
- **1972**: reconnaissance du principe « à travail égal, salaire égal ». L'école polytechnique devient mixte: huit femmes sont reçues.
- **1974**: Françoise Giroud première secrétaire d'État à la condition féminine.
- **1975**: loi Veil pour l'Interruption volontaire de grossesse.
- Réintroduction dans la loi du divorce par consentement mutuel.
- **1976**: la mixité devient obligatoire pour tous les établissements scolaires publics.
- **1980**: Marguerite Yourcenar est la première femme élue à l'Académie française.
- **1981**: Yvette Roudy est ministre déléguée des Droits de la femme.
- **1983**: la loi Roudy pose le principe de l'égalité professionnelle entre les femmes et les hommes.
- **1984**: le congé parental est ouvert à chacun des parents.
- **1991**: Édith Cresson est la première femme à être Premier ministre.
- **1993**: la loi du 8 janvier affirme le principe de l'exercice conjoint de l'autorité parentale à l'égard de tous les enfants, quelle que soit la situation des parents (mariés, concubins, divorcés, séparés).

- **2000** : promulgation de la première loi sur la parité politique.
- **2002** : création du congé de paternité.
- Reconnaissance de l'autorité parentale conjointe, de la garde alternée et de la coparentalité.
- L'enfant peut porter le nom de ses deux parents.
- **2004** : la loi du 26 mai relative au divorce introduit la procédure d'éviction du conjoint violent.
- **2005** : la loi du 12 décembre relative au traitement de la récidive des infractions pénales donne la possibilité au juge pénal d'ordonner à l'auteur de violences de résider hors du domicile ou de la résidence du couple.
- **2006** : loi du 4 avril renforçant la prévention et la répression des violences au sein du couple ou commises contre les mineurs ajoutent le partenaire « pacsé » et les « ex » au titre des circonstances aggravantes.
- Introduction de la notion de respect dans les obligations du mariage.
- Alignement de l'âge légal du mariage pour les garçons et les filles à 18 ans.
- Loi relative à l'égalité salariale entre les femmes et les hommes.
- **2008** : inscription dans la Constitution de « l'égal accès des femmes et des hommes aux mandats électoraux et fonctions électives, ainsi qu'aux responsabilités professionnelles et sociales ».
- **2010** : vote de la loi relative aux violences faites spécifiquement aux femmes, aux violences au sein des couples et aux incidences de ces dernières sur les enfants : création de l'ordonnance de protection des victimes et du délit de harcèlement moral au sein du couple.
- **2012** : vote de la loi du 6 août 2012 relative au harcèlement sexuel.
- **2013** : création du Haut Conseil à l'égalité entre les hommes et les femmes.
- **2014** : loi du 4 août 2014 relative à l'égalité réelle entre les hommes et les femmes.
- **2016** : premier plan interministériel de l'égalité professionnelle entre les hommes et les femmes.

III. Les inégalités dans l'éducation, la culture, le sport et les médias

A. L'éducation

Les écoles et les établissements sont devenus mixtes dans les années 1970, mais des disparités subsistent dans les parcours scolaires des filles et des garçons. Les études révèlent des différences de performance des élèves selon les sexes, souvent à l'avantage des filles, et ce dès le premier degré.

D'après le Rapport du Secrétariat d'État chargé de l'Égalité entre les hommes et les femmes, intitulé « Vers l'égalité réelle entre les hommes et les femmes », et publié en 2017, en moyenne, les filles ont de meilleurs résultats scolaires que les garçons, et ce, quel que soit leur milieu social d'origine. Elles sont scolarisées plus longtemps alors même qu'elles redoublent moins. Ces dernières obtiennent un meilleur taux de réussite au brevet des collèges et au baccalauréat général, technologique ou professionnel, ainsi qu'au CAP et BEP, toutes filières confondues.

Les filles sont majoritaires dans l'ensemble du second cycle général et technologique (53,8 %) et se répartissent entre les séries générales de la manière suivante : elles sont très majoritaires dans la série littéraire (80 % en terminale L), majoritaires en terminale économique et sociale (60 % en terminale ES) et pratiquement à parité avec leurs camarades masculins en terminale scientifique (47 % en terminale S). Cependant, contrairement à certaines représentations, à l'issue de la classe de seconde, les filles se répartissent de façon assez équilibrée entre les différentes séries du second cycle général (L, ES et S) et technologique. Ce sont les garçons, au contraire, qui se concentrent fortement dans la série scientifique, délaissant la série littéraire et, dans une moindre mesure, la série économique et sociale. La part des filles ne résulte donc pas d'un choix qu'elles feraient en fin de seconde mais du fait que les garçons ne se dirigent que très peu dans cette série, ceux-ci se concentrant majoritairement dans la série S (53 %). De même, les garçons empruntant moins la filière générale que les filles à la fin du collège, une division sexuée des filières scolaires et de formation apparaît de fait. Cette différence est notamment liée à la meilleure réussite scolaire des filles : 40 % des garçons contre 29 % des filles s'orientent en lycée professionnel.

Concernant l'enseignement supérieur, si les filles représentent 55,1 % des étudiant·e·s du supérieur, la répartition des femmes et des hommes dans les différentes filières est inégale. Malgré une diversification des choix d'orientation scolaire par les filles dans le secondaire et leurs excellents résultats, particulièrement au bac S (taux de réussite des filles 93 % ; taux des garçons 90 %), les jeunes femmes se dirigent moins vers les filières les plus valorisées à l'issue du baccalauréat, notamment les filières scientifiques et techniques. À série de bac égale, les choix d'études divergent et de nombreuses formations de l'enseignement supérieur sont peu mixtes. Les jeunes femmes sont par exemple 74 % en cursus de langues, 70 % en lettres et sciences du langage et 65 % en droit et sciences politiques. À l'inverse elles ne sont que 25 % en sciences fondamentales et application et 29 % en Staps (sciences et techniques des activités physiques et sportives). De même, après l'obtention du bac S, les jeunes femmes sont peu présentes (29 %) dans les classes préparatoires aux grandes écoles scientifiques (CPGE). Les étudiantes ne représentent que 27 % des effectifs des écoles d'ingénieurs, toutes filières confondues. Dans les IUT, elles représentent 7,7 % des étudiant·e·s en informatique et 7 % en génie électrique et informatique industriel. Elles se concentrent en génie biologique (64,5 % des effectifs) ou en information communication (77,8 %). À l'inverse, elles sont très majoritaires dans les filières menant aux professions de santé, représentant 64 % des effectifs.

B. La communication et la culture

La place des femmes dans les médias reste marginale. Quant au sport féminin il représente aujourd'hui entre 16 et 20 % des retransmissions sportives à la télévision, chiffre en nette progression.

Dans les éditions d'information, les femmes sont majoritairement présentes en tant que présentatrices et restent minoritaires dans la conception des sujets, même si cela est moins vrai dans les chaînes d'information en continu ou à la radio. En 2016, les femmes restent encore minoritaires à la télévision, notamment dans le sport, où elles ne représentent que 17 %. Les expert·e·s invité·e·s sur le plateau des émissions de télévision sont très majoritairement des hommes, malgré une nette amélioration pour certaines émissions (52 % de femmes pour l'émission « Philosophie » d'Arte en 2016). Pourtant, cette faible présence des femmes dans les médias est contradictoire avec le nombre de journalistes possédant la carte de presse, puisque 40 % de femmes en sont bénéficiaires en 2000, et 46 % en 2015.

Si aujourd'hui, les pratiques culturelles des hommes et des femmes sont très semblables, on note encore quelques exceptions. La pratique de la lecture, par exemple, est majoritairement féminine (2/3 des femmes ont lu un livre en 2009 contre moins de la moitié des hommes), tout comme les visites de musées et d'expositions (les femmes ont 20 % de chances supplémentaires que les hommes de visiter une exposition ou un musée). En revanche, d'autres loisirs sont davantage pratiqués par les hommes, comme l'utilisation d'internet (59 % l'utilisent à des fins personnelles, contre 50 % des femmes) ou les jeux vidéo (43 % jouent contre 29 % des femmes).

Ces données mettent en avant le poids des stéréotypes : les femmes sont davantage valorisées dans les médias pour leur image que pour leur expertise (télé et radio), la création artistique reste encore une affaire d'hommes. Le Conseil supérieur de l'audiovisuel (CSA) et chargé de veiller à la juste représentation des femmes et à l'image des femmes dans tous les programmes, notamment en luttant contre les stéréotypes, les préjugés sexistes, les images dégradantes ou les violences faites aux femmes.

C. Le sport

La part des femmes parmi les licencié·e·s n'a cessé d'augmenter sur la période 2001-2016, pour atteindre 38 % en 2016. Cependant, on note encore une segmentation selon les disciplines. Certaines fédérations sont à très forte dominante féminine : l'équitation (82,9 %), l'éducation physique et la gymnastique volontaire (92,1 %), les sports de glace (87,6 %) ou la danse (85,8 %). D'autres au contraire, sont majoritairement masculines, comme le football (94,3 %), le rugby (93,2 %) ou le tennis (71 %). Si, de manière générale, la pratique sportive des femmes augmente, dès que l'on atteint la pratique de haut niveau, la part de ces dernières reste sous-représentée. Dans les disciplines reconnues de haut niveau, 13 847 sportives sont inscrits sur les listes ministérielles des sportif·ve·s de haut niveau, en 2016. Parmi ces sportif·ve·s, 5 226 sont des femmes, soit 37,7 %. Cette proportion est proche de celles des femmes parmi les licenciés (38 %). Ainsi, les femmes s'inscrivent de plus en plus dans la compétition et obtiennent désormais une reconnaissance de leur statut.

III. Emploi et précarité des femmes

Dans la continuité de la stratégie « Europe 2020 », la France s'est donné pour objectif de porter à 75 % le taux d'emploi entre les femmes et les hommes âgés de 20 à 64 ans et d'annuler à l'horizon 2025 l'écart de taux d'emploi entre les deux sexes. En 2018, 68,2 % des femmes âgées de 15 à 64 ans sont actives, contre 53,1 % en 1975. L'élévation du niveau d'études et la diminution du nombre d'enfants par femme ont permis une progression rapide de la participation des femmes au marché du travail à partir des années 1960. Cette progression a été d'autant plus marquée pour la classe d'âge des 50 à 64 ans. En effet, en 1975, seules 41,1 % d'entre elles étaient actives, contre 62,1 % en 2016. Cette évolution s'explique en partie par le recul de l'âge du départ à la retraite. Inversement, l'activité des jeunes femmes âgées de 15 à 24 ans diminue.

Selon Eurostat et l'INSEE le taux de chômage des femmes en 2018 a atteint 9,1 % contre 9 % pour les hommes. Dans l'Union européenne, l'écart est similaire avec un taux de chômage de 7,2 % pour les femmes, contre 6,8 % pour les hommes.

A. Mixité des métiers

Les femmes et les hommes n'exercent pas les mêmes métiers. Près de la moitié des femmes en emploi se concentrent dans seulement 12 familles professionnelles sur 87 : elles sont très largement majoritaires au sein des métiers des services (aides à domicile, assistantes maternelles), parmi les enseignants et les agents d'entretien ; tandis que les hommes se répartissent dans plus de vingt familles professionnelles.

Les métiers mixtes sont rares : en 2011, sur 87 familles professionnelles, seules 19 sont mixtes. En 2009, 12 % des personnes en emploi occupent des métiers « mixtes » (c'est-à-dire entre 40 et 60 % de chaque sexe). Il s'agit en majorité de métiers très qualifiés du tertiaire : cadres administratifs, comptables ou financiers, cadres de la fonction publique, des banques et des assurances, des professionnels du droit et des médecins.

B. Temps partiel

Les femmes sont très massivement présentes parmi les employés, qu'elles travaillent à temps complet (70 %) ou à temps partiel (90 %). Elles constituent plus de 80 % des travailleurs à temps partiel et on estime que 29,3 % des femmes travaillent à temps partiel, contre 8,4 % des hommes en 2018.

L'accord national interprofessionnel du 11 janvier 2013 fixe à 24 heures par semaine la durée minimale du travail salarié, ce qui permettra aux salariés et aux salariées d'accéder à une couverture sociale de qualité et la majoration heures complémentaires pour chaque heure accomplie dans la limite d'1/10 de celles prévues au contrat. D'autres progrès ont été accomplis pour lutter contre la précarité induite par les petits temps partiels, qui concernent principalement les femmes : abaissement du plafond pour valider un trimestre de cotisation à 150 heures de travail ; ouverture aux salariés et salariées en petit temps partiel de l'accès aux indemnités journalières en cas de maladie, d'invalidité ou de congé maternité.

C. Création d'entreprises

La part de femmes entrepreneurs stagne depuis plusieurs années au-dessous de 30 % alors même que les sondages montrent que l'envie d'entreprendre est aussi répandue chez les femmes que chez les hommes. Les porteuses de projet ont plus souvent que les hommes des difficultés à accéder au crédit bancaire ou à articuler leur projet professionnel avec leur vie familiale. Néanmoins, le nombre de créatrices d'entreprises est passé de 141 227 en 2012 à 212 521 en 2016.

D. Pauvreté

En France, en 2016, le taux de pauvreté des femmes excède de 0,8 point celui des hommes (14,4 % pour les femmes contre 13,6 % pour les hommes), quelle que soit la tranche d'âge. Par ailleurs, 23 % des ménages les plus pauvres sont des familles monoparentales, dont 85 % des femmes seules avec enfants. 54 % des bénéficiaires du revenu de solidarité active (RSA) sont des femmes.

La loi pour l'égalité réelle entre les femmes et les hommes engage également la construction d'une garantie publique contre les impayés de pensions alimentaires. On estime à 40 % la part des pensions alimentaires qui ne sont aujourd'hui pas versées alors qu'elles représentent près d'un cinquième du revenu des familles monoparentales les plus pauvres.

IV. Les inégalités professionnelles

A. Écarts de salaires

Les écarts de salaires entre les femmes et les hommes traduisent pour partie les inégalités professionnelles. Dans le privé, tous temps de travail confondus, en 2015 la rémunération annuelle des femmes est inférieure de 24 % à celle des hommes. À temps de travail égal, le salaire net mensuel moyen d'une femme est dans le secteur privé et public inférieur de 18,6 % à celui d'un homme en 2014.

Dans la fonction publique d'État et la fonction publique territoriale, les écarts sont un peu plus faibles (respectivement de 15 % et 10,8 %). C'est dans la fonction publique hospitalière que l'écart est le plus important avec un salaire inférieur en moyenne de 21,9 % à celui des hommes.

Si le principe « à travail de valeur égale, salaire égal » est inscrit dans le Code du travail depuis 1972, trop longtemps il est demeuré inappliqué et les sanctions dépourvues de toute effectivité. Le cadre juridique a été modifié par le décret du 18 décembre 2012 qui renforce les exigences et les attentes vis-à-vis des entreprises en augmentant le nombre de thèmes devant être traités par les accords et plans d'action et en rendant obligatoire celui de la rémunération pour enfin s'attaquer à la réduction des écarts de salaires.

Une stratégie globale de contrôle a été définie pour que l'inspection du travail puisse effectivement mettre en œuvre tous les outils à sa disposition : lettres d'observation, mises en demeure et, en cas d'absence manifeste de volonté de mise en conformité, l'engagement de la procédure de pénalité. Le taux de couverture par un accord d'entreprise ou un plan d'action est de 61,9 % pour les entreprises de plus de 1 000 salariés, et de 50 % pour celles de plus 300 salariés et de moins de 1 000 salariés.

B. Articulation des temps de vie

L'augmentation de la part des femmes dans la population active n'a pas eu d'impact négatif sur le taux de fécondité, qui se maintient en 2018 autour de deux enfants. Le taux d'activité des femmes sans enfant est assez proche de celui des hommes (66,4 %), il baisse néanmoins légèrement dès le second enfant, et fortement au troisième enfant quand les enfants sont en bas âge.

La proportion de femmes à temps partiel s'accroît avec le nombre d'enfants. Aujourd'hui, si 83,8 % des femmes entre 25 et 50 ans sont actives, elles continuent d'assurer majoritairement les soins aux enfants et aux personnes dépendantes au sein de la famille et les charges domestiques. Les femmes y consacrent en moyenne 3 h 52 par jour, contre 2 h 24 pour les hommes.

S'il reste de fortes disparités territoriales, au cours des dernières années, la couverture assurée par les modes de garde n'a cessé de progresser. Le nombre de places d'accueil rapporté à la population des enfants âgés de moins de trois ans est passé de 47,7 % en 2006 à 52,2 % en 2011.

C. Retraites

Même si l'écart se réduit progressivement, les niveaux de pensions de droit propre des femmes sont très inférieurs à ceux des hommes. En 2014, la pension moyenne de droit direct (hors avantage accessoire) s'élève à 1 660 euros pour les hommes contre 1 007 euros pour les femmes. La pension moyenne des femmes est donc inférieure de 39,3 %. Les inégalités professionnelles entre les femmes et les hommes se répercutent sur le niveau des pensions. Ainsi, pour résorber les écarts salariaux entre les femmes et les hommes, les obligations des entreprises en matière de négociation collective ont été renforcées. Par ailleurs, depuis la loi du 20 janvier 2014 garantissant l'avenir et la justice du système de retraites, les salariés travaillant à temps partiel ou percevant une rémunération inférieure de 2 145 € bruts par mois peuvent désormais valider un trimestre de cotisation sur la base de 150 heures payées au SMIC au lieu de 200 heures, ce qui doit permettre notamment aux femmes de cotiser quatre trimestres dans l'année et valider ainsi des annuités complètes.

Par ailleurs, les femmes sont davantage bénéficiaires du minimum vieillesse. Plus d'un titulaire sur deux est une femme seule (célibataire, veuve ou divorcée). Les personnes isolées représentent 73 % des allocataires, contre 42 % pour l'ensemble des 61 ans ou plus. Les femmes représentent 70 % des allocataires isolées et leur part augmente de façon continue avec l'âge : de 56 % pour les personnes de moins de 65 ans, elle passe à 89 % pour les 90 ans ou plus.

V. La santé des femmes

A. Espérance de vie en bonne santé

Si les femmes ont une espérance de vie à la naissance de 85,3 ans contre 79,4 ans pour les hommes, l'écart se resserre si l'on considère l'espérance de vie en bonne santé à la naissance (64,9 ans pour les femmes et 62,6 ans pour les hommes en 2018). Ainsi les femmes vivent avec une limitation d'activités et/ou des incapacités en moyenne 20,4 ans, contre 16,9 ans pour les hommes. Trois fois plus de femmes que d'hommes sont atteintes par la maladie d'Alzheimer (400 000 cas sur 600 000 en 2004).

B. Une augmentation des accidents du travail chez les femmes

Les accidents du travail (AT) ayant entraîné un arrêt sont en baisse sur l'ensemble de la population. Toutefois, si les accidents du travail et les accidents de trajet restent plus importants chez les hommes, l'analyse sexuée réalisée par l'Agence nationale pour l'amélioration des conditions de travail (Anact) des données compilées par la Caisse nationale de l'assurance maladie des travailleurs salariés (Cnam-TS) révèle une évolution, inverse depuis une quinzaine d'années : une baisse continue chez les hommes et une augmentation pour les femmes.

Selon la photographie statistique de l'Anact, publiée en mars 2017, « si les accidents du travail avec arrêt baissent globalement de 15,3 % entre 2001 et 2015, ils progressent pour les femmes. Sur cette période de quatorze ans, les accidents du travail ont augmenté de 28 % pour les femmes tandis qu'ils ont baissé de 28,6 % pour les hommes ». Cette hausse concerne d'abord les secteurs où se concentrent les femmes en situation de précarité, où le recours au CDD, au temps partiel et aux horaires atypiques est important.

En 2015, les activités de services de type santé, nettoyage et travail temporaire, représentent près de la moitié (41,3 %) des accidents du travail qui ont concerné des femmes, soit 91 379 accidents du travail ayant entraîné un arrêt. Les accidents du travail dans cette branche d'activité ont connu une augmentation de 81 % depuis 2001. Comme pour les hommes, ces accidents se concentrent dans les catégories socioprofessionnelles des ouvrières (44,4 % des AT en 2012) et des employées (16,1 % des AT).

C. Santé sexuelle et reproductive

La France occupe la première place mondiale pour l'utilisation de méthodes médicales de contraception (pilule et stérilet). Une femme sur trois ayant eu recours à l'IVG utilisait un moyen pour éviter une grossesse. 17,8 % d'entre elles usaient d'une méthode ou barrière naturelle dont l'efficacité n'est pas garantie. La moitié des femmes (46,3 %) utilisait un moyen de contraception au moment où elles se sont retrouvées enceintes : le plus souvent (26 %) la pilule, qui est la méthode la plus utilisée par les femmes en France ; ou le préservatif (16 %).

Malgré ce développement, le nombre d'IVG reste relativement stable depuis 2006. Cette situation résulte d'un double phénomène : d'un côté on enregistre une baisse des grossesses non prévues grâce à la diffusion des méthodes de contraception, de l'autre on observe une augmentation du recours à l'IVG en cas de grossesse non désirée afin de choisir le moment de devenir parents.

Plus d'une femme sur trois aura recours à une IVG au cours de sa vie en métropole et près d'une femme sur deux dans les Dom. Aujourd'hui, plus de la moitié des IVG sont médicamenteuses. Depuis 2012, l'IVG est remboursée à 100 % et son tarif a été augmenté pour couvrir la totalité des coûts supportés par les établissements lors des actes d'IVG instrumentale. Depuis 2013, la contraception des mineures de plus de 15 ans est remboursée à 100 %.

Enfin, un nouveau site Internet (ivg.gouv.fr) a été lancé pour apporter une information fiable et de qualité sur l'IVG.

D. Suivi de grossesse et déclaration tardive de grossesse

Les femmes ont un taux de renoncement aux soins pour des raisons financières plus important. On constate de fortes disparités sociales notamment en matière de santé génésique et dans le suivi des grossesses. Ainsi parmi les femmes n'ayant pas déclaré leur grossesse au 1er trimestre, 20 % bénéficient de la Couverture maladie universelle (CMU) ou de l'Aide médicale de l'État (AME) et 39 % n'ont pas de couverture sociale. De même, parmi les femmes ayant eu moins de sept visites prénatales, 15 % n'ont pas de couverture sociale et 12 % bénéficient de la CMU/AME.

E. IST et VIH

Même si l'incidence du Sida chez les femmes reste inférieure à celle observée chez les hommes, la part des femmes a progressivement augmenté depuis le début de l'épidémie pour plusieurs raisons.

Elles présentent des risques accrus d'infection par le VIH au cours d'un rapport sexuel en raison de facteurs biologiques et de leur vulnérabilité socio-économique entraînant des difficultés tant dans l'accès à l'information et à la prévention, que dans la négociation de la prévention avec leurs partenaires.

Les femmes sont également plus nombreuses que les hommes à déclarer avoir contracté une Infection sexuellement transmissible (IST). L'augmentation des IST témoigne d'un relâchement des comportements sexuels de prévention pour les femmes comme pour les hommes. Les cas de nouveaux diagnostics concernent principalement les femmes âgées de 25 à 29 ans. À tous les âges, les femmes sont plus touchées par l'incidence cumulée des IST. Les femmes qui ont contracté une IST ne ressentent pas forcément de symptômes, ce qui augmente le risque de transmission, notamment du VIH.

VI. Femmes et politique

A. Parité en politique

Suite à l'adoption de la réforme constitutionnelle de 1999 et des lois dites de parité, une progression de la place des femmes en politique est en cours.

En 2017 ont eu lieu les élections présidentielles et législatives. 19 ministres, 4 secrétaires d'État rattachés auprès du Premier ministre et 6 secrétaires d'État rattachés auprès des ministres composent le gouvernement. Avec 11 femmes ministres et 4 secrétaires d'État, la parité est respectée. De plus, deux femmes occupent des ministères régaliens, la Justice et les Armées. Les résultats des élections législatives ont permis une avancée considérable de la place des femmes au sein de l'Assemblée nationale. En effet, la part des femmes députées passe de 26,9 % à 39 %.

Même si la progression est moins visible dans les élections sénatoriales, la part des femmes passe de 21 % à 31 %.

Les partis présentant le plus de femmes élues sont le Parti radical de gauche (100 %), suivi par la République en marche (46,7 %) et le Modem (45,2 %).

B. Accès aux responsabilités dans le secteur public

Les femmes sont largement majoritaires dans la fonction publique, où elles représentent 62 % des effectifs en 2014. Cependant, il existe un écart important entre les emplois d'encadrement supérieur et de direction et le reste des emplois. Dans ce secteur, plus les postes deviennent à hautes responsabilités (comme les emplois d'encadrement supérieur et de direction), plus la part des femmes diminue, et ce dans chacun des versants de la fonction publique. Si les femmes en catégorie A représentent 61 % dans la fonction publique territoriale (FPT), elles ne sont que 28 % parmi les postes d'encadrement et direction. Concernant la fonction publique d'État (FPE) ces chiffres sont respectivement de 61 % et 31 % pour les postes à responsabilité. Enfin, dans la fonction publique hospitalière (FPH), où les femmes sont le plus représentées (à hauteur de 74 %), la part des femmes dirigeantes atteint 45 %.

C. Accès aux responsabilités dans le secteur privé

Le taux de féminisation des entreprises cotées en bourse a sensiblement progressé puisqu'il est estimé à 38 % en 2016 contre 22,3 % en janvier 2012. La loi relative à la représentation équilibrée des femmes et des hommes au sein des conseils d'administration et de surveillance et à l'égalité professionnelle du 27 janvier 2011 a instauré une obligation de représentation équilibrée des femmes et des hommes au sein des conseils d'administration et de surveillance des grandes entreprises, cotées ou non, publiques ou privées. Depuis 2017 les entreprises concernées sont tenues de respecter un quota minimum de 40 % de femmes.

Le taux de femmes parmi les dirigeants salariés d'entreprise atteint 18,1 % en 2011. Cette proportion varie selon le secteur d'activité de 7,4 % dans la construction, à 19,9 % dans le commerce et 20,9 % dans les services. Elle diminue avec l'augmentation de la taille ou du chiffre d'affaires.

D. Accès aux responsabilités dans tous les secteurs de la vie sociale

Depuis 2008, la loi doit favoriser l'égal accès des femmes et des hommes aux responsabilités sociales. Les inégalités demeurent toutefois fortes. La place des femmes dans les postes à responsabilité dans les secteurs culturels et sportifs a peu évolué. À l'issue des dernières élections des instances dirigeantes des fédérations sportives pour la période 2013-2016, les femmes représentent 12,5 % des présidences, 23 % des secrétariats généraux et 13,5 % des trésoriers. L'évolution est donc très faible par rapport aux précédentes élections. Les femmes représentent 26,5 % des membres élus des comités directeurs. Seules sept femmes sont directrices techniques nationales dans les 117 fédérations.

VII. Violences faites aux femmes

Si l'on sait qu'une femme meurt tous les 3 jours à la suite de violences conjugales, les résultats des enquêtes réalisées démontrent que l'ensemble des faits de violences (physiques, sexuelles, psychologiques) reste sous-déclaré et donc sous-évalué. Qu'il s'agisse de violences au sein du couple, de mutilations sexuelles féminines, de mariages forcés, de violences au travail, de viols et agressions sexuelles ou bien encore de prostitution, les données existantes sur les faits déclarés et les enquêtes de victimation réalisées depuis plus de 10 ans révèlent que ces violences se caractérisent par leur ampleur et leur gravité.

A. Violences conjugales ou sexuelles

En ce qui concerne les violences conjugales, on estime qu'1 femme décède tous les 3 jours, victime de son conjoint ou ex-conjoint : 121 femmes ont ainsi été tuées en 2018.

D'après les résultats des enquêtes Cadre de Vie et Sécurité 2012-2017, menées par l'Insee et l'Observatoire national de la délinquance et des réponses pénales depuis 2007, la proportion de femmes se déclarant victimes de viol ou de tentative de viol au cours de l'année précédant l'enquête (0,4 %, soit 93 000 « victimes déclarées ») est plus de six fois supérieure à celle des hommes (0,07 %, soit environ 15 000 hommes « victimes déclarées »). La proportion de ces violences est plus importante au sein du ménage : 1 % des femmes de 18 à 75 ans se déclarent ainsi victimes d'au moins un acte de violences physiques ou sexuelles sur l'année précédant l'enquête, par leur conjoint ou ex, contre 0,4 % des hommes, soit une estimation de 225 000 femmes et 84 000 hommes victimes sur l'ensemble de la population.

Au cours de l'année 2018, une femme est décédée tous les trois jours, victime de son partenaire ou ex-partenaire de vie (conjoint, concubin, pacsé ou « ex » dans les trois catégories) et un homme tous les 17,5 jours, en France métropolitaine et dans les départements d'outre-mer (dont 109 femmes par leur conjoint officiel, 14 par leur conjoint non officiel et 29 hommes par leur conjointe officielle, 5 par une conjointe non officielle). Ces morts violentes représentent 15,49 % des homicides non crapuleux et violences volontaires ayant entraîné la mort sans intention de la donner, constatés au plan national en 2016. Ces violences concernent également les enfants : 9 enfants sont décédés concomitamment à l'homicide de leur mère ou père (plus qu'en 2014 avec 7 enfants victimes).

Suite aux violences, 12 enfants sont devenus orphelins de père et de mère, 54 orphelins de mère et 22 orphelins de père. À ces chiffres s'ajoute le nombre de suicides des auteurs de violences conjugales. Sur les 20 femmes auteures d'homicide commis sur des hommes, 8 d'entre elles étaient victimes de violences de la part de leur partenaire, soit 40 %.

En incluant les suicides des auteurs et les homicides de victimes collatérales, ces violences ont occasionné au total 196 décès

En 2016, 16916 hommes et 744 femmes ont été condamnés pour crime ou délit sur conjoint ou concubin.

Face à ces violences, la législation s'est renforcée pour mieux protéger les victimes et punir les auteurs de violences. L'engagement des pouvoirs publics s'est traduit par la mise en œuvre de plusieurs plans interministériels de lutte contre les violences faites aux femmes. Pour 2017-2019, le 5e plan de mobilisation et de lutte contre les violences faites aux femmes, engageant 125 millions d'euros (2017-2019), fixe 3 objectifs :

- Sécuriser et renforcer les dispositifs qui ont fait leurs preuves pour améliorer le parcours des femmes victimes de violences et assurer l'accès à leurs droits.
- Renforcer l'action publique là où les besoins sont les plus importants.
- Déraciner les violences par la lutte contre le sexisme, qui banalise la culture des violences et du viol.

Il existe un numéro d'urgence pour les violences faites aux femmes : le 3919.

B. Mutilations sexuelles féminines

Selon les estimations de l'Ined formulées à partir des données issues de l'« Étude de l'histoire familiale », 53000 femmes de plus de 18 ans ayant subi une mutilation sexuelle vivaient sur le territoire national en 2004. Elles sont principalement originaires de pays où se pratique l'excision (Mali, Sénégal, Côte d'Ivoire, Burkina-Faso). La perpétuation de la pratique entre mère et fille diminue très fortement en contexte migratoire : 11 % des filles de femmes excisées interrogées sont elles-mêmes excisées. Ce chiffre varie très fortement selon que la fille est née en France ou dans un pays à risque. Dans le premier cas, 3 % des filles sont excisées, dans le second, ce chiffre croît à 45 %.

C. Mariages forcés

En 2008, les mariages forcés concernaient 4 % des femmes immigrées vivant en France et 2 % des filles d'immigrés nées en France. L'enquête de l'Ined souligne trois points particuliers sur ce phénomène :

- le recul du mariage forcé d'une génération à l'autre, et d'autant plus chez les filles nées en France, en contexte migratoire;
- deux facteurs de risque : l'influence de l'origine géographique et le faible niveau d'instruction des parents et des victimes.

D. Prostitution et traite des êtres humains

Depuis le 3 janvier 2013, il existe une Mission interministérielle de protection des femmes contre les violences et de lutte contre la traite des êtres humains (MIPROF), qui est une structure qui a pour objet de rassembler, analyser et diffuser les informations et données relatives aux violences faites aux femmes.

Selon la MIPROF, entre 30 000 et 37 000 personnes sont prostituées en France, dont 85 % de femmes, 10 % d'hommes, et 5 % de personnes transgenres.

85 % des personnes prostituées en France sont des femmes. 93 % sont étrangères, principalement originaires d'Europe de l'Est (Roumanie et Bulgarie), d'Afrique de l'Ouest (Nigéria) et de Chine.

51 % des personnes prostituées ont subi des violences physiques dans le cadre de la prostitution (au cours des 12 derniers mois), 64 % des insultes et/ou des actes d'humiliation ou stigmatisation. 38 % des personnes prostituées ont subi un viol au cours de leur vie, contre 6,8 % pour les femmes en population générale.

29 % des personnes prostituées ont eu des pensées suicidaires au cours des 12 derniers mois.

3,1 % des hommes ont eu recours à une prostituée au cours des 5 dernières années.

L'Office central pour la répression de la traite des êtres humains estime que les réseaux de proxénétisme et de traite des êtres humains génèrent chaque année un gain estimé à 530 millions d'euros.

Testez-vous

1. En quelle année les femmes ont-elles obtenu le droit de vote en France ?

- ☐ **A.** 1918.
- ☐ **B.** 1936.
- ☐ **C.** 1944.
- ☐ **D.** 1981.
- ☐ **E.** 2000.

2. Quel est le pourcentage de femmes actives qui travaillent à temps partiel en 2018 ?

- ☐ **A.** 9 %.
- ☐ **B.** 19 %.
- ☐ **C.** 29 %.
- ☐ **D.** 39 %.
- ☐ **E.** 49 %.

3. Quel est le pourcentage de femmes à l'Assemblée nationale en 2019 ?

- ☐ **A.** 19 %.
- ☐ **B.** 29 %.
- ☐ **C.** 39 %.
- ☐ **D.** 49 %.
- ☐ **E.** 59 %.

4. Quelle est la proportion de femmes qui aura recours au moins une fois dans sa vie à une IVG ?

- ☐ **A.** 10 %, soit une femme sur 10.
- ☐ **B.** 25 %, soit une femme sur 4.
- ☐ **C.** 33 %, soit une femme sur 3.
- ☐ **D.** 50 %, soit une femme sur 2.
- ☐ **E.** 75 %, soit trois femmes sur 4.

5. Combien de femmes ont été tuées en 2018 par leur conjoint ou ex-conjoint ?

- ☐ **A.** 121.
- ☐ **B.** 221.
- ☐ **C.** 321.
- ☐ **D.** 421.
- ☐ **E.** 521.

33 Contraception et IVG

Suite au référendum irlandais de mai 2018 largement en faveur de l'avortement, seuls deux pays européens, Malte et Andorre, ne donnent toujours pas aux femmes le droit de décider de mettre un terme à une grossesse dans ses premières semaines, faute d'une législation européenne en la matière.
Aux États-Unis, alors que le nombre d'avortements pratiqués aux États-Unis n'a jamais été aussi bas, les offensives sur le droit à l'interruption volontaire de grossesse (IVG) n'ont jamais été aussi radicales. Le Sénat de l'Alabama, qui vient de voter la quasi-interdiction de l'IVG, est le dernier exemple en date d'une série de textes restrictifs adoptés ces derniers mois.
Ceci démontre, si besoin était, que le droit à la contraception et à l'avortement est le produit d'une longue lutte des femmes, et qu'il ne faut jamais baisser la garde, car criminaliser l'avortement n'empêche aucunement les avortements : ils continueront à se faire mais dans des conditions moins dignes et moins sûres d'un point de vue sanitaire. C'est ce qui avait motivé Simone Veil à légaliser l'avortement en 1975, loi dont nous avons fêté en 2015 le quarantième anniversaire.
Ainsi, il est utile de revenir sur ce que sont l'avortement et la contraception d'un point de vue biologique, historique et juridique.

I. Les définitions

La contraception désigne l'ensemble des moyens employés pour provoquer une infécondité temporaire chez la femme ou chez l'homme, c'est-à-dire les différentes méthodes qui ont pour but d'éviter une grossesse. Qu'elles agissent en bloquant l'ovulation, en empêchant la fécondation ou empêchant l'implantation d'un œuf, les méthodes contraceptives, à une exception près (méthode de stérilisation chirurgicale) sont réversibles et temporaires.

Il faut distinguer contraception et contragestion : la contragestion (contraction de contra-gestation) agit après le stade de la conception de l'embryon, alors que la contraception agit avant la fécondation d'un ovule par un spermatozoïde. Ainsi, un stérilet est un dispositif de contragestion alors que la pilule est un dispositif de contraception.

Une Interruption volontaire de grossesse peut être demandée par toute femme ne voulant pas poursuivre une grossesse (la notion de « détresse » a été supprimée en janvier 2014). L'Interruption volontaire de grossesse (IVG) est légale en France depuis la loi Veil de janvier 1975 (confirmée en 1979). Le délai légal est à cette époque de dix semaines de grossesse, mais il a été porté à douze semaines de grossesse depuis 2001 (soit quatorze semaines d'aménorrhée). L'IVG est réalisée par un médecin, et précédée de deux consultations médicales obligatoires et d'une consultation psychosociale, facultative pour les personnes majeures. La méthode, médicamenteuse (RU486) ou chirurgicale, est choisie par la femme et le médecin en fonction notamment du terme de la grossesse, de l'âge de la femme et de son état de santé. Les IVG sont pratiquées dans un établissement de santé. Toutefois, les IVG médicamenteuses réalisées dans un délai maximum de cinq semaines de grossesse (soit sept semaines d'aménorrhée) peuvent désormais être pratiquées dans un cabinet de ville.

Il faut distinguer l'IVG de l'Interruption médicale ou thérapeutique de grossesse (IMG ou ITG) : l'avortement pour « motif médical » est légal jusqu'à l'accouchement (au-delà, c'est un homicide) dans deux cas possibles :

1. si la poursuite de la grossesse met en « péril grave » la santé de la femme ;
2. s'il existe une forte probabilité que l'enfant à naître soit atteint d'une maladie « grave et incurable ». Cet avortement nécessite donc un constat établi par des médecins, auquel doit s'ajouter le consentement de la femme enceinte, qui est le seul juge.

L'IMG pose le problème du Diagnostic prénatal. Les activités de diagnostic prénatal s'entendent des « pratiques médicales ayant pour but de détecter in utero chez l'embryon ou le fœtus une affection d'une particulière gravité » (article L. 2131-1 du Code de la santé publique). Celui-ci se fait en trois étapes :

- **L'échographie** : c'est la technique de base. Elle permet de voir le bébé par images de synthèse. Cet examen est habituellement pratiqué trois fois par grossesse.
- **Le Triple test ou Test des marqueurs sériques** : on dose dans le sang de la mère 3 substances qui sont en quantité anormale en cas de trisomie 21 ou d'autre maladie génétique grave. Si la quantité de substances s'écarte du taux anormal, il y a une probabilité de trisomie. Il ne s'agit que d'une probabilité et l'enfant est le plus souvent indemne de toute maladie. Lorsque le test est positif, la logique de la recherche conduit à pratiquer une amniocentèse.
- **L'amniocentèse** : elle se pratique à partir de la fin du 3e mois d'aménorrhée. C'est la recherche de cellules fœtales dans le liquide amniotique en vue de déterminer le caryotype de l'enfant. On en prélève un échantillon par ponction, par voie abdominale ou vaginale. Les résultats sont en général décisifs avec un taux d'erreur très faible. Néanmoins, cet examen délicat entraîne par accident la mort du fœtus dans 1 % des cas. La choriocentèse, en prélevant un petit morceau de placenta par voie vaginale, permet de faire un caryotype encore plus tôt dans la grossesse.

II. Cadre juridique de l'avortement et de la contraception

A. La contraception

Elle est légale en France depuis la loi Neuwirth du 28 décembre 1967, même si la pilule ne sera remboursée par la Sécurité sociale qu'à partir de 1974. L'article L. 5134-1 du CSP précise les conditions de délivrance des produits contraceptifs en France :

« Le consentement des titulaires de l'autorité parentale ou, le cas échéant, du représentant légal n'est pas requis pour la prescription, la délivrance ou l'administration de contraceptifs aux personnes mineures. La délivrance aux mineures de médicaments ayant pour but la contraception d'urgence et qui ne sont pas soumis à prescription médicale obligatoire s'effectue à titre gratuit dans les pharmacies selon des conditions définies par décret. Dans les établissements d'enseignement du second degré, si un médecin ou un centre de planification ou d'éducation familiale n'est pas immédiatement accessible, les infirmiers peuvent, à titre exceptionnel et en application d'un protocole national déterminé par décret, dans les cas d'urgence et de détresse caractérisés, administrer aux élèves mineures et majeures une contraception d'urgence. Ils s'assurent de l'accompagnement psychologique de l'élève et veillent à la mise en œuvre d'un suivi médical.

Les contraceptifs intra-utérins ainsi que les diaphragmes et les capes ne peuvent être délivrés que sur prescription médicale et uniquement en pharmacie ou dans les centres de planification ou d'éducation familiale. Les sages-femmes sont habilitées à prescrire les diaphragmes, les capes, ainsi que les contraceptifs locaux. La première pose du diaphragme ou de la cape doit être faite par un médecin ou une sage-femme.

L'insertion des contraceptifs intra-utérins ne peut être pratiquée que par un médecin. Elle est faite soit au lieu d'exercice du médecin, soit dans un établissement de santé ou dans un centre de soins agréé. »

Depuis 2013, la contraception des mineures de plus de 15 ans est remboursée à 100 %.

B. L'Interruption volontaire de grossesse

L'IVG est légale en France depuis la loi Veil de janvier 1975 (confirmée en 1979). Le délai légal est à cette époque de dix semaines de grossesse, mais il a été porté à douze semaines de grossesse depuis 2001 (soit quatorze semaines d'aménorrhée). Le motif juridique qui autorisait l'IVG était la situation de « détresse » de la femme : cette notion a été supprimée en janvier 2014 et remplacée par la volonté de la femme.

L'article L. 2212-2 du CSP énonce aussi que « l'interruption volontaire d'une grossesse ne peut être pratiquée que par un médecin [et] ne peut avoir lieu que dans un établissement de santé, public ou privé, ou dans le cadre d'une convention conclue entre le praticien ou un centre de planification ou d'éducation familiale ou un centre de santé et un tel établissement ». Néanmoins, la loi précise aussi que : « Un médecin n'est jamais tenu de pratiquer une Interruption volontaire de grossesse mais il doit informer, sans délai, l'intéressée de son refus et lui communiquer immédiatement le nom de praticiens susceptibles de réaliser cette intervention. [De même], aucune sage-femme, aucun infirmier ou infirmière, aucun auxiliaire médical, quel qu'il soit, n'est tenu de concourir à une interruption de grossesse. [Enfin], un établissement de santé privé peut refuser que des interruptions volontaires de grossesse soient pratiquées dans ses locaux. » (Art. L. 2212-8 du CSP)

En ce qui concerne les femmes mineures qui voudraient avorter, la loi précise qu'en dehors de l'accord d'un des membres de l'autorité parentale, la mineure doit se faire accompagner « par une personne majeure de son choix » (art. L. 2212-7 du CSP). Une mineure peut donc se passer du consentement de ses parents, même si le médecin doit tout faire pour le recueillir.

Depuis 2012, l'IVG est remboursée à 100% et son tarif a été augmenté pour couvrir la totalité des coûts supportés par les établissements lors des actes d'IVG instrumentale.

La loi de modernisation du système de santé promulguée le 27 janvier 2016 a supprimé le délai de réflexion obligatoire de sept jours entre la première et la deuxième consultation pour obtenir une IVG. Tous les actes nécessaires pour une IVG sont remboursés à 100% à partir du 1er avril 2016. De même, les sages-femmes peuvent pratiquer des IVG depuis juin 2016.

Enfin, en février 2016, a été créé un délit d'entrave numérique à l'IVG, visant à pénaliser les sites de « désinformation » sur l'interruption volontaire de grossesse. Un site internet (http://ivg.social-sante.gouv.fr/) ainsi qu'un numéro anonyme et gratuit (0800081111) ont été mis en place pour contrer la propagande anti-IVG de ces sites internet qui, sous couvert d'information, entendent dissuader les femmes d'avorter pour des raisons religieuses.

C. L'interruption de grossesse pratiquée pour motif médical

L'IMG ou ITG est légale jusqu'à l'accouchement (au-delà, c'est un homicide) dans deux cas possibles: « l'interruption volontaire d'une grossesse peut, à toute époque, être pratiquée si deux médecins membres d'une équipe pluridisciplinaire attestent, après que cette équipe a rendu son avis consultatif:

- soit que la poursuite de la grossesse met en péril grave la santé de la femme;
- soit qu'il existe une forte probabilité que l'enfant à naître soit atteint d'une affection d'une particulière gravité reconnue comme incurable au moment du diagnostic. » (art. L. 2213-1 du CSP)

À part le motif, qui est un motif médical et non un motif de « détresse », les dispositions législatives en vigueur pour l'IVG sont identiques pour l'IMG, même pour les mineures.

Le premier pays du monde à avoir légalisé l'avortement est l'URSS, dès 1920, soit un demi-siècle avant que les autres pays ne commencent à le faire. Aujourd'hui, le droit à l'avortement est encore limité dans les trois quarts des pays. Ainsi, dans une majorité de pays, la loi n'autorise l'avortement que dans des conditions exceptionnelles: lorsque la vie de la mère est menacée (possible dans 98% des pays) ou lorsqu'il y a un risque pour la santé physique ou mentale de la mère ou de l'enfant (63%). Seuls 52 pays (27%) permettent les interruptions de grossesse non motivées, en accompagnant en général ce droit d'un délai (12 semaines de grossesse par exemple en France).

D. Le statut de l'embryon

Embryon *in utero* et embryon *in vitro* relèvent de deux régimes juridiques distincts, voire opposés: le premier relève de la loi sur l'IVG et sur l'IMG, le second des lois de bioéthique du 6 août 2004.

L'embryon in utero (désignant ici aussi bien l'embryon au sens strict du produit de la conception jusqu'à la fin du 2e mois de grossesse, que le fœtus), en termes purement juridiques, n'est pas une chose mais une personne. Néanmoins, si l'on analyse le contenu des normes juridiques, l'embryon semble plutôt avoir le statut d'une chose protégée que d'une véritable personne car, pour être une personne il est indispensable d'être né viable (le fœtus est normalement viable au 6e mois de grossesse).

En fait, l'embryon a un statut de personne potentielle : ainsi, si jamais un parent décède pendant la grossesse de la mère, on fait comme si l'embryon était déjà né à l'époque du décès, afin que l'enfant né puisse toucher l'héritage. C'est ce que les juristes appellent l'*infans conceptus*, règle héritée du droit romain. Mais l'embryon n'est pas une personne réelle, il n'a pas de personnalité juridique : il n'obtiendra ce statut qu'une fois né.

L'embryon in vitro désigne le produit d'une fécondation qui est réalisée en dehors du corps d'une femme (FIV) puis maintenu en vie dans un environnement artificiel ou par congélation avant son transfert.

Le statut des embryons in vitro est particulier : il est interdit par la loi qu'ils servent à des fins de recherche, d'étude ou d'expérimentation, ou encore à des fins commerciales ou industrielles, ou encore au clonage reproductif (30 ans de réclusion criminelle et 7 500 000 € d'amende). Ainsi, l'embryon in vitro doit être conçu dans le cadre et selon les finalités de l'assistance médicale à la procréation (AMP). Néanmoins, la simple possibilité qu'on puisse congeler ces embryons et les laisser ainsi pendant 5 ans, voire plus, montre clairement que l'embryon in vitro est bien plus proche de la chose, en termes juridiques, que de la personne, contrairement à l'embryon in utero qui est plus proche de la personne que de la chose.

III. Contraception et avortement : les chiffres-clés

A. Les interruptions volontaires de grossesse

En 2017, Le nombre d'IVG s'établit, en France, à 216 700, dont 202 900 auprès de femmes résidant en Métropole. Cette situation résulte d'un double mouvement : d'un côté il est enregistré une baisse des grossesses non prévues grâce à la diffusion des méthodes de contraception, de l'autre il est observé une augmentation du recours à l'IVG en cas de grossesse non désirée. Le taux de recours est de 14,4 IVG pour 1 000 femmes âgées de 15 à 49 ans en métropole et de 26,1 dans les départements et régions d'outre-mer (Drom). Si le taux global est stable, il a évolué différemment selon les âges. Les femmes de 20 à 24 ans restent les plus concernées, avec un taux de recours de 26,7 IVG pour 1000 femmes. Les taux continuent de décroître chez les moins de 20 ans, atteignant 6,7 recours pour 1000 femmes parmi les 15-17 ans et 17,8 parmi les 18-19 ans.

Les écarts régionaux perdurent, les taux de recours allant du simple au double selon les régions. En Métropole, ils varient de 10,2 IVG pour 1 000 femmes en Pays de la Loire à 21,4 IVG en Provence-Alpes-Côte d'Azur. Ils sont souvent plus élevés dans les DROM et atteignent 33,6 en Guadeloupe.

De manière générale, on estime qu'une femme vivant en France métropolitaine a 1 chance sur 3 de recourir à l'IVG au cours de son existence, alors que pour une femme vivant dans les DOM, ce risque est de plus d'1 chance sur 2 (60 %).

En 2017, 48 100 IVG ont été réalisées hors d'une structure hospitalière, soit 22 % du total des IVG. À l'hôpital, la part des IVG instrumentales continue de décroître et s'élève à 41 %, soit 32 % du total des IVG.

Dans le monde, selon les données de l'INED (Institut national des études démographiques) on considère qu'en 2003, une grossesse sur quatre est interrompue volontairement, soit environ 40 millions d'avortements dans le monde chaque année. Le taux d'avortement est à peu près similaire d'un continent à l'autre : on estime qu'en 2003, pour mille femmes d'âge fécond, il y a 31 avortements en Amérique du Sud, 29 en Asie et en Afrique, 28 en Europe (17 pour 1000 en France), 21 en Amérique du Nord et 17 en Océanie. Mais le taux d'avortement peut varier beaucoup à l'intérieur d'un continent : en Europe, il va de sept pour mille en Suisse à 45 pour mille en Russie. Ces chiffres sont cependant incertains, notamment dans les pays où l'avortement est illégal.

B. La contraception en France et dans le monde

Aujourd'hui, en France, d'après le Baromètre Santé 2016, la pilule est la méthode de contraception la plus utilisée : 33 % des femmes âgées de 15 à 49 ans y ont recours. Ce sont les femmes de 20 à 24 ans qui y ont le plus recours, avec 52,6 %.

Le dispositif intra-utérin (DIU) est utilisé par 25,6 % des femmes, mais seulement 4,7 % des femmes de 20 à 24 ans.

Le préservatif masculin est utilisé par 15 % des femmes, et 18,6 % des femmes de 20 à 24 ans

Les méthodes dites naturelles (retrait, abstinence périodique, méthode locale) sont utilisées par 4,6 % des femmes, notamment les plus âgées.

Les femmes concernées par la contraception sont 71 % des femmes âgées de 15 à 49 ans.

En 2010, 23,9 % des femmes de 15 à 49 ans déclarent avoir déjà utilisé une contraception d'urgence au cours de leur vie. 2 femmes sur 5 âgées de moins de 25 ans l'ont déjà prise.

Dans le monde, d'après l'INED, on considère qu'environ 63 % des femmes de 15 à 49 ans, mariées ou vivant maritalement, utilisent un moyen de contraception en 2011, contre 55 % en 1990.

Le recours à la contraception varie beaucoup selon les pays : de 4 % au Sud-Soudan à 88 % en Norvège. L'Afrique est le continent où la contraception est la moins répandue, elle concerne moins d'une femme d'âge fécond sur trois.

En Afrique subsaharienne (au sud du Sahara), notamment, l'accès aux méthodes contraceptives reste difficile.

Une partie des couples n'ont pas besoin de recourir à la contraception, soit parce qu'ils cherchent à avoir un enfant ou en attendent un, soit parce qu'ils se savent stériles. Toutefois en 2011, 143 millions de femmes, dont la majorité vivent dans des pays en développement, n'utilisent pas de moyens de contraception alors qu'elles ne veulent plus avoir d'enfants ou souhaiteraient espacer les naissances.

Plus de 90 % des couples qui limitent les naissances emploient des moyens de contraception modernes. Les autres utilisent des méthodes traditionnelles, comme le retrait ou la méthode du calendrier.

La stérilisation féminine est la méthode contraceptive la plus utilisée dans le monde (près de 30 %) devant le stérilet, la pilule et le préservatif. La stérilisation masculine, ou vasectomie, est beaucoup plus rare (moins de 4 %).

La pilule et le préservatif masculin sont privilégiés dans les pays développés, la stérilisation féminine et le stérilet dans les pays en développement. La stérilisation féminine est le plus pratiquée en Amérique latine et aux Caraïbes, notamment en Colombie ou au Salvador. Le stérilet est très utilisé en Asie, surtout en Chine. Au Royaume-Uni, la stérilisation masculine est la troisième méthode la plus employée. Même si elle n'est pas en tête sur l'ensemble du monde, la pilule est le moyen le plus utilisé dans beaucoup de pays.

Testez-vous

1. Quelle loi légalise la contraception ? (Cochez bonne réponse.)

- ☐ **A.** La loi Veil de 1974.
- ☐ **B.** La loi Neuwirth de 1957.
- ☐ **C.** La loi Neuwirth de 1967.
- ☐ **D.** La loi Veil de 1975.
- ☐ **E.** La loi Neuwirth de 1977.

2. Quand la loi Veil est votée, quel est le délai légal pour recourir à l'avortement ?

- ☐ **A.** 10 semaines d'aménorrhée.
- ☐ **B.** 10 semaines de grossesse.
- ☐ **C.** 12 semaines d'aménorrhée.
- ☐ **D.** 12 semaines de grossesse.
- ☐ **E.** 12 mois de grossesse.

3. Quel est le délai légal depuis 2001 ?

- ☐ **A.** 10 semaines d'aménorrhée.
- ☐ **B.** 10 semaines de grossesse.
- ☐ **C.** 12 semaines d'aménorrhée.
- ☐ **D.** 12 semaines de grossesse.
- ☐ **E.** 12 mois de grossesse.

4. Quel est le délai légal pour une interruption thérapeutique de grossesse ?

- ☐ **A.** 10 semaines de grossesse.
- ☐ **B.** 12 semaines de grossesse.
- ☐ **C.** 6 mois de grossesse.
- ☐ **D.** Jusqu'à l'accouchement.
- ☐ **E.** Jusqu'à 6 mois après la naissance.

5. Combien y a-t-il d'IVG en France chaque année ?

- ☐ **A.** 216.
- ☐ **B.** 2 160.
- ☐ **C.** 21 600.
- ☐ **D.** 216 000.
- ☐ **E.** 2 160 000.

Les personnes âgées

34 Le vieillissement

I. Définition

Le vieillissement correspond à l'ensemble des processus physiologiques et psychologiques qui modifient la structure et les fonctions de l'organisme à partir de l'âge mûr. Il est la résultante des effets intriqués de facteurs génétiques (vieillissement intrinsèque) et de facteurs environnementaux auxquels est soumis l'organisme tout au long de sa vie. Il s'agit d'un processus lent et progressif qui doit être distingué des manifestations des maladies. L'état de santé d'une personne âgée résulte habituellement des effets du vieillissement et des effets additifs de maladies passées (séquelles), actuelles, chroniques ou aiguës.

La vieillesse connaît plusieurs définitions. L'OMS retient le critère d'âge de 65 ans et plus. Une définition sociale utilise l'âge de cessation d'activité professionnelle, ce qui revient à entrer dans la vieillesse à 55-60 ans. Pour le calcul des taux d'équipements et de services destinés aux personnes âgées, l'âge de 75 ans est pertinent. Enfin, l'âge moyen constaté dans les institutions gériatriques est d'environ 85 ans. La perception de sa vieillesse ou de celle des autres est très variable et personnelle.

Enfin, le vieillissement de la population (ou vieillissement démographique) se définit quant à lui comme la situation dans laquelle se trouve une société dont l'âge moyen ou le pourcentage de personnes âgées dans la population croît.

II. Le vieillissement de la population française

Au 1er janvier 2020, une personne sur cinq en France a 65 ans ou plus. Cette part augmente depuis plus de 30 ans : en 1985, 12,8 % de la population de France métropolitaine avait 65 ans ou plus. Ce phénomène s'observe aussi dans l'ensemble de l'Union européenne : entre 2007 et 2017, les 65 ans ou plus sont passés de 17,0 % à 19,4 % de la population.

En corollaire, on assiste un accroissement spectaculaire du nombre de centenaires : 20 944 au 1er janvier 2020 (d'après l'INSEE), alors qu'ils n'étaient que 3 760 en 1990. La France est le pays d'Europe qui compte le plus de centenaires.

III. Le vieillissement de la population mondiale

D'après l'OMS, la population mondiale vieillit rapidement. En effet, entre 2000 et 2050, la proportion de la population mondiale de plus de 60 ans doublera pour passer d'environ 11 % à 22 %. Le nombre absolu de personnes âgées de 60 ans et plus devrait augmenter pour passer de 65 millions à deux milliards au cours de la même période.

Les pays à revenu faible et intermédiaire connaîtront l'évolution démographique la plus rapide et la plus importante. Ainsi, il a fallu plus de 100 ans pour que la part de la population française âgée de 65 ans et plus double pour passer de 7 à 14 %. En comparaison, il ne faudra que 25 ans à des pays tels que le Brésil et la Chine pour connaître la même croissance de leur population âgée.

Le nombre de personnes âgées de 80 ans ou plus, par exemple, aura été multiplié par quatre ou presque pour atteindre 395 millions entre 2000 et 2050. Pour la première fois dans l'histoire de l'humanité, une majorité d'adultes d'âge moyen voire plus âgés auront leurs parents toujours en vie, comme c'est déjà le cas aujourd'hui. Davantage d'enfants connaîtront leurs grands-parents et même leurs arrière-grands-parents, en particulier leurs arrière-grands-mères. En moyenne, en effet, les femmes vivent six à huit ans de plus que les hommes.

Les capacités fonctionnelles du système biologique de l'individu se développent au cours des premières années de vie, atteignent un pic au début de l'âge adulte et déclinent naturellement ensuite. Le rythme de ce déclin est déterminé, au moins en partie, par notre comportement et notre exposition aux risques tout au long de notre vie, qu'il s'agisse de notre alimentation, de l'exercice physique que nous pratiquons ou de notre exposition aux risques sanitaires que représentent le tabagisme, la consommation nocive d'alcool, ou l'exposition à des substances toxiques. Même dans les pays pauvres, la plupart des personnes âgées décèdent de maladies non transmissibles telles que les cardiopathies, le cancer et le diabète, plutôt que de maladies infectieuses ou parasitaires. En outre, les personnes âgées ont fréquemment plusieurs problèmes de santé concomitants tels que le diabète et une cardiopathie par exemple.

Ainsi, dans les pays en développement, le nombre de personnes âgées qui ont perdu leur autonomie devrait être multiplié par quatre d'ici à 2050. De nombreuses personnes très âgées ne peuvent plus vivre seules car elles ont du mal à se déplacer, elles sont fragiles ou ont d'autres problèmes de santé physique ou mentale. Un grand nombre d'entre elles a besoin d'une prise en charge (soins à domicile, soins prodigués au sein de la communauté, assistance pour les tâches de la vie quotidienne, logement en établissement spécialisé ou hospitalisation prolongée). Dans le monde entier, il y aura une augmentation spectaculaire du nombre de personnes atteintes de démences telles que la maladie d'Alzheimer, qui sont déjà 36 millions aujourd'hui, puisque l'espérance de vie progresse.

Le risque de démence augmente fortement avec l'âge, puisqu'on estime de 25 à 30 % les personnes âgées de 85 ans et plus qui sont atteintes d'une certaine forme de déclin cognitif. Les personnes âgées atteintes de démence dans les pays à revenu faible et intermédiaire n'ont généralement pas accès à des soins de longue durée abordables comme le nécessiterait leur état de santé. Il est fréquent que leurs familles ne bénéficient d'aucune aide financière publique dans le cadre des soins à domicile.

IV. L'état de santé des personnes âgées

Les maladies de la personne âgée sont en général des maladies rénales (insuffisance rénale) ; des maladies cardiaques (insuffisance cardiaque) ; de l'arthrite (forme inflammatoire de l'arthrose) ; du diabète ; des maladies vasculaires (athérosclérose) ; des accidents vasculaires cérébraux ; des démences (type Alzheimer : 1,5 % des personnes de 65 ans, 30 % des personnes de 80 ans).

A. La notion de fragilité

La personne âgée se fragilise. Cela correspond à une réduction de ses réserves de fonctionnement. Une réduction qui est liée au vieillissement et aux maladies chroniques, qu'elles soient anciennes ou récentes. En effet, plus on vieillit, plus on est sujet aux maladies. De plus, vu que la physiologie cellulaire se modifie, alors on assiste à une fragilité fonctionnelle des cellules et de leur fonction. Ainsi, on remarque une mauvaise réponse hormonale aux agressions comme le stress, les infections... De ce constat, il découle une déficience multi-organique pouvant conclure à une perte d'autonomie, à une dépendance et au syndrome de glissement. La fragilisation s'exprime au niveau musculaire et moteur, par l'incontinence, par une dénutrition, aggravant les autres fragilisations, au niveau cérébral et cognitif, et au final par la polypathologie.

De même, l'allongement de la vie va de pair avec une augmentation des maladies chroniques et des incapacités qu'elles entraînent. Avec l'avancée en âge, la prévalence des maladies cardiovasculaires, des tumeurs malignes et du diabète, augmente. Ces maladies chroniques représentent, avec les maladies psychiques, plus des trois quarts des personnes en affection de longue durée (ALD) en 2008. Le taux de personnes en ALD est très fortement lié à l'âge, passant ainsi de moins de 2 % avant 5 ans à plus de 75 % à partir de 90 ans. Les femmes représentent 51,9 % des patients en ALD. Toutefois, à âge égal, la part des hommes en ALD est supérieure à celle des femmes.

B. Vieillissement et limitations fonctionnelles

Le vieillissement n'a ainsi pas le même impact si l'on vieillit en bonne santé ou avec des incapacités. Celles-ci sont souvent concentrées en fin de vie et concernent davantage les femmes du fait de leur longévité. Ces limitations fonctionnelles concernent moins de 5 % de la population avant 40 ans et augmentent avec l'âge. L'accroissement des limitations sensorielles à la quarantaine est lié principalement à la survenue des problèmes de vue (presbytie), auxquels s'ajoutent, pour les hommes plus que pour les femmes, des problèmes d'audition. À partir de 70 ans, les limitations fonctionnelles sont plus fréquentes et multidimensionnelles, associant des problèmes physiques, sensoriels et cognitifs. À titre d'exemple, à 85 ans, 70 % des hommes et 80 % des femmes déclarent au moins une limitation fonctionnelle, et la moitié cumulent deux voire trois formes de limitations. Si elles ne sont pas compensées, ces limitations peuvent engendrer des gênes dans les activités de tous les jours. Globalement 20 % des hommes et des femmes atteints de limitations fonctionnelles, soit 1,7 million de personnes, déclarent ainsi des difficultés pour réaliser les soins personnels : se lever du lit, se laver, se nourrir.

Les douleurs chroniques dont la prévalence augmente avec l'âge sont sources d'incapacités et de handicaps ainsi que d'altération majeure de la qualité de vie. Elles induisent une consommation de soins importante et de nombreux arrêts de travail. Elles sont fréquemment associées à des troubles psychosociaux. En 2008, près de 30 % des personnes de 16 ans et plus déclarent des douleurs physiques d'une intensité importante (au cours des quatre dernières semaines) et c'est le cas de près de 67 % des personnes très âgées. Par ailleurs, deux personnes sur dix déclarent que ces douleurs physiques ont des répercussions importantes sur leur vie au travail ou domestique. En 10 ans (entre 1998 et 2008), la proportion d'hommes et de femmes déclarant souffrir fréquemment de douleurs sévères est restée stable chez les moins de 25 ans et les 25-64 ans, mais cette proportion semble augmenter pour les 65 ans ou plus, pour les hommes comme pour les femmes. Enfin, entre 2002 et 2007, les médicaments de la douleur sont davantage prescrits dans leur ensemble et notamment les antalgiques opioïdes et les antalgiques antipyrétiques (en dehors de l'aspirine).

Les atteintes sensorielles sont fréquentes chez les personnes âgées. Parmi les troubles de la vision, la cataracte est la première cause de baisse de l'acuité visuelle. La rétinopathie diabétique, la dégénérescence maculaire liée à l'âge et le glaucome sont à l'origine de la plupart des cécités. Ces pathologies résultent souvent d'une carence de dépistage et de traitement précoce.

Parmi les atteintes de l'audition, la presbyacousie, qui est l'altération des facultés d'audition liée à l'âge, reste la cause la plus fréquente de surdité pour l'adulte de plus de 50 ans. Elle aboutit à un isolement de la personne âgée préjudiciable aux activités sociales ou familiales. Cette pathologie contribue au vieillissement général de l'individu et peut favoriser les états dépressifs du sujet âgé. L'altération de l'audition est également à l'origine d'accidents. Ces troubles peuvent en partie être prévenus par la diminution de l'exposition régulière à des bruits de grande intensité en milieu de travail et lors des loisirs.

Une personne de 18 ans ou plus sur deux déclare avoir un trouble de la vision de près mais c'est le cas pour 85 % des personnes de 65 ans ou plus. 96 % recourent à une correction, mais celle-ci est de moins en moins souvent jugée efficace par les personnes au fur et à mesure qu'elles avancent en âge. Les difficultés pour voir de loin sont beaucoup moins fréquemment déclarées : elles concernent 16 % des personnes de 18 ans ou plus, mais 25 % de celles qui sont âgées de 65 à 84 ans et 39 % de celles qui ont plus de 84 ans.

Les difficultés d'audition sont moins fréquentes que celles liées à la vision mais ne sont cependant pas négligeables (11 %), y compris avant 45 ans. Entre 65 et 84 ans, 28 % des personnes déclarent de telles gênes et elles sont 52 % à partir de 85 ans. Les femmes ont moins de gêne pour entendre que les hommes et, plus souvent appareillées, elles ont aussi moins de gêne résiduelle. Le niveau d'études intervient également tant dans la prévalence des troubles auditifs déclarés que dans l'efficacité de leur compensation.

C. Vieillissement et chutes

En France, 25 % des femmes de 65 ans et 50 % des femmes de 80 ans seraient atteintes d'ostéoporose. On ne dispose pas d'estimation pour la population masculine. L'ostéoporose est caractérisée par une fragilité excessive du squelette, due à une diminution de la masse osseuse et à l'altération de la micro-architecture osseuse. Elle est fréquente chez les femmes après la ménopause car la masse osseuse diminue avec l'âge et avec la carence en hormones féminines (œstrogènes). L'ostéoporose est une affection « silencieuse », qui ne se manifeste pas en tant que telle. Par conséquent, le diagnostic est souvent établi lors de la survenue de fractures, notamment celles du col du fémur qui concernent des femmes dans environ 80 % des cas. Ces fractures constituent la conséquence la plus grave de l'ostéoporose et une source majeure de handicaps et d'incapacités.

Le risque de mortalité après fracture de l'extrémité supérieure du fémur est augmenté en particulier chez les personnes âgées. Une part importante de ces fractures est évitable, ce qui justifie les actions de prévention à tous les âges de la vie. Chez les personnes âgées, la prévention des fractures repose également sur la prévention des chutes et par des stratégies de réduction des incapacités chez les personnes âgées. Les fractures du col du fémur ont motivé près de 73 500 séjours hospitaliers en soins de courte durée en 2008 pour les personnes âgées de 65 ans ou plus.

Pour les personnes de 65 ans ou plus, les chutes constituent une part très importante (plus de 80 %) des accidents de la vie courante. Elles surviennent souvent à domicile, mais aussi dans les autres activités de la vie, (loisirs, déplacements, etc.). L'étiologie des chutes est souvent multifactorielle. On distingue deux grands types de déterminants dans la survenue des chutes : les facteurs liés à la personne (instabilité) et les facteurs liés à l'environnement (escaliers, tapis, etc.). L'épidémiologie des chutes est mal connue, peu d'enquêtes permettent d'en rendre compte. En France métropolitaine, en 2005, 24 % des personnes de 65 à 75 ans déclaraient être tombées au cours des douze derniers mois. Par ailleurs, en 2004, en France métropolitaine, on estimait à 450 000 le nombre de chutes avec recours aux urgences hospitalières, soit une incidence annuelle de 4,5 %. Toujours en France métropolitaine, on enregistrait 4 385 décès à la suite d'une chute, en 2004, chez les personnes de 65 ans ou plus (excluant les décès à la suite d'une fracture sans autre indication), ce qui correspond à un taux de mortalité standardisé de 36,5 pour 100 000, globalement stable entre 2000 et 2004.

D. Vieillissement et santé mentale dans le monde

Dans le monde, d'après l'OMS, plus de 20 % des adultes de 60 ans et plus souffrent d'un trouble de santé mentale ou neurologique (à l'exclusion des céphalées) et 6,6 % des incapacités (années de vie ajustées sur l'incapacité – DALY) chez les plus de 60 ans sont attribuées à des troubles mentaux ou neurologiques. Les troubles neuropsychiatriques les plus courants dans ce groupe d'âge sont la démence et la dépression.

Les troubles anxieux touchent 3,8 % de la population âgée, les problèmes liés à l'abus de substances psychoactives presque 1 % et environ un quart des suicides concernent des personnes âgées de 60 ans ou plus. Les problèmes liés à l'abus de substances psychoactives chez les personnes âgées sont souvent négligés ou mal diagnostiqués.

La démence est un syndrome qui associe détérioration de la mémoire, de la pensée, du comportement et de l'aptitude à réaliser les tâches quotidiennes. Elle touche principalement les personnes âgées même si elle ne constitue pas un élément normal du vieillissement. On estime que 35,6 millions de personnes dans le monde sont atteintes de démence. Le nombre total de personnes atteintes de démence devrait pratiquement doubler tous les 20 ans, passant à 65,7 millions en 2030 et 115,4 millions en 2050, la majorité des personnes atteintes vivant dans des pays à revenu faible ou intermédiaire.

La dépression peut être la cause de grandes souffrances et entraîner des difficultés de fonctionnement au quotidien. La dépression unipolaire touche 7 % de la population âgée et représente 1,6 % des incapacités totales (DALY) chez les 60 ans et plus. La dépression est à la fois sous-diagnostiquée et insuffisamment traitée au niveau des soins primaires. Les symptômes de dépression chez l'adulte âgé sont souvent négligés et non traités car ils coïncident avec d'autres problèmes liés à l'avancée en âge.

V. La Silver économie

Le 5 décembre 2013, le Commissariat général à la stratégie et à la prospective remettait un rapport à Michèle Delaunay, ministre déléguée chargée des Personnes âgées et de l'Autonomie, intitulé « La Silver économie, une opportunité de croissance pour la France ». Selon ce rapport, le champ ouvert par l'avancée en âge est énorme. Selon une enquête du Crédoc de 2010, les seniors assureront dès 2015 une majorité des dépenses sur les différents marchés : 64 % pour la santé, 60 % pour l'alimentation, 58 % l'équipement, 57 % les loisirs, 56 % des dépenses d'assurance… Déjà, ce sont les seniors qui déterminent une large majorité de la consommation française. Ces papy-boomers disposent globalement d'un pouvoir d'achat et d'une épargne qui dégagent un marché potentiel pour tous les secteurs de l'économie liée à l'âge : bien-être, adaptation et sécurisation du domicile, transports, loisirs, santé, équipements, etc.

Ainsi, le premier pôle d'entreprises dédié à la production de biens et services pour l'autonomie des personnes âgées, baptisé « Silver Valley », avait été inauguré à Ivry-sur-Seine, dans le Val-de-Marne le 5 juillet 2013. Elle ambitionne de réunir d'ici cinq ans près de 300 entreprises, qui emploieraient 5 000 personnes et cumuleraient 1 à 2 milliards d'euros de chiffre d'affaires.

D'après les calculs des experts, 0,25 point de croissance par an pourrait être gagné grâce aux anciens. « Pour certains territoires, la « vieillesse » va presque devenir la « matière première » d'un développement économique local axé sur la prise en charge des personnes âgées et pourvoyeur d'emplois non délocalisables», affirme le rapport. Déjà, les pensions de retraite représentent plus d'un tiers des revenus globaux dans certains départements, et des maisons de retraite sont parfois le seul employeur d'un canton ou d'une commune.

La direction de l'animation de la recherche des études et des statistiques (Dares) a, de son côté, estimé que la « Silver Economy » (dont le comité de filière a été officiellement mis en place en même temps qu'a été inaugurée la « Silver Valley ») pouvait t entraîner 300 000 créations d'emplois nettes d'ici à 2020. Les promesses de la Silver Economie ont néanmoins fait long feu, puisqu'en 2020, seuls quelques milliers d'emplois auraient été créés. L'absence de statistique précise sur ces emplois en dit d'ailleurs assez long sur l'échec de ces prévisons.

Testez-vous

1. Quel pourcentage de la population mondiale a plus de 65 ans en 2000 ?

☐ **A.** 9 %.
☐ **B.** 11 %.
☐ **C.** 18 %.
☐ **D.** 20 %.
☐ **E.** 25 %.

2. Quel pourcentage de la population française a plus de 65 ans en 2019 ?

☐ **A.** 5 %.
☐ **B.** 10 %.
☐ **C.** 20 %.
☐ **D.** 25 %.
☐ **E.** 30 %.

3. Combien y a-t-il de centenaires en France au 1er janvier 2020 ?

☐ **A.** 20 944.
☐ **B.** 30 944.
☐ **C.** 40 944.
☐ **D.** 50 944.
☐ **E.** 60 944.

4. Combien de personnes de plus de 65 ans sont décédées des suites d'une chute en 2004 ?

☐ **A.** 3 385.
☐ **B.** 4 385.
☐ **C.** 5 385.
☐ **D.** 6 385.
☐ **E.** 7 385.

5. Comment s'appelle le nouveau secteur de l'économie qui se développe en direction des personnes âgées ?

☐ **A.** La White Économie.
☐ **B.** La Black Économie.
☐ **C.** La Gold Économie.
☐ **D.** La Silver Économie.
☐ **E.** La Grey Économie.

35 Retraite et dépendance

I. Définition

La **retraite**, d'un point de vue social et financier est le fait de se retirer de la vie professionnelle sous certaines conditions d'âge, de durée d'exercice. Ce retrait de la vie professionnelle ouvre le droit de bénéficier d'une pension de vieillesse, appelée retraite, versée par la caisse vieillesse de la Sécurité sociale. Cette retraite est attribuée du fait que la personne retraitée ou son conjoint a exercé une activité professionnelle et a cotisé à un régime d'assurance vieillesse.

Le système des retraites en France est géré par répartition. Ce sont les cotisations prélevées sur les salaires des actifs d'aujourd'hui qui servent à payer les pensions des retraités actuels. Ce système repose sur la solidarité entre les générations : chaque génération paye les retraites des générations précédentes. C'est en effet le principe de la solidarité nationale qui est au cœur de la Sécurité sociale française depuis 1945.

Quant à la dépendance, la loi du 20 juillet 2001 relative à la prise en charge de la perte d'autonomie des personnes âgées et à l'allocation personnalisée d'autonomie a donné une définition légale des personnes dépendantes : ce sont « les personnes qui, nonobstant les soins qu'elles sont susceptibles de recevoir, ont besoin d'une aide pour l'accomplissement des actes essentiels de la vie ou dont l'état nécessite une surveillance régulière ».

La **dépendance** ou la perte d'autonomie est mesurée par la grille Autonomie gérontologie groupes iso-ressources (AGGIR). Comprenant 15 variables « discriminantes », c'est-à-dire relatives à la perte d'autonomie physique et psychique, elle permet de définir des groupes iso-ressources ou GIR.

- **GIR 1** : il correspond aux personnes âgées confinées au lit ou au fauteuil, dont les fonctions mentales sont gravement altérées et qui nécessitent une présence indispensable et continue d'intervenants ;
- **GIR 2** : il concerne les personnes âgées confinées au lit ou au fauteuil, dont les fonctions intellectuelles ne sont pas totalement altérées et dont l'état exige une prise en charge pour la plupart des activités de la vie courante. Ce groupe s'adresse aussi aux personnes âgées dont les fonctions mentales sont altérées, mais qui ont conservé leurs capacités de se déplacer ;
- **GIR 3** : ce groupe réunit les personnes âgées ayant conservé leur autonomie mentale, partiellement leur autonomie locomotrice, mais qui ont besoin quotidiennement et plusieurs fois par jour d'être aidées pour leur autonomie corporelle ;
- **GIR 4** : il s'agit des personnes âgées n'assumant pas seules leurs transferts mais qui, une fois levées, peuvent se déplacer à l'intérieur du logement. Elles doivent parfois être aidées pour la toilette et l'habillage. Ce groupe s'adresse

également aux personnes âgées n'ayant pas de problèmes locomoteurs, mais devant être aidées pour les activités corporelles et pour les repas;

- **GIR 5**: ce sont les personnes qui ont seulement besoin d'une aide ponctuelle pour la toilette, la préparation des repas et le ménage;
- **GIR 6**: les personnes âgées qui n'ont pas perdu leur autonomie pour les actes essentiels de la vie courante.

II. Retraite: les chiffres-clés

A. Nombre de retraités

D'après le rapport de la DREES, intitulé *Les retraités et les retraites, édition 2021,* la France compte, au 31 décembre 2019, 17,8 millions de retraités, dont 1,7 million résident à l'étranger.

16,7 millions de personnes sont titulaires d'une pension de retraite de droit direct (dite aussi de «droit propre») d'au moins un régime français de retraite de base ou complémentaire. La majorité de ces retraités vivent en France métropolitaine ou dans les DROM, et 1,1 million vivent à l'étranger.

Les régimes français versent également des pensions de droit dérivé (aussi appelées «pensions de réversion») aux assurés dont le conjoint est décédé. Au 31 décembre 2019, 4,4 millions de personnes en bénéficient, parmi lesquelles 1,1 million qui ne perçoivent pas, par ailleurs, de pensions de droit direct.

En 2019, le nombre de retraités de droit direct a augmenté de 301 000 personnes au cours de l'année, soit une augmentation de +1,8 % par rapport à fin 2018. L'évolution s'inscrit dans la tendance des dernières années: +1,1 % en moyenne annuelle entre 2013 et 2018, ce qui représente 157 000 retraités supplémentaires par an, et +213 000 retraités entre fin 2017 et fin 2018. En 2019, 720 000 personnes ont liquidé pour la première fois un droit direct de retraite.

L'âge légal de la retraite (c'est-à-dire l'âge minimum pour avoir droit à sa retraite de base) est fixé en France à 62 ans pour les personnes nées après 1955. Il varie entre 60 et 62 pour les personnes nées avant 1955. En 2019, l'âge conjoncturel de départ à la retraite s'élève à 62 ans et 2 mois. Il est en progression continue depuis 2010.

B. Montant des pensions de retraite

La pension moyenne de droit direct tous régimes confondus s'établit, fin 2019, à 1 503 euros bruts mensuels parmi les retraités résidant en France, soit 1 393 euros net; et à 1 432 euros pour l'ensemble des retraités, soit 1 329 € nets. Le montant moyen de la pension de droit direct brute des retraités résidant en France diminue de nouveau entre fin 2018 et fin 2019 en euros constants (–1,1 % après –1,0 %). Cette évolution de la pension moyenne des retraités d'une année sur l'autre résulte de deux composantes: le renouvellement de la population de retraités et l'évolution des pensions des personnes déjà retraitées.

Ce chiffre moyen masque des inégalités importantes entre les hommes et les femmes. Ainsi, en 2019, la pension moyenne de droit direct des retraités résidant en France s'élève à 1145 euros par mois pour les femmes et à 1924 euros pour les hommes. La pension moyenne des femmes est donc inférieure de 40 % à celle des hommes. Cet écart est en baisse continue ; en 2004, il s'établissait à 50 %. En tenant compte des pensions de réversion, dont les femmes bénéficient en majorité, les écarts se réduisent un peu (à 28 %), mais la retraite moyenne des femmes demeure nettement inférieure à celle des hommes (respectivement 1399 euros par mois et 1947 euros par mois en 2019).

En 2020, le minimum vieillesse, ou plutôt le montant minimal de l'Allocation de solidarité aux personnes âgées, ou ASPA, pour les personnes seules est fixé à 868 euros mensuels. Le minimum vieillesse pour les couples s'élève à 1348 euros mensuels. Fin 2019, 601600 personnes bénéficient d'une allocation du minimum vieillesse, chiffre en hausse de 5,9 % par rapport à 2019.

Au 31 décembre 2019, la CNAV dénombre 488226 bénéficiaires du minimum vieillesse ou de l'allocation supplémentaire d'invalidité.

C. Coût de la retraite

La CNAV (Caisse nationale d'assurance vieillesse) gère la retraite du régime général et pilote le réseau des CARSAT (Caisses d'assurance retraite et de la santé au travail) en ce qui concerne le service des pensions :

- 14,5 millions de personnes sont retraitées du régime général en 2019.
- 129,2 milliards d'euros de prestations nettes ont été versées en 2019 par la Cnav.
- Les dépenses de l'ensemble des régimes de retraite de base et complémentaire représentent 13,6 % du PIB en 2018.
- Le déficit de la branche vieillesse est de 1,4 milliard d'euros en 2019.

Si l'on additionne tous les coûts liés au risque vieillesse dans la dépense de protection sociale (pensions de retraite et de réversion, frais d'hébergement, allocations, etc), le poste vieillesse représente en 201945,4 % des prestations, soit 346,6 milliards d'euros. Cela représente environ 15 % du PIB.

III. Autonomie et dépendance

A. L'allocation personnalisée d'autonomie (APA)

L'allocation personnalisée d'autonomie (APA) est une mesure sociale en faveur des personnes âgées et dépendantes. Elle constitue un droit universel dont l'objet est la prise en charge des personnes âgées en perte d'autonomie. Elle permet de bénéficier des aides et services nécessaires à l'accomplissement des actes essentiels de la vie. C'est une aide personnalisée qui répond aux besoins particuliers de chaque bénéficiaire.

Elle concerne aussi bien les personnes âgées résidant à domicile que les personnes âgées hébergées en établissement. Elle est entrée en vigueur en France au 1er janvier 2002.

En 2019, 1,31 million de personnes bénéficient de l'allocation personnalisée d'autonomie (APA), dont 54 % à domicile et 46 % en établissement, pour un montant total de 8,5 milliards d'euros. Les trois quarts des allocataires sont des femmes. 17 % des personnes âgées de 75 ans ou plus sont allocataires de l'APA. En moyenne, les allocataires de l'APA ont 83 ans à l'ouverture du droit. Près d'un allocataire de l'APA sur deux a plus de 85 ans (et un quart des allocataires a plus de 89,5 ans). Seuls 5 % des allocataires ont moins de 70 ans.

La durée moyenne de perception de l'APA est de 4 ans et 5 mois pour les femmes et de 2 ans et 11 mois pour les hommes.

B. L'impact de la dépendance sur la société française

1. Les personnes dépendantes

La dépendance chez les personnes âgées de 60 à 79 ans ne concerne que 2,7 % des personnes de cette tranche d'âge, soit 273 000 individus et la forte dépendance 0,6 % soit 61 000 personnes (ces dernières sont touchées par des limitations motrices absolues, plus de huit sur dix déclarent une paralysie complète ou partielle et plus de la moitié sont confinées au lit ou au fauteuil). L'ensemble des personnes de ce groupe déclarent d'ailleurs être aidées par l'entourage et les trois quarts par des professionnels, notamment pour la toilette, l'habillage, les transferts et les tâches ménagères.

Les personnes âgées de 60 à 79 ans restent majoritairement autonomes : 83 %, soit 8,5 millions, peuvent être considérées comme telles. Si une part notable d'entre elles (20 %) déclare quelques altérations dans la motricité des membres inférieurs (se baisser/s'agenouiller), aucune restriction d'activité n'est toutefois constatée.

Pour les plus de 80 ans, les personnes dépendantes représentent 11,2 % des personnes âgées de 80 ans ou plus, soit 277 000. Près de 70 % déclarent une paralysie complète ou partielle. Les difficultés cognitives graves sont aussi très fréquentes (80 %). 53 % souffrent d'au moins une restriction absolue dans les activités essentielles de la vie quotidienne, le plus souvent pour se laver ou s'habiller. L'aide des professionnels est prépondérante pour la toilette et les tâches ménagères.

La forte dépendance touche quant à elle 2,5 % des personnes très âgées vivant à domicile (62 000 personnes). Les personnes de ce profil cumulent différents types de difficultés. Elles déclarent une restriction totale dans la quasi-totalité des tâches de la vie courante, à l'exception de l'alimentation : les deux tiers sont en mesure de manger et de boire sans aide, une fois la nourriture préparée. Plus des deux tiers sont confinés au lit ou au fauteuil et 80 % souffrent d'une paralysie complète ou partielle. 91 % présentent au moins une limitation cognitive grave. Toutes ces personnes sont aidées au quotidien par l'entourage et dans plus de huit cas sur dix les professionnels assistent la personne pour la toilette, l'habillage, mais aussi assurent les tâches ménagères et la préparation des repas.

Il est à noter surtout que près de six personnes sur dix âgées de 80 ans ou plus, soit 1,5 million, vivent à domicile et sont relativement autonomes, malgré quelques difficultés d'audition et de motricité générale, notamment pour se baisser ou s'agenouiller.

2. L'aide aux personnes dépendantes

Ces évolutions ont un impact direct sur la vie familiale. Selon le sondage mené chaque année par la Sofres depuis 2007, près des deux tiers des Français de 35 à 75 ans, soit environ 21 millions, seraient actuellement ou auraient déjà été confrontés par le passé à la dépendance d'une personne âgée dans leur foyer ou leur entourage familial. En tout, on estime que 8,3 millions de personnes de 16 ans ou plus aident de façon régulière et à domicile un ou plusieurs de leurs proches pour raison de santé ou de handicap, dont 3,6 millions de personnes qui seraient des aidants familiaux de personnes de plus de 60 ans et près de 3 millions qui apporteraient une aide à la vie quotidienne dont la durée varierait entre 1 h 30 par jour (avec deux enfants aidant) et 8 h 30 lorsque la personne aidante est le conjoint.

Dans un quart des cas, ces aidants familiaux ont encore des enfants à charge et 41 % occupent un emploi. Dans plus de la moitié des cas, l'aidant est un enfant (une fille dans 69 % de ces situations).

En 2016 a été instauré un droit au répit pour l'aidant familial, qui permet à ces aidants de se reposer ou de dégager un peu de temps pour eux.

3. Le coût social de la dépendance

En 2019, les dépenses publiques de prise en charge de la perte d'autonomie pour les personnes âgées ont atteint 24 milliards d'euros, soit 1 point de PIB. Le nombre de personnes âgées dépendantes, et donc les dépenses d'autonomie, devrait augmenter de 75 % d'ici 2040 et doubler d'ici 2060.

IV. EHPAD et maisons de retraite

A. Les différents établissements d'accueil pour personnes âgées

Les établissements d'hébergement pour personnes âgées (EHPA) regroupent l'ensemble des établissements médico-sociaux ou de santé qui accueillent des personnes âgées de façon permanente, temporaire, de jour ou de nuit. On distingue traditionnellement trois grands types d'établissements :

- les maisons de retraite, lieux d'hébergement collectif qui assurent une prise en charge globale de la personne âgée, incluant l'hébergement en chambre ou en logement, les repas et divers services spécifiques ;
- les logements-foyers, groupes de logements ou de chambres autonomes assortis d'équipements ou de services collectifs dont l'usage est facultatif ;
- les unités de soins de longue durée des hôpitaux (USLD), structures très médicalisées destinées à l'accueil des personnes les plus dépendantes ;

- à ces établissements, s'ajoutent les établissements d'hébergement temporaire (HT), les centres d'accueil de jour (AJ) depuis 2007 et les établissements expérimentaux.

Depuis 2002, une nouvelle catégorie d'établissement est apparue : les Établissements d'hébergement pour personnes âgées dépendantes (EHPAD). Les établissements accueillant des personnes âgées dépendantes ont signé des conventions tripartites avec leur Conseil général et l'assurance-maladie, devenant ainsi des EHPAD. Ils se sont engagés sur les conditions de fonctionnement de l'établissement au plan financier de même que sur la qualité de la prise en charge des personnes et des soins qui leur sont prodigués. La détermination de la nature de l'établissement (EHPA ou EHPAD) s'opère en fonction du niveau de dépendance des résidents qui y sont accueillis.

Fin 2019, 599991 lits sont proposés dans les 7519 établissements d'hébergement pour personnes âgées dépendantes (EHPAD) , contre 27000 lits en établissements d'hébergement pour personnes âgées (EHPA) n'ayant pas le statut d'EHPAD. Depuis 2009, le nombre de lits en EHPA a fortement diminué (–8,5 % par an en moyenne). Inversement, le nombre de lits en EHPAD a augmenté (+2,0 % par an en moyenne). Ce changement radical s'explique en premier lieu par des transferts entre EHPA et EHPAD et des conversions d'unités de soins de longue durée (USLD) en EHPAD, ainsi que par un facteur démographique : la proportion de personnes âgées très dépendantes (classées en GIR 1 et 2), qui nécessitent un accompagnement médical plus conséquent, s'accroît tendanciellement au sein de la population hébergée en institutions.

B. Le coût de l'hébergement pour les personnes âgées

En 2018, la dépense de soins de longue durée aux personnes âgées s'élève à 11,3 Md€. L'essentiel de cette dépense se concentre sur les personnes âgées vivant en établissement : 9,6 Md€, soit 85 % de la dépense totale. Cette dépense en établissements se répartit pour 90 % en établissements d'hébergement et 10 % en soins en USLD. Son dynamisme (+2,9 % en moyenne par an depuis 2010, après +10,4 % entre 2008 et 2010) provient des dépenses en EHPA/EHPAD (+3,3 % en moyenne par an depuis 2010, après +16,0 % entre 2008 et 2010), la dépense en USLD étant quasiment stable depuis 2010 (+0,1 % en moyenne par an depuis 2010, après –13,3 % entre 2008 et 2010). Les établissements d'accueil public représentent 41 % de la dépense totale et les établissements privés (à but lucratif ou non) 36 %. Cependant, depuis 2012, la part des dépenses des établissements publics recule tendanciellement au profit des établissements privés, qu'ils soient ou non à but lucratif.

Si les tendances démographiques et l'amélioration de l'état de santé se poursuivaient, la France hors Mayotte compterait 4 millions de seniors en perte d'autonomie en 2050, soit 16,4 % des personnes âgées de 60 ans ou plus (contre 15,3 % en 2015). Les personnes très dépendantes représenteraient alors 4,3 % de la population des 60 ans ou plus (contre 3,7 % en 2015).

C. Portrait des personnes accueillies en établissement d'hébergement pour personnes âgées

Selon la DREES, en 2016 :

- 728 000 résidents vivent en structure d'hébergement pour personnes âgées, soit 35 000 de plus qu'en 2011. La moitié d'entre eux ont plus de 87 ans et 5 mois, soit un an de plus qu'en 2011.
- Les hommes vivant en institution sont plus jeunes que les femmes. En moyenne, ils ont 82 ans et 3 mois tandis que les femmes ont 87 ans, ce qui correspond à la différence d'espérance de vie entre les femmes et les hommes.
- En quatre ans, la proportion de personnes âgées de 90 ans ou plus parmi les résidents en institution passe de 29 % à 35 %.
- Les EHPAD accueillent les résidents les plus âgés. La moitié des personnes accueillies dans ces établissements ont 88 ans ou plus et seuls 18 % ont moins de 80 ans, alors que les moins de 80 ans représentent un tiers des résidents accueillis en résidence.
- Les femmes sont plus souvent sans conjoint que les hommes : 91 % pour les premières contre 75 % pour les seconds. Les femmes sont en effet plus nombreuses à connaître le veuvage en raison de leur plus grande longévité. Par ailleurs, à domicile, elles sont davantage confrontées à la perte d'autonomie de leur conjoint que l'inverse. Par conséquent, elles se trouvent plus fréquemment aidantes que les hommes. Le décès du conjoint peut constituer l'élément déclencheur d'une entrée en institution.
- Le niveau moyen de dépendance des résidents s'accroît entre 2011 et 2015. En 2011, toutes catégories de structure confondues, 81 % des résidents étaient en perte d'autonomie au sens de la grille AGGIR2 ; en 2015, ils sont 83 %.
- Deux tiers des sorties définitives sont causées par le décès de la personne accueillie ; dans 75 % des cas, ce dernier survient dans l'établissement. En USLD (Unité de soins longue durée), ces structures accueillant le public le plus dépendant, les décès représentent 80 % des sorties de l'établissement. En EHPAD, sur les 223 000 sorties enregistrées en 2015 – tous modes d'hébergement confondus (permanent ou temporaire) –, 68 % correspondent à des décès.

Testez-vous

1. Combien y a-t-il de retraités en France en 2020 ?

- ☐ **A.** 7,8 millions.
- ☐ **B.** 17,8 millions.
- ☐ **C.** 27,8 millions.
- ☐ **D.** 37,8 millions.
- ☐ **E.** 47,8 millions.

2. Quel pourcentage du PIB représente les prestations du risque vieillesse avec 346,6 milliards de prestations versées en 2019 ?

- ☐ **A.** 5 %.
- ☐ **B.** 10 %.
- ☐ **C.** 15 %.
- ☐ **D.** 20 %.
- ☐ **E.** 25 %.

3. Quel est le déficit de la branche retraite en 2019 ?

- ☐ **A.** Il n'y a pas de déficit mais un excédent de 0,4 milliard d'euros.
- ☐ **B.** 1,4 milliard d'euros.
- ☐ **C.** 14 milliards d'euros.
- ☐ **D.** 24 milliards d'euros.
- ☐ **E.** 34 milliards d'euros.

4. Concernant les EHPAD, quelle(s) sont la ou les bonne(s) réponse(s) ?

- ☐ **A.** EHPAD = Établissement hospitalier pour les personnes accidentées ou déficientes.
- ☐ **B.** EHPAD = Établissement hôtelier pour les personnes atteintes de démence.
- ☐ **C.** EHPAD = Établissement hospitalier pour les personnes âgées démentes.
- ☐ **D.** EHPAD = Établissement hospitalier pour les personnes âgées dépendantes.
- ☐ **E.** Ce sont des établissements médicalisés.

5. En 2019, combien de personnes en France touchent l'allocation personnalisée d'autonomie (APA) destinée aux personnes âgées et dépendantes ?

- ☐ **A.** 1,31 million.
- ☐ **B.** 2,31 millions.
- ☐ **C.** 3,31 millions.
- ☐ **D.** 4,31 millions.
- ☐ **E.** 5,31 millions.

36 La maltraitance des personnes âgées

I. Définition

En 1987, le Conseil de l'Europe a défini la maltraitance comme une violence se caractérisant « par tout acte ou omission commis par une personne, s'il porte atteinte à la vie, à l'intégrité corporelle ou psychique ou à la liberté d'une autre personne ou compromet gravement le développement de sa personnalité et/ou nuit à sa sécurité financière. » En 1992, le Conseil a complété cette définition par une typologie des actes de maltraitance :

- **Violences physiques** : coups, brûlures, ligotages, soins brusques sans information ou préparation, non-satisfaction des demandes pour des besoins physiologiques, violences sexuelles, meurtres (dont euthanasie)...
- **Violences psychiques ou morales** : langage irrespectueux ou dévalorisant, absence de considération, chantages, abus d'autorité, comportements d'infantilisation, non-respect de l'intimité, injonctions paradoxales...
- **Violences matérielles et financières** : vols, exigence de pourboires, escroqueries diverses, locaux inadaptés...
- **Violences médicales ou médicamenteuses** : manque de soins de base, non-information sur les traitements ou les soins, abus de traitements sédatifs ou neuroleptiques, défaut de soins de rééducation, non prise en compte de la douleur...
- **Négligences actives** : toutes formes de sévices, abus, abandons, manquements pratiqués avec la conscience de nuire.
- **Négligences passives** : négligences relevant de l'ignorance, de l'inattention de l'entourage.
- **Privation ou violation de droits** : limitation de la liberté de la personne, privation de l'exercice des droits civiques, d'une pratique religieuse.

L'OMS a défini plus spécifiquement la maltraitance des personnes âgées : elle consiste en « un acte unique ou répété, ou en l'absence d'intervention appropriée, dans le cadre d'une relation censée être une relation de confiance, qui entraîne des blessures ou une détresse morale pour la personne âgée qui en est victime. Ce type de violence constitue une violation des droits de l'homme et recouvre les violences physiques, sexuelles, psychologiques ou morales ; les violences matérielles et financières ; l'abandon ; la négligence ; l'atteinte grave à la dignité ainsi que le manque de respect ».

II. Les facteurs de risque de la maltraitance

L'OMS a identifié un certain nombre de facteurs de risque qui peuvent accroître les possibilités de maltraitance d'une personne âgée. Ils se situent au niveau individuel, au niveau de la famille, de la communauté et au niveau socioculturel.

A. Au niveau individuel

Parmi les risques au niveau individuel figurent la démence de la victime et les troubles mentaux, ainsi que l'abus d'alcool et de substances pour le consommateur de ces substances. Parmi les autres facteurs individuels augmentant le risque de violence à l'égard de la personne âgée figurent le sexe et la cohabitation. Même si les hommes âgés courent le même risque d'être victimes de violence que les femmes, dans certaines cultures où les femmes ont un statut social inférieur, les femmes âgées courent un risque plus élevé de négligence par abandon lorsqu'elles perdent leur mari et sont dépossédées de leurs biens. Le risque de formes plus persistantes et plus graves de violence et de traumatisme peut aussi être plus important pour les femmes.

B. Au niveau de la famille

La cohabitation constitue un facteur de risque de maltraitance pour la personne âgée. Il est encore difficile de déterminer si les épouses ou les enfants adultes de personnes violentes sont davantage susceptibles d'être eux-mêmes responsables d'actes de violence. La dépendance (souvent financière) de l'auteur des actes de violence à l'égard de la personne âgée accroît aussi le risque de violence. Dans certains cas, des relations tendues à l'intérieur de la famille depuis longtemps peuvent s'aggraver par suite du stress et de la frustration à mesure que la personne âgée perd son autonomie. En dernier lieu, étant donné que davantage de femmes accèdent au monde du travail et ne disposent plus d'autant de temps libre, les soins aux personnes âgées deviennent un fardeau plus lourd, ce qui accroît le risque de violence.

C. Au niveau communautaire

L'isolement social des personnes chargées des soins et des personnes âgées, et l'absence de soutien social qui en résulte, est un facteur de risque important de la maltraitance des personnes âgées par les personnes qui s'occupent d'elles. De nombreuses personnes âgées sont mises à l'écart à cause de leurs infirmités physiques ou mentales, ou se retrouvent seules à la suite de la perte de leurs amis et des membres de leur famille.

D. Au niveau socioculturel

Certains facteurs socioculturels peuvent influer sur le risque de maltraitance des personnes âgées :

- La représentation des personnes âgées comme des êtres faibles et dépendants ;
- L'érosion des liens entre les générations au sein de la famille ;

- Les règles d'héritage et le droit à la terre, qui influent sur la répartition du pouvoir et des biens matériels dans les familles;
- Le départ des jeunes couples vers d'autres régions, privant les personnes âgées du soutien de leur descendance dans les sociétés où, traditionnellement, les jeunes s'occupaient des anciens;
- L'absence de ressources pour payer les soins.

Au sein des institutions, la maltraitance risque davantage de s'exercer lorsque:

- Les normes de soins, les services de protection sociale et les établissements de soins pour les personnes âgées laissent à désirer;
- Le personnel est mal formé et rémunéré, et surchargé de travail;
- L'environnement matériel est défectueux;
- Les intérêts de l'institution sont pris en compte au détriment de ceux des pensionnaires.

III. Les chiffres-clés de la maltraitance

A. La maltraitance dans le monde

L'OMS estime que 1 personne âgée sur 10 est confrontée chaque mois à la maltraitance. C'est sans doute une sous-estimation, seulement 1 cas de maltraitance sur 24 étant notifié parce que les personnes âgées craignent souvent de signaler les cas de mauvais traitements à la famille, aux amis, ou aux autorités. Par conséquent, il est probable que les taux de prévalence soient sous-estimés.

Bien que les données rigoureuses soient limitées, une étude a fourni des estimations de la prévalence pour les types les plus courants de maltraitance dans les pays à revenu élevé ou intermédiaire:

- Abus financiers: 1,0 à 9,2%;
- Violences psychologiques: 0,7 à 6,3% (sur la base de critères significatifs de seuil);
- Négligence: 0,2 à 5,5%;
- Violences physiques: 0,2 à 4,9%;
- Violences sexuelles: 0,04 à 0,82%.

Les données sur l'ampleur du problème dans les institutions telles que les hôpitaux, les maisons de retraite et les établissements de soins de longue durée sont rares. Cependant, une enquête menée auprès du personnel des maisons de retraite aux États-Unis d'Amérique laisse penser que les taux sont sans doute élevés:

- 36% des membres du personnel ont dit avoir été témoins au moins une fois de violences physiques infligées à un patient âgé au cours de l'année écoulée;
- 10% ont reconnu avoir commis eux-mêmes au moins une fois un acte de violence physique à l'égard d'un patient âgé;
- 40% ont dit avoir harcelé psychologiquement des patients.

La maltraitance en institution recouvre le recours à la contrainte physique à l'égard des patients, le non-respect de leur dignité – par exemple en négligeant de changer leurs vêtements souillés – et de leur liberté de choix concernant la vie quotidienne, le manque intentionnel de soins (entraînant par exemple l'apparition d'escarres), l'abus ou le défaut de traitement médicamenteux, ainsi que la négligence et la violence morales.

La maltraitance des personnes âgées peut conduire à des traumatismes physiques : il peut s'agir d'égratignures bénignes, d'ecchymoses mais aussi de fractures des os et de traumatismes crâniens qui peuvent conduire à une incapacité permanente. Elle peut avoir des conséquences psychologiques graves, parfois durables, parmi lesquelles figurent la dépression et l'angoisse.

Pour les personnes âgées, les conséquences de la maltraitance peuvent être particulièrement graves du fait que leurs os sont plus fragiles et que la convalescence durera plus longtemps. Même un traumatisme relativement bénin peut laisser des séquelles graves et définitives, voire entraîner la mort. Une étude de suivi sur 13 ans a établi que les victimes de maltraitance ont un risque de mourir deux fois plus élevé que les personnes âgées ne signalant pas de mauvais traitements.

À l'échelle mondiale, on considère que le nombre de cas de maltraitance des personnes âgées risque de s'accroître, compte tenu du vieillissement rapide de la population dans de nombreux pays et de l'impossibilité de répondre à leurs besoins du fait des contraintes budgétaires. Ainsi, d'ici à 2055, le nombre des plus de 60 ans dans le monde devrait au moins doubler, passant de 900 millions en 2015 à quelque 2 milliards.

B. La maltraitance en France

La prévalence en France est difficile à estimer, elle est évaluée entre 5 et 6 % pour la population de 60 ans et plus mais à 15 % après 75 ans. Cela représente environ 657 000 personnes.

La maltraitance des adultes vulnérables (personnes âgées, personnes handicapées) a longtemps été un phénomène sous-estimé et un tabou, d'autant qu'il s'agit d'une réalité complexe. Qu'elle soit familiale ou institutionnelle, la maltraitance reste en effet souvent difficile à appréhender, tant par son ampleur que par la nature des violences qui la caractérisent. Force est de constater que trop d'adultes vulnérables sont encore victimes de maltraitance, même s'il est difficile aujourd'hui d'évaluer l'ampleur du phénomène.

En France a été créé dès 1994 un centre bénévole d'écoute sur la maltraitance des personnes âgées qui est devenu en 2008 le 3977, numéro d'appel national contre la maltraitance des personnes âgées et des adultes handicapés.

L'analyse des appels téléphoniques reçus par le 3977 permet de se faire une idée un peu plus précise de la réalité de la maltraitance en France.

Ainsi, en 2016, 29,1 % des maltraitances étaient d'ordre psychologique, 13,5 % relevaient de négligence passive, 13 % étaient des maltraitances d'ordre physique et 12,7 % d'ordre financier.

Dans près de la moitié des cas, la personne qui maltraite appartient à l'entourage familial. Au sein de l'entourage, il s'agit dans 80 % des cas du fils, de la fille ou du conjoint (un tiers chacun). La maltraitance a alors pour origine des relations familiales difficiles, des problèmes financiers ou encore de l'agressivité. La maltraitance peut aussi être liée à des dysfonctionnements dans l'établissement d'accueil, à des problèmes du personnel soignant (absentéisme, burn-out, formation insuffisante) ou encore à l'épuisement de l'aidant.

On estime que 75 % des maltraitances ont lieu au domicile (70 % pour les personnes âgées, 80 % pour les personnes handicapées).

Enfin, 70,5 % des personnes qui appellent le 3977 sont des femmes : 75 % pour les personnes âgées, 66 % pour les personnes handicapées.

La maltraitance constitue donc un enjeu de santé publique important du fait du vieillissement de la population française et de l'augmentation de la dépendance des personnes âgées.

Testez-vous

1. **Quelle proportion de la population âgée dans le monde serait maltraitée chaque mois selon l'OMS ?**
   - ☐ **A.** 1 personne sur 20.
   - ☐ **B.** 1 personne sur 10.
   - ☐ **C.** 1 personne sur 8.
   - ☐ **D.** 1 personne sur 5.
   - ☐ **E.** 1 personne sur 2.

2. **Combien de personnes âgées seraient maltraitées en France ?**
   - ☐ **A.** 257 000.
   - ☐ **B.** 357 000.
   - ☐ **C.** 457 000.
   - ☐ **D.** 557 000.
   - ☐ **E.** 657 000.

3. **Quel est le numéro d'appel national en France consacré à la maltraitance des personnes âgées ?**
   - ☐ **A.** Le 3977.
   - ☐ **B.** Le 3989.
   - ☐ **C.** Le 115.
   - ☐ **D.** Le 3919.
   - ☐ **E.** Le 3224.

4. **D'après l'analyse des appels passés à ce numéro national d'appel contre la maltraitance, quel est le type de maltraitance majoritairement subi par les personnes maltraitées ?**
   - ☐ **A.** Maltraitance financière.
   - ☐ **B.** Maltraitance physique.
   - ☐ **C.** Négligences.
   - ☐ **D.** Privation de droits.
   - ☐ **E.** Maltraitance psychologique.

5. **D'après l'analyse des appels passés à ce numéro national d'appel contre la maltraitance, qui sont généralement (64 % des cas) les auteurs de maltraitances sur les personnes âgées ?**
   - ☐ **A.** Les enfants de la personne âgée.
   - ☐ **B.** Les petits-enfants de la personne âgée.
   - ☐ **C.** Le personnel soignant.
   - ☐ **D.** Les autres personnes âgées.
   - ☐ **E.** Aucun des propositions précédentes.

Problèmes sociaux

37 Chômage et précarité

I. Définitions

La précarité se définit, selon l'État, comme « l'absence d'une ou plusieurs des sécurités permettant aux personnes et familles d'assumer leurs responsabilités élémentaires et de jouir de leurs droits fondamentaux. L'insécurité qui en résulte peut être plus ou moins grave et définitive. Elle conduit le plus souvent à la grande pauvreté quand elle affecte plusieurs domaines de l'existence, qu'elle tend à se prolonger dans le temps et devient persistante, qu'elle compromet gravement les chances de reconquérir ses droits et de réassumer ses responsabilités par soi-même dans un avenir prévisible ».

Selon l'INSEE, le chômage représente « l'ensemble des personnes de 15 ans et plus, privées d'emploi et en recherchant un ».

II. Le chômage : chiffres-clés

La crise économique provoquée par le confinement dû à la pandémie de Covid-19 est sans précédent : le PIB de la France chute ainsi de 8,3 %, du jamais vu en temps de paix.

Néanmoins, le taux d'emploi des personnes de 15-64 ans ne diminue que de 0,3 point en moyenne sur l'année. Le repli de l'emploi a été plus prononcé au deuxième trimestre. Il est plus important pour les jeunes, les salariés les moins qualifiés et ceux en emploi à durée limitée (CDD, intérim).

Le recours au chômage partiel ou technique est inédit : 6,2 % des personnes en emploi sont concernées en moyenne sur l'année et jusqu'à un quart des personnes en emploi pendant le premier confinement. Il permet de contenir largement le recul de l'emploi. En revanche, le volume moyen d'heures travaillées recule nettement (– 7,4 % en moyenne sur l'année par rapport à 2019).

Le taux de chômage au sens du Bureau international du travail (BIT) a nettement reculé pendant le premier confinement. Cette baisse, en trompe-l'œil, est principalement imputable aux difficultés à rechercher un emploi lorsque l'activité est à l'arrêt. Le taux de chômage a ensuite rebondi, pour reculer à nouveau au dernier trimestre, en partie pour les mêmes raisons que durant le premier confinement. Au total, le taux de chômage atteint en moyenne 8,0 % en 2020, soit 0,4 point de moins qu'en 2019.

En contrepartie de cette baisse, le halo autour du chômage augmente en 2020. Au total, la part de personnes sans emploi souhaitant travailler, qu'elles soient au chômage ou dans son halo, augmente nettement en 2020 et retrouve son niveau de 2018.

La perte d'emploi (indemnisation du chômage) et les difficultés d'insertion ou de réinsertion professionnelle constituent un des risques couverts par la protection sociale, mais non par la Sécurité sociale. En France, c'est l'UNEDIC qui gère l'assurance chômage ainsi que la formation et la réadaptation professionnelle.

En 2018, les prestations liées au risque emploi représentent 40,8 milliards d'euros, soit moins de 2 % du PIB.

Après un déficit estimé à –1,7 Md€ en 2019, l'Unedic enregistre un déficit record de 19,2 milliards d'euros à la fin 2020, soit une augmentation de 872 %. Cette augmentation du déficit est due autant à une baisse des recettes, en raison notamment de la baisse de la masse salariale en 2020 (–5,7 %) combinée à une diminution de la CSG sur les revenus d'activité de –8,3 %, qu'à une augmentation des dépenses : les allocations de retour à l'emploi (ARE) évoluent de +12,9 % tandis que le nombre moyen de demandeurs d'emploi indemnisés passe de 2766791 allocataires en 2019 à 2917831 en 2020.

Au premier trimestre 2021, le nombre de chômeurs au sens du BIT atteint 2,4 millions de personnes en France (hors Mayotte), en hausse de 18000 personnes sur le trimestre. Le taux de chômage au sens du BIT est ainsi quasi stable (+0,1 point), à 8,1 % de la population active, après un recul de 1,1 point le trimestre précédent. Il se situe 0,3 point au-dessus de son niveau un an auparavant et retrouve son niveau de fin 2019, avant la crise sanitaire.

Les demandeurs d'emploi inscrits à Pôle emploi ne s'identifient pas aux chômeurs au sens du BIT : certains font partie des chômeurs au sens du BIT, d'autres sont dans le halo autour du chômage, d'autres encore peuvent être en emploi ou être inactifs au sens du BIT (hors halo). Ainsi, en France (y compris les départements-régions d'outremer, hors Mayotte), le nombre de demandeurs d'emploi s'élève à 3800700 pour la catégorie A (+6,3 % sur un an). Pour les catégories A, B, C ce nombre s'établit à 6012600. Si l'on ajoute les chômeurs de catégorie D et E, qui ne sont pas tenus de chercher un emploi (675900 personnes selon Pôle Emploi), le nombre total de chômeurs en France au 1er trimestre 2021 est de 6,8 millions de personnes.

III. La précarité : chiffres-clés

En 2018, selon l'enquête Emploi, la population active au sens du Bureau international du travail (BIT) est estimée à 29,8 millions de personnes de 15 ans ou plus en France (hors Mayotte). Elle regroupe 27,1 millions d'actifs ayant un emploi et 2,7 millions de personnes au chômage. Le reste de la population âgée de 15 ans ou plus constitue la population dite « inactive », c'est-à-dire les personnes ne travaillant pas et ne recherchant pas activement un emploi ou n'étant pas disponibles rapidement pour en occuper un.

En moyenne en 2018, 84,7 % des salariés sont en contrat à durée indéterminée (CDI) ou fonctionnaires ; les autres sont en emploi à durée limitée : 10,5 % sont en contrat à durée déterminée (CDD), 3,0 % sont en intérim et 1,8 % sont apprentis. Cela signifie que 13,5 % des salariés ont un emploi précaire.

Les deux seules catégories épargnées sont celles qui disposent d'un statut protecteur et celles qui détiennent un diplôme leur permettant de retrouver un emploi en cas de licenciement. Le marché du travail se fissure en deux univers opposés : des instables qui passent de CCD en intérim et des salariés qui occupent des emplois stables (fonctionnaires, salariés qualifiés, etc.).

Il faut noter aussi que ce sont les plus jeunes qui sont le plus concernés par la précarité de l'emploi. En effet, 55,1 % des actifs âgés de 15 à 29 ans ont un contrat à durée déterminée (CDD), un contrat aidé, sont en stage ou en apprentissage, contre 7,9 % des 30-49 ans. Leur inexpérience, mais aussi leur arrivée dans une période difficile où chacun s'accroche à son emploi, explique en partie cette précarité. Même avec des salaires inférieurs, l'entrée dans le monde du travail reste un parcours d'obstacles, souvent fait de stages nombreux et de longues périodes d'instabilité. Si la majorité des jeunes qui ont un emploi occupe un contrat à durée indéterminée (62 %), 4,9 % exercent un emploi temporaire (intérim) – contre 1,7 % des actifs de 30 à 49 ans – et 17,7 % sont en CDD contre 5,3 % des 30-49 ans. Au total, un million de jeunes occupe un emploi à durée limitée.

La précarisation de l'emploi a été particulièrement forte entre le début des années 1980 et le début des années 2000. Le taux de précarité chez les jeunes est passé de 17,2 % en 1982 à 47,2 % en 2000, de 2,9 à 9,2 % chez les 25-49 ans. La progression ne s'est interrompue que durant quelques années à la fin des années 1980. Sur la même période, le taux a un peu plus que doublé pour la moyenne de la population, de 5,3 à 11,8 % (12,3 % aujourd'hui).

IV. Les travailleurs pauvres

En ces temps de chômage de masse, on pourrait penser que l'emploi constitue un rempart essentiel contre la misère. Or, aujourd'hui, même l'emploi ne représente plus une garantie absolue contre la pauvreté. Si l'exercice d'une activité diminue évidemment le risque de pauvreté et d'exclusion sociale, cela ne constitue plus aujourd'hui une protection absolue, puisque 10,8 % des personnes actives en emploi perçoivent des revenus inférieurs à 837 euros par mois en 2017, selon l'enquête « France, portrait social. Édition 2019 ».

Ainsi, si le SMIC (Salaire minimum interprofessionnel de croissance) est fixé à 10,25 € brut de l'heure, soit 1 554, 48 € bruts par mois, soit 18 655 euros brut par an, sur la base de 35 heures par semaine (soit en net, environ 8,11 € de l'heure, 1 231 € par mois et 14 772 euros net par an), tout le monde n'a pas la chance de travailler à temps complet.

En effet, représentant à peine plus d'un emploi sur vingt à la fin des années 1960, le travail à temps partiel concerne près d'un emploi sur cinq en 2018. Le taux de temps partiel en France (19 % en 2018) est proche de la moyenne de l'Union européenne (20 %) mais en deçà de celui du Royaume-Uni (26 %), de l'Allemagne (28 %) ou des Pays-Bas, qui culmine à 51 %. Comme dans l'ensemble de l'Europe, le travail à temps partiel est majoritairement féminin en France. Parmi les salariés hors apprentis, il concerne 30 % des femmes contre 8 % des hommes. Dans une forte proportion (42 %), le temps partiel est « subi » et constitue une composante du sous-emploi . Les emplois à temps partiel sont souvent occupés aussi par les jeunes, les seniors et les salariés peu qualifiés et faiblement diplômés. Ainsi, en 2018, près de 5,0 millions de personnes sont à temps partiel, soit 19 % des personnes en emploi. De même, en moyenne en 2018, 1,6 million de personnes sont en situation de sous-emploi, soit 6,0 % des personnes en emploi. Le sous-emploi concerne essentiellement des personnes à temps partiel souhaitant travailler davantage et disponibles pour le faire mais qui, pour la plupart, ne recherchent pas un autre emploi. Ceci explique pourquoi certaines personnes sont pauvres, alors même qu'elles travaillent. De même, les 2,3 millions de Français qui touchent un SMIC à temps complet n'arrivent pas toujours à s'en sortir, étant donné l'augmentation du coût de la vie.

Cette nouvelle catégorie de travailleurs pauvres regroupe 2,1 millions de personnes en 2017 (contre 1,9 million en 2016), dont 1,6 million sont salariés et 500000 sont non-salariés. Au total, ce sont presque 4,5 millions de personnes qui seraient touchées par ce phénomène, 2,35 millions de personnes vivant aux côtés d'un travailleur pauvre. La pandémie de Covid-19, et la crise économique qui la suit, risquent sans doute d'aggraver ce phénomène.

Au-delà des facteurs aggravants liés à la précarité de l'emploi, plusieurs études mettent également en évidence l'influence déterminante de la structure des ménages : on constate par exemple que plus du tiers des travailleurs pauvres perçoivent un revenu individuel supérieur au SMIC, qui excède de 16 % le seuil de pauvreté. Ces travailleurs ne sont donc pas pauvres en raison de la précarité de leur emploi mais parce que la répartition du revenu disponible au sein du ménage qu'ils font vivre aboutit à la pauvreté de chacun des membres qui le composent. À l'inverse, trois quarts des travailleurs dont les revenus sont inférieurs à un SMIC ne sont pas pauvres, parce qu'ils bénéficient, du fait de leur situation familiale, de revenus complémentaires (salaires de leur conjoint, transferts sociaux, etc.).

La structure familiale apparaît donc comme un facteur déterminant dans l'appréciation des situations individuelles au regard de la pauvreté. C'est pourquoi une approche complémentaire, fondée sur la notion de « pauvreté économique individuelle », permet de neutraliser l'effet de la composition familiale sur les revenus du ménage et d'apprécier la situation de pauvreté d'une personne à partir de ses seuls revenus individuels d'activité.

Selon cette approche, 3,7 millions de personnes seraient considérées comme pauvres, soit 15 % de l'ensemble des travailleurs : un sur cinq est indépendant ou alterne période de chômage et d'activité, un tiers travaille à temps partiel et seulement 14 % travaillent à temps complet toute l'année.

V. Logement et précarité

L'augmentation de la précarité et la crise du logement sont étroitement liées, l'une aggravant l'autre et inversement.

Ainsi d'après le rapport annuel de 2019 sur le mal-logement de la Fondation abbé Pierre, on estime que 4 millions de personnes sont non ou très mal logées en France. 902000 personnes sont privées de logement personnel et 2,8 millions vivent dans des conditions de logement très difficiles (privation de confort et surpeuplement accentué). Le mal-logement ne se réduit pas pour autant aux situations extrêmes. Une fraction considérable de la population au sein des couches modestes et moyennes (notamment chez les jeunes) loge dans des conditions qui ne répondent pas à leurs aspirations : détériorations, mauvaise insonorisation, surface trop faible, quartier dégradé, etc. L'idéal pavillonnaire, rêve de nombreuses familles, est loin d'être la norme en France. Au total, en effet, ce sont plus de 12,1 millions de personnes qui sont fragilisées par rapport au logement, soit qu'ils ont du mal à payer leur loyer ou à rembourser leur crédit, soit que leur logement est surpeuplé, soit qu'ils sont en situation de précarité énergétique.

La Fondation abbé Pierre estime que ce sont plus de 3380000 ménages qui sont en situation de précarité énergétique. La Fondation a initié en ce sens une étude sur ses impacts sanitaires, qui a confirmé la perception plus forte d'une santé dégradée par les personnes qui y sont exposées, une fréquence accrue de pathologies chroniques (bronchites, arthrose, anxiété, dépression, maux de tête…) et aiguës (rhumes, angines, grippe, diarrhées…) ainsi que des symptômes associés (sifflements respiratoires, crises d'asthme, rhumes des foins, irritations oculaires…).

Quant aux personnes sans domicile, selon l'INSEE, la France en compte 141000, dont plus de 30000 enfants : en réalité, il y aurait 200000 SDF en France. Le nombre de SDF a doublé en 10 ans. La durée de vie moyenne d'un SDF est estimée à 48 ans tandis qu'elle est de 82 ans pour le reste de la population française. En 2018, 566 personnes sans domicile ont été recensées mortes dans la rue en France, un chiffre en augmentation par rapport aux années précédentes. Le nombre réel de victimes se situerait autour de 3000.

Enfin, on compte 582 bidonvilles en France et 17929 personnes qui y vivent. 37 % de ces personnes sont situées en Île-de-France et 21 % au Nord Pas de Calais.

Testez-vous

1. Quel est le taux de chômage en France en au 1er trimestre 2021, au sens du BIT ?

- ☐ **A.** 5,1 %.
- ☐ **B.** 6,1 %.
- ☐ **C.** 8,1 %.
- ☐ **D.** 12,1 %.
- ☐ **E.** 14,1 %.

2. Quel est le déficit de l'assurance chômage en 2020 ?

- ☐ **A.** 1,2 milliard d'euros.
- ☐ **B.** 1,9 milliard d'euros.
- ☐ **C.** 12,9 milliards d'euros.
- ☐ **D.** 19,2 milliards d'euros.
- ☐ **E.** 192 milliards d'euros.

3. La précarité :

- ☐ **A.** Est l'absence d'une ou plusieurs sécurités.
- ☐ **B.** Peut conduire à la grande pauvreté.
- ☐ **C.** Concerne 12,3 % des salariés en France.
- ☐ **D.** Est liée au fait d'être fonctionnaire ou en CDI.
- ☐ **E.** Touche majoritairement les jeunes.

4. À combien estime-t-on le nombre de travailleurs pauvres en France en 2017 ?

- ☐ **A.** 0,1 million.
- ☐ **B.** 1,1 million.
- ☐ **C.** 2,1 millions.
- ☐ **D.** 3,1 millions.
- ☐ **E.** 4,1 millions.

5. À combien la Fondation abbé Pierre estime-t-elle le nombre de personnes non ou mal logées en France ?

- ☐ **A.** 1 million.
- ☐ **B.** 2 millions.
- ☐ **C.** 3 millions.
- ☐ **D.** 4 millions.
- ☐ **E.** 5 millions.

38 Les inégalités économiques et sociales

Chaque année, avant la tenue du Forum de Davos en Suisse, l'ONG britannique OXFAM dénonce dans son rapport l'effarante concentration des richesses dans le monde. Ainsi dans son rapport de 2020, Oxfam démontre, chiffres à l'appui, l'ampleur des inégalités en France et dans le monde :

- Les richesses des 1 % les plus riches de la planète correspondent à plus de deux fois la richesse de 90 % de la population (6,9 milliards de personnes).
- Les milliardaires du monde entier, c'est-à-dire seulement 2 153 personnes, possèdent plus de richesses que 4,6 milliards de personnes, soit 60 % de la population mondiale.
- En France, 7 milliardaires possèdent plus que les 30 % les plus pauvres et les 10 % les plus riches possèdent 50 % des richesses.
- Si quelqu'un avait pu économiser l'équivalent de 8 000 euros par jour depuis la prise de la Bastille (14 juillet 1789), il n'arriverait aujourd'hui qu'à 1 % de la fortune de Bernard Arnault.
- Dans le monde, les hommes détiennent 50 % de richesses en plus que les femmes.
- Les femmes assurent plus des 3/4 du travail domestique non rémunéré et comptent pour 2/3 des travailleurs dans le secteur du soin.
- Les 2/3 des milliardaires tirent leur richesse d'une situation d'héritage, de monopole ou de népotisme.
- La pandémie de coronavirus est venue frapper un monde déjà profondément inégalitaire. Pour la première fois, les inégalités ont augmenté simultanément dans la quasi-totalité des pays du monde : ainsi, les dix hommes les plus riches du monde – dont fait partie le français Bernard Arnault – ont vu leur fortune totale augmenter de plus de 500 milliards de dollars depuis le début de la pandémie.

En France, la situation n'est guère plus favorable : Oxfam montre que depuis 2018, les inégalités sont reparties à la hausse, et la pauvreté aussi.

- En France, 7 milliardaires possèdent plus que les 30 % les plus pauvres, ils étaient 8 l'année dernière.
- Les 10 % les plus riches possèdent 50 % des richesses du pays.
- La France compte 41 milliardaires en 2019. C'est 4 fois plus qu'après la crise financière de 2008 ! Sur ces 41 personnes, plus de la moitié ont hérité de leur fortune, et seules 5 sont des femmes.
- Les milliardaires français sont ceux qui ont vu leur richesse le plus augmenter l'année dernière, devant les américains ou les chinois.
- Le PDG du groupe Sanofi, grand groupe pharmaceutique français, gagnait en 2018 plus de 343 fois le salaire moyen d'un·e aide-soignant·e.
- Parmi les mères de famille monoparentale qui travaillent, plus d'une sur quatre est pauvre.
- Pendant la crise du Covid-19, les milliardaires français ont bénéficié d'une reprise exceptionnelle : ils ont en effet vu leur fortune se reconstituer à hauteur de 175 milliards d'euros, dépassant le niveau d'avant la crise ! **C'est la troisième plus forte progression après les États-Unis et la Chine. 175 milliards d'euros, c'est aussi l'équivalent de deux fois le budget de l'hôpital public français**. Malgré la crise, la fortune de Bernard Arnault a même augmenté de 44 milliards d'euros entre mars et décembre 2020, soit un bond de 41 %. Dans le même temps, un million de personnes seraient tombées dans la pauvreté en France en 2020 selon les associations caritatives.

I. Définition

A. La notion d'inégalité

Une inégalité sociale est le résultat d'une distribution inégale, au sens mathématique de l'expression, entre les membres d'une société des ressources de cette dernière, due aux structures mêmes de cette société et faisant naître un sentiment d'injustice au sein de ses membres. La référence à la notion d'inégalité mathématique offre le double avantage de la simplicité et de l'univocité : elle est sans ambiguïté. Elle s'impose donc à ce titre, et toute définition des inégalités sociales y fait implicitement ou explicitement référence. Une unité de mesure étant définie (mètre, année, franc, etc.), il y a inégalité mathématique entre deux grandeurs quand l'une est supérieure à l'autre. Par analogie, on peut dire qu'il y a inégalité entre deux membres d'une même société dès lors que l'un se trouve davantage doté de ressources qu'un autre : les ressources de l'un sont en quantité supérieure à celles de l'autre. Par exemple, A dispose d'un revenu annuel supérieur à B ; ou encore l'espérance de vie d'A est supérieure à celle de B.

B. La pauvreté

Selon l'INSEE, « un individu est considéré comme pauvre quand son niveau de vie (après impôts et prestations sociales) est inférieur au seuil de pauvreté ».

Il existe trois façons différentes de mesurer la pauvreté :

- **La mesure relative** : jusque récemment, on considérait comme pauvre toute personne vivant avec la moitié du revenu médian (après impôts et prestations sociales), revenu qui partage l'effectif des ménages en deux (autant gagne plus, autant gagne moins). Cette mesure est dite « relative » car la pauvreté est mesurée par rapport au revenu médian. Souvent on utilise l'expression du seuil à 50 %. Mais la France est passée à une définition plus extensive, souvent utilisée par les institutions européennes : le seuil est fixé à 60 % du revenu médian.
- **Le choix des seuils a un impact considérable sur l'amplitude de la population que l'on étudie** : en 2018, 5,2 millions de personnes (soit 8,3 % de la population) vivent sous le seuil de pauvreté à 50 % ou 9,3 millions sous celui à 60 % (soit 14,8 % de la population). Le seuil de pauvreté monétaire, qui correspond à 60 % du niveau de vie médian de la population, s'établit à 1 063 euros par mois pour une personne seule en 2018.
- **Les titulaires de minima sociaux** : on peut aussi mesurer le nombre de pauvres à partir de celui des titulaires de minima sociaux. On comptabilise alors les personnes « reconnues » comme démunies au sein de la société par l'administration. Au total, 4,25 millions de personnes étaient allocataires de l'un des 10 dispositifs de minima sociaux en 2018. En comptabilisant les ayants droit (conjoints, enfants…), 6,9 millions d'individus vivent d'une allocation de ce dispositif.
- **La pauvreté en termes de conditions de vie** : les mesures précédentes ne reposent que sur des critères monétaires ou administratifs. Or, la conséquence

de la pauvreté, c'est l'exclusion de certaines pratiques ou de certaines consommations. Pour mieux comprendre le phénomène de l'intérieur, l'INSEE a mesuré les privations dont souffre une partie de la population, ce que les chercheurs appellent « la pauvreté en conditions de vie ». L'institut établit une longue liste et pose la question aux ménages : « Pouvez-vous chauffer votre logement ? Recevoir des amis ? Remplacer les meubles ? », etc. Ainsi, une étude de l'Insee porte sur l'évolution de la pauvreté en conditions de vie entre 2004 et 2017. Elle exploite les résultats de l'enquête « Statistiques sur les ressources et les conditions de vie » (SRCV). L'indicateur français de pauvreté en conditions de vie des ménages « mesure la part de la population incapable de couvrir les dépenses liées à au moins huit éléments de la vie courante sur 27 considérés comme souhaitables, voire nécessaires, pour avoir un niveau de vie acceptable ». Globalement, la pauvreté en conditions de vie a atteint, en 2017, son plus bas niveau depuis quinze ans. Elle touche 11 % des ménages de France métropolitaine, contre 14,6 % en 2004. Après une forte baisse entre 2004 et 2007 (de 14,6 % à 12,5 %), la tendance a ensuite été plus irrégulière, mais la baisse a néanmoins repris à partir de 2014. La tranche d'âge la plus touchée par la pauvreté en conditions de vie est celle des 45-59 ans (13,9 % en 2017) et la plus épargnée celle des 75 ans et plus (7 %). Les jeunes de 16 à 29 ans se situent à un niveau intermédiaire (10,4 %), mais sont plus affectés par les difficultés liées au logement. La composition du ménage est également un facteur déterminant. Sur ce point les familles monoparentales apparaissent particulièrement touchées. Elles sont ainsi 26 % à être pauvres en conditions de vie, loin devant les familles nombreuses (18,1 % pour les couples avec au moins trois enfants), les personnes seules (13,7 %), les couples avec un ou deux enfants (7 % environ) et les couples sans enfant (4,6 %).

C. Les minima sociaux

Selon la définition de l'INSEE, les minimas sociaux visent à assurer un revenu minimal à une personne (ou à sa famille) en situation de précarité. Ce sont des prestations sociales non contributives, c'est-à-dire qu'elles sont versées sans contrepartie de cotisations. Le système français de minima sociaux comporte divers dispositifs dont un spécifique aux départements d'outre-mer (Dom). Il en existe dix en France. En 2018, les minima sociaux comptent au total 4,25 millions d'allocataires. Avec les conjoints et les enfants à charge, ils couvrent 6,9 millions de personnes, soit 10 % de la population française (et une personne sur trois dans les départements et régions d'outre-mer).

1. Le revenu de solidarité active (RSA), en vigueur depuis le 1er juin 2009 en France métropolitaine et depuis le 1er janvier 2011 dans les départements d'outre-mer (et le 1er janvier 2012 à Mayotte) remplace le revenu minimum d'insertion (RMI), l'allocation de parent isolé (API) et les dispositifs associés d'intéressement à la reprise d'activité. Le RSA apporte également un complément de revenu à des travailleurs pauvres qui n'auraient pas pu bénéficier de ces aides. Depuis le 1er septembre 2010, le RSA est étendu au moins de 25 ans (RSA jeunes) sous condition de justifier de deux ans d'activité en équivalent temps plein, au cours

des trois dernières années. Le montant du RSA socle au 1er avril 2021 est de 565,34 € pour une personne seule sans enfant, 848,01 € pour une personne seule avec un enfant, 1 017,61 € pour une personne seule avec deux enfants, 848,01 € pour un couple sans enfant, 1 017,61 € pour un couple avec un enfant, 1 187,21 € pour un couple avec deux enfants. En octobre 2020, suite aux confinements, plus de 2,1 millions de foyers touchent le RSA, pour un montant total de plus de 11 milliards d'euros.

2. L'allocation de solidarité spécifique (ASS), instituée en 1984, est une allocation-chômage s'adressant aux chômeurs ayant épuisé leurs droits à l'assurance chômage, et qui justifient d'au moins cinq années d'activité salariée au cours des dix dernières années précédant la rupture de leur contrat de travail. Fin septembre 2020, le nombre d'allocataires de l'ASS s'élève à 380 400 personnes, soit une hausse de 6,0 % par rapport à septembre 2019

3. L'allocation équivalente retraite de remplacement (AER-R), créée en 2002, est une allocation-chômage qui constitue un revenu de remplacement ou de complément au profit des demandeurs d'emploi qui totalisent le nombre de trimestres à l'assurance vieillesse requis pour bénéficier d'une retraite à taux plein avant l'âge de 60 ans. L'AER est supprimée à compter du 1er janvier 2011 et remplacée par l'allocation transitoire de solidarité (ATS). Seules les personnes qui en bénéficiaient déjà à cette date continuent de la percevoir au-delà du 1er janvier 2011 : cela concerne 900 personnes.

4. L'allocation d'insertion (AI), créée en 1984, est une allocation-chômage, d'une durée maximale d'un an, réservée depuis 1992 aux personnes ayant demandé l'asile en France, aux salariés expatriés non affiliés à l'assurance chômage ou aux réfugiés, ainsi qu'aux anciens détenus libérés depuis moins de douze mois, aux victimes d'un accident du travail ou d'une maladie professionnelle. L'allocation temporaire d'attente (ATA), créée en 2005, remplace l'allocation d'insertion (AI) pour les entrées à compter du 16 novembre 2006. Outre des conditions rénovées de versement aux demandeurs d'asile, l'ATA est ouvert à de nouvelles catégories de personnes : bénéficiaires de la protection subsidiaire, bénéficiaires de la protection temporaire ou victimes de la traite des êtres humains ou du proxénétisme. Excepté les réfugiés, les anciens bénéficiaires de l'AI peuvent également bénéficier de l'ATA. Cela concerne 1 600 personnes fin 2018.

5. L'allocation aux adultes handicapés (AAH), instituée en 1975, s'adresse aux personnes handicapées ne pouvant prétendre ni à un avantage vieillesse ni à une rente d'accident du travail. Le titulaire doit justifier d'un taux d'incapacité d'au moins 80 %, ou d'au moins 50 % si la CDAPH (Commission des droits et de l'autonomie des personnes handicapées) reconnaît qu'il lui est impossible de travailler en raison de son handicap. Elle concerne plus de 1,2 million de bénéficiaires en 2019 pour un montant total de plus de 10 milliards d'euros.

6. L'allocation supplémentaire d'invalidité (ASI), créée en 1957, s'adresse aux titulaires d'une pension d'invalidité servie par le régime de Sécurité sociale au titre d'une incapacité permanente et leur assure un niveau de revenu égal au minimum vieillesse. Elle est versée jusqu'à ce que l'allocataire atteigne l'âge

requis pour bénéficier de l'allocation de solidarité aux personnes âgées (ASPA). Jusqu'au 1er janvier 2009, l'ASI assurait un niveau de revenu égal au minimum vieillesse. Depuis le 1er avril 2009, la revalorisation du minimum vieillesse est supérieure à celle de l'ASI. Cette allocation concerne 82 200 personnes fin 2018.

7. L'allocation veuvage, créée en 1980, s'adresse aux conjoints survivants d'assurés sociaux décédés. C'est une allocation temporaire versée pendant deux ans au maximum. Le titulaire doit être âgé de moins de 55 ans. Cela concerne 7 100 personnes fin 2018.
8. Les allocations du minimum vieillesse (ASV et ASPA) : l'allocation supplémentaire vieillesse (ASV), créée en 1956, s'adresse aux personnes âgées de plus de 65 ans (60 ans en cas d'inaptitude au travail) et leur assure un niveau de revenu égal au minimum vieillesse. Une nouvelle prestation, l'allocation de solidarité aux personnes âgées (ASPA) est entrée en vigueur le 13 janvier 2007. Cette allocation unique se substitue, pour les nouveaux bénéficiaires, aux prestations de premier étage du minimum (qui ne font pas partie des minima sociaux) et à l'allocation supplémentaire vieillesse. Elle concerne 568 100 personnes fin 2018.
9. Le revenu de solidarité (RSO), créé en décembre 2001 et spécifique aux départements d'outre-mer (DOM), est versé aux personnes d'au moins 55 ans, bénéficiaires du RSA depuis au moins deux ans, qui s'engagent sur l'honneur à quitter définitivement le marché du travail. En 2018, 8 900 foyers environ bénéficient du RSO pour un montant total de 55 millions d'euros.
10. L'allocation pour demandeur d'asile (ADA), mise en place le 1er novembre 2015, s'adresse aux demandeurs d'asile, aux étrangers couverts par la protection temporaire et aux étrangers victimes du proxénétisme ou de la traite des êtres humains.

II. Pauvreté : les chiffres-clés

A. La pauvreté en France

Depuis la crise économique de 2008, les inégalités se sont creusées, éloignant davantage encore dans l'échelle des revenus disponibles les 10 % des Français les plus modestes des 10 % des Français les plus aisés.

En 2018, en France métropolitaine, le niveau de vie médian de la population s'élève à 21 250 euros annuels, soit 0,3 % de plus qu'en 2017 en euros constants. Il poursuit sa lente progression depuis cinq ans, après avoir diminué à la suite de la crise économique de 2008. Les 10 % de personnes les plus modestes ont un niveau de vie inférieur à 11 210 euros. Les 10 % les plus aisées ont un niveau de vie au moins 3,5 fois supérieur, au-delà de 39 130 euros.

En 2018, les niveaux de vie évoluent de façon contrastée. Celui des ménages les plus aisés augmente nettement. Il bénéficie de la progression des revenus du patrimoine, liée à la forte hausse des dividendes dans un contexte de fiscalité plus incitative à leur distribution plutôt qu'à leur capitalisation et d'une hausse des revenus d'activité. Celui des ménages les plus modestes se replie, principalement en raison d'une baisse des allocations logement.

La France compte en 2018 5,2 millions de personnes (soit 8,3 % de la population) vivant sous le seuil de pauvreté à 50 % ou 9,3 millions sous celui à 60 % (soit 14,8 % de la population).

Sans surprise, ce sont les familles monoparentales qui sont les plus exposées à la pauvreté. Le niveau de vie des familles monoparentales, très présentes parmi les familles pauvres, a été davantage pénalisé par la réforme des aides au logement : une famille monoparentale sur deux (50,4 %) bénéficie d'une allocation logement, contre 22 % de l'ensemble des ménages. Pour les membres d'une famille monoparentale, le taux de pauvreté augmente fortement en 2018 (35,3 % après 33,6 % en 2017), sans tenir compte de la baisse des loyers dans le parc social. Le taux de pauvreté des personnes vivant dans un ménage composé d'un couple avec un ou deux enfants s'accroît bien plus faiblement (9,3 % après 8,9 % en 2017), Le taux de pauvreté des enfants de moins de 18 ans augmente de 0,9 point pour atteindre 21,0 % en 2018.

La pauvreté n'affecte pas non plus l'ensemble du territoire de manière identique. La proportion de personnes dont le niveau de vie est inférieur au seuil de pauvreté national est deux à quatre fois plus élevée dans les quatre départements d'outre-mer (DOM) historiques (Guadeloupe, Martinique, Guyane et La Réunion) qu'en France métropolitaine, et cinq fois plus à Mayotte. En France métropolitaine, le taux de pauvreté atteint 27,9 % en Seine-Saint-Denis et est important dans la plupart des départements du pourtour méditerranéen, en Corse et le long de la frontière belge. À l'inverse, il est relativement plus faible dans les départements de l'ouest, de l'ancienne région Franche-Comté et du nord des Alpes. Le taux de pauvreté est inférieur à 10 % en Vendée, en Savoie, Haute-Savoie et dans les Yvelines.

Les prestations sociales dans leur ensemble ont une incidence forte sur la réduction de la pauvreté monétaire. En 2017, la proportion de personnes situées sous le seuil de pauvreté, qui correspond au taux de pauvreté, est ainsi réduite de 8 points : en d'autres termes, ce ne sont pas 14,1 % de la population qui seraient pauvres mais plus de 22,1 % si ces minima sociaux n'existaient pas. L'effet de la redistribution est particulièrement marqué pour les familles monoparentales (–20,9 points pour celles avec au moins 2 enfants), pour les personnes de moins de 20 ans (–12,9 points) et pour les personnes en situation de handicap ou de perte d'autonomie (–13,1 points). En effet, les prestations sociales non contributives représentent au total 41 % de leur revenu disponible (13 % de minima sociaux, 14 % d'aides au logement, 11 % de prestations familiales et 3 % de prime d'activité). Elles augmentent le niveau de vie des personnes pauvres de 346 euros par mois en moyenne. Leur fonction redistributrice n'est donc plus à démontrer.

B. La pauvreté dans le monde

Quelques chiffres donnés par le Programme des Nations unies pour le développement permettant de se faire une idée de la pauvreté et des inégalités massives qui existent dans le monde actuel. Ainsi, le PNUD estime que 20 % de la population mondiale détient 90 % des richesses. Pis, selon l'ONG Oxfam, 8 personnes détiennent autant de richesse que les 3,5 milliards de personnes les plus pauvres de la planète soit la moitié de la population.

À l'inverse, plus d'un milliard d'êtres humains vivent avec moins d'un dollar par jour, et 2,8 milliards de personnes, soit près de la moitié de la population mondiale, vivent avec moins de 2 dollars par jour.

De même 448 millions d'enfants souffrent d'insuffisance pondérale, tandis que plus d'un milliard de personnes n'ont pas accès à de l'eau salubre. Ainsi, chaque jour, 30 000 enfants de moins de cinq ans meurent de maladies qui auraient pu être évitées

La pandémie de Covid-19 risque malheureusement d'aggraver la situation. En effet, pour la première fois depuis plus de vingt ans, le taux mondial d'extrême pauvreté devrait augmenter en 2020, prévoit la Banque mondiale, en mettant en lumière les conséquences aggravantes de la pandémie de coronavirus (COVID-19) sur la réduction de la pauvreté, déjà freinée par les conflits et le changement climatique.

Selon le rapport bisannuel sur la pauvreté et la prospérité partagée publié aujourd'hui, la pandémie risque d'entraîner environ 120 millions de personnes supplémentaires dans l'extrême pauvreté cette année et jusqu'à 160 millions d'ici à 2021, en fonction de la gravité de la récession économique. L'extrême pauvreté, dont le seuil est fixé à moins de 1,90 dollar par jour, devrait ainsi toucher entre 9,1 % et 9,4 % de la population mondiale en 2020, soit un retour en arrière de l'ordre du taux de 9,2 % enregistré en 2017. Sans les bouleversements induits par la pandémie à travers le monde, ce chiffre aurait dû tomber à 7,9 % en 2020.

III. Pauvreté, inégalités de santé et Covid-19

A. Inégalités sociales et inégalités de santé

À âge et à sexe égal, l'existence et l'importance des problèmes de santé sont d'abord liées à la position sociale et au niveau d'études. Tous les indicateurs, que ce soit l'état général de santé déclaré, la mortalité, la mortalité prématurée, l'espérance de vie, la morbidité déclarée ou mesurée ou le recours aux soins, font apparaître un gradient selon la catégorie professionnelle ou le niveau d'études. On observe une diminution graduelle du risque-tout au long de la hiérarchie sociale sans aucun effet de seuil. Ce phénomène est connu sous le terme de « gradient social de santé ».

En fait, le gradient sociale de santé et les inégalités sociales de santé apparaissent avant même la naissance, avec des différences de suivi prénatal et de comportements à risque pour l'enfant à naître. Ainsi, selon l'étude « France, portrait social. Édition 2020 », effectuée par l'INSEE, 94 % des femmes cadres déclarent ne pas avoir fumé pendant leur grossesse, contre 66 % des ouvrières. Dès la petite enfance, des inégalités de santé se développent. À 6 ans, les enfants de milieu social modeste sont plus souvent en surcharge pondérale et celle-ci persiste plus souvent au cours de l'enfance et de l'adolescence. En ce sens, si les inégalités sociales de santé apparaissent avant la naissance, elles se creusent durant l'enfance.

Les habitudes de vie, les facteurs culturels et économiques, ainsi que l'exposition environnementale contribuent à creuser les inégalités de santé durant l'enfance. Ainsi, les enfants de familles favorisées ont une alimentation meilleure pour la santé, pratiquent plus souvent une activité sportive extra-scolaire et passent moins de temps devant les écrans. En 2015, 8 % des enfants de cadres contre 16 % des enfants d'ouvriers en CM2 passent au moins deux heures par jour devant un écran en semaine. Consulter un dentiste à titre préventif est moins fréquent chez les enfants de familles modestes et, en CM2 comme en troisième, les élèves en éducation prioritaire ont deux fois plus souvent que les autres des troubles non corrigés de la vision de loin (10 % contre 5 % hors éducation prioritaire en troisième en 2017).

En revanche, à la sortie de l'adolescence, la consommation de substances psychoactives, en particulier de boissons alcoolisées, est plus fréquente dans les milieux sociaux favorisés, à l'exception du tabagisme quotidien. À 17 ans, les adolescents issus de familles favorisées se perçoivent aussi plus souvent en bonne santé que ceux de familles défavorisées.

Ce sont donc souvent les mêmes populations, les moins favorisées (faible revenu, peu diplômées), qui cumulent les expositions aux différents facteurs de risque pour la santé, dans l'environnement professionnel (exposition au travail physiquement pénible, au travail de nuit, aux produits toxiques, etc.) ou familial (bruit, mauvaise qualité de l'air ou de l'eau, etc.). Ce sont aussi celles dont les comportements (alimentaires, d'activité physique, de prévention, etc.) sont les moins favorables à la santé. Les inégalités de recours aux soins contribuent à la plus grande fréquence des problèmes de santé, mais aussi à leur retentissement plus important pour les plus démunis.

Si l'on se réfère au seul niveau de revenu, les inégalités sont très marquées. Ainsi, selon une étude de l'INSEE parue en février 2018, parmi les 5 % les plus aisés, l'espérance de vie à la naissance des hommes est de 84,4 ans, contre 71,7 ans parmi les 5 % les plus pauvres, soit 13 ans d'écart. Chez les femmes, cet écart est plus faible : 8 ans séparent les plus aisées des plus pauvres. Les personnes les plus aisées ont plus souvent un diplôme du supérieur, mais cela n'explique qu'en partie les écarts d'espérance de vie selon le niveau de vie. Avec ou sans diplôme, plus on est aisé, plus l'espérance de vie augmente.

Les inégalités sociales de mortalité demeurent stables depuis plusieurs décennies : sur la période 2009-2013, l'écart d'espérance de vie à 35 ans entre cadres et ouvriers est de 6,4 ans pour les hommes et de 3,2 ans pour les femmes, en légère augmentation depuis la période 2000-2008. Ainsi, à 35 ans, un homme cadre peut espérer vivre jusqu'à 84 ans, contre 77,6 ans pour un ouvrier. Une femme cadre peut quant à elle espérer vivre jusqu'à 88 ans, contre 74,8 pour une ouvrière.

Le lien entre le milieu social et les conséquences des maladies et accidents que sont les incapacités et les handicaps a aussi été clairement mis en évidence. Des études ont ainsi montré que les écarts d'espérance de vie entre milieux sociaux sont accrus si l'on décompte les années de vie passées en incapacité : les ouvriers ont donc non seulement une durée moyenne de vie inférieure (41 ans pour ouvrier,

47 ans pour un cadre), mais passent en outre un plus grand nombre d'années de vie en incapacité que les cadres. À 35 ans, un ouvrier peut espérer vivre 24 ans sans incapacité, un cadre peut espérer vivre 34 ans sans incapacité. Le premier n'atteindra pas l'âge de la retraite (60 ans) sans incapacité, le second bénéficiera de 9 ans de retraite sans incapacité. En relation avec le revenu, le travail est donc un déterminant essentiel de la santé.

B. Le confinement : miroir des inégalités sociales de santé

La crise du Covid-19 a été un révélateur de ces inégalités, en même temps qu'elle les a aggravées. Ainsi, en France, en mars-avril 2020, un surcroît de 27 000 décès (+ 27 %) est survenu, toutes causes confondues, par rapport à la même période en 2019, essentiellement en raison de la surmortalité provoquée par la Covid-19. L'Île-de-France (+ 91 %) et le Grand Est (+ 55 %) ont été les régions les plus affectées. Les personnes les plus âgées, celles nées à l'étranger et celles habitant dans les communes les plus pauvres et les plus denses ont été les plus touchées. Ainsi les personnes nées au Maghreb ont subi une surmortalité de +54 %, celles nées en Asie de +91 % et celles nées en Afrique de +114 %, tandis que la surmortalité des personnes nées en France était de +22 %.

Le risque d'exposition au virus varie selon les milieux sociaux : ouvriers et employés ont plus souvent continué à se rendre au travail à l'extérieur, les personnes les plus modestes vivent plus souvent dans des communes denses et des logements surpeuplés. De plus, ces dernières souffrent plus souvent d'obésité ou d'une pathologie associée à un risque élevé de développer une forme grave de Covid-19.

715 000 emplois ont été détruits au premier semestre 2020, en premier lieu dans l'intérim. Cependant, la chute de l'activité économique provient essentiellement des personnes restées en emploi : leur temps de travail s'est réduit de 34 % en moyenne du 16 mars au 10 mai par rapport à la même période en 2019. Le chômage partiel a concerné principalement les ouvriers (54 %) et les employés (36 %), tandis que les cadres ont plus largement travaillé à leur domicile (81 %). Un quart des ménages estime que sa situation financière s'est dégradée avec le confinement, plus particulièrement ceux qui ont réduit leur activité, ceux ayant des enfants et ceux dont les revenus étaient initialement bas. Pour l'avenir, un quart des personnes pensaient, fin avril, rencontrer des difficultés pour payer leur loyer, leur crédit immobilier ou leurs charges dans les douze prochains mois.

Les personnes vivant seules ont, plus souvent que les couples, trouvé le confinement pénible (31 % contre 24 %). L'accès à un espace extérieur privatif et la taille du logement ont également pesé sur ce ressenti, plus particulièrement sur les ménages modestes ou avec enfants.

En confinement, les femmes ont continué d'assumer l'essentiel des tâches domestiques et parentales, même quand elles travaillaient à l'extérieur : 19 % des femmes et 9 % des hommes de 20 à 60 ans ont consacré au moins quatre heures par jour en moyenne aux tâches domestiques ; 43 % des mères et 30 % des pères ont passé plus de six heures quotidiennes à s'occuper des enfants. 13 % des personnes en couple se sont disputées plus fréquemment que d'habitude.

Un tiers des élèves du second degré ayant des difficultés scolaires ont consacré trois heures ou plus à leur scolarité, contre la moitié des bons élèves. Les élèves de milieu modeste ou en difficulté scolaire ont plus souvent rencontré des difficultés matérielles ou pour se faire aider par leurs parents.

Durant le confinement, plus de personnes ont pratiqué la musique, la danse, le dessin, la peinture et la sculpture, le montage audio ou vidéo ou encore des activités scientifiques ou techniques. Les écarts sociaux dans les pratiques culturelles en amateur se sont réduits.

Ainsi, alors que la morbidité est inversement proportionnelle au niveau de revenu, au sens où plus on est pauvre et plus on est malade, on constate que les plus pauvres ont de plus en plus de mal à accéder aux soins, ce qui a pour effet général d'aggraver leur situation sanitaire, qui est déjà moins bonne que la moyenne des Français. Les inégalités de santé constituent ainsi le miroir des inégalités sociales.

Testez-vous

1. Concernant la pauvreté en France, cochez les bonnes réponses :

- ☐ **A.** On considère qu'en 2018, 9,3 millions de personnes sont pauvres.
- ☐ **B.** Le seuil de pauvreté, qui correspond à 60 % du niveau de vie médian de la population, est estimé à 1 063 € net en 2018.
- ☐ **C.** Les pauvres représentent 14,8 % de la population française.
- ☐ **D.** En 2018 on estime le nombre de bénéficiaires de minima sociaux à 4,25 millions.
- ☐ **E.** On compte, en 2020, 21 millions de bénéficiaires du RSA.

2. Combien y a-t-il de minima sociaux en France ?

- ☐ **A.** 2.
- ☐ **B.** 4.
- ☐ **C.** 8.
- ☐ **D.** 10.
- ☐ **E.** 12.

3. Combien de personnes vivent avec moins d'1 dollar par jour dans le monde aujourd'hui ?

- ☐ **A.** 500 millions.
- ☐ **B.** 1 milliard.
- ☐ **C.** 1,5 milliard.
- ☐ **D.** 2 milliards.
- ☐ **E.** 2,5 milliards.

4. L'écart moyen d'espérance de vie à 35 ans entre un cadre et un ouvrier est de :

- ☐ **A.** 3 ans.
- ☐ **B.** 5 ans.
- ☐ **C.** 7 ans.
- ☐ **D.** 9 ans.
- ☐ **E.** 12 ans.

5. L'écart moyen d'espérance de vie sans incapacité à 35 ans entre un cadre et un ouvrier est de :

- ☐ **A.** 4 ans.
- ☐ **B.** 6 ans.
- ☐ **C.** 8 ans.
- ☐ **D.** 10 ans.
- ☐ **E.** 12 ans.

39 La délinquance

> Comme on pouvait s'y attendre, les huit semaines de confinement qu'a connu la France du 17 mars au 10 mai, puis les 6 semaines du 30 octobre au 15 décembre 2 020, ont entraîné une baisse spectaculaire de la délinquance.
> Au total, sur l'année 2020, La plupart des indicateurs de la délinquance connaissent une baisse très nette : vols sans violence contre les personnes (-24 %) ; cambriolages de logements (-20 %) ; vols violents sans armes (-19 %) ; vols d'accessoires sur véhicules (-18 %) ; vols dans les véhicules (-17 %) ; vols de véhicules (-13 %) ; destructions et dégradations volontaires (-13 %) ; vols avec armes (-8 %). Néanmoins, trois indicateurs continuent d'augmenter : Trois indicateurs continuent d'augmenter en 2020 : les violences sexuelles (+3 %, après +12 % en 2019) ; les coups et blessures volontaires sur personnes de 15 ans ou plus (+1 %) après des hausses très marquées en 2018 et 2019 (+8 %) ; et les escroqueries (+1 % après +11 % en 2019).

I. Définitions

La délinquance se définit comme la transgression des normes juridiques propres à une société, c'est-à-dire la transgression des règles écrites et inscrites dans le droit.

Mais la vie en société n'est pas seulement encadrée par des normes écrites et juridiques, elle est également réglée par des normes qui n'ont pas besoin d'être écrites ni même explicitées, qui sont simplement apprises inconsciemment par les individus et qui ne se révèlent à eux que lorsqu'ils les transgressent. L'ensemble des normes écrites et non écrites, qui définissent la vie dans une société donnée, s'appellent les normes sociales.

La déviance se définit comme la transgression des normes sociales dans une société donnée. La délinquance n'est donc qu'une forme particulière de la déviance. Et l'objet de la sociologie est la déviance quelle que soit la forme particulière qu'elle prenne.

Enfin si la déviance est un objet de la sociologie, c'est aussi parce que comme le souligne le père fondateur de la sociologie française Émile Durkheim, en 1895 dans son ouvrage sur *Le suicide*, « la déviance est un phénomène normal au sens où c'est un phénomène propre à toutes les sociétés, il n'y a pas de société sans crime, sans déviance ».

II. Sociologie de la déviance

En 1963 le sociologue Howard Becker, publie un ouvrage intitulé *Outsiders*, que l'on peut traduire par « les exclus ou les étrangers ». Il fait partie d'une université qui prône l'enquête de terrain et qu'on appelle l'école de Chicago. À partir d'une enquête sur les fumeurs de marijuana, sévèrement réprimés à l'époque, il va poser les bases de toute la sociologie de la déviance. Selon lui la déviance dépend moins de l'acte commis que de la réaction des autres : c'est la théorie de l'étiquetage (ou *labelling*).

A. La déviance ne dépend pas de l'acte commis

Le premier apport de l'enquête de Becker consiste à avoir démontré pour la première fois que la déviance ne réside pas dans la nature, dans la qualité de l'acte commis. Pour comprendre cela, il souligne que la déviance recouvre deux phénomènes qui parfois se recoupent et parfois sont distincts: le fait de transgresser la norme et le fait que cette transgression soit officiellement reconnue.

Il illustre ensuite cette idée en distinguant quatre cas de figure (deux cas simples et deux autres moins simples):

- **Cas simple**: l'individu se conforme à la norme et il est reconnu comme tel, il est donc non-déviant;
- **Cas simple**: l'individu transgresse une norme, et il est reconnu comme tel par la société, il est donc ce qu'on peut appeler «un déviant pur»;
- L'individu transgresse une norme mais personne ne le sait, il s'agit donc d'un «déviant secret»;
- L'individu ne transgresse pas de normes et pourtant la société le considère comme déviant: il est accusé à tort.

B. La déviance dépend de la réaction des autres

Étudier la déviance c'est donc pour Becker s'interroger sur ceux qui font appliquer les normes, sanctionnent les déviants et donc apposent aux autres l'étiquette de déviant. Tout d'abord il souligne qu'il y a deux cas de figure en cas de transgression réelle ou supposée d'une norme:

1. Soit seuls les membres du groupe qui se sentent concernés directement par cette transgression se mobilisent, soit l'ensemble des membres du groupe se mobilisent car ils jugent qu'ils sont tous concernés autrement dit que le groupe est menacé. La question qui se pose alors est celle de savoir dans quelle mesure les groupes sont capables d'imposer leurs normes aux autres. Elles peuvent être imposées par la violence et la force physique (c'est le rôle de la police dans nos sociétés que de disposer du monopole de la violence légitime). Elles peuvent être imposées par la menace de la sanction ou par la sanction elle-même. La sanction peut aller de la stigmatisation jusqu'à l'exclusion, dans tous les cas réussir à faire respecter une norme suppose d'avoir plus de pouvoir que les transgresseurs;
2. Mais il y a aussi les déviances qui ne font pas réagir le reste du groupe car la réaction varie en fonction des contextes historiques. Des comportements normaux a un moment peuvent devenir des délits et inversement. L'exemple de l'avortement est symbolique sur ce point.

Howard Becker peut alors proposer une définition de la déviance: «je considérerais la déviance comme le produit d'une transaction effectuée entre un groupe social et un individu qui aux yeux du groupe a transgressé une norme.» La perspective qu'il adopte appartient à ce qu'on appelle la sociologie interactionniste: elle s'intéresse aux interactions, aux actions réciproques entre groupes ou entre individus et groupes.

C. Comment expliquer la déviance ? Les étapes de la « carrière »

Étant donné sa définition de la déviance Becker souligne qu'expliquer la déviance revient à expliquer le processus au terme duquel un individu est étiqueté comme déviant. Pour penser cela, il propose de décrire les différentes étapes de ce qu'il appelle la « carrière déviante ». À chaque étape la carrière peut prendre fin, il y a des carrières déviantes réussies et d'autres qui s'arrêtent en cours de chemin.

1. L'entrée dans la carrière : le rôle des interactions entre le futur déviant et le groupe déviant

Selon Becker, être déviant n'est pas un processus qui se fait du jour au lendemain : on rentre progressivement dans une carrière de déviant. Il distingue trois étapes de la carrière de déviant :

- **Étape 1** : l'apprentissage de la technique : la déviance suppose d'abord un apprentissage de la technique qui va permettre l'accomplissement d'un acte déviant. Il faut donc non seulement connaître un groupe déviant mais aussi que ceux-ci apprennent à l'individu la technique ;
- **Étape 2** : l'apprentissage de la perception des effets : la technique ne suffit pas, il faut apprendre à percevoir par exemple les effets de la drogue ;
- **Étape 3** : l'apprentissage du goût pour les effets : les fumeurs n'aiment pas d'emblée les effets de la drogue, ce sont les sensations de vertige et d'angoisse qui prédominent chez les nouveaux déviants. Là encore ce sont les interactions avec les autres qui vont produire le goût pour les effets.

2. Le maintien dans la carrière : le rôle des interactions entre le groupe déviant et les autres groupes sociaux

Le maintien dans la carrière passe là aussi par trois étapes :

- L'utilisateur régulier doit trouver les moyens de s'approvisionner alors que l'usage de la drogue est interdit. Cette première étape suppose que le déviant noue et entretienne des relations avec des groupes déviants qui vont rendre possible la répétition de son acte déviant (ici par exemple les revendeurs de drogue) ;
- Les déviants essaient de garder secrète leur déviance car il faut éviter à tout prix la stigmatisation. Pour cela les déviants peuvent au départ essayer de masquer leur déviance, mais surtout ils vont prendre de la distance avec les non-déviants. Ils rompent ainsi progressivement les relations qu'ils ont encore avec des individus qui les découragent à se droguer et se coupent des autres groupes sociaux ;
- Progressivement les déviants se forgent leur propre morale, une justification de leur comportement contre la morale dominante qui les condamne. Par exemple, ils vont dire que fumer du cannabis est moins dangereux que boire de l'alcool. Ils se forgent ainsi leur propre sous-culture de groupe déviant.

III. La délinquance en France

A. Crimes et délits

Le service statistique ministériel de la sécurité intérieure (SSMSI), créé en 2014 au sein du ministère de l'Intérieur, a publié en avril 2021 son bilan de la délinquance en 2020.

L'année 2020 a été marquée par deux confinements qui ont modifié les tendances observées ces dernières années en matière de délinquance et d'insécurité. Trois indicateurs qui étaient en forte hausse en 2019 (en particulier les violences sexuelles et familiales) continuent d'augmenter en 2020 mais de façon plus modérée. Les autres indicateurs (vols sans violence contre les personnes, cambriolages, vols de véhicules...) sont en forte baisse.

Trois indicateurs continuent d'augmenter en 2020 :

- violences sexuelles (+3 %, après +12 % en 2019) ;
- coups et blessures volontaires sur personnes de 15 ans ou plus (+1 %) après des hausses très marquées en 2018 et 2019 (+8 %) ;
- escroqueries (+1 % après +11 % en 2019).

Comptabilisés dans les violences sexuelles, les viols connaissent une forte hausse (+11 %). Le ministère de l'intérieur souligne que l'augmentation de cet indicateur peut s'expliquer par la libération de la parole des victimes sur les différents réseaux sociaux ces dernières années.

La hausse des coups et blessures volontaires enregistrée est liée à celle des violences intrafamiliales (+9 % en 2020, avec un pic lors du premier confinement). 85 % des victimes de coups et blessures volontaires dans le cadre intrafamilial sont des femmes. La hausse des plaintes, amorcée en 2018, pourrait être l'effet du Grenelle des violences conjugales, qui s'est tenu en novembre 2019.

Dans la catégorie des escroqueries enregistrées en 2020, les escroqueries et abus de confiance poursuivent leur hausse (+6 % après +13 % en 2019) malgré une baisse lors du premier confinement au printemps 2020. Néanmoins, les falsifications et usages de cartes de crédit, qui avaient fortement augmenté en 2019 (+16 %), diminuent en 2020 (–9 %). Il en est de même pour les falsifications et usages de chèques volés (–21 %).

Le nombre des **victimes d'homicides** baisse en 2020 (17 victimes en moins par rapport à 2019). 863 personnes ont été tuées, dont 7 en lien avec un attentat terroriste. La Corse et la Provence-Alpes-Côte-d'Azur sont les régions qui enregistrent le plus fort taux d'homicides par habitant (respectivement 3 pour 100 000 habitants et 2 pour 100 000 habitants). Par ailleurs, les territoires d'Outre-mer restent globalement plus exposés que la métropole aux infractions violentes.

La **plupart des autres indicateurs** de la délinquance connaissent une **baisse très nette** en 2020 :

- vols sans violence contre les personnes (–24 %) ;

- cambriolages de logements (–20 %) ;
- vols violents sans armes (–19 %) ;
- vols d'accessoires sur véhicules (–18 %) ;
- vols dans les véhicules (–17 %) ;
- vols de véhicules (–13 %) ;
- destructions et dégradations volontaires (–13 %) ;
- vols avec armes (–8 %).

Nombre de faits constatés en 2020 et taux d'évolution annuelle

	Nombre de faits constatés en 2020 (taux de variation annuel par rapport à 2019)
Homicides (y compris coups et blessures volontaires suivis de mort)	863 (–2 %)
Coups et blessures volontaires (sur personnes de 15 ans ou plus)	260 500 (+1 %)
Violences sexuelles, dont :	54 800 (+3 %)
– Viols	24 800 (+11 %)
– Autres agressions sexuelles (y compris harcèlement sexuel)	30 100 (–8 %)
Vols avec armes (armes à feu, armes blanches ou par destination)	6 900 (–8 %)
Vols violents sans arme	63 700 (–19 %)
Vols sans violence contre des personnes	543 700 (–24 %)
Cambriolages de logements	185 600 (–20 %)
Vols de véhicules (automobiles ou deux roues motorisés)	119 700 (–13 %)
Vols dans les véhicules	218 500 (–17 %)
Vols d'accessoires sur véhicules	73 200 (–18 %)
Destructions et dégradations volontaires	523 500 (–13 %)
Escroqueries et infractions assimilées	362 700 (+1 %)

Champ : France métropolitaine.
Source : SSMSI, Base des crimes et délits enregistrés par la police et la gendarmerie, données provisoires.

B. La délinquance routière

L'Observatoire national interministériel de la sécurité routière (ONISR) est un organisme interministériel français placé sous l'autorité du Délégué interministériel à la sécurité routière, créé en 1993 pour assurer, en matière de sécurité routière, la collecte, la mise en forme, l'interprétation et la diffusion des données statistiques nationales et internationales, le suivi des études, et l'évaluation des nouvelles mesures de sécurité prises ou envisagées. Entre autres missions, notamment d'information et de prévention, il publie chaque mois et chaque année les statistiques de l'insécurité routière.

1. Les délits

En 2019, plus de 26 millions d'infractions au code de la route ont été relevées par les forces de l'ordre nationales, l'ANTAI, et les polices municipales.

Attention, depuis 2018 plusieurs millions d'infractions au stationnement (celles concernant le non-paiement) sont devenues des « forfaits post-stationnement » et ne sont plus comptabilisées comme des infractions.

En 2019, un peu plus de 26 millions d'infractions au code de la route ont été relevées. Ceci comprend 8,1 millions d'infractions au stationnement gênants et/ou dangereux. En particulier les polices municipales ont relevé 7,4 millions d'infractions en Procès Verbal électronique (PVe), dont 6,2 millions concernent le stationnement gênants et/ou dangereux.

Hors polices municipales et à périmètre équivalent, le volume global des infractions relevées par les services de police, de gendarmerie nationale et par le dispositif de contrôle automatisé (CA), est de 18 265 268 infractions en 2019, contre 19 712 188 en 2018, soit −7,3 %.

Le nombre des délits routiers (654 734) augmente en 2019 (+4,0 %). La part des délits représente 3,6 % de l'ensemble des infractions. Concernant quelques types d'infractions, c'est la cinquième année de hausse traduisant un durcissement de certains comportements délictuels (notamment les usages de stupéfiants, +23,3 % et les délits de fuite après accident, +7,4 %).

Le nombre de contraventions liées au stationnement (1 173 666) est fortement réduit par rapport à 2017 puisqu'il ne reste que les infractions pour stationnement dangereux et en baisse (−2,8 %) par rapport à 2018. Ce type de contravention représente en 2019 6,7 % de l'ensemble des contraventions. Depuis 2018 l'infraction de non-paiement du stationnement a été transformé en forfait post-stationnement, une redevance due à la collectivité pour l'occupation de l'espace public.

Le nombre de contraventions hors stationnement (16 436 868) a diminué de −8,0 %.

12,9 millions d'infractions à la vitesse ont été constatées en 2019, soit −9,8 %. Cette forte baisse résulte en partie du vandalisme du dispositif du contrôle automatisé et d'une réorganisation de l'activité des forces de l'ordre pendant les mouvements sociaux du début de l'année 2019.

L'alcoolémie délictuelle (supérieure ou égale à 0,8 g/l de sang ou 0,40 mg/l d'air expiré et plus) est en baisse de −4,8 % avec 115 385 délits, représentant toujours 17,6 % des délits.

L'alcoolémie contraventionnelle (inférieure à 0,8 g/l de sang ou 0,40 mg/l d'air expiré) diminue de –14,0 % par rapport à 2018, avec 61 362 contraventions en 2019. 6 064 contraventions ont été dressées pour alcoolémie comprise entre 0,2 et 0,5 g/l pour des titulaires de permis probatoire ou de véhicule de transport en commun.

La verbalisation de la conduite de véhicule après **usage de stupéfiants** (ou refus de se soumettre au dépistage) continue d'augmenter avec 78 137 infractions relevées (+23,3 %) en 2019, soit 11,9 % des délits, en progression constante avec un engagement croissant des forces de l'ordre sur ce sujet.

Au 1er janvier 2020, le dispositif du CA compte 3 144 radars fixes ou déplaçables (dont 680 aux feux tricolores, 78 aux passages à niveau et 249 autonomes dits « chantiers ») ainsi que 950 radars mobiles (embarqués ou voiture-radar) mis en œuvre par les forces de l'ordre ou externalisés. Ces radars automatiques relèvent 71,4 % des contraventions au code de la route et 94 % des infractions à la vitesse.

Les infractions à la vitesse relevées par CA diminuent de –10,9 % avec 12,2 millions d'infractions relevées en 2019 (contre 13,6 millions en 2018). Les contraventions relatives au « franchissement de feu rouge » (feux tricolores ou passages à niveau) constatées par CA s'établissent à 411 526.

2. Les sanctions

12,7 millions points ont été retirés en 2019, soit 2 166 628 points de moins qu'en 2018 (–14,6 %) en lien avec la baisse des infractions relevées par le CA. Les principaux retraits de points sont : 8 200 335 points pour les excès de vitesse (–17,2 %), 1 195 860 points pour le non-respect d'un feu rouge (–15,6 %), 962 004 points pour l'usage d'un téléphone tenu en main (–8,0 %), 697 848 points pour alcoolémie (–13,8 %), 652 772 points pour le non-respect des règles de circulation (hors téléphone) (+2,4 %), 264 781 points pour non-port de la ceinture (–13,0 %), 188 046 points pour conduite après usage de stupéfiants (+14,7 %). 7 986 630 points ont été retirés suite à des infractions relevées par le dispositif du CA, en baisse de –19,2 % par rapport à 2018.

62 315 permis ont été invalidés pour solde de points nul, nombre qui baisse en 2019 de –8,3 % par rapport à 2018. Seules 121 personnes ont vu leur permis de conduire invalidé pour solde nul en n'ayant commis que des infractions à un point. 3 613 105 titulaires du permis de conduire ont vu leur capital de points rétabli au nombre initial de 12 points après 2 ou 3 ans sans infraction. Ce chiffre est en hausse de +12,8 % par rapport à l'année 2018. 5 707 046 titulaires du permis de conduire ont récupéré un point sur leur permis après 6 mois sans infraction, ce chiffre est en baisse de –14,9 % par rapport à l'année 2018.

Les auteurs présumés d'accident mortel ont des comportements plus infractionnistes que la moyenne des conducteurs français. Ainsi, près de la moitié des auteurs présumés d'accident mortel (46,4 %) n'ont plus leurs 12 points sur leur permis de conduire contre 22 % de l'ensemble des titulaires du permis de conduire.

Plus de 420 700 auteurs d'infractions à la sécurité routière ont été orientés par les parquets en 2018, soit 21 % des auteurs orientés en 2018 d'après le ministère de la Justice. Les principales infractions sont : 165 041 infractions « papiers » (manquement ou irrégularité en matière de permis de conduire ou d'assurance) soit 39,5% des auteurs orientés, 167220 infractions liées au non-respect des règles de conduite (conduite en état alcoolique ou sous l'emprise de stupéfiant par exemple) soit 38,2%, 51030 infractions visant à échapper au contrôle soit 12,5%, 32167 atteintes aux personnes soit 8,5%.

En 2018, 258255 condamnations et compositions pénales ont sanctionné 346645 infractions à la sécurité routière, ce qui représente 42% de l'ensemble des condamnations. Le nombre de condamnations et le nombre d'infractions ont légèrement augmenté depuis 2014 mais leur poids dans l'ensemble des condamnations et des infractions est resté quasi constant sur les cinq dernières années (respectivement deux cinquièmes et un tiers).

3. Les blessés et les morts

La lutte contre l'accidentalité a permis de réduire la mortalité en métropole de 18000 personnes tuées en 1972 à 2780 personnes en 2020. En effet, 2780 personnes sont décédées sur les routes de France (métropole et outre-mer) en 2020 : ce chiffre, inférieur de 21% à celui de 2019 (3498 décès en 2019), est historiquement bas. Cette évolution s'explique en grande partie par les effets de la pandémie mondiale de la Covid-19.

En 2020, on dénombre 45121 accidents corporels de la circulation en France métropolitaine. 2780 personnes ont été tuées dans les 30 jours après leur accident. L'impact de l'évolution de la circulation liée à la pandémie est majeur sur la mortalité automobiliste : avec 1243 tués en 2020, elle représente pour la première fois moins de la moitié de la mortalité routière totale.

La mortalité baisse en particulier parmi les usagers de 75 ans et plus (–34%) : ces derniers, par crainte d'être contaminés, ont fortement limité leurs sorties et renoncé aux voyages, en sus des périodes de confinement imposées. Cependant leur taux de décès rapporté à leur population reste supérieur (56 tués par million d'habitants) à la moyenne (29 tués par million).

La mortalité piétonne (391 tués) est en baisse (–19%) mais cette baisse est inférieure à la moyenne. Plus de la moitié de cette mortalité concerne chaque année les seniors de 65 ans ou plus. En 2020, du fait de la crise sanitaire les jeunes seniors ont transféré leurs habitudes vers des loisirs de proximité et notamment vers la marche à pied.

La mortalité motocycliste (479 tués) baisse comme la moyenne, cumulant l'impact du confinement au printemps, habituellement signe de la reprise des sorties, et un temps pluvieux en juin et septembre.

A contrario la mortalité cycliste (178 tués) est restée proche de celle des années précédentes : en dehors de temps d'arrêt liés aux confinements, ce mode s'est développé en milieu urbain pour éviter les transports en commun ainsi qu'en milieu rural pour pratiquer des loisirs de proximité (+ 31% d'augmentation de la pratique sur les périodes hors confinements en milieu urbain et + 15% en milieu rural). On dénombre plus de blessés en ville, mais plus de tués hors agglomération du fait des vitesses élevées des autres usagers.

239 personnes sont décédées sur les routes outre-mer en 2020, 165 dans les départements d'outre-mer et 74 dans les collectivités d'outre-mer ou en Nouvelle-Calédonie. C'est inférieur de –6 % (soit 15 tués de moins) par rapport à 2019.

L'impact de la crise sanitaire sur les déplacements outre-mer n'est pas aussi marqué qu'en métropole : la mortalité routière baisse mais reste dans la fourchette de ces 10 dernières années.

IV. La prison

A. La prison selon Foucault

Dans son célèbre ouvrage *Surveiller et punir*, Michel Foucault indique que son utilisation comme peine sanctionnant la délinquance est un phénomène récent qui s'est réellement institué au cours du XIXe siècle, alors qu'auparavant la prison ne servait qu'à retenir les prisonniers dans l'attente d'une véritable peine, supplice, exécution ou bannissement. Les prisonniers étaient retenus dans un même espace avec leurs affaires personnelles et devaient payer leur nourriture.

Michel Foucault cite le « grand renfermement » ou encore la « nef des fous » comme exemples particuliers de privation de liberté antérieurs à l'époque moderne. Contrairement à la prison qui établit une peine à la mesure de la faute, il s'agissait de phénomènes d'exclusion où les populations déviantes (délinquants, fous, malades, orphelins, vagabonds, prostituées, etc.) étaient enfermées pêle-mêle en dehors du regard des honnêtes gens sans autre ambition que de les faire disparaître.

L'émergence de la prison s'est faite avec une mise au secret du traitement de la délinquance. Les exécutions publiques se sont tenues dans des lieux de plus en plus discrets jusqu'à être totalement retirées de la vue de la foule. Les supplices considérés comme barbares devaient être remplacés par autre chose. Foucault indique que le choix de la prison était plutôt un choix par défaut, à une époque où la problématique était encore très majoritairement de punir le délinquant ; la privation de liberté était la technique coercitive la plus évidente et la moins barbare qui pouvait être imaginée.

La prison est devenue ce que Foucault nomme une institution disciplinaire, son organisation visant un contrôle total du prisonnier par une surveillance discrète de tous les instants. Il a trouvé dans l'idée du panoptique de Jeremy Bentham la parfaite illustration de la nouvelle technique carcérale.

B. Les chiffres-clés de la prison

Au 1er janvier 2020, 244 928 personnes étaient ainsi sous la responsabilité de l'administration pénitentiaire, dont 70 % (162 668 personnes) en milieu ouvert et 30 % (82 260 personnes, pour 61 080 places) en milieu fermé. 98 962 sont sorties de prison en 2019, et 101 824 y sont entrées.

Au total il existe 187 établissements pénitentiaires en France : 81 maisons d'arrêt, 99 établissements pour peine, 6 établissements pénitentiaires pour mineurs, 1 établissement public de santé national à Fresnes.

L'administration pénitentiaire emploie plus de 42 000 agents dont près de 30 000 personnels de surveillance et 5 600 personnels des SPIP (Services d'insertion et de probation, au nombre de 103). Elle dispose d'un budget annuel d'environ 3,3 milliards d'ueros.

C. Les problèmes de la prison

La surpopulation carcérale constitue le problème majeur auquel sont confrontées les prisons françaises depuis des années, en raison de politiques pénales de plus en plus répressives qui conduisent de plus en plus de gens en prison. Ainsi, le nombre de personnes sous écrou est passé de 61 000 environ en 2007 à plus de 80 000 personnes en 2019, pour un peu plus de 60 000 places. Certains établissements (7 au total) atteignent ainsi une densité supérieure ou égale à 200 % (soit 2 détenus pour une place). Cette surpopulation carcérale a des conséquences désastreuses sur l'état de santé physique et mental des prisonniers. Ainsi, en 2019, 39 établissements pénitentiaires français ont été considérés comme exposant les personnes détenues à des traitements inhumains ou dégradants par la justice française et/ou par la Cour européenne des droits de l'homme.

Ceci peut expliquer pourquoi 119 détenus se sont suicidés en France en 2020, contre 94 en 2014.

Le taux de suicide en prison est égal à 16/10 000 (contre 14,6 en 2017). Il est sept fois plus élevé que dans le reste de la population et l'un des plus élevés en Europe. Près de la moitié des décès en prison sont des suicides.

Le risque de suicide est plus élevé au cours de la période de détention provisoire ou lors du placement en cellule disciplinaire. Une grande partie des suicides interviennent ainsi dans les premiers temps de la détention : environ 34 suicides pour 10 000 prévenus sont enregistrés contre près de 13 parmi les personnes condamnées. Les périodes de placement en cellule disciplinaire se caractérisent par un risque de suicide 15 fois supérieur à celui observé en cellule ordinaire. Plus l'infraction commise est grave et plus la peine encourue est longue, plus il y a de risques que la personne passe à l'acte. En effet, les auteurs d'homicides ou d'infractions aux mœurs se suicident davantage que les autres. Les personnes qui se suicident le plus en prison sont les hommes, de 37 ans en moyenne.

Enfin, en 2017 (derniers chiffres connus), l'administration pénitentiaire a dénombré : 15 évasions, 56 tentatives d'évasion, 9 prises d'otages, 4 314 agressions physiques contre le personnel, et 8 883 agressions entre personnes détenues dont 3 homicides.

Testez-vous

1. Selon Howard Becker, le déviant secret, c'est celui qui :

- ☐ **A.** transgresse la norme et est reconnu comme déviant.
- ☐ **B.** transgresse la norme mais n'est pas reconnu comme déviant.
- ☐ **C.** se conforme à la norme mais est reconnu comme déviant.
- ☐ **D.** se conforme à la norme et n'est pas reconnu comme déviant.
- ☐ **E.** Aucune des propositions précédentes.

2. Retrouvez le bon ordre dans les différentes étapes de l'entrée dans la carrière :

- ☐ **A.** Apprentissage de la perception des effets/apprentissage du goût pour les effets/apprentissage de la technique.
- ☐ **B.** Apprentissage de la perception des effets/apprentissage de la technique/apprentissage du goût pour les effets.
- ☐ **C.** Apprentissage de la technique/apprentissage du goût pour les effets/apprentissage de la perception des effets.
- ☐ **D.** Apprentissage de la technique/apprentissage de la perception des effets/apprentissage du goût pour les effets.
- ☐ **E.** Apprentissage du goût pour les effets/apprentissage de la technique/apprentissage de la perception des effets.

3. Retrouvez le bon ordre dans les différentes étapes du maintien dans la carrière :

- ☐ **A.** Le déviant doit garder sa déviance secrète/Le déviant doit trouver les moyens de s'approvisionner alors que l'usage de la drogue est interdit/Le déviant se forge une morale de groupe.
- ☐ **B.** Le déviant doit trouver les moyens de s'approvisionner alors que l'usage de la drogue est interdit/Le déviant se forge une morale de groupe/Le déviant doit garder sa déviance secrète.
- ☐ **C.** Le déviant doit trouver les moyens de s'approvisionner alors que l'usage de la drogue est interdit/Le déviant doit garder sa déviance secrète/Le déviant se forge une morale de groupe.
- ☐ **D.** Le déviant se forge une morale de groupe/Le déviant doit trouver les moyens de s'approvisionner alors que l'usage de la drogue est interdit/Le déviant doit garder sa déviance secrète.
- ☐ **E.** Le déviant se forge une morale de groupe/Le déviant doit garder sa déviance secrète/Le déviant doit trouver les moyens de s'approvisionner alors que l'usage de la drogue est interdit.

4. Combien de points de permis ont été retirés en 2019 en France ?

- ☐ **A.** 2,7 millions.
- ☐ **B.** 12,7 millions.
- ☐ **C.** 22,7 millions.
- ☐ **D.** 32,7 millions.
- ☐ **E.** 42,7 millions.

5. En 2020, combien de personnes sont détenues en prison en France ?

- ☐ **A.** 62 260.
- ☐ **B.** 72 260.
- ☐ **C.** 82 260.
- ☐ **D.** 92 260.
- ☐ **E.** 102 260.

40 Drogues et addictions

La question de la légalisation du cannabis et plus généralement des autres drogues, ou plus précisément des substances psychoactives, constitue un débat récurrent dans de nombreuses sociétés, et en particulier la société française où la consommation de ces substances est parmi les plus élevées d'Europe. Ce débat prend néanmoins depuis quelques mois une tournure nettement plus favorable non seulement à la dépénalisation de la consommation de ces substances, mais aussi à la légalisation pure et simple de leur production et de leur consommation.
Ainsi, en même temps qu'ils votaient pour élire leur président Donald Trump, un certain nombre d'électeurs américains se prononçaient aussi pour ou contre la légalisation du cannabis, et majoritairement pour. Aujourd'hui ce sont 30 états sur les 50 que comptent les États-Unis qui ont rendu légale la consommation de cannabis. Le Canada, sous l'égide de son premier ministre Justin Trudeau, dont c'était une promesse de campagne, l'a aussi légalisé.
Si la question de la légalisation des substances psychoactives ne s'est jamais posée avec autant d'acuité en France et dans le monde, il reste que le débat sur cette question souffre d'un manque de clarté dû probablement à ses implications économiques, politiques et morales.
Il importe donc de connaître précisément de quoi l'on parle quand on parle de substances psychoactives, de drogues ou d'addictions, de connaître précisément la situation quant à cette consommation de substances en France, d'en déterminer les causes et les conséquences, afin éventuellement de proposer des solutions qui permettent de résoudre ce problème sanitaire et social majeur dans la France du XXIe siècle.

I. Définitions

Dans un premier temps, il convient de définir un certain nombre de termes qui sont utilisés aujourd'hui dans le cadre des addictions.

Tout d'abord, la notion de « substances psychoactives (ou SPA) » désigne des substances qui agissent sur le cerveau en :

- modifiant l'activité mentale, les sensations, le comportement, ce qui peut exposer les usagers de ces substances à des risques et à des dangers pour la santé, avec des conséquences sociales dans la vie quotidienne, et éventuellement entraîner une dépendance ;
- provoquant des effets somatiques (sur le corps) d'une grande diversité selon les propriétés de chacune, leurs effets et leur nocivité.

Le mot « addiction » est un terme anglo-saxon, d'origine latine, qui consiste selon le droit romain « à donner son corps en gage en réparation d'une dette non payée » : c'est en fait une forme d'esclavage où le débiteur devait payer sa dette par le travail.

Actuellement, on caractérise l'addiction par l'impossibilité répétée de contrôler un comportement pour l'individu en dépit de ses conséquences délétères (souffrance psychologique et troubles physiologiques). Ce terme s'applique à la fois aux substances psychoactives (tabac, alcool, médicaments psychotropes, drogues illicites) mais aussi à certains comportements (jeux de hasard et d'argent, jeux vidéo, etc.).

La « dépendance » désigne la sujétion à l'usage d'une substance psychoactive, dont la suppression induit un malaise psychique, voire physique, obligeant le sujet à pérenniser sa consommation. On distingue traditionnellement entre la dépendance physique et la dépendance psychique :

- La dépendance physique est l'*état pour lequel l'utilisation de la drogue est requise pour le maintien des fonctions physiologiques normales*. Elle est indiscutable pour certaines drogues : les opiacés et l'alcool. À l'occasion d'un sevrage, des perturbations d'ordre physiopathologique apparaissent dans les heures qui suivent l'arrêt des consommations : douleurs, anxiété, irritabilité, voire agressivité avec les proches. S'y associent d'autres manifestations neuro-végétatives (ex : mydriase, hypersalivation, sueurs, tremblements, insomnie) ;
- La dépendance psychique consiste dans l'envie de répéter à nouveau une prise de drogue qui va maintenir le niveau d'effet psychoactif recherché ou diminuer l'angoisse. En effet les SPA procurent toutes une dépendance psychique (à des degrés divers), comme des effets euphorisants, une excitation de l'imagination ou des effets calmants ou dysleptiques. Ce sont ces effets que le consommateur cherche à répéter.

La 5e édition du manuel des psychiatres américains, qu'on appelle communément le DSM-V, a résumé ces différents troubles en une entité diagnostique : le trouble lié à l'usage de substances. Celui se caractérise par un certain nombre de critères (11 critères), dont au moins 2 doivent avoir été présents sur une période de douze mois, pour considérer que la personne souffre de trouble lié à l'usage de substance :

- La substance est prise dans une quantité plus importante ou pour une période plus longue que prévue ;
- Il y a une envie persistante de substance et des efforts non couronnés de succès pour diminuer, contrôler ou arrêter la consommation ;
- Beaucoup de temps est passé à obtenir la substance, la consommer ou se remettre de ses effets ;
- *Cravan* ou très fort désir de consommer la substance ;
- Consommation répétée de substance empêchant de remplir des obligations professionnelles, scolaires ou personnelles ;
- Poursuite de la consommation de substance malgré des difficultés sociales ou interpersonnelles causées ou aggravées par la substance ;
- Abandon ou diminution d'activités sociales ou de loisirs à cause de la substance ;
- Consommation répétée de substance dans des situations où celles-ci pourraient être physiquement dangereuses ;
- Poursuite de la consommation de substance malgré la connaissance d'un problème physique ou psychologique causé ou aggravé par la substance ;
- Tolérance : c'est-à-dire le besoin d'augmenter les consommations de substance pour obtenir le même effet et la diminution de l'effet de la substance quand les doses restent les mêmes ;
- Sevrage : la substance est consommée pour éviter le syndrome de sevrage.

Les critères de sévérité sont les suivants. Le trouble est dit léger quand il y a 2 à 3 symptômes, modéré quand il y a 4 à 5 symptômes, sévère quand il y a 6 ou plus de symptômes.

II. Épidémiologie des addictions

Les enquêtes menées auprès d'un échantillon représentatif de la population française permettent de donner des estimations du nombre de consommateurs de substances psychoactives dans l'ensemble de la population (tableau 1).

Pour tous les types d'usage, l'alcool et le tabac sont les substances psychoactives les plus consommées en France. Le cannabis est de loin la substance illicite la plus consommée, 10 fois plus que la cocaïne ou l'ecstasy et 27 fois plus que l'héroïne.

À 17 ans, sur dix jeunes, neuf ont déjà bu de l'alcool, six ont essayé la cigarette et quatre ont expérimenté le cannabis. À cet âge, seule une minorité de jeunes n'a pris aucune de ces trois substances (12 %), ce qui traduit la forte accessibilité des substances psychoactives (licites ou illicites).

Tableau 1 : Estimation du nombre de consommateurs de substances psychoactives en France métropolitaine parmi les 11-75 ans (50,9 millions en 2019)

	Expérimentateurs	dont usagers dans l'année	dont réguliers	dont quotidiens
Alcool	**47 M**	43 M	9 M	5 M
Tabac	**36 M**	15 M	13 M	13 M
Cannabis	**18 M**	5 M	1,5 M	900 000
Cocaïne	**2,1 M**	600 000	//	//
Ecstasy	**1,9 M**	400 000	//	//
Héroïne	**500 000**	//	//	//
Médicaments psychotropes	**16 M**	11 M	//	//

Sources : *Drogues, Chiffres-clés*, 8e édition, juin 2019, OFDT.

Définitions

- **Expérimentation** : au moins un usage au cours de la vie.
- **Usage dans l'année (ou usage actuel)** : consommation au moins une fois au cours de l'année ; pour le tabac, cela inclut les personnes déclarant fumer actuellement, ne serait-ce que de temps en temps.
- **Usage régulier** : au moins trois consommations d'alcool dans la semaine, tabac quotidien, et consommation de cannabis au moins 10 fois au cours du mois ou au moins 120 fois au cours de l'année.

III. Causes des addictions

A. Neurobiologie des addictions

Les addictions comportementales se manifestent par une perte du contrôle des mécanismes naturels de recherche du plaisir et d'évitement de la souffrance, et par une perte de gestion des émotions positives et négatives.

Dans les addictions aux produits, les drogues viennent se greffer sur les voies du plaisir. Ce sont de véritables « leurres pharmacologiques », qui prennent la place des neuromédiateurs naturels. En fait, nous sommes fabriqués pour être dépendants. Les drogues interfèrent avec ces mécanismes de dépendance.

En effet, on a longtemps lié l'installation de la dépendance, chez l'usager de substances psychoactives, à ce qu'il est convenu d'appeler le système de récompense, aussi appelé, d'un point de vue neurobiologique, le circuit cérébral de la récompense : l'hypothalamus et l'aire tegmentale ventrale. Or, cette aire tegmentale est une des principales sources de dopamine (un neuromédiateur cérébral). Et tous les produits psycho-actifs qui déclenchent la dépendance chez l'homme comme l'amphétamine et la cocaïne, mais aussi comme la morphine, l'héroïne, la nicotine et l'alcool, augmentent la libération de cette dopamine dans le noyau accumbens. Toutes stimulent donc par ce biais le circuit de récompense.

La dopamine joue en effet un rôle central dans le système mésocortico-limbique (ou « système de la récompense »), car elle est le neurotransmetteur clé de ce système. Par exemple, les récompenses naturelles (nourriture, boisson, activité sexuelle) stimulent la sécrétion de dopamine à partir des neurones de l'aire tegmentale ventrale (ATV) dans le noyau accumbens. Cette stimulation entraîne une sensation de bien-être de courte durée.

Le problème est que, dans le cas de l'addiction, on assiste à un dérèglement du système de récompense, avec une activation anormale et répétée du système de récompense par la prise chronique de drogues : cela se traduit par une hyper-dopaminergie de durée prolongée (plusieurs minutes), soit directe en augmentant la libération de dopamine ou par inhibition de la recapture (cocaïne, ecstasy, amphétamine), soit indirecte par inhibition des neurones inhibiteurs (alcool, opiacés, benzodiazépines). Le problème est qu'il n'y a pas de phénomène d'habituation contrairement aux récompenses naturelles : en effet, le nombre et la fonctionnalité des récepteurs dopaminergiques du circuit de la récompense augmentent en réaction à cette sur-stimulation répétée, ce qui induit en retour des changements structuraux des neurones au niveau du système de récompense.

B. Les déterminants des addictions

Les déterminants des addictions sont appelés facteurs de vulnérabilité : ils agissent en synergie pour provoquer l'addiction. On parle de déterminisme biopsychosocial des addictions. Les individus sont donc inégaux face au risque de l'addiction. Pour faire simple, on peut dire que l'addiction est le produit d'interactions entre un Produit (le potentiel addictogène de ce produit), un Individu (son addictivité, c'est-à-dire la somme des facteurs de vulnérabilité de chaque individu à l'addiction) et un Environnement (l'ensemble des facteurs extérieurs à l'individu qui déterminent son rapport à l'addiction) : **A = P × I × E**.

1. Les facteurs psychologiques

L'addiction se situe entre l'impulsion (ou l'incapacité d'attendre) et la compulsion (ou le fait d'agir sans réfléchir), puisque l'individu recherche le plaisir lié aux effets du produit (impulsion) et a en même temps un urgent besoin de soulagement d'émotions pénibles (compulsion), notamment en cas de consommation prolongée ou de sevrage. En ce sens l'addiction est étroitement liée à la personnalité de chaque individu, la personnalité étant définie comme ce qu'il y a de relativement permanent et stable dans la dynamique de l'organisation d'une personne, comme la conjonction du tempérament (la base biologique de la personnalité) et du caractère (le versant acquis et conscient de la personnalité). La psychologie permet alors, en classant les différentes personnalités, de prédire l'addictivité du sujet, c'est-à-dire sa plus ou moins grande vulnérabilité à l'addiction.

On distingue ainsi classiquement deux types de modèles de personnalité : les **modèles dimensionnels** (ou conjoncturels au sens où ils s'appuient sur des traits de la personnalité, susceptibles de changer) et les **modèles structurels** (qui s'appuient eux sur les organisations de la personnalité, moins susceptibles de changement) :

a. Dans les modèles dimensionnels, on trouve deux types de personnalité susceptibles de rendre vulnérables aux addictions

- Les personnalités sensibles aux effets plaisants du produit, caractérisées par :
  - la recherche de sensations (dimension de la personnalité selon laquelle un sujet est plus ou moins avide de sensations fortes) ;
  - le faible évitement du danger (le sujet ne cherche pas éviter le danger, voire la recherche) ;
  - la recherche de nouveautés (le sujet cherche en permanence à faire des expériences nouvelles).
- Les personnalités sensibles aux effets apaisants du produit, caractérisées par :
  - une faible estime de soi ;
  - des réactions émotionnelles excessives ;
  - des difficultés relationnelles.

b. Dans les modèles structurels, on distingue trois types de personnalité, qui sont souvent associés aux addictions

- Les personnalités sociopathes ou psychopathes, que l'on retrouve dans 30 % des cas d'addictions, et qui sont caractérisées par :
  - une forte impulsivité : baisse des capacités d'attente ;
  - une intolérance aux frustrations ;
  - une instabilité, avec un besoin permanent de changement ;
  - des risques de désocialisation.

- Les personnalités dépendantes, caractérisées par :
  - un manque de confiance en soi ;
  - l'impossibilité de prendre une décision sans l'avis des autres ;
  - la difficulté à supporter la solitude ;
  - la recherche en permanence du soutien et de l'appui des autres.
- Les personnalités narcissiques, caractérisés par :
  - le sens élevé de leur propre importance ;
  - le besoin excessif d'être admiré ;
  - des attitudes arrogantes ou hautaines, qui cachent en fait une grande fragilité et le besoin permanent d'être rassuré.

2. Les facteurs psychopathologiques

On observe une comorbidité (association de deux ou plusieurs maladies) très fréquente entre addictions et certains troubles mentaux. Deux cas de figure sont possibles :

- soit les troubles mentaux sont primaires, c'est-à-dire antérieurs à la survenue de l'addiction : on parle alors d'addictions secondaires. C'est la théorie de l'automédication : le sujet « soigne » sa souffrance psychologique par l'alcool ou la drogue ;
- soit les troubles mentaux sont secondaires et apparaissent comme les conséquences des effets pharmacologiques, psychiques, somatiques de la prise chronique d'alcool ou de drogues.

On distingue :

- **La dépression** : les symptômes dépressifs sont fréquents chez les sujets en situation d'addiction. Dans 80 % des cas, les dépressions sont secondaires à l'addiction et disparaissent si le sevrage est maintenu pendant quatre semaines. De même, certaines maladies dépressives comme le trouble bipolaire (c'est-à-dire la succession d'états dépressifs et d'excitation maniaque chez un même sujet) favorisent la survenue d'addictions ;
- **L'anxiété** : on observe une comorbidité importante entre anxiété et addictions, avec en général une anxiété secondaire à l'intoxication, soit liée au sevrage, soit lié à l'effet anxiogène des drogues à fortes doses ;
- Deux maladies anxieuses sont des facteurs de vulnérabilité des addictions et sont en général antérieures à la prise de substances : le **trouble panique**, c'est-à-dire la répétition de crises d'angoisse aiguës chez un même sujet ; et les **phobies sociales**, c'est-à-dire la crainte angoissante du contact avec les autres. Dans ces deux cas, la prise de substances s'apparente à une automédication et est liée aux effets anxiolytiques à faibles doses de produits comme l'alcool, le cannabis ou l'héroïne.

3. Les facteurs culturels généraux

La culture d'un pays ou d'un groupe social donné peut constituer un facteur de risque de l'addiction. Ainsi, par exemple, l'incitation culturelle à la consommation d'alcool est très forte en France. En effet, l'alcool est un facteur de la culture tant qu'il a un rôle « festif » au sens où il accompagne les événements sociaux marquants (mariage, fêtes, retraites...). De même, chez les jeunes, les alcoolisations de groupe du week-end (le *binge-drinking*) constituent une pression culturelle importante. Pour le cannabis, l'incitation à sa consommation renvoie pression du groupe et à l'influence des « pairs » chez les adolescents : il est étroitement lié, surtout à cet âge, à l'idée de transgression sociale.

4. Les facteurs socio-économiques

Dans la mesure où les inégalités sociales sont étroitement corrélées aux inégalités de santé, les facteurs socio-économiques jouent un rôle important dans la survenue des addictions. Par exemple, la carte de la morbidité-mortalité alcoolique (c'est-à-dire à la fois l'alcoolisme, et les maladies liées à l'alcool) se superpose à celle du niveau socio-économique des régions : plus le niveau socio-économique est bas, plus la consommation d'alcool est élevée.

5. Les facteurs environnementaux/familiaux

L'environnement familial représente une source de vulnérabilité pour l'usage excessif d'alcool, de cannabis, d'héroïne. Cela peut être dû à des carences affectives dans l'enfance, des séparations précoces d'avec le milieu parental, des carences éducatives parentales, ou encore des traumatismes dans l'enfance (abus sexuels, violences parentales, alcoolisme de l'un ou des deux parents...).

6. Le potentiel « addictogène » des produits

L'un des facteurs de risque de l'addiction est la capacité pour un produit (ou un comportement) d'entraîner une addiction lorsqu'il est consommé de façon répétée : c'est le « potentiel addictogène » du produit. Ce potentiel est lié à la nature pharmacologique de la substance, et à sa capacité à mettre en jeu des systèmes de neuromédiateurs cérébraux (dopamine, sérotonine, endorphines), générateurs d'addictions. Ainsi, si le potentiel addictogène est élevé (l'héroïne par exemple) et les facteurs de risque nombreux, la survenue de l'addiction sera rapide. À l'inverse, si le potentiel addictogène du produit est peu ou moyennement élevé (alcool, cannabis, tabac), l'addiction ne surviendra qu'en cas de consommation massive, quotidienne, et si les facteurs de risque individuel sont élevés.

IV. Conséquences des addictions

A. Les dommages sanitaires liés au tabac et à l'alcool

En France, environ 75 000 décès par an, soit un décès sur sept, peuvent être attribués au tabagisme. Les pathologies principalement liées au tabac sont les cancers des bronches et des poumons (35 % des décès liés au tabac), les cancers des voies aéro-digestives supérieures, les maladies respiratoires et les maladies cardio-vasculaires. Ainsi, quelque 55 400 décès masculins et 19 900 décès féminins seraient imputables au tabac, principalement par cancer (46 445, dont 61 % du poumon).

35 ans de lutte contre le tabac

9 juillet 1976	Loi n° 76-616, dite « loi Veil » (JO du 10 juillet 1976). Il s'agit de la première loi française contre le tabagisme qui en réglemente notamment la publicité. Simone Veil, ministre de la Santé, lance la première campagne nationale télévisée de lutte contre le tabagisme « Sans tabac, prenons la vie à pleins poumons ».
24 mars 2003	Le président de la République, Jacques Chirac, qui avait annoncé le 14 juillet 2002 l'ouverture d'un grand chantier national de lutte contre le cancer, présente le plan Cancer : la « guerre au tabac » est déclarée.
Mai 2003	Campagne de publicité télévisée : « C'est surprenant tout ce qu'on peut mettre dans une cigarette » de l'INPES (Institut national de prévention et d'éducation pour la santé).
31 juillet 2003	Loi instaurant l'interdiction de vente de tabac aux mineurs de moins de 16 ans.
1er février 2007	Entrée en vigueur de l'interdiction de fumer sur les lieux de travail et dans les transports collectifs.
1er janvier 2008	Entrée en vigueur de l'extension de l'interdiction de fumer dans les lieux à usage collectif dits de convivialité : cafés, hôtels, restaurants, discothèques, casinos.
15 avril 2010	Obligation d'apposition de photographies en couleurs sur les paquets de tabac et de cigarettes en plus des avertissements sanitaires déjà présents.
21 juillet 2009	Adoption de la loi portant réforme de l'hôpital et relative aux patients, à la santé et aux territoires, dite « loi HPST » : adoption de plusieurs dispositions visant à encadrer l'offre et la vente d'alcool et de tabac (interdiction aux mineurs, élargissement des plages horaires d'interdiction de vente d'alcool dans les stations-service, interdiction des cigarettes aromatisées, obligation de proposer au même prix boissons alcoolisées et non alcoolisées durant les happy-hour).
26 janvier 2016	La loi de modernisation de notre système de santé met en œuvre les mesures préconisées par le Programme national de réduction du tabagisme (PNRT) : mise en œuvre du paquet de cigarettes neutre, interdiction de fumer dans un véhicule en présence d'enfants, obligation de transparence pour les industriels du tabac sur leurs dépenses de lobbying. La loi comprend enfin l'obligation de présentation d'une preuve de majorité pour l'achat de tabac et l'interdiction d'installation de nouveaux débits de tabac à proximité des établissements accueillant la jeunesse.

Le nombre de décès annuels attribuables à l'alcool en France est évalué à 41 000, dont un tiers par cancer et un quart par maladie cardio-vasculaire. Ce nombre correspond à 30 000 décès chez les hommes et 11 000 chez les femmes. Il est en baisse par rapport à l'estimation de 2009 (49 000), davantage en raison du recul de la mortalité pour les causes liées à l'alcool que de la diminution des volumes d'alcool consommés. Parmi ces décès, 39 % sont provoqués par des cancers, 24 % par des maladies cardio-vasculaires, 17 % par des maladies digestives, 13 % par des accidents ou des suicides et 7 % par d'autres causes. Le nombre de décès consécutifs à un accident de la route impliquant au moins un conducteur à l'alcoolémie illégale atteint 778 en France métropolitaine en 2017. Ce chiffre est en recul par rapport à 2015-2016, tout comme l'accidentalité globale, mais représente toujours une proportion d'environ 30 % de la mortalité routière. Pour un conducteur avec une alcoolémie égale ou supérieure à 0,5 g/l de sang, le risque d'être responsable d'un accident mortel de la circulation est multiplié par 17,8.

60 ans de lutte contre la consommation d'alcool

7 janvier 1959	Ordonnance stipulant l'interdiction de la vente d'alcool à des mineurs (JO du 9 janvier).
9 juillet 1970	Loi fixant pour la première fois un taux légal d'alcoolémie en matière de sécurité routière. Elle met en place deux paliers : une contravention si le taux est compris entre 0,8 et 1,2 g/l de sang et un délit si le taux est supérieur à 1,2 g/l de sang.
5 juillet 1974	La loi du 5 juillet 1974 complète l'ordonnance de 1959 en interdisant la vente d'alcool aux mineurs de moins de seize ans.
1984	Première campagne de lutte contre l'alcoolisme menée par le ministère des Affaires sociales et de la solidarité nationale : « Un verre ça va, trois verres, bonjour les dégâts. »
17 janvier 1986	Loi permettant aux officiers et aux agents de police judiciaire de confisquer immédiatement le permis de conduire d'un conducteur lorsque les épreuves de dépistage et son comportement permettent de présumer qu'il conduisait sous l'empire de l'état alcoolique (taux au moins égal à 0,8 g/l de sang).
10 janvier 1991	Loi Évin, relative à la lutte contre le tabagisme et l'alcoolisme ; elle constitue le fondement du dispositif légal dans ces domaines.
Décembre 1991	Première vague de la campagne contre l'alcool : « Tu t'es vu quand t'as bu ? » visant plus particulièrement les jeunes (cette campagne durera jusqu'en 1995).
11 juillet 1994	Décret portant le taux d'alcoolémie toléré au volant à 0,7 g/l de sang.
29 août 1995	Décret fixant le seuil d'alcoolémie pour la conduite d'un véhicule à 0,5 g/l de sang.
2 octobre 2006	Les bouteilles de boissons alcoolisées devront désormais porter soit un logo, soit une mention écrite prévenant les femmes des risques consécutifs à la consommation d'alcool pendant la grossesse.
21 juillet 2009	Adoption de la loi portant réforme de l'hôpital et relative aux patients, à la santé et aux territoires, dite « loi HPST » : adoption de plusieurs dispositions visant à encadrer l'offre et la vente d'alcool et de tabac (interdiction aux mineurs, élargissement des plages horaires d'interdiction de vente d'alcool dans les stations-service, interdiction des cigarettes aromatisées, obligation de proposer au même prix boissons alcoolisées et non alcoolisées durant les happy-hour).
26 janvier 2016	La loi de modernisation de notre système de santé entend réduire les phénomènes d'alcoolisation massive chez les jeunes. Pour cela, elle propose que les sanctions prévues contre le bizutage soient étendues à toute personne qui incite autrui à « consommer de l'alcool de manière excessive ». Elle prévoit également de combattre l'image festive et conviviale de l'ivresse diffusée par de nombreux jeux ou objets qui font la promotion de la consommation excessive d'alcool. Concrètement, la vente ou l'offre gratuite à des mineurs de tout objet (coques de « Smartphone », tee-shirts, etc.) vantant l'ivresse sera interdite.

B. Les dommages sanitaires liés aux drogues illicites

Le cannabis ne provoque pas de décès par intoxication aiguë (surdoses) comme cela peut-être le cas pour les opiacés. Il occupe sur le plan sanitaire une place spécifique par rapport aux autres drogues illicites. Sa toxicité, moins marquée, et donc moins évidente, a suscité et suscite encore discussions et recherches. Sa consommation serait responsable de 170 à 190 décès annuels par accidents de la circulation à la fin des années 2000. En effet, le risque d'être responsable d'un accident mortel est multiplié par 29 en cas de consommation conjointe d'alcool et de cannabis. Vingt-huit décès liés à la toxicité aiguë cardiovasculaire du cannabis ont été signalés en 2017.

L'usage de drogues peut entraîner des maladies infectieuses (Sida, hépatites, infections bactériennes) en lien avec les voies d'administration des substances, principalement l'injection, et des troubles induits par la substance elle-même (troubles du comportement ou surdoses). En 2017, 537 décès par surdose ont été dénombrés. En 2016, 66 nouveaux diagnostics de VIH ont été attribués à l'injection de drogues (soit 1 % de l'ensemble des diagnostics), en nette baisse par rapport à 2004 (222 diagnostics de séropositivité). La prévalence de la séropositivité au virus de l'hépatite C (VHC) est estimée à 64 %, mais reste beaucoup plus élevée que celle du VIH, estimée à 11 %.

35 ans de lutte contre la consommation d'héroïne

1969	Premier cas de décès par surdose recensé en France.
Juin 1984	Apparition des premiers cas de Sida diagnostiqués en France chez des toxicomanes.
13 mai 1987	Décret autorisant la mise en vente libre des seringues pour les personnes majeures, à l'initiative de Michèle Barzach, ministre de la Santé. Ce texte abolit le décret précédent qui réglementait l'accès aux seringues en obligeant à justifier de son identité. Le 11 août 1989, un nouveau décret officialise et pérennise la vente libre de seringues aux personnes majeures.
9 novembre 1993	Circulaire de la Direction générale de la santé (DGS) qui permet les premières prescriptions de méthadone aux usagers d'héroïne en France.
7 mars 1995	Décret permettant aux personnes physiques et aux associations à but non lucratif de délivrer des seringues stériles.
Mars 1995	Autorisation de mise sur le marché de la méthadone dans l'indication de « traitement substitutif des pharmacodépendances majeures aux opiacés dans le cadre d'une prise en charge médicale, sociale et psychologique ».
31 juillet 1995	Autorisation de mise sur le marché du Subutex® (buprénorphine haut dosage). Le produit sera mis sur le marché en février 1996.
26 janvier 2016	La loi de modernisation de notre système de santé réorganise les fondements et les moyens de la politique de réduction des risques des toxicomanes. Elle permet en particulier l'expérimentation, pendant 6 ans, d'un nouveau dispositif de réduction des risques auxquels s'exposent les toxicomanes : les « salles de consommation à moindre risque ». Il s'agit d'espaces supervisés par des professionnels assurant aux usagers de drogues injectables des conditions d'hygiène (pour éviter les risques infectieux) et leur permettant de recevoir conseils et aides spécifiques. Les expériences étrangères ont montré que ce dispositif permettait de diminuer les comportements à risque et les overdoses mortelles.

C. Les dommages sociaux et les problèmes judiciaires liés à l'alcool et aux drogues illicites

En 2017, on comptabilise plus de **199 000 interpellations** pour infraction à la législation sur les stupéfiants (ILS). Alors qu'on observait une hausse constante entre 1995 et 2013, une légère baisse se dessine depuis 2014 (passant de 214 000 en 2014 à 199 000 en 2017). Cette évolution touche autant les hommes que les femmes, même si les premiers restent très largement majoritaires, puisqu'ils représentent 90 % des mis en cause en 2017. Par ailleurs, le recul des mis en cause concerne principalement la consommation de stupéfiants, qui compte pour 80 % de l'ensemble. Le nombre des cas pour trafic est en légère hausse, passant de 13 000 en 2013 à près de 15 000 en 2017.

Entre 2013 et 2017, les condamnations (hors compositions pénales) pour ILS ont progressé de 16 %, passant de 56 300 à 67 500. Poursuivant une tendance ascendante depuis plus de trente ans, elles représentent à ce jour plus de 11 % des condamnations prononcées par les tribunaux. Cette augmentation reflète la hausse des condamnations pour détention-acquisition et usage de stupéfiants qui sont les deux principales ILS donnant lieu à des condamnations (respectivement 47 % et 50 %). Le recours aux peines d'emprisonnement est majoritaire dans la réponse donnée aux infractions de détention-acquisition (85 % en 2017) ; celles liées à l'usage de stupéfiants sont quant à elles principalement sanctionnées par des peines d'amende (70 % en 2017).

60 ans de lutte contre les stupéfiants

3 août 1953	Décret qui met en place l'Office central de répression du trafic illicite des stupéfiants (OCRTIS), chargé de centraliser les renseignements pouvant faciliter la recherche et la prévention du trafic illicite des toxiques stupéfiants et de coordonner les opérations tendant à la répression de ce trafic.
31 décembre 1970	Loi relative aux mesures sanitaires de lutte contre la toxicomanie et la répression du trafic et de l'usage de substances vénéneuses. Constitue depuis le cadre légal de la politique française de lutte contre les drogues.
18 juin 1999	Loi, dite « loi Gayssot », relative à la sécurité routière. Elle aborde la question de la consommation de stupéfiants. Son décret d'application instaure la recherche de stupéfiants chez tous les conducteurs impliqués dans un accident mortel entre le 1er octobre 2001 et le 30 septembre 2003 afin de mener à bien une enquête épidémiologique de grande envergure.
3 février 2003	La loi du 4 février 2003 crée un délit de conduite sous l'emprise de stupéfiants, passible de 2 ans d'emprisonnement et d'une peine de 4 500 euros d'amende.
30 juillet 2004	Publication du « plan gouvernemental de lutte contre les drogues illicites, le tabac et l'alcool, 2004-2008 », élaboré par la MILDT. Au même moment, le gouvernement annonce renoncer à une réforme de la loi de 1970.
9 août 2004	La loi n° 2004-806, relative à la politique de santé publique, annonce la préparation en 2004 d'un plan national de lutte pour limiter l'impact sur la santé de la violence, des comportements à risque et des conduites addictives. Cette loi confie à l'État la définition de la politique de réduction des risques en direction des usagers de drogue. Elle oblige par ailleurs les établissements scolaires à effectuer une action d'information par an sur les conséquences de la consommation d'alcool par les femmes enceintes et sur les conséquences de la consommation de drogues sur la santé.

5 mars 2007	Loi relative à la prévention de la délinquance qui prévoit notamment un alourdissement des peines prévues pour les infractions d'atteintes aux personnes en cas d'usage d'alcool ou de stupéfiants et l'extension de la mesure d'injonction thérapeutique à tous les stades de la procédure pénale pour les personnes dépendantes à l'alcool comme pour les usages de drogues illicites. La loi introduit aussi des « stages de sensibilisation aux dangers de l'usage de produits stupéfiants », obligatoires et payants.
16 février 2012	Circulaire CRIM visant à « améliorer le traitement judiciaire de l'usage de produits stupéfiants », en systématisant les sanctions pénales pour les consommateurs. Pour les usagers non dépendants, elle préconise d'éviter les classements sans suite, de limiter les mesures de rappel à la loi et de favoriser le recours aux stages de sensibilisation aux dangers de l'usage de produits stupéfiants et à l'ordonnance pénale délictuelle. Pour les usagers dépendants, elle recommande d'orienter la réponse pénale vers l'injonction thérapeutique, à tous les stades de la procédure pénale (à la fois comme alternative aux poursuites et comme modalité d'exécution d'une peine).
23 novembre 2018	Dans le cadre de l'examen en première lecture du projet de loi de programmation de la justice 2018-2022, l'Assemblée nationale adopte la création d'une amende forfaitaire délictuelle de 200 euros pour usage de stupéfiants.

D. Coût social des drogues en France

Le coût social en France a été estimé en 2010 à 122 milliards d'euros pour le tabac, 118 milliards pour l'alcool et 9 milliards pour les drogues illicites. Les niveaux de ces montants sont pour une très large part déterminés par le nombre de décès attribuables aux deux substances licites et par la valorisation de l'annee de vie humaine. Sa valeur a été fixée à 115 000 euros selon les recommandations d'un rapport du Commissariat général au plan sur l'évaluation socio-économique des investissements publics.

V. Prévention des conduites addictives

A. Les acteurs de la prévention

En France, la stratégie de prévention des usages de drogues se fonde sur l'intervention précoce auprès des jeunes, pour au moins retarder l'âge des premières consommations de drogues licites ou illicites, si ce n'est les éviter. Elle s'appuie sur une approche globale, définie à la fin des années 1990, c'est-à-dire une réponse préventive développée dans les divers milieux de vie sociale (y compris le cercle familial), sur l'ensemble des substances psychoactives (quel que soit leur statut légal) et sur toutes les facettes qu'elles recouvrent (y compris les potentiels effets positifs, pour une plus grande crédibilité du discours).

La **Mission Interministérielle de lutte contre les drogues et les conduites addictives (MILDECA)** coordonne la politique de prévention des usages de drogues licites ou illicites, en lien avec les ministères, au regard des orientations définies par les plans gouvernementaux.

Les Agences régionales de santé (ARS) définissent les orientations régionales en matière de prévention dans tous les secteurs de la santé publique, dont celui des addictions. Dans le cadre des programmes régionaux de santé publique (PRSP) qu'elles animent, elles peuvent financer des actions de prévention des usages de drogues. L'assurance-maladie – par le Fonds national de prévention, d'éducation et d'information sanitaire (FNPEIS) – et les mutuelles sont d'autres bailleurs de fonds potentiels.

Le milieu scolaire concentre le plus grand nombre d'actions de prévention. Il est d'ailleurs le seul pour lequel il existe une obligation légale d'information, au moins une fois par an, dans les collèges et lycées : d'une part sur les « conséquences de la consommation de drogues sur la santé, notamment concernant les effets neuropsychiques et comportementaux du cannabis », d'autre part, sur les « conséquences de la consommation d'alcool par les femmes enceintes sur le développement du fœtus ».

Depuis 2006, la prévention et l'éducation pour la santé trouvent un nouvel ancrage dans les missions fondamentales de l'Éducation nationale, à travers le « socle commun de connaissances et de compétences » (sociales, civiques, décisionnelles) que tout élève doit maîtriser à la fin de la scolarité obligatoire (décret du 11 juillet 2006). Parallèlement, des actions de prévention ad hoc peuvent être organisées par les établissements scolaires. Celles-ci impliquent largement la communauté éducative, pour leur coordination, voire leur réalisation. Elles font aussi fréquemment intervenir des acteurs spécialisés extérieurs auprès des élèves : les professionnels de prévention ou d'éducation pour la santé, généralement du secteur associatif, les gendarmes formateurs relais antidrogue (FRAD) ou les policiers formateurs antidrogue (PFAD). Ces intervenants associatifs relèvent principalement de centres de soins d'accompagnement et de prévention en addictologie (CSAPA), des instances régionales d'éducation et de promotion de la santé (IREPS) ou encore des comités régionaux ou départementaux de l'Association nationale de prévention en alcoologie et addictologie (ANPAA).

B. Historique de la prévention des addictions

30 ans de prévention des conduites addictives

8 janvier 1982	Décret qui met en place la Mission permanente de lutte contre la toxicomanie (MPLT), rattachée au ministère de la Solidarité nationale. Cette mission, est chargée de définir, d'animer et de coordonner la politique du gouvernement, notamment dans les domaines de la prévention, de l'information et de la formation ainsi que la réinsertion des toxicomanes et de participer aux activités internationales (Conseil de l'Europe et Nations unies).
7 février 1985	Décret mettant en place la Mission interministérielle de lutte contre la toxicomanie (MILT), rattachée au Premier ministre. Elle succède à la Mission permanente de lutte contre la toxicomanie.
1986	Première campagne nationale de prévention des toxicomanies : « La drogue, parlons-en avant qu'elle ne lui parle. » Campagne de l'Association pour la prévention des comportements toxicomaniaques : « La drogue, c'est de la merde. »

14 décembre 1990	Création de Drogues info service, service d'écoute téléphonique, qui deviendra Drogues alcool tabac info service en juin 2001.
8 février 1993	Création officielle de l'Observatoire européen des drogues et des toxicomanies (OEDT) : basé à Lisbonne, il sera opérationnel au début de l'année 1995.
5 mars 1993	Création de l'Observatoire français des drogues et des toxicomanies (OFDT), chargé de mettre en place un dispositif d'observation et de diffusion de l'information sur les drogues et les toxicomanies et de représenter la France au sein du REITOX (Réseau européen d'information sur les drogues et les toxicomanies animé par l'OEDT).
24 avril 1996	Décret mettant en place la Mission interministérielle de lutte contre la drogue et la toxicomanie (MILDT), placée sous l'autorité du Premier ministre.
26 avril 2000	Sortie du livret d'information de la MILDT « Drogues, savoir plus risquer moins », diffusé, au total, à 4,5 millions d'exemplaires.
9 novembre 2009	Le service national d'accueil téléphonique Datis (Drogues alcool tabac Info Service) devient Adalis (Addictions drogues alcool Info Service), dépendant du ministère de la Santé et placé sous l'autorité de l'INPES : 0800 23 13 13. http://www.drogues.gouv.fr/
27 janvier 2014	La Mission interministérielle de lutte contre la drogue et la toxicomanie (Mildt) présente un plan d'action contre les drogues et les addictions ciblant en particulier les jeunes, déclinaison du plan gouvernemental présenté le 19 septembre 2013. Doté d'un budget de 59 millions d'euros, ce plan prévoit 130 actions pour la période 2013-2017.
18 juin 2018	L'addiction aux jeux vidéo est désormais reconnue comme une maladie par l'OMS qui l'intègre dans la 11e version de la Classification internationale des maladies.
19 décembre 2018	Le nouveau Plan national de lutte contre les addictions 2018-2022, élaboré par la MILDECA, est adopté par le Gouvernement. Ce plan prône une approche envers l'ensemble des substances psychoactives (alcool, tabac, drogues illicites) et les autres formes de conduites addictives (jeux d'argent et de hasard, dopage) en mettant l'accent sur les écrans.

Chiffres-clés

Alcool	– 11,5 litres d'alcool pur par habitant âgé de 15 ans ou plus. – 10 % de buveurs quotidiens parmi les 18-75 ans. – 8,4 % de consommateurs réguliers parmi les jeunes de 17 ans. – Alcoolisations ponctuelles importantes dans le mois pour 16 % des 18-75 ans 44 % des jeunes de 17 ans. – Consommations supérieures aux recommandations pour 24 % des 18-75 ans, soit 10,6 millions de personnes concernées. – 142 000 consommateurs vus dans les centres spécialisés. – 41 000 décès par an attribuables à l'alcool. – 113 000 condamnations et compositions pénales pour conduite en état alcoolique (CEA). – Coût social de l'alcool : 120 milliards d'euros.

Tabac, chicha et cigarette électronique	- 49 740 tonnes de tabac vendues dans le réseau des buralistes. - 27 % des adultes de 18 à 75 ans et 25 % des adolescents de 17 ans sont des fumeurs quotidiens. - 50 % des jeunes de 17 ans ont expérimenté la chicha. - 2,7 % des 18 à 75 ans et 1,9 % des jeunes de 17 ans sont des vapoteurs quotidiens. - 3,4 millions de fumeurs ont recours à des traitements d'aide à l'arrêt du tabac. - 75 000 décès annuels attribuables au tabac. - Coût social du tabac : 120 milliards d'euros.
Cannabis	- 45 % des adultes de 18 à 64 ans ont expérimenté le cannabis. - 11 % sont des usagers actuels. - 39 % des jeunes de 17 ans ont expérimenté le cannabis et 7 % sont des fumeurs réguliers. - Usage problématique ou dépendance pour 3 % des 18-64 ans et 7 % des 17 ans. - 59 000 personnes prises en charge en raison de leur consommation de cannabis dans les CSAPA (Centres de Soin, d'Accompagnement et de Prévention en Addictologie). - 24 000 jeunes consommateurs de cannabis accueillis dans les CJC (Consultations Jeunes Consommateurs). - Conduire sous l'influence du cannabis multiplie par 1,7 le risque d'être responsable d'un accident mortel de la route. - 115 tonnes de cannabis saisies dont 85,4 tonnes de résine et 29,8 tonnes d'herbe. 136 600 plants saisis. - De 150 000 à 200 000 consommateurs ont recours à l'autoculture. - 10 € pour un gramme d'herbe, 5-7 € pour un gramme de résine. - La teneur moyenne en THC de la résine de cannabis a presque triplé en quinze ans, pour atteindre 26,5 % en 2018, tandis que celle de l'herbe a augmenté de 40 %, pour atteindre plus de 11 % en 2018.
Cocaïne dont cocaïne basée (crack, freebase)	- 5,6 % des adultes ont expérimenté la cocaïne et 1,6 % sont des usagers actuels. - 2,8 % des jeunes de 17 ans ont expérimenté la cocaïne. - 16,4 tonnes de cocaïne saisies. - 70-80 € le gramme de cocaïne. - Pour la cocaïne, le taux moyen de pureté des échantillons saisis dans la rue (< 10 g) atteint près de 59 %, alors qu'il était de 35 % en 2009.
MDMA/Ecstasy	- 5,0 % des adultes ont expérimenté la MDMA/ecstasy. - 1,0 % sont des usagers actuels. - 3,4 % des 17 ans ont expérimenté la MDMA/ecstasy. - 1,07 million de comprimés d'ecstasy saisis. - 10 € le comprimé et 54 € le gramme de MDMA. - Les teneurs moyennes en MDMA dans les comprimés saisis ont augmenté au cours des dix dernières années. En 2017, elles semblent se stabiliser autour de 128 mg/comprimé. La concentration moyenne mesurée sur les échantillons de MDMA poudre/cristal saisis est quant à elle en constante augmentation : de 21 % en 2010, elle est passée à près de 72 % en 2017.

Héroïne et opioïdes	- 1,3 % des adultes ont expérimenté l'héroïne. - 0,2 % sont des usagers actuels. - 0,7 % des jeunes de 17 ans l'ont expérimentée. - 1,1 tonne d'héroïne saisie. - 35-40 € le gramme d'héroïne brune. - La pureté moyenne des échantillons d'héroïne est en progression jusqu'à 17 % (14 % pour le marché de rue). - 45 000 personnes prises en charge en raison de leur consommation d'opioïdes, au cours de l'année dans les CSAPA. - 180 000 personnes bénéficiant de prescriptions de traitement de substitution aux opioïdes en ville et en CSAPA. - 17 % de la population remboursée pour un médicament antalgique opioïde au moins une fois dans l'année.
Médicaments psychotropes	- 3,3 boîtes de médicaments psychotropes remboursées par habitant âgé de 20 ans ou plus. - 21 % de la population remboursée pour un médicament psychotrope au moins une fois dans l'année. - 36 % des usagers des CAARUD (centres d'accueil et d'accompagnement à la réduction des risques pour les usagers de drogues) ont pris un anxiolytique ou un somnifère dans le mois.
Nouveaux produits de synthèse (NPS)	- 286 nouveaux produits de synthèse répertoriés sur le territoire français depuis 2008, dont 16 en 2018. - 1,3 % des 18-64 ans ont expérimenté les cannabinoïdes de synthèse.
Tous produits illicites confondus	- 350 000 « usagers problématiques de drogues ». - Près de 80 000 personnes vues dans les structures de réduction des risques pour usagers de drogues. - Parmi les UDI (Usagers de drogue injecteurs), prévalence déclarée du VHC de 64 % et du VIH de 13 %. - 127 découvertes de séropositivité VIH chez les UDI. - Au moins 537 décès par surdose. - Coût social des drogues illicites : 8,8 milliards d'euros. - 161 000 interpellations pour usage de stupéfiants. - 67 500 condamnations pour une infraction à la législation sur les stupéfiants, quasi-exclusivement pour usage et détention. - Près de 8 100 compositions pénales. - 28 400 condamnations et compositions pénales pour conduite sous l'influence de stupéfiants.

Testez-vous

1. Parmi ces propositions concernant l'addiction, laquelle est fausse ?

- ☐ **A.** L'addiction correspond à une impossibilité de contrôler un comportement.
- ☐ **B.** Elle se traduit par la poursuite de ce comportement en dépit de la connaissance de ses conséquences négatives.
- ☐ **C.** Il existe uniquement une addiction à des produits psychoactifs.
- ☐ **D.** L'addiction aux produits peut se traduire par un usage nocif.
- ☐ **E.** L'addiction aux produits peut se traduire par une dépendance.

2. Concernant les facteurs psychologiques des addictions, cocher la ou les réponses exactes :

- ☐ **A.** L'addiction se situe entre l'impulsion et la compulsion.
- ☐ **B.** L'impulsion est liée au plaisir, la compulsion au soulagement d'émotions pénibles.
- ☐ **C.** L'addictivité est définie comme le potentiel addictogène du produit.
- ☐ **D.** Le potentiel addictogène est la propriété du sujet.
- ☐ **E.** L'addictivité est la somme des facteurs de vulnérabilité à l'addiction.

3. Concernant les facteurs psychopathologiques des addictions, cocher la ou les réponses exactes :

- ☐ **A.** On note une comorbidité très fréquente entre les addictions et certains troubles mentaux.
- ☐ **B.** Les troubles mentaux primaires sont consécutifs à la survenue de l'addiction.
- ☐ **C.** La théorie de l'automédication est l'idée que le sujet soigne sa souffrance psychologique par la prise d'alcool ou de drogue.
- ☐ **D.** Les troubles mentaux secondaires sont la conséquence des différents effets de la prise de drogue.
- ☐ **E.** La théorie de l'automédication est l'idée que le sujet soigne son addiction à un produit par la prise d'autres produits.

4. Concernant les facteurs socioculturels et environnementaux des addictions, cocher la ou les réponses exactes :

- ☐ **A.** Plus on est pauvre, plus on a de chances de devenir alcoolique.
- ☐ **B.** La carte de la mortalité alcoolique se superpose à celle du niveau socio-économique du pays (bas niveau socio-économique).
- ☐ **C.** Le fait d'avoir un ou deux parents alcooliques favorise le risque de devenir soi-même alcoolique.
- ☐ **D.** Les carences affectives ou éducatives dans l'enfance représentent des facteurs d'invulnérabilité aux addictions.
- ☐ **E.** Parmi les facteurs protecteurs des addictions, on peut noter le fait d'être de sexe masculin.

5. Concernant l'addiction, cocher la ou les réponses vraies :

- ☐ **A.** L'addiction est la résultante de l'association entre le potentiel addictogène du produit et la présence de facteurs bio-psycho-sociaux.
- ☐ **B.** Le tabac tue chaque année 75 000 personnes.
- ☐ **C.** À 17 ans, les jeunes sont seulement 12 % à avoir déjà expérimenté l'alcool, le tabac ou le cannabis.
- ☐ **D.** On compte 1,5 million de consommateurs quotidiens de cannabis.
- ☐ **E.** L'alcool tue chaque année près de 41 000 personnes.

Réponses

Fiche 1

1. **Réponses A, B, C**: la A est fausse car la définition de santé selon l'OMS est « un état de complet bien-être physique, mental et social, qui ne consiste pas seulement en une absence de maladie ou d'infirmité ». La B est fausse car la santé publique traite surtout de la santé des populations. La C est fausse car la santé publique implique certes les professionnels de santé et les gestionnaires des structures de santé, mais aussi les politiques et les populations.
2. **Réponses B et D**: l'épidémiologie se définit comme l'étude de la distribution des états de santé dans le temps et dans l'espace et des facteurs qui influencent la distribution des états de santé dans le temps et dans l'espace.
3. **Réponse A**: l'épidémiologie n'est pas un déterminant de santé, mais elle étudie les déterminants de santé.
4. **Réponses A, D et E**: le taux d'incidence mesure le nombre de nouveaux cas d'une maladie sur une certaine période, donc la vitesse de propagation de la maladie. Il porte sur les personnes à risque, puisque c'est sur eux que porte l'étude.
5. **Réponse D**: la prévalence d'une maladie se définit comme la proportion de malades présents dans une population à un moment donné.

Fiche 2

1. **Réponse B**: c'est le PAM, et non l'OMS qui a pour mission d'éliminer la faim dans le monde, contribuer à lutter contre les carences alimentaires, en particulier chez les femmes et les enfants.
2. **Réponse B**: c'est la FAO qui a pour devise Fiat Panis.
3. **Réponse D**: Le VIH/sida ne fait plus partie des principales causes de mortalité: il a provoqué 1,1 million de décès en 2015 contre 1,5 million en 2000.
4. **Réponse A**: c'est l'inverse, car les maladies transmissibles font beaucoup plus de morts que les maladies non transmissibles dans les pays pauvres. C'est ce qu'on appelle la transition démographique.
5. **Réponse C**: le niveau 3 d'alerte de l'OMS est déclenché quand il y a quelques personnes infectées.

Fiche 3

1. **Réponse C**: 24 % des morts sont dues aux maladies de l'appareil circulatoire: c'est la 2e cause de décès en France.
2. **Réponse C**: La mortalité prématurée évitable est plus forte dans les Hauts-de-France qu'en Île-de-France.
3. **Réponses A, C et E**: les suicides et les accidents de la route font partie et représentent la majorité des morts violentes mais ne font pas partie à eux seuls des trois principales causes de mortalité.
4. **Réponses B et E**: la A fausse car c'est la mortalité avant 65 ans. La C est fausse car la mortalité prématurée est beaucoup plus élevée pour les hommes que pour les femmes. La D est fausse car la mortalité prématurée représente 20 % des décès et non 1/3.
5. **Réponse C.**

Fiche 4

1. **Réponses A, C et E.**
2. **Réponses A, C et E**: ce sont les caractéristiques du système bismarckien.
3. **Réponses A, C et D.**
4. **Réponses A, C et D.**
5. **Réponse B**: le SCHIP vise précisément les enfants dont les parents ne relèvent pas de Medicaid.

Fiche 5

1. **Réponse B** : le chômage fait partie de la protection sociale mais pas de la Sécurité sociale. En France c'est l'UNEDIC qui gère l'assurance chômage (voir la fiche 37).
2. **Réponses A et C** : la A est fausse car la Sécurité sociale n'a pas toujours été en déficit, mais était par exemple excédentaire en 2000 et 2001. La C est fausse car les cotisations ne comptent que pour 55 % du financement de la Sécurité sociale, le reste provenant de la CGS, des impôts et des taxes, etc.
3. **Réponses C, D et E** : la A et la B sont inversées. C'est la vieillesse qui constitue 45 % du budget de la Sécurité sociale, et la maladie 35 %.
4. **Réponse B**
5. **Réponse C**

Fiche 6

1. **Réponse D** : les tarifs ne sont pas uniformes car on va être remboursé différemment en fonction de sa situation. Par exemple, une personne en Affection longue durée est prise en charge à 100 %.
2. **Réponses A, B, et D** : la C est fausse car cette augmentation est évidemment mal perçue par les consommateurs, même si ce ticket modérateur est pris en charge par les mutuelles, à condition d'en avoir une. La E est fausse car la LFSS est votée tous les ans.
3. **Réponse E** : le budget de l'assurance-maladie ne diminue pas mais il augmente moins vite, notamment grâce à l'ONDAM.
4. **Réponses C, D** et E : la C est fausse car l'AME compte 320 000 bénéficiaires environ. La D est fausse car il faut être en situation irrégulière.
5. **Réponse E** : la mise en place de la Couverture maladie universelle (CMU) date du 28 juillet 1999.

Fiche 7

1. **Réponse C** : la DCS comprend aussi la dépense des ménages.
2. **Réponses A, C et E** : la B est fausse car les soins hospitaliers sont aussi compris dans les dépenses. La D est fausse car l'État participe au financement des dépenses de santé, bien que très faiblement (à hauteur de 1,2 %).
3. **Réponse D** : l'assurance-maladie finance environ 78 % des dépenses de santé.
4. **Réponses A et E** : la A est fausse car la France consacre environ 12 % de son PIB aux dépenses de santé (en termes de dépense courante de santé, ou 11 % en termes de dépense totale de santé). La E est fausse car, en termes de dépense de santé par habitant, la France est 14ᵉ avec 4 400 $ par habitant par an dépensés pour la santé.
5. **Réponses B et E** : la B est fausse car la protection sociale fait partie des facteurs de demande. La E est fausse car c'est l'offre qui fait partie des facteurs de demande (la demande induite).

Fiche 8

1. **Réponses A, D et E** : la B est fausse car elle porte sur trois secteurs : ambulatoire, hospitalier et médico-social. La C est fausse car la régulation de l'offre de santé comporte deux dimensions : territoriale et économique.
2. **Réponses B et D** : la B est fausse car les aides-soignants font partie des professions de santé non réglementées La D est fausse car on compte plus d'hôpitaux privés (plus de 1 600) que d'hôpitaux publics (moins de 1 400).
3. **Réponses A, B et D** : la C est fausse car au contraire, le Nord manque de médecins (faible densité médicale). Le Centre est aussi une région où il manque de médecins, tandis qu'on observe une forte densité médicale dans les régions PACA,

Île-de-France et Alsace. La E est fausse car il y a aujourd'hui il y a environ 1,2 médecin spécialiste pour 1 médecin généraliste.

4. **Réponses B, C et D**: la A est fausse car opticien lunetier est une profession paramédicale réglementée. La E est fausse car, contrairement aux professions médicales et paramédicales réglementées, les conditions d'exercice ne sont pas régies par des règles de déontologie, par un diplôme d'État, ou par une cotation des actes médicaux.
5. **Réponse E**: la A est fausse car il représente 60% des lits (soit presque 2/3 des lits). La B est fausse car l'hôpital privé représente environ 25% des lits. La C est fausse car le secteur public couvre l'ensemble des types de séjours de soins aigus. La D est fausse car ils font partie du secteur public même s'ils ont un statut à part.

Fiche 9

1. **Réponse D**: Santé publique France, qui reprend les missions de l'INPES, l'Institut national de prévention et d'éducation pour la santé.
2. **Réponse C.**
3. **Réponses A, D et E**: la A est fausse car c'est l'éducation à la santé qui fait partie de la promotion de la santé. La D est fausse car c'est la prévention tertiaire qui correspond à tous les actes visant à empêcher les rechutes. La E est fausse car les bilans bucco-dentaires font partie de la prévention individuelle secondaire.
4. **Réponses D et E**: l'utilisation des bêtabloquants après un IDM (infarctus du myocarde) et le contrôle de la glycémie chez le patient diabétique relèvent de la prévention tertiaire.
5. **Réponse E**: la A est fausse car la classification de la prévention selon l'OMS est basée sur le moment où elle se situe par rapport à la maladie La B est fausse car c'est la prévention secondaire qui vise à détecter la maladie ou la lésion qui la précède à un stade où l'on peut intervenir utilement. La C est fausse car c'est la prévention primaire qui a pour but d'éviter l'apparition de la maladie en agissant sur les causes. La D est fausse car le dépistage n'est pas un acte diagnostique.

Fiche 10

1. **Réponse A.**
2. **Réponse D**: c'est l'ANSM qui est responsable de la gestion et de l'urgence des produits pharmaceutiques. L'ANSES contribue à la protection et à l'amélioration de la santé et du bien-être des animaux, des végétaux, et de la qualité sanitaire de l'environnement et du travail.
3. **Réponses B, C, D et E**: La A est fausse car Santé publique France est une agence nationale qui résulte de la fusion de l'INPES, de l'Eprus et de l'InVS.
4. **Réponses A, C et D**: la B est fausse car l'ANSES est un établissement public administratif de l'État sous tutelle des ministères cités, non sous tutelle de l'État. La E est fausse car la HAS est une instance à caractère scientifique, et non lucratif.
5. **Réponses A, D et D**: la C est fausse car elle est aidée par environ 750 experts-visiteurs. La E est fausse car elle a été créée en 2004.

Fiche 11

1. **Réponses B, D et E.**
2. **Réponse A**: la C est fausse car la mortalité par cancer diminue d'environ 1,5% pour les hommes et d'1% pour les femmes depuis 1980. La D et la E sont fausses car c'est le cancer du sein qui est le cancer le plus fréquent chez la femme.

3. **Réponses C et D** : la C est fausse car une seule mutation d'un gène est insuffisante pour déclencher un cancer. La D est fausse car le fibrome est une tumeur bénigne.
4. **Réponse E.**
5. **Réponse C** : cet axe appartient au plan Cancer 2.

Fiche 12

1. **Réponses C et E** : la C est fausse car ce n'est vrai que depuis les années 1990, en raison de la baisse de la mortalité par maladies cardio-vasculaires. La E est fausse car les maladies cardio-vasculaires constituent la 1re cause de décès chez les femmes.
2. **Réponse A** : les maladies cardio-vasculaires représentent la 1re cause de décès dans le monde, avec 17,5 millions de morts par an.
3. **Réponses B et C.**
4. **Réponses B et D** : en effet, en faisant attention à son alimentation et à son activité physique par exemple, on peut éviter le risque de développer un diabète ou une hypertension artérielle.
5. **Réponses B, C et E :** la A est fausse car les facteurs de risque sont différents. La D est fausse car le risque est augmenté.

Fiche 13

1. **Réponses A, B, D et E** : avoir été au moins une fois enceinte n'est pas un facteur de risque, sauf si l'enfant né d'une précédente grossesse pesait plus de 4 kg.
2. **Réponses A, B, D** : la C est fausse car ce sont 3,7 millions de personnes qui sont décédées des suites du diabète, et non 37 millions de personnes.
   La E est fausse car la prévalence du diabète est plus élevée chez les hommes que chez les femmes.
3. **Réponses B et E** : la B est fausse car l'IMC divise le poids par la taille. La E est fausse car les comportements individuels jouent un rôle majeur dans l'obésité.
4. **Réponses C et D** : la C est fausse car tout le monde est touché par l'obésité mais pas dans les mêmes proportions : les catégories sociales les plus défavorisées sont ainsi plus touchées. La D est fausse car les régions françaises les plus touchées par l'obésité se situent plutôt dans le nord de la France.
5. **Réponses A, C, D et E** : la B est fausse car il y a évidemment d'autres facteurs que le niveau d'instruction, notamment la catégorie socioprofessionnelle.

Fiche 14

1. **Réponse C.**
2. **Réponse B.**
3. **Réponse D.**
4. **Réponse A** : 3 268 exactement.
5. **Réponses A et B** : la C est fausse car l'Île-de-France est la région où le taux de tués par millions d'habitants par accidents de la route est le plus faible (entre 20 et 25 millions d'habitants). C'est en Guadeloupe qu'il est le plus élevé (151 million d'habitants). La D est fausse car les 18-24 ans représentent un peu moins de 20 % des tués de la route. La E est fausse car les deux roues représentent 2 % du trafic.

Fiche 15

1. **Réponse C.**
2. **Réponse D.**
3. **Réponse B.**
4. **Réponse E.**
5. **Réponse A.**

Fiche 16

1. **Réponse E** : 650 millions, soit environ 10 % de la population mondiale.
2. **Réponse E** : 12 millions, soit 20 % de la population française.
3. **Réponses A, D et E** : la B est fausse car il y a d'abord la Classification des maladies (CIM), puis la Classification du handicap comme conséquences des maladies (CIH), puis la Classification du fonctionnement humain (CIF). La C est fausse car le modèle de Wood est à la base de la CIH (Classification internationale des handicaps comme conséquence des maladies) introduite en 1980 ; la CIF date de 2001.
4. **Réponse C.**
5. **Réponse E.**

Fiche 17

1. **Réponse D.**
2. **Réponse B.**
3. **Réponse C.**
4. **Réponse A.**
5. **Réponse B.**

Fiche 18

1. **Réponses A, C, D et E** : la B est fausse car le secret médical appartient au patient.
2. **Réponses D et E** : la A est fausse car il concerne aussi tout ce qui a pu être vu, entendu, compris voire interprété lors de l'exercice médical. La B est fausse car il s'agit des articles 226-13 du Code pénal et 4 du Code de déontologie. La C est fausse car le personnel non médical (secrétaires, agents hospitaliers) est aussi tenu au secret médical.
3. **Réponses C et E** : la A est fausse car le personnel non médical est également tenu au secret. La D est fausse car les médecins des compagnies d'assurances font partie du personnel médical non soignant.
4. **Réponses A, B et C** : ils relèvent des dérogations obligatoires.
5. **Réponses B et D** : ils relèvent des dérogations facultatives.

Fiche 19

1. **Réponses A, C et D** : la B est fausse car elle réussit dans 16,9 % des cas. La E est fausse car l'embryon ne peut être créé à des fins de recherche.
2. **Réponses AB et E** : la A est vraie car le couple peut désormais choisir de recourir à un donneur, puisque les conditions d'infertilité pathologique, ou de risque de transmission d'une maladie grave ont été supprimées par la loi de bioéthique de 2021. La C est fausse car les mères porteuses sont interdites en France. La D est fausse car cette demande a lieu tous les ans.
3. **Réponses ABDE :** aucune de ces conditions n'est requise depuis la loi de bioéthique de 2021, à part celle qui impose que les membres du couple ou la femme non mariée soient vivants et en âge de procréer
4. **Réponses B, C, D et E** : la A est fausse car le diagnostic prénatal a lieu in utero, au cours de la grossesse.
5. **Réponses A, B et D** : la C est fausse car elle pourrait inclure jusqu'à cinq personnes : le donneur de spermatozoïdes, la donneuse d'ovocyte, la mère porteuse et le couple. La E est fausse car les embryons congelés surnuméraires doivent être détruits au bout de 5 ans.

Fiche 20

1. **Réponses B, C, D et E** : la A est fausse car l'EFS a été créé en 2000.
2. **Réponse C.**
3. **Réponse B.**
4. **Réponse B.**
5. **Réponse D** : il ne peut pas y avoir anonymat entre le donneur vivant et le receveur car le donneur et le receveur doivent être de la même famille (au sens large du terme) en cas de prélèvement sur donneur vivant.

Fiche 21

1. **Réponse C.**
2. **Réponse A.**
3. **Réponse D.**
4. **Réponse A.**
5. **Réponse B** : la B est fausse car c'est la loi du 9 juillet 1999 qui introduit le droit d'accès aux soins palliatifs en France.

Fiche 22

1. **Réponse D.**
2. **Réponse A.**
3. **Réponse B.**
4. **Réponse B.**
5. **Réponse C.**

Fiche 23

1. **Réponse(s) E**
2. **Réponse(s) E** : le consentement doit toujours être recherché.
3. **Réponse D** : précisément, s'il y a un risque de maladies infectieuses, le médecin a l'obligation d'informer son patient qui ne peut pas refuser d'être informé.
4. **Réponse(s) AD** : la B est fausse car en général, pour les soins sur mineurs, les parents doivent être informés, sauf si les soins sont confidentiels (IVG par exemple). La C est fausse car l'information peut être orale (l'écrit est en fait plutôt l'exception que la règle). La E est fausse car l'information doit dans tous les cas être délivrée au patient sauf si cela n'est pas possible (patient inconscient, urgences, etc.).
5. **Réponse(s) ABCE** : la D est fausse car dans le cas du prélèvement d'organes sur personne majeure décédée le consentement est présumé.

Fiche 24

1. **Réponse C.**
2. **Réponse C.**
3. **Réponse C.**
4. **Réponse C.**
5. **Réponse D** : la D est fausse car l'écart entre l'espérance de vie des hommes et des femmes tend à diminuer.

Fiche 25

1. **Réponse B.**
2. **Réponse C.**
3. **Réponse E.**
4. **Réponse B.**
5. **Réponse C.**

Fiche 26

1. **Réponse D.**
2. **Réponse A.**
3. **Réponse C.**
4. **Réponses A, B, C et E** : la D est fausse car c'est en Chine que le nombre de décès annuels est le plus élevé du monde, 9,9 millions de décès en 2019.
5. **Réponses A, C, D** : la B est fausse car l'Europe avec ses 747 millions d'habitants est plus peuplée que l'Amérique du Sud et ses 653 millions d'habitants. La E est fausse car l'Amérique du Nord a une population deux fois moins importante que l'Europe.

Fiche 27

1. **Réponse D.**
2. **Réponse B.**
3. **Réponse A.**
4. **Réponse B.**
5. **Réponse B.**

Fiche 28

1. **Réponse A.**
2. **Réponse B.**
3. **Réponses C et D.**
4. **Réponse C.**
5. **Réponse A.**

Fiche 29

1. **Réponse C.**
2. **Réponse B.**
3. **Réponse C.**
4. **Réponse D. L'objectif 4 est :** Chaque enfant vit dans un environnement sûr et propre.
5. **Réponse C** : la PMI est sous l'autorité du Conseil général.

Fiche 30

1. **Réponse B.**
2. **Réponse C.**
3. **Réponse C.**
4. **Réponse E.**
5. **Réponse C.**

Fiche 31

1. **Réponse D.**
2. **Réponse A.**
3. **Réponse D.**
4. **Réponse B.**
5. **Réponse A.**

Fiche 32

1. **Réponse C.**
2. **Réponse C.**
3. **Réponse C.**
4. **Réponse C.**
5. **Réponse A.**

Fiche 33

1. **Réponse C.**
2. **Réponses B et C** : on estime traditionnellement qu'il y a un délai de deux semaines entre l'aménorrhée (c'est-à-dire l'absence de règles) et la grossesse.
3. **Réponse D.**
4. **Réponse D.**
5. **Réponse D.**

Fiche 34

1. **Réponse B.**
2. **Réponse C.**
3. **Réponse A.**
4. **Réponse B.**
5. **Réponse D.**

Fiche 35

1. **Réponse B.**
2. **Réponse C.**
3. **Réponse B.**
4. **Réponses D et E.**
5. **Réponse A.**

Fiche 36

1. **Réponse B.**
2. **Réponse E.**
3. **Réponse A**[1].
4. **Réponse E.**
5. **Réponse A.**

Fiche 37

1. **Réponse C.**
2. **Réponse D.**
3. **Réponses A, B, C et E** : la D est fausse car la précarité est liée au fait d'avoir un CDD ou d'être intérimaire. Le CDI ou le statut de fonctionnaire induisent au contraire une certaine sécurité de l'emploi.
4. **Réponse C.**
5. **Réponse D.**

Fiche 38

1. **Réponses A, B, C et D** : la E est fausse car il y a 2,1 million de bénéficiaires du RSA en France.
2. **Réponse D.**
3. **Réponse B.**
4. **Réponse C.**
5. **Réponse D.**

---

1. Pour information :
   - 3989 = Tabac info service.
   - 115 = Samu social.
   - 3919 = Violences conjugales.
   - 3224 = Fil santé jeunes.

Fiche 39

1. **Réponse B.**
2. **Réponse D.**
3. **Réponse C.**
4. **Réponse B.**
5. **Réponse C.**

Fiche 40

1. **Réponse C** : il existe aussi une addiction à des comportements (jeux par exemple).
2. **Réponses A, B, E** : la C est fausse car l'addictivité est une propriété du sujet qui définit son potentiel de vulnérabilité aux addictions. La D est fausse car le potentiel addictogène est la propriété du produit et définit sa capacité à rendre dépendant.
3. **Réponses A, C, D** : la B est fausse car ce sont les troubles secondaires qui sont consécutifs aux addictions. Les troubles primaires sont des facteurs de risque des addictions et donc les précèdent. La E est fausse car la théorie de l'auto-médication affirme que les sujets soignent leurs troubles mentaux par la prise de produits psychoactifs.
4. **Réponses A, B, C** : la D est fausse car les carences représentent des facteurs de vulnérabilité aux addictions. La E est fausse car le fait d'être de sexe masculin constitue au contraire un facteur de risque ou de vulnérabilité aux addictions.
5. **Réponses A, B, E** : la D est fausse car, malheureusement, les jeunes sont seulement 12 % à n'avoir jamais expérimenté l'alcool, le tabac ou le cannabis. La D est fausse car le nombre de consommateurs quotidiens de cannabis s'élève à 900 000. Le nombre de consommateurs réguliers (au moins dix fois dans le mois) s'élève quant à lui à 1,5 million.

Achevé d'imprimer en France en septembre 2021
par l'IMPRIMERIE MAURY S.A.S. à Millau (12)
N° d'impression : I21/61396T
Dépôt légal : septembre 2021